로얄 패밀리

일러두기

• 이 책에 등장하는 인명, 지명, 나라명 등은 국립국어원 외래어표기법에 따라 표기했다.
• 본문의 가독성을 위해 필요한 부분에만 최초 1회만 영문으로 병기했다.
• 각 가문의 가계도 인물 하단에는 생몰연도를 명시했다.

— 유럽을 지배한 여덟 가문의 기막힌 이야기 —

House of Habsburg

House of Bourbon

House of Romanov

House of Hohenzollern

로얄 패밀리

정유경 지음

House of Hanover

House of Wittelsbach

House of Oldenburg

House of Wettin

위즈덤하우스

유럽을 만든 통치 가문의 유서 깊은 이야기

20세기 이전 대부분의 유럽 나라들은 군주제를 선택하고 있었습니다. 동양의 나라들도 마찬가지였지만, 나라의 통치 가문들이 어떻게 국가를 계승받는지 살펴보면 유럽과 동양의 중요한 차이를 알 수 있습니다. 동양의 경우 한 왕조가 성립할 때 이전 왕조의 혈연관계에 따라 왕위를 계승받지는 않았습니다. 이를테면 조선을 세운 이성계는 고려 왕가와 전혀 혈연관계가 없었습니다. 하지만 유럽의 나라들은 혈연관계가 매우 중요한 요인이었습니다. 예를 들면 12세기 잉글랜드의 왕 헨리 2세의 어머니인 마틸다는 헨리 1세의 딸이었고, 아버지로부터 잉글랜드 왕위 계승 권리를 물려받았습니다. 그녀의 아들이자 앙주 백작이었던 헨리 2세는 어머니의 권리를 이어받아서 잉글랜드 왕위 계승을 주장했으며, 결국 잉글랜드를 통치할 수 있었습니다.

물론 혈연만으로 왕위를 계승받을 수 있는 것은 아니었고, 또 혈연관계가 없더라도 무력만으로 왕위를 이어받는 경우도 있었습니다. 하지만 유럽에서 혈연관계를 통한 상속은 매우 중요한 명분이었으며, 어떤 지역을 차지하기 위해서는 이런 혈연관계가 꼭 필요했습니다. 유럽의 통치 가문에서 후계자가 바닥날 때는 항상 혈연관계를 통해서 후계자가 될 사람들이 나타났으며, 누가 더 왕가나 이전 국왕과 가까운 친척인지가 그 지역의 통치 권리를 이어받는 데 매우 중요한 문제였습니다.

그렇기에 사실 통치 가문을 이해하는 것은 매우 어렵기도 합니다. 유럽에는 많은 통치 가문이 있었고, 이 가문들이 나라나 제국을 통치하게 되는 과정도 매우 복잡했습니다. 유럽의 통치 가문들 상당수가 처음에는 작은 영주 가문에서 시작했습니다. 물론 처음부터 프랑스의 왕위를 얻어서 오래도록 프랑스 왕위를 이어갔던 카페 가문도 있었습니다만, 대부분의 가문들은 작은 영지에서 시작해서 서서히 세력을 얻었고 결국 왕국이나 제국을 통치했습니다. 물론 세력을 키워나가다 중간에 후계자가 없다면 그 가문은 단절되었고, 혈연관계를 통해서 다른 가문이 그 가문의 영지를 상속받아 성장하기도 했습니다. 또 가문의 가장 큰 영지를 상속받는 본가와 작은 영지를 상속받는 분가들이 존재하는데, 본가나 분가의 후계자가 단절될 경우 다시 한번 복잡한 상속관계를 따져서 상속받았기에 가문의 수많은 혈연관계를 알아야 했습니다. 이것은 통치 왕가를 이해하기 힘들게 만든 요인이었습니다.

매우 복잡하긴 하지만, 통치 가문에 대해서 이해하는 것은 유럽의 역사를 파악하는 데 중요합니다. 유럽에서 벌어진 복잡한 갈등의 표면적인 이유 중 하나가 바로 상속 문제이기 때문입니다. 이를테면 14세기~15세기 프랑스와 잉글랜드 사이에서 벌어진 백년전쟁의 경우, 전쟁이 벌어진 근본적인 이유 중 하나는 프랑스 내 잉글랜드 국왕의 영지에 대한 권리를 두고 다툰 것에서 비롯되었습니다. 하지만 에드워드 3세가 프랑스 공주인 어머니를 통해서 자신에게 프랑스 왕위 계승 권리가 있다고 주장했는데, 프랑스에서 이를 받아들이지 않았다는 게 전쟁을 일으킨 표면적인 이유였습니다. 또 15세기 잉글랜드의 장미전쟁 역시 플랜태저넷 가문의 두 분가인 요크 가문과 랭커스터 가문의 권력 투쟁이었는데, 이때도 요크 가문은 복잡한 상속관계를 통해서 랭커스터 가문보다 더 우선순위를 가진다고 주장하면서 왕위 계승을 요구했습니다.

유럽에는 역사상 수많은 통치 가문이 있었지만 모두 현재까지 남아 있지는 않습니다. 중세시대 신성로마제국의 황제 가문 중 하나였던 호엔슈타우펜 가문처럼 한때는 엄청나게 큰 힘을 가지고 있었지만 결국 몰락하고 후계자마저 단절되어서 역사 속으로 사라진 가문도 많습니다. 또 매우 강성했지만 힘을 잃고 겨우 명맥만 유지하는 가문도 있으며, 오래도록 통치 가문으로 남은 가문도 있습니다.

이 수많은 가문 중 이 책에서 다루고 있는 여덟 가문(합스부르크 가문, 부르봉 가문, 로마노프 가문, 호엔촐레른 가문, 하노버 가문, 비텔스바흐 가문, 올덴부르크 가문, 베틴 가문)은 유럽 역사에서 중요한 가문들로, 오래도록 강력한 힘을 가졌을 뿐 아니라 20세기까지도 명맥을 유지한 유서 깊은 가문입니다. 각 가문이 탄생하고, 영지를 얻고, 제위나 왕위를 얻는 과정은 유럽의 여러 역사적인 상황과 연결됩니다.

합스부르크 가문은 15세기 신성로마제국의 제위를 얻은 이래로 나라가 사라질 때까지 계속 황위를 이어갔습니다. 황제 지위는 선출직이었으며, 합스부르크 가문 이전에 수많은 가문이 황위를 얻기도 하고 빼앗기기도 했습니다. 하지만 합스부르크 가문은 결국 안정적으로 황제 지위를 이어나갔으며 오랫동안 독일 지역에서 가장 강력한 영향력을 미쳤습니다.

부르봉 가문은 10세기에 프랑스 왕위를 얻은 위그 카페의 후손들이었습니다. 16세기 말 앙리 4세가 부르봉 가문 출신의 첫 국왕이 된 뒤 19세기까지 프랑스 왕위를 이어간 가문이기도 합니다. 유럽의 강대국 중 하나였던 프랑스 왕가였고, 또한 18세기에는 에스파냐나 이탈리아의 여러 지역까지 통치할 정도로 세력이 막강했습니다.

로마노프 가문은 비록 17세기에서야 러시아의 제위를 얻었지만 강력한 힘으로 러시아를 통치했습니다. 로마노프 가문이 통치하기 이전의 러시아는 매우 혼란한 상황이었을 뿐 아니라 이전에 몽골의 지배를 받았었기에 유럽에서는 유럽이 아니라 동양의 어느 나라 정도로 인식할 정도였습니다. 하지만 로마노프 가문이 러시아를 통치하면서 러시아는 안정기를 찾았고 표트르 대제 이후 러시아는 유럽에서 강력한 나라로 인식되기 시작했으며, 이후 러시아가 유럽의 패권국가 중 하나가 되었습니다.

호엔촐레른 가문은 프로이센 왕가이자 독일의 황제 가문이었습니다. 이 가문은 영향력을 점차 확대해 나갔는데, 18세기에는 프로이센 왕가가 되었을 뿐 아니라 프로이센을 유럽의 강대국 지위에 올려놨습니다. 그리고 마침내 19세기에는 독일을 통일해 독일제국을 형성했습니다.

하노버 가문은 중세의 강력한 가문으로 13세기 황제를 배출한 가문이었습니다. 하지만 당시 황제 가문이었던 호엔슈타우펜 가문과 갈등을 빚었고, 결국 가문의 힘은 약화되어 오랫동안 힘을 얻지 못했습니다. 그러나 17세기가 되면서 가문은 다시 힘을 얻었고, 하노버의 선제후 지위도 얻었으며, 특히 18세기에는 영국의 왕위를 얻었습니다. 당시 유럽의 초강대국이었던 영국의 왕가가 된 가문은 엄청난 힘을 얻을 수 있었습니다.

비텔스바흐 가문은 14세기에 황제를 배출한 가문으로 팔츠 선제후령과 바이에른 공작령을 가진 가문이었습니다. 이 가문은 제국 내에서 엄청나게 중요한 가문이었지만 두 개의 분가가 각자의 길을 갔고, 19세기가 되어서야 하나로 통일되어 바이에른 왕국을 형성할 수 있었습니다.

올덴부르크 가문은 15세기에 덴마크 왕위를 얻은 뒤 계속해서 덴마크의 왕위를 이어간 가문이었습니다. 이 때문에 이 가문은 북유럽에서 중요한 가문이 되었습니다. 올덴부르크 가문은 특히 수많은 분가가 있었으며 이들 분가의 후손들은 스웨덴은 물론 러시아를 통치하기까지 했습니다. 또 19세기 이후 20세기까지 그리스를 통치했던 왕가 역시 이 올덴부르크 가문의 후손이었습니다. 특히 유럽의 수많은 나라가 공화국이 된 20세기에도 올덴부르크 가문은 여전히 통치 가문으로 남아 있었습니다.

베틴 가문은 작센 지역의 통치 가문이었습니다. 19세기에는 작센 왕국을 형성할 정도였습니다만, 더 중요한 것은 이 시기에 결혼을 통해서 여러 왕가와 연결고리를 얻게 되었으며 결국 이 가문의 후손들이 포르투갈, 영국, 벨기에, 불가리아 등에서 왕위를 이어가게 됩니다.

이 책에 등장하는 여덟 가문의 이야기는 유럽의 역사와 긴밀하게 연결됩니다. 이를테면 로마노프 가문의 성장은 러시아의 성장과 일치하며, 반대로 가문의 몰락은 20세기에 굉장히 중요한 사건 중 하나입니다. 또 카페 가문의 경우 프랑스의 초기 역사부터 왕위를 이어갔으며, 프랑스라는 국가의 정체성이 시작되는 시기부터 이미 통치하고 있던 가문이기에 카페 가문과 그 분가 출신의 국왕들 이야기는 결국 프랑스 역사와 일치합니다.

저는 주로 유럽 왕실 여성들의 이야기에 관심이 많았는데, 이 여성들의 이야기를 읽다 보면 결국 그들이 속한 가문까지 이해해야만 했습니다. 특히 유럽의 공주들은 대부분 가문의 이익을 위해서 정략결혼을 해야 했고, 상속권을 가진 경우 아들이나 후손이 공주 가문의 영지를 차지하는 경우도 있었기 때문입니다. 이처럼 복잡하게 얽힌 인물들의 삶을 이해하기 위해 유럽의 통치 가문들을 열심히 찾다 보니 유럽 역사를 이해하는 계기가 되었습니다. 독자 여러분도 이 책에 서술한 가문의 이야기를 읽으면서 유럽 역사를 깊이 이해하는 데 좀 더 도움이 되길 바랍니다.

2022년 7월

정유경

1장 합스부르크 : 가장 오래된 제왕의 가문

2장 부르봉 : 프랑스 왕가의 전성기

3장 로마노프 : 강력한 러시아를 만든 힘

4장 호엔촐레른 : 독일을 통일한 대가문

1장

합스부르크

: 가장 오래된 제왕의 가문

House of Habsburg

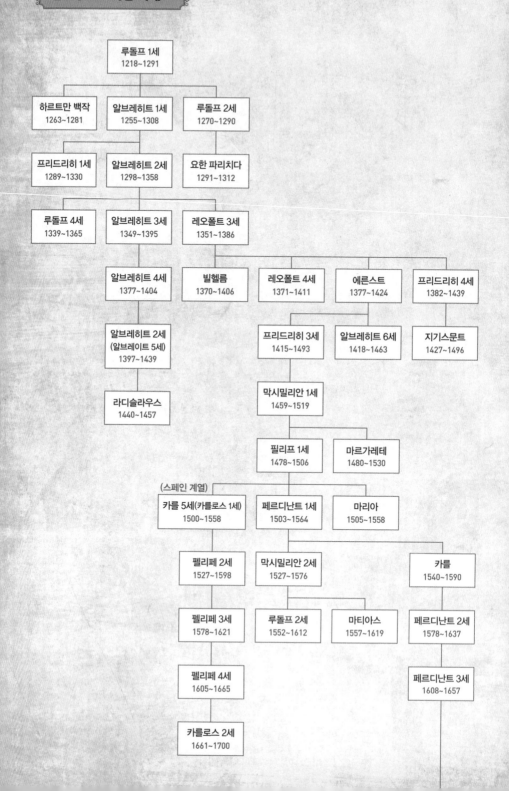

합스부르크 가문 가계도

루돌프 1세
1218~1291

하르트만 백작
1263~1281

알브레히트 1세
1255~1308

루돌프 2세
1270~1290

프리드리히 1세
1289~1330

알브레히트 2세
1298~1358

요한 파리치다
1291~1312

루돌프 4세
1339~1365

알브레히트 3세
1349~1395

레오폴트 3세
1351~1386

알브레히트 4세
1377~1404

빌헬름
1370~1406

레오폴트 4세
1371~1411

에른스트
1377~1424

프리드리히 4세
1382~1439

알브레히트 2세
(알브레이트 5세)
1397~1439

프리드리히 3세
1415~1493

알브레히트 6세
1418~1463

지기스문트
1427~1496

라디슬라우스
1440~1457

막시밀리안 1세
1459~1519

필리프 1세
1478~1506

마르가레테
1480~1530

(스페인 계열)

카를 5세(카를로스 1세)
1500~1558

페르디난트 1세
1503~1564

마리아
1505~1558

펠리페 2세
1527~1598

막시밀리안 2세
1527~1576

카를
1540~1590

펠리페 3세
1578~1621

루돌프 2세
1552~1612

마티아스
1557~1619

페르디난트 2세
1578~1637

펠리페 4세
1605~1665

페르디난트 3세
1608~1657

카를로스 2세
1661~1700

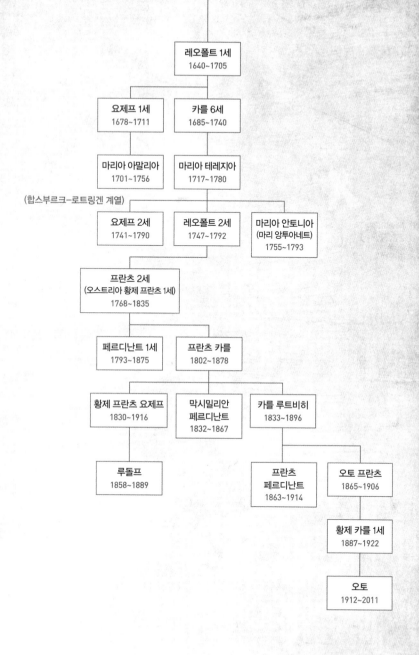

레오폴트 1세
1640~1705

요제프 1세
1678~1711

카를 6세
1685~1740

마리아 아말리아
1701~1756

마리아 테레지아
1717~1780

(합스부르크–로트링겐 계열)

요제프 2세
1741~1790

레오폴트 2세
1747~1792

마리아 안토니아
(마리 앙투아네트)
1755~1793

프란츠 2세
(오스트리아 황제 프란츠 1세)
1768~1835

페르디난트 1세
1793~1875

프란츠 카를
1802~1878

황제 프란츠 요제프
1830~1916

막시밀리안
페르디난트
1832~1867

카를 루트비히
1833~1896

루돌프
1858~1889

프란츠
페르디난트
1863~1914

오토 프란츠
1865~1906

황제 카를 1세
1887~1922

오토
1912~2011

유럽에서 가장 긴 역사와 전통을 지닌 합스부르크 가문은 13세기 초부터 20세기 초까지 오스트리아를 거점으로 중부 유럽의 패권을 휘어잡았습니다. 신성로마제국의 황위를 세습하면서 근세 황실 가문으로서 최고의 권위와 영예를 누렸던 가문이기도 합니다. 1918년 제1차 세계대전 이후 제국이 해체되고 군주제와 귀족제가 폐지되면서 모든 특권이 소멸했지만, 여전히 유럽을 대표하는 가문으로 남았습니다.

가문의 시작과 성장

♣ 대공위시대에 제국을 통치하다

유럽에서 제왕의 가문이라고 할 수 있는 가문을 손꼽으라면 단연 첫 번째로 합스부르크를 꼽을 것입니다. 유럽에서는 크고 작은 통치 가문이 수없이 많았고 한때 황제의 지위를 차지했던 가문들도 많았습니다. 하지만 이런 통치 가문들 중 오래 남아 있는 가문들은 너무나 적은데, 합스부르크 가문은 무려 15세기부터 20세기 초까지 황제의 지위를 가지고 있었습니다.

기록에 남아 있는 합스부르크 가문의 조상은 10세기경 인물이었던 군트람 데어 라이헤Guntram der Reiche였습니다. '부자'를 의미하는 '데어 라이헤'라는 별명을 가지고 있던 군트람은 아마도 그의 후손들이 슈바벤 지역에서 완전히 자리 잡는 데 큰 역할을 했을 것입니다. 그리고 11세기 초 군트람의 손자인 라트보트Radbot와 라트보트의 동생으로 추정되는 스트라스부르의 주교였던 베르너Werner는 현재 스위스의 북부 지역인 하비히츠부르크Habichtsburg에 요새를 세웠습니다. 이 하비히츠부르크에 세운

현재 남아 있는 합스부르크 성의 전경.

요새는 훗날 합스부르크 성으로 알려졌으며, 라트보트의 후손들은 이 지역에서 살면서 합스부르크라는 성을 쓰게 됩니다.

초기 합스부르크 가문은 독일 라인강 서쪽에 있는 알자스 지방의 무역을 장악해서 부를 축적하기 시작했습니다. 이를 바탕으로 합스부르크 가문은 영향력을 확대했으며, 라트보트의 손자였던 오토Otto는 1090년에 첫 번째 합스부르크 백작이 됩니다.

12세기, 합스부르크 가문 사람들은 정치적으로 신성로마제국의 황제 지위를 얻게 되는 호엔슈타우펜 가문을 지지했습니다. 호엔슈타우펜 가문의 황제들은 당연히 자신들을 지지해준 합스부르크 가문의 지위를 높여주었으며 황제 가문과의 유대는 합스부르크 가문이 13세기 신성로마제국의 강력한 세력 중 하나가 되는 데 크게 기여합니다. 이런 유대는 결국 호엔슈타우펜 가문 출신의 마지막 황제였던 프리드리히 2세가 죽은 뒤 합스부르크 가문이 제국 내에서 힘을 얻도록 만들었습니다.

합스부르크 가문 출신 중 처음으로 제국의 통치자로서 선출된 인물은 독일의 루돌프 1세Rudolf I였습니다. 그는 호엔슈타우펜 출신의 황제였던 프리드리히 2세의 대자이기도 했습니다. 루돌프는 가문의 전통에 따라서 호엔슈타우펜 가문에 충성을 다했습니다. 하지만 프리드리히 2세가 죽고 난 뒤 '대공위시대Great Interregnum'가 시작됩니다. 신성로마제국에서 황제를 선출하지 못했던 시기를 '공위시대Interregnum'라고 부릅니다. 특히 황제 프리드리히 2세가 죽은 1250년부터 합스부르크 가문 출신의 루돌프 1세가 선출되는 1273년까지를 대공위시대라고 불렀습니다. 현재 독일 지역은 당시 신성로마제국으로 묶인 지역이었습니다. 하지만 제국의 황제는 제국 내 제후들이 선거를 통해서 선출하는 방식으로 제국 내 가장 힘이 센 제후가 황제가 되는 식이었습니다.

당시에는 황제가 되려면 반드시 로마로 가서 대관식을 해야 했습니다. 그래서 황제로 대관하기 전 선출된 사람들은 보통 '로마인의 왕Rex Romanorum'으로 불렸습니다. 로마인의 왕이 되면 결국 황제로 즉위할 것이기에 황제의 후계자에게 붙이는 칭호이기도 했습니다. 하지만 대공위시대에는 황제는 물론 로마인의 왕마저 선출하지 못했던 시기였습니다.

대공위시대 초기 루돌프는 이런 혼란한 시기에 가문의 영지와 세력을 확장하는 데 전력을 기울였습니다. 이를테면 루돌프는 외삼촌인 키부르크 백작이 후계자 없이 사망하자 어머니를 통해서 키부르크 백작령 상속을 주장했고, 결국 그가 키부르크 백작령을 차지합니다. 이렇게 자신의 세력을 확장했던 루돌프는 어느 정도 세력을 모았으며, 결국 1273년 신

루돌프 1세의 씰.
통치 초기 루돌프는 가문의 영지와 세력을 확장
하는 데 전력을 기울였다.

성로마제국 황제의 후계자인 로마인의 왕으로 선출되었습니다.

하지만 루돌프는 아주 강력한 국왕이 아니었으며 주변에 수많은 적이 있었습니다. 그는 지지자들을 얻기 위해서 결혼정책을 추진해 자신의자녀들을 독일의 유력한 여러 가문, 심지어 자신에게 적대적인 가문 사람들과도 결혼시켰습니다. 이런 상황은 일단 루돌프가 국왕이라는 지위를 유지하는 데 큰 도움이 됩니다. 사실 루돌프는 로마로 가서 황제로 대관할 만큼 힘이 강하지 않았으며 아들을 자신의 후계자로 세우지도 못했습니다.

하지만 루돌프 1세는 자신이 로마인의 왕이었을 때 합스부르크 가문이 성장하게 되는 가장 큰 발판인 오스트리아 공작령을 장악했습니다. 루돌프 1세가 로마인의 왕이었던 시기, 오스트리아와 슈타이어마르크 공작령을 두고 상속 문제가 발생하게 됩니다. 이때 이 지역을 노리던 보헤미아의 국왕과 역시 이 지역을 원하던 루돌프 사이에 전쟁이 벌어졌고, 루돌프가 승리하면서 오스트리아와 슈타이어마르크의 통치 권력을 장악합니다. 루돌프 이후 오스트리아는 합스부르크 가문의 영지가 되었으며, 합스부르크 가문은 대대로 오스트리아 가문이라는 이미지를 갖게 되었습니다.

✥ 치열한 상속 다툼이 벌어지다

루돌프 1세가 죽은 뒤 그의 장남이었던 알브레히트 1세Albrecht I는 아버지의 생전에는 후계자로 인정받는 데 실패했지만 결국 1298년에 로마인의 왕에 선출되었습니다. 알브레히트 1세 역시 로마로 가서 황제로 대관할 만큼 독일 내 지위가 확고하지 않았습니다. 하지만 아버지에 이어서 로마인의 왕이 되었을 뿐 아니라 아들 루돌프를 보헤미아의 국왕으로 만들어서 가문의 영향력을 강화해 나가려고 했습니다. 물론 알브레히트 1세도 이전 제국의 황제나 국왕들이 그랬던 것처럼 제국 내 적대 세력이 있었습니다. 하지만 알브레히트 1세와 합스부르크 가문의 진정한 적은 가문의 밖에 있는 것이 아니라 가문의 안에 있었습니다. 1308년, 알브레히트 1세는 조카인 요한에 의해서 살해됩니다.

백부인 알브레히트 1세를 살해했기에 후대에 '요한 파리치다Johann Parricida(친족살해범 요한)'라고 불린 요한은 알브레히트 1세의 동생인 루돌프와 보헤미아 국왕의 딸인 아그네스의 아들로 태어났습니다. 요한은 자신의 아버지인 루돌프가 오스트리아와 슈타이어마르크 공작령에 대한 상속 권리를 포기하도록 강요당했음에도 보상을 받지 못했던 것에 불만을 품고 있었습니다. 그런데 백부인 알브레히트 1세가 보헤미아 국왕의 외손자인 자신이 아닌 사촌인 루돌프를 보헤미아의 국왕으로 내세운 것에 더욱 불만을 품게 됩니다. 요한은 백부인 알브레히트 1세가 자신의 친가 쪽 상속 권리를 인정하지 않았을 뿐 아니라 외가 쪽 상속 권리마저 인정하지 않는다고 생각했습니다. 이 상황에서 요한은 결국 백부를 살해하기에 이른 것입니다.

요한이 백부를 살해한 동기가 개인적인 것이었다고 하더라도 결국 합스부르크 가문은 엄청난 타격을 입게 됩니다. 이때 알브레히트 1세는 이미 여러 가지 곤란한 상황에 처해 있었는데 이것을 해결하기도 전에 암살당했으며, 결국 합스부르크 가문에도 불리하게 작용합니다.

아버지 알브레히트 1세의 뒤를 이은 프리드리히Friedrich der Schöne는 형인 루돌프가 죽은 뒤 보헤미아 국왕 지위의 상속을 주장했지만 성공하지 못했으며, 아버지의 뒤를 이어서 로마인의 왕이 되지도 못했습니다. 게다가 다시 한번 기회가 왔을 때, 사촌인 바이에른의 루트비히와 로마인의 왕 지위를 두고 경쟁했을 뿐 아니라 서로 자신이 로마인의 왕으로 선출되었다고 대관식까지 하는 바람에 제국 내부는 더욱 혼란해집니다. 이 상황은 합스부르크 가문 내 영지, 특히 본거지였던 스위스가 합스부르크 가문의 통치에서 벗어나는 계기가 되기도 했습니다. 합스부르크 가문은 결국 루트비히에게 패배하게 되는데, 특히 1322년에 프리드리히는 경쟁자였던 바이에른의 루트비히에게 포로로 사로잡힙니다. 프리드리히가 사로잡히자 프리드리히의 동생인 레오폴트가 형의 주장을 이어받았습니다. 하지만 프리드리히는 도리어 이전의 경쟁자였던 바이에른의 루트비히와 좋은 관계를 맺습니다. 심지어 그는 레오폴트에게 루트비히를 로마인의 왕으로 받아들이도록 설득하는 조건으로 풀려났지만, 레오폴트가 이를 거절하자 루트비히에게 돌아가서 포로생활을 이어가기도 했습니다.

이러한 프리드리히의 행동에 루트비히는 그와 함께 공동 국왕이 되어 신성로마제국을 통치합니다. 루트비히의 행동은 아마도 합스부르크 가문에 대한 화해의 의미였을 것입니다. 게다가 1326년, 프리드리히의 동생이자 프리드리히를 가장 강력하게 지지했던 레오폴트가 사망하면서 프리드리히는 더욱 힘을 잃어버렸습니다. 1328년에 루트비히가 로마로 가서 황제 루트비히 4세Ludwig IV로 대관했을 때 프리드리히는 로마로 가지 않고 독일에 남아 있다가 1330년에 사망합니다.

프리드리히가 죽었을 때 합스부르크 가문은 흔들리고 있었습니다. 프리드리히가 죽은 뒤 가문의 수장은 프리드리히의 동생이었던 오스트리아 공작 알브레히트 2세Albrecht II였습니다. 그는 공작이 되기 전 성직자가 되려고 했기 때문에 교육을 잘 받았습니다. 병으로 인한 장애 때문에 걷는 것이 힘들었던 알브레히트 2세는 형들과 달리 직접 군사 행동을 할 수 없었습니다. 그렇기에 그는 매우 신중한 사람이었을 것입니다.

알브레히트 2세는 합스부르크 가문의 통치에 반발하는 영지 내 상황을 진정시키는 것을 최선의 목적으로 삼았습니다. 먼저 황제 루트비히 4세와 화해해서, 황제에게 적대하지 않는 것은 물론 제위에 대한 모든 권리도 포기합니다. 대신 합스부르크 가문의 영지에 대한 통치 권리를 강화하는데, 특히 오스트리아 공작령에 대한 통치 권리를 강화했으며 이를 위해서 자녀들을 티롤, 비텔스바흐, 룩셈부르크 가문 등 당대 강력한 통치 가문 출신의 사람들과 결혼시켰습니다. 또한 오스트리아 공작령 등에 대한 통치 체계를 통일했으며 상속에 대한 원칙도 확고히 했는데, 그 결과 합스부르크 가문은 오스트리아 공작령을 완전히 장악하게 됩니다. 사실 알브레히트 2세가 오스트리아 공작령에 집중할 수밖에 없었던 가장 큰 이유는 스위스 쪽 영지에서 합스부르크 가문에 대한 반발이 극에 달했고 알브레히트 2세가 손쓸 수 없는 지경에 이르렀기 때문이었습니다. 스위스는 합스부르크 가문의 통치에 대항해서 각 도시들이 연맹을 형성했으며 합스부르크 가문은 이들과의 전투에서 승리하지 못했습니다.

하지만 알브레히트 2세는 스위스를 잠시 붙잡아 둘 수 있었는데, 이것은 바로 알브레히트 2세의 누나이자 알브레히트 1세의 딸이었던 아그네스Agnes von Ungarn 덕분이었습니다. 아그네스는 헝가리의 왕비였지만 자녀 없이 남편이 사망하자 친정으로 돌아와서 수녀원에서 지냈습니다. 아그네스는 과부였지만 매우 정치적으로 뛰어난 인물이었으며 또 재혼하지 않고 수녀로 지냈기에 아그네스를 존경하고 호의적으로 대하는 사람이 많았습니다. 아그네스는 자신의 위치를 이용해서 중재자 역할을 했습니다. 그녀는 가문의 이익을 위해서 자신의 경험과 지식을 활용했고, 이런 아그네스에 대해서 동생들은 물론 조카들마저 신뢰하고 조언을 구했습니다. 아그네스의 활동은 이후 막시밀리안 1세Maximilian I의 딸인 마르가레테Margarete von Österreich나 카를 5세의 여동생이었던 마리아Maria von Ungarn 같은 합스부르크 여성들이 가문을 위해서 적극적으로 정치에 참여했던 바탕이 되었을 것입니다.

알브레히트 2세는 1358년 사망했으며 가문의 영지는 아들들이 상속받았습니다. 알브레히트 2세의 장남인 오스트리아 공작 루돌프 4세Rudolf IV는 아버지가 죽었을 때 19세였지만 그의 동생들과 열 살 정도 차이가 났었기에 가문의 수장이 되어 홀로 가문을 이끌어가야 했습니다. 하지만

헝가리의 왕비 아그네스.
그녀는 남편이 사망하자 수녀로 지내며
정치적 중재자 역할을 했다.

루돌프는 황제 카를 4세의 사위로 제국의 궁정에서 지냈기에 정치적으
로 민감했으며, 가문에 대한 열정도 있었습니다. 그는 이후 합스부르크
가문이 발전할 수 있는 토대가 되는 수많은 일을 했으며, 이 때문에 '루돌
프 데어 슈티프터Rodolf der Stifter(설립자 루돌프)'라고 불렀습니다.

　루돌프 4세는 복잡한 정치적 협상을 통해서 라이벌인 비텔스바흐 가
문으로부터 티롤 백작령을 얻는 데 성공합니다. 티롤 지역은 이탈리아와
독일을 잇는 매우 중요한 곳이었으며, 특히 황제가 되기 위해서 이탈리
아로 갈 때 반드시 지나가야 하는 지역이었습니다. 이후 티롤 지역은 다
른 가문들과 분쟁의 요인이 되기도 했지만, 늘 합스부르크 가문의 소유
였습니다. 또한 제국에서 '대공'이라는 지위를 처음 쓴 것도 루돌프 4세
였습니다. 루돌프 4세는 합스부르크 가문이 제국 내 지위가 높다고 주장
하면서 공작보다 더 높은 칭호인 '대공'이라는 칭호를 씁니다. 이 칭호는

이후 제국 내에서 합스부르크 가문에서만 쓰는 칭호가 되었습니다. 그 밖에 루돌프 4세는 역시 이전의 공작들이 추진했던 오스트리아의 통치 권한을 강화했습니다.

루돌프 4세는 1365년에 26세의 나이로 남성 후계자 없이 사망했습니다. 그리고 가문의 영지는 루돌프 4세의 동생들이었던 알브레히트 3세 Albrecht III와 레오폴트 3세Leopold III der Gerechte가 물려받게 됩니다. 처음에는 공동으로 영지를 통치했지만 성격이 달랐던 두 사람은 정치적 성향 역시 달랐습니다. 결국 1379년, 알브레히트 3세와 레오폴트 3세는 영지를 나누기로 결정합니다. 알브레히트 3세는 오스트리아 지역을 갖기로 했으며, 레오폴트 3세는 나머지 지역인 티롤·슈타이어마르크·카린시아·슈바벤에 걸친 영지를 갖기로 합니다.

✛ 알브레히트 계열 vs 레오폴트 계열

합스부르크 가문은 이후 알브레히트 계열과 레오폴트 계열로 나뉘게 됩니다. 두 분가는 어느 정도 협력하기도 했지만, 정치적인 입장이 서로 달랐을 뿐 아니라 상속 문제를 두고 서로 다투기도 했습니다. 결국 점차 가문의 영향력은 약해졌고, 특히 1386년에 레오폴트 3세가 스위스에서 벌어진 전투에서 사망한 다음 형인 알브레히트 3세가 스위스에 파견한 군대 역시 패배하면서 합스부르크 가문은 스위스에서 영향력을 더 잃었습니다. 심지어 가문의 출발점이 되는 합스부르크 성마저 잃게 됩니다. 이렇게 가문이 내부적으로 약해지면서, 다른 유력 가문들인 룩셈부르크 가문이나 비텔스바흐 가문과의 경쟁에서도 크게 밀리게 됩니다.

알브레히트 3세의 아들인 알브레히트 4세Albrecht IV와 레오폴트 3세의 네 아들들인 빌헬름, 레오폴트, 에른스트, 프리드리히는 영지의 상속을 두고 내전을 벌입니다. 그 와중에 가문의 기사들이 영지 내에서 약탈을 일삼았기에 가문의 영지가 황폐화됩니다. 게다가 영지 내 귀족들은 이런 분쟁을 이용해서 자신에게 더 많은 것을 줄 수 있는 군주를 찾았고, 서로 다투던 합스부르크의 공작들은 이런 귀족들을 서로 자신의 편으로 끌어들이기 위해서 그들이 원하는 것을 더 많이 들어주게 됩니다. 결국 합스부르크 가문의 영지 내 통치권과 경제력은 크게 약화되었습니다.

이 내전에서 알브레히트 4세는 사촌들에게 자신의 영지 일부를 양보해야 했습니다. 알브레히트 4세의 사촌들은 이후 다시 자신들이 소유한 영지를 두고 분쟁을 일으켰지만, 알브레히트 4세는 형제가 없었을 뿐 아니라 아들 역시 한 명밖에 없었기에 영지의 상속 문제가 일어나지 않았습니다. 알브레히트 4세의 아들로 합스부르크 가문을 다시 일으킨 오스트리아 공작 알브레히트 5세Albrecht V는 매우 뛰어난 인물이었습니다. 오스트리아 공작으로는 알브레히트 5세이지만 후에 로마인의 왕 알브레히트 2세Albrecht II로 알려진 알브레히트는 용감하고 군사를 통솔하는 능력이 있었을 뿐 아니라 정치적으로 민감했으며, 또 뛰어난 조언자들을 고용했습니다. 특히 황제였던 룩셈부르크의 지기스문트를 강력하게 지지했으며 제국 내 반란을 진압하는 데 큰 도움을 주었고, 튀르크와의 전쟁에 참전하게 됩니다. 결국 황제 지기스문트도 그를 신뢰하게 되었으며 자신의 외동딸인 엘리자베트를 알브레히트와 결혼시키기까지 합니다. 알브레히트는 황제의 사위로서 그의 후계자 지위를 얻은 것이나 다름없

오스트리아 공작이자 로마인의 왕 알브레히트.
용감하고 군사 통솔 능력이 뛰어나 제국 내 반란을 진
압하는 데 공을 세웠다.

었습니다. 알브레히트는 황제 지기스문트가 사망한 뒤 그의 후계자가 되
어 합스부르크 가문이 늘 노리고 있던 헝가리와 보헤미아(현재 체코의 서
부 지역)의 왕위를 얻었으며, 이후 로마인의 왕에 선출되기까지 합니다.

하지만 알브레히트는 보헤미아와 모라비아(현재 체코의 동부 지역)에
서 종교개혁을 지지하던 후스파의 반란에 직면했으며, 특히 보헤미아에
서 힘을 쓸 수가 없었습니다. 이 시기 이후 합스부르크 가문은 헝가리-보
헤미아를 하나로 묶어야 한다고 깨달았을 것입니다. 또 알브레히트는 튀
르크와의 전투를 시작한 첫 번째 합스부르크 가문 사람이었습니다. 이후
합스부르크 가문은 튀르크와의 전쟁을 중요한 정치 목표 중 하나로 여겼
으며, 이로 인해 다른 사람들에게 합스부르크 가문이 이베리아반도의 나
라들과 함께 유럽의 기독교(가톨릭)를 지키는 두 개의 기둥 중 하나로 여
겨집니다. 또한 이것은 합스부르크 가문이 가톨릭 군주 가문의 핵심이
될 수 있는 중요한 계기였습니다.

헝가리, 보헤미아, 크로아티아의 국왕이자 로마인의 왕이 된 알브레히트 2세는 보헤미아의 후스파 반란 문제와 튀르크에 대항해서 헝가리를 방어해야 하는 문제에 직면했습니다. 그리고 로마인의 왕이 된 지 1년 후인 1439년, 튀르크와의 전투에서 전사했습니다. 그가 죽었을 때 아들은 없었지만 아내인 룩셈부르크의 엘리자베트는 임신 중이었고, 유복자인 라디슬라우스Ladislaus Postumus가 태어났습니다.

엘리자베트는 아들이 남편의 영지를 이어받아야 한다고 생각했지만, 여러 가지 문제가 있었습니다. 오스트리아 공작령을 제외한 다른 영지는 미성년인 국왕을 받아들이려 하지 않았기 때문에 이를 조정해야 했습니다. 게다가 튀르크와의 전투도 계속되고 있었습니다. 이런 복잡한 상황에서 라디슬라우스는 10대에 미혼으로 사망합니다. 라디슬라우스가 죽은 뒤 그의 영지 중 오스트리아는 합스부르크 가문으로 다시 돌아갔지만, 헝가리와 보헤미아는 합스부르크 가문의 통치를 거부하고 다른 사람들을 국왕으로 선출했습니다. 하지만 합스부르크 가문은 헝가리와 보헤미아에 대한 상속을 지속적으로 주장했으며 계속해서 이 지역을 얻고자 했습니다.

한편 사촌인 알브레히트 4세에게 영지의 일부를 빼앗았던 레오폴트 3세의 네 아들 중 강철공 에른스트Ernst der Eiserne와 프리드리히 4세Friedrich IV만이 후손을 이어가게 됩니다. 레오폴트 3세의 네 아들은 영지 문제로 갈등을 빚었지만 형제 둘이 후계자 없이 사망하면서 에른스트와 프리드리히 4세가 각각 슈타이어마르크와 티롤 지역을 차지했습니다. 두 형제의 상황은 서로 달랐습니다. 에른스트는 슈타이어마르크에서 통치자로 인정을 받은 반면, 프리드리히 4세는 형과 비교해서 통치자로서 무능력하게 비춰졌습니다. 게다가 프리드리히 4세의 아들이자 후계자였던 지기스문트Sigismund 역시 무모한 전쟁을 하는 등 위험한 상황을 초래했기에 귀족들의 불만이 더욱 커지게 됩니다. 결국 후계자가 될 아들이 없었던 지기스문트는 티롤의 귀족들에 의해서 자신의 영지를 오촌 조카이자 황제의 아들이었던 막시밀리안에게 물려줘야 했습니다.

유럽의 중심을 차지하다

✤ 황제 프리드리히 3세와 가문의 황위 계승

강철공 에른스트의 아들이었던 황제 프리드리히 3세Friedrich III는 합스부르크 가문에서 처음으로 황제가 된 인물이었습니다. 이전의 루돌프 1세, 알브레히트 1세, 프리드리히 1세, 알브레히트 2세가 로마인의 왕이 되었지만 황제로 대관식을 올리지 못했기에 황제라는 칭호를 쓸 수는 없었습니다. 프리드리히 3세는 1440년에 친척이었던 로마인의 왕 알브레히트 2세가 사망한 뒤 로마인의 왕으로 선출되었고, 1452년에 로마에서 황제로 대관식을 올리게 됩니다.

프리드리히 3세는 교육을 잘 받았으며, 엄격하고 조용하며 신중한 인물이었습니다. 그는 치세 초기 제국 전체의 통치보다 자신이 상속받게 된 영지를 통치하는 모습을 보여줬는데, 이는 프리드리히 3세가 제국의 통치를 등한시한 것으로 보여지기도 했습니다. 하지만 그의 모토이자 이후 합스부르크 가문의 모토가 되는 "오스트리아가 세상을 통치한다(Austriae est imperare orbi universo)"라는 문구는 프리드리히 3세의 야망을 알

프리드리히 3세.
엄격하고 조용하며 신중한 인물로 "오스트리
아가 세상을 통치한다"는 문구를 창시했다.

려주는 것이기도 합니다.

　프리드리히 3세 시절 오스트리아의 공작 알브레히트 3세의 후손들이
었던 알브레히트 계열의 가문은 단절되었으며 모든 상속 영지와 그에 대
한 권리는 프리드리히 3세가 상속받게 됩니다. 하지만 이는 프리드리히
3세에게 좋은 것만은 아니었습니다. 합스부르크 가문 내에서 프리드리
히 3세가 영지를 상속받는 데 반대하는 사람들이 있었기 때문에 그는 자
신의 영지를 지키는 데 더욱 집중하게 됩니다. 결국 프리드리히 3세는 황
제가 되었지만 제국 전체에 대해서 관심을 갖기보다는 자신의 영지를 안
정시키는 데 더 집중했고, 이로 인해 황제로서 그에 대한 평가는 좋지 않
았습니다.

하지만 합스부르크 가문의 측면에서 보자면 프리드리히 3세는 가문의 수장으로 가문을 안정시키는 것은 물론 가문의 영광을 시작한 인물이었습니다. 프리드리히 3세는 오래도록 황제로 재위했고, 아들인 막시밀리안을 다음 대 황제로 만들기 위한 작업을 충분히 할 수 있었습니다. 결국 합스부르크 가문이 이후 신성로마제국의 황제 지위를 세습할 수 있는 토대를 마련했습니다. 또한 당장 상속받지 못하더라도 가문 내 모든 상속 권리를 포기하지 않은 것 역시 합스부르크 가문이 이후 보헤미아나 헝가리 지역을 차지하는 데 큰 도움이 되었습니다. 비록 프리드리히 3세 시절에는 보헤미아나 헝가리를 차지할 수 없었지만, 이런 그의 주장을 후손들이 이어받았으며 결국은 가문이 이 영지들을 손에 넣는 계기가 되었습니다.

무엇보다 합스부르크 가문의 입장에서 프리드리히 3세가 세운 가장 큰 공은 바로 당시 유럽 최고의 경제적 중심지였던 부르고뉴 공작령의 상속녀를 아들과 결혼시켜서, 합스부르크 가문이 이 지역을 상속받도록 한 것입니다. 프리드리히 3세는 부르고뉴 공작 샤를Charles le Téméraire(용담공 샤를)과 스위스에 대한 정치적 의견이 맞았고, 이 때문에 동맹을 체결했습니다. 이 동맹은 부르고뉴 공작의 외동딸이자 상속녀였던 마리 드 부르고뉴Marie de Bourgogne가 막시밀리안과 결혼하는 결정적 요인 중 하나였습니다. 이 결혼으로 합스부르크 가문은 유럽 내 가장 부유한 곳이라고 알려진 부르고뉴 공작령을 가문의 영지로 만들 수 있었습니다.

아버지의 뒤를 이어서 1508년 황제로 대관한 막시밀리안 1세는 신중하고 조용했던 아버지와는 전혀 달리 매우 적극적이고 추진력이 강한 성격이었습니다. 아마 프리드리히 3세는 합스부르크 가문의 영지를 완전히 장악하지 못한 상황에서 황제가 되었고 이후 가문의 수장이 되었음에도 여전히 사촌이나 동생의 도전을 받았기에 무슨 일이든 신중할 수밖에 없었을 것입니다. 하지만 외아들이었던 그는 아버지의 영지를 단독으로 상속할 수 있었습니다. 게다가 그의 주변 친척들 역시 거의 없었는데, 숙부는 후손 없이 아버지보다 먼저 사망했으며 유일한 남성 친척이었던 오촌인 티롤의 지기스문트 역시 티롤 지역에 대한 통치 권리를 1490년 막시밀리안에게 넘겨줘야 했습니다. 이런 상황은 아마도 친척들과의 관계를 조정해야 했던 아버지와는 달리 막시밀리안이 적극적으로 자신의 영지를 장악하는 데 힘을 기울이게 만들었을 것입니다.

막시밀리안은 결혼하면서 아내를 대신해 부르고뉴 공작령에 대한 상속권리를 지키기 위해 전쟁에 뛰어들었으며 이후 다른 다수의 전쟁에도 적극적으로 개입합니다. 비록 아버지는 그를 무모하다고 여겼지만, 막시밀리안은 단순히 군대에만 열성적인 인물이 아니었으며 도리어 아버지보다 더 정치적으로 노련했습니다.

1486년, 이미 황제의 후계자 지위인 로마인의 왕으로 선출되었던 막시밀리안은 아버지가 내정을 맡는 동안 전쟁을 계속해서 이어갈 수 있었습니다. 그리고 이런 막시밀리안의 행동은 결국 프리드리히 3세와 함께 신성로마제국의 황위를 이후에도 합스부르크 가문이 이어받을 수 있게 하는 기틀을 마련했습니다.

막시밀리안이 적극적으로 전쟁에 참전할 수밖에 없었던 가장 큰 이유는 아마도 부르고뉴 공작령 문제 때문이었을 것입니다. 막시밀리안과 마리 드 부르고뉴 사이에서는 후계자가 될 아들인 필리프도 태어났습니다. 하지만 아들이 성인이 되기 전 사망하면서 부르고뉴 공작령 상속에 대한 마리 드 부르고뉴의 불안감은 다시 나타납니다. 특히 여전히 부르고뉴 공작령을 노리는 프랑스와의 관계 때문에 막시밀리안은 전장에서 더 많은 시간을 보내야 했습니다.

합스부르크 가문에서 막시밀리안이 이룬 가장 큰 업적은 역시 아버지처럼 아들을 상속녀와 결혼시킨 일입니다. 물론 이것 역시 아버지처럼 각각 정치적 이해가 맞아떨어진 것이긴 했지만 그의 선택은 결국 합스부르크 가문을 유럽 최고의 가문으로 만드는 데 가장 크게 공헌했습니다.

막시밀리안 1세는 부르고뉴 공작령을 두고 프랑스와 매우 복잡한 상황이었습니다. 평화조약을 체결하기도 했지만 결국 프랑스와는 적대적 관계가 되었습니다. 이것은 오래도록 프랑스 왕가와 합스부르크 가문이 서로 숙적 관계가 되는 중요한 계기였을 것입니다. 막시밀리안 1세는 프랑스를 견제하기 위해서 이베리아반도 쪽과 통혼하기로 결정합니다. 당시 이베리아반도의 대부분을 통치하고 있던 가톨릭 공동군주(카스티야의 이사벨 1세와 아라곤의 페르난도 2세)의 자녀들인 후안과 후아나를 자신의 두 자녀인 펠리페Felipe, 마르가레테와 각각 결혼시켰습니다. 막시밀리안은 이 결혼에서도 운이 좋았는데, 가톨릭 공동군주의 아들이었던 후안은 후계자를 얻지 못하고 사망했으며, 이후 후아나의 언니인 이사벨과 이사벨의 아들마저 일찍 사망하면서 가톨릭 공동군주의 모든 영지가 막시밀리안의 며느리인 후아나에게 돌아가게 됩니다. 필리프와 후아나 사이에서는 여섯 명의 자녀가 태어났으며 이들이 있는 한 후계자 문제는 전혀 걱정이 없었습니다. 비록 막시밀리안 1세의 아들인 필리프는 아버지보다 일찍 사망했지만 손자들이 있었으며, 막시밀리안 1세는 특히 장손인 카를을 후계자로 여기고 교육시켰으며, 카를은 할아버지의 뒤를 잇게 됩니다.

✧ 카를 5세의 통치와 한계

막시밀리안 1세의 손자인 카를 5세Charles V(에스파냐에서는 카를로스 1세)는 상속을 통해서 엄청난 영지를 물려받게 됩니다. 오스트리아를 비롯한 합스부르크 가문의 모든 영지를 상속했을 뿐 아니라 아버지인 필리프를 통해서 당시 유럽 최대의 경제 요충지인 부르고뉴 공작령을 상속받았습니다. 또한 어머니인 후아나 라 로카를 통해서 에스파냐와 신대륙의 식민지마저 상속받았습니다. 그리고 마지막으로 할아버지를 통해서 신성로마제국의 황위를 이어받기까지 했습니다.

카를 5세는 정치적이었고, 그만한 능력도 있었던 인물이었습니다. 그는 아버지가 죽은 뒤 부르고뉴에서 성장했던 반면, 그의 동생인 페르디난트는 에스파냐에서 성장했습니다. 그래서 사람들은 카를 5세는 아버지 쪽 상속 영지를 이어받고, 페르디난트는 어머니 쪽 영지를 물려받을 것이라 여겼을 것입니다. 하지만 카를 5세는 1516년에 외할아버지가 사망하자 에스파냐로 와서 왕위를 이어받았습니다. 그리고 1519년에 할아버지가 죽고 나서는 오스트리아를 비롯한 합스부르크 가문 영지 전체를 물려받았습니다.

카를 5세는 오스트리아를 물려받은 뒤 동생인 페르디난트를 보내서 대리로 통치하도록 했습니다. 카를이 동생을 오스트리아로 보낸 것은 방대한 영지를 통치하기 위한 것도 있었지만 더 중요한 이유는 에스파냐에서는 강력한 경쟁자가 될 수 있었던 동생 페르디난트를 낯선 중부 유럽 지역으로 보내서 동생이 에스파냐에 신경 쓸 수 없게 만드는 것이었습니다. 이렇게 해서 카를 5세는 에스파냐에서 자신의 지위를 더욱 확고히 할 수 있었습니다.

또한 카를 5세는 가문의 정략결혼 전통도 유지합니다. 그는 다른 합스부르크 가문의 통치자들처럼 헝가리와 보헤미아를 원했으며 동생인 페르디난트와 여동생인 마리아를 헝가리와 보헤미아의 국왕 남매인 안나, 라요시와 결혼시켰습니다. 이 결혼은 튀르크의 영향을 받았던 헝가리와 보헤미아가 합스부르크 가문에 도움을 요청한 것이기도 했지만, 결국 이 결혼을 통해서 합스부르크 가문은 헝가리와 보헤미아를 얻게 됩니다. 또한 카를 5세 자신은 사촌인 포르투갈의 이사벨과 결혼했습니다. 이 결혼을 통해서 카를 5세의 아들인 펠리페 2세는 포르투갈의 왕위 계승을 주장하면서 포르투갈을 차지할 수 있었습니다.

하지만 카를 5세가 이 방대한 영지를 홀로 통치한다는 것은 너무나 어려운 일이었습니다. 근대적인 행정 시스템이 구축되지 않은 당시에 넓은 영지를 통치하기 위해서 카를 5세는 늘 이곳저곳을 다녀야 했습니다. 또 프랑스와 적대적인 관계가 더욱 깊어져 프랑스의 프랑수아 1세와 늘 이탈리아 등을 두고 전쟁을 치러야 했습니다. 게다가 합스부르크 가문의 동쪽 지역을 위협하는 튀르크 역시 무시할 수 없는 존재였습니다. 재미있는 사실은 '적의 적은 동지'라는 개념으로 튀르크와 프랑스가 합스부르크라는 공동의 적을 두고 동맹관계를 유지했다는 것입니다. 이 때문에 종교가 서로 달랐지만 오스만제국에서 프랑스는 제1의 동맹국이기도 했습니다.

방대한 영지를 통치하기 위해서 카를 5세는 결국 가족들의 도움이 필요했습니다. 동생인 페르디난트는 에스파냐에서는 정적이었지만 오스트리아에서는 그의 충성스러운 총독이기도 했습니다. 또한 가족의 또 다

카를 5세와 포르투갈의 이사벨.
가문의 정략결혼 전통을 유지한 카를 5세는 사촌인 포르투갈의 이사벨과 결혼했고, 덕분에 아들인
펠리페 2세가 포르투갈의 왕위 계승을 주장했다.

른 전통인 여성 구성원의 도움을 받기도 합니다. 이전 시대에 이미 헝가
리의 왕비였던 아그네스가 가문이 위협받는 상황에서 도움을 줬던 것처
럼 카를 5세와 그의 아들인 펠리페 2세 시대에도 여성 구성원들이 도움
을 줍니다. 카를 5세의 아버지가 죽은 뒤, 카를 5세의 고모이자 과부였던
마르가레테는 재혼하지 않고 부르고뉴의 총독으로서 아버지와 조카를
도와주었습니다. 이런 전통은 계속 이어져 카를 5세의 여동생이자 헝가
리의 왕비였던 마리아 역시 남편이 죽은 뒤 재혼하지 않고 오빠와 조카
를 도와서 네덜란드의 총독으로 일했습니다. 그리고 카를 5세의 아들인
펠리페 2세 역시 딸인 이사벨 클라라 에우헤니아를 네덜란드 총독으로

보냈습니다.

카를 5세는 제국과 에스파냐 그리고 식민지를 통치하기 위해서 끊임없이 노력해야 했지만 모든 일은 그의 뜻대로 되지는 않았습니다. 특히 종교적 문제는 카를 5세를 좌절하게 만들었는데 엄격한 가톨릭주의자였던 카를 5세가 자신의 동생인 페르디난트마저 신교를 포용하는 정책을 펴는 것에 실망스러워했으며 결국 은퇴를 결정하게 됩니다. 1556년 카를 5세는 신성로마제국의 황위와 중부 유럽의 상속 영지를 동생인 페르디난트에게 물려줬으며, 펠리페 2세에게는 에스파냐와 신대륙, 그리고 부르고뉴 공작령을 물려줬습니다. 카를 5세는 퇴위 후에 수도원에 들어가서 머물렀지만, 속세를 떠난 것이 아니었으며 정치적인 영향력은 여전히 막강했습니다.

카를 5세는 비록 영지를 나누어서 물려주긴 했지만, 가문이 완전히 분리되는 것을 바라지 않았을 뿐 아니라 펠리페가 황제의 지위를 잇길 바랐습니다. 하지만 이후 합스부르크 가문은 결국 에스파냐계와 오스트리아계로 나뉩니다.

카를 5세의 동생인 페르디난트는 형을 대신해 오스트리아를 통치하기 위해서 오스트리아로 갔습니다. 카를 5세가 부르고뉴 공작령에서 성장했기에 에스파냐에서는 외국인이었던 것처럼 페르디난트는 에스파냐에서 성장했기에 오스트리아에서 외국인이나 다름없었습니다. 페르디난트 역시 영지를 통치하는 데 어려움에 직면했을 것입니다. 게다가 페르디난트는 헝가리의 안나와 결혼하면서 헝가리와 보헤미아의 왕국을 상속받을 권리를 얻게 됩니다만, 이들은 페르디난트를 쉽게 자신들의 군주로 인정하지 않았습니다. 헝가리나 보헤미아는 오스트리아와는 또 다른 지역 문화를 가지고 있었고, 페르디난트가 이들에게 인정받는 것 역시 매우 어려운 일이었습니다. 하지만 신중하지만 엄격했던 형과 달리 쾌활하고 유연한 성격이었던 페르디난트는 특히 종교문제에 대해 형보다 더 유연하게 대처했습니다.

사실 페르디난트는 오스만제국의 공격을 직접 막아야 했습니다. 그리고 오스만제국과 바로 맞닿아 있는 헝가리와 보헤미아의 지지를 이끌어내야 하는 상황이었습니다. 카를 5세는 주로 숙적이었던 프랑스와의 전쟁에 치중했기에 오스만제국과의 전쟁은 페르디난트가 담당할 수밖에 없었습니다. 강력한 오스만제국과의 전투가 더 시급했던 페르디난트는 내부적인 분란을 만들어서는 안 된다고 여겼으며, 결국 이로 인해 합스부르크 가문 전체가 가톨릭에 헌신적이었음에도 제국 내 신교를 어느 정도 용인하게 되었을 것입니다.

두 개의 합스부르크

✧ 에스파냐-합스부르크

카를 5세가 퇴위한 뒤, 동생인 페르디난트는 황제 페르디난트 1세가 됩니다. 그리고 카를 5세의 아들인 펠리페는 에스파냐의 국왕 펠리페 2세가 되었습니다. 이렇게 합스부르크 가문은 에스파냐 쪽 분가와 오스트리아 쪽 분가로 나뉩니다. 에스파냐 쪽 분가는 에스파냐, 신대륙의 식민지, 네덜란드 쪽을 통치했으며, 오스트리아 쪽 분가는 오스트리아, 보헤미아, 헝가리 등 중동부 유럽 쪽을 통치했습니다. 기본적으로 두 가문은 같은 가문이었으며 에스파냐-합스부르크 가문이 연장자 가문으로 인정받았기에 서로에게 도움이 되는 방향으로 나아가려 했습니다. 하지만 두 분가는 통치하는 지역이 전혀 달랐을 뿐 아니라 정치적·종교적인 입장마저 달랐기에 두 가문의 연결고리가 늘 필요했습니다. 이것은 합스부르크 가문에서 유명한 근친결혼의 원인이 됩니다.

카를 5세의 아들이었던 펠리페 2세는 자신의 모든 것을 통치하는 데 쏟아부어야 했을 뿐 아니라 평생 전장에 있어야 했습니다. 실제로 스스로 전장에 나서지는 않았지만 프랑스나 무슬림 세력, 그리고 네덜란드 개신교 세력과 나아가서 잉글랜드와도 전쟁을 해야 했습니다. 이 전쟁은 펠리페 2세가 특별히 팽창 정책을 편 것 때문이 아니라 정치적인 상황에 따른 전쟁이었습니다. 프랑스나 무슬림 세력은 합스부르크 가문의 숙적 이었으며 이들과의 전쟁은 피할 수 없는 일이었습니다.

하지만 이런 전쟁은 내부적으로 재정 문제에 직면하게 만들었고, 결국 세금을 올리게 됩니다. 당연히 여러 지역에서 반발했는데 특히 네덜란드 지방에서 반발이 심했습니다. 이들에게 에스파냐에서 나고 자란 펠리페 2세는 외국인 국왕이었으므로 이런 세금 문제는 자신들의 이익을 침해받는 일이라고 느끼게 됩니다. 게다가 네덜란드에서는 개신교가 널리 퍼져 있었는데, 펠리페 2세는 가톨릭을 지지했을 뿐 아니라 엄격한 종교정책을 폈기에 반발이 더욱 심해집니다.

펠리페 2세는 말년에 포르투갈을 계승하기 위해서 포르투갈을 침공합니다. 사실 펠리페 2세는 포르투갈 공주의 아들로 정당한 계승 권리를 가지고 있었고, 포르투갈의 귀족들 상당수가 그를 국왕으로 지지했을 뿐 아니라 펠리페 2세에게 도움을 청했습니다. 이런 명분을 얻게 된 펠리페 2세는 포르투갈을 침공했고, 경쟁자를 정리한 뒤 포르투갈의 왕위를 얻게 됩니다.

펠리페 2세는 평생 후계자 문제에 시달렸습니다. 그는 평생 동안 네 번 결혼했는데 처음에는 사촌인 포르투갈의 마리아와 결혼했으며 둘 사이에서는 아들인 돈 카를로스가 태어났습니다. 하지만 돈 카를로스는 통치자로서 적합하지 않은 인물이었으며 결국 일찍 사망했습니다. 두 번째 는 정치적 목적으로 오촌이었던 잉글랜드의 메리 1세(블러디 메리)와 결

펠리페 2세.
평생 전쟁을 치러야 했던 그는 네 번이나 결혼했지만 후계자 문제에도 시달려야 했다.

혼했습니다. 이때는 자녀가 없었기에 결국 합스부르크 가문은 잉글랜드를 얻지는 못했습니다. 세 번째는 프랑스와의 평화를 위해서 프랑스의 앙리 2세의 딸인 엘리자베트 드 발루아Élisabeth de Valois와 결혼했습니다. 펠리페 2세는 아들과 같은 나이였던 이 어린 아내를 무척이나 사랑했다고 합니다만, 부부 사이에서 아들을 얻지는 못했습니다. 그리고 마지막으로 조카였던 오스트리아의 안나와 결혼합니다. 펠리페 2세와 안나의 결혼은 전형적인 가문의 유대를 위한 것이었을 뿐 아니라 오스트리아 쪽의 이익을 대변하기 위한 것이기도 했습니다. 안나는 펠리페 2세에게 후계자가 될 아들인 펠리페 3세를 낳아주었지만 남편보다 먼저 사망했습니다. 안나가 죽은 뒤 펠리페 2세의 동생이자 안나의 어머니였던 마리아가 에스파냐로 돌아왔고 외손자인 펠리페 3세Felipe III에게 강한 영향력을 행사했습니다.

펠리페 2세의 아들이었던 펠리페 3세는 아버지인 펠리페 2세와 달리 통치에 그다지 신경을 쓰지 않았습니다. 펠리페 3세는 정치적인 상황을 이해하지 못하는 것은 아니었지만 그보다 즐거운 삶을 살기로 선택했고, 정치는 자신이 신뢰하는 신하인 레르마 공작에게 맡겨버렸습니다. 레르마 공작은 국왕의 절대적인 신임을 등에 업고 나라를 통치했습니다만, 그의 국가 운영은 대부분 성공하지 못했으며, 자신의 측근들에게 특권과 혜택을 줬습니다. 아마도 이런 그의 국정 운영 방식은 에스파냐-합스부르크가 오스트리아-합스부르크 가문을 돕는 데 좀 더 소극적인 태도를 취하게 했을 것입니다. 레르마 공작은 오스트리아-합스부르크의 이익보다는 에스파냐의 이익을 얻는 것이 자신에게 도움이 된다는 사실을 알았을 것입니다. 하지만 이런 상황은 오스트리아의 이익을 대변했던 펠리페 3세의 외할머니인 마리아나 펠리페 3세의 아내였던 오스트리아의 마르가레테의 불만을 샀을 것입니다. 펠리페 3세는 오스트리아-합스부르크와의 우호를 위해서 육촌이었던 오스트리아의 마르가레테와 결혼했습니다. 마르가레테는 펠리페 3세의 외할머니인 마리아와 함께 에스파냐 궁정 내에서 오스트리아 측의 이익을 대변한 사람이었습니다.

펠리페 3세의 아들이었던 펠리페 4세Felipe IV는 아버지에 비해서 매우 적극적으로 통치했을 뿐 아니라 위대했던 에스파냐-합스부르크의 영광을 되찾으려 했습니다. 하지만 이런 그의 행동은 30년 전쟁으로 혼란했던 유럽과 에스파냐 내부의 복잡한 상황으로 성공할 수 없었습니다. 펠리페 4세와 그의 총신이었던 올리바레스 백작은 전쟁으로 인한 부담을 해결하기 위해서 세금 시스템 등을 개혁하려 했지만 이런 행동은 도리어 이전에 세금을 덜 내던 지방의 반발을 일으켜 성공할 수 없었습니다.

합스부르크 가문의 입장에서 본다면 펠리페 4세의 가장 큰 문제점은 바로 후계자 문제였습니다. 그는 프랑스의 앙리 4세의 딸이었던 엘리자베트 드 부르봉과 결혼했으며 아들 발타자르 카를로스와 딸 마리아 테레사를 얻었습니다. 하지만 발타자르 카를로스는 어린나이에 사망했으며, 엘리자베트 드 부르봉 역시 얼마 뒤 사망합니다. 펠리페 4세는 아들과 아내가 죽고 난 뒤 조카인 오스트리아의 마리아나와 재혼합니다. 조카와 재혼한 것은 전형적인 오스트리아-에스파냐 사이 가문 간의 유대를 강화하기 위해서였습니다. 그리고 둘 사이에서는 딸인 마르가리타 테레사와 아들인 카를로스가 태어납니다.

카를로스가 태어나기 전, 오랫동안 펠리페 4세에게는 마리아 테레사와 마르가리타 테레사 두 딸밖에 없었습니다. 에스파냐는 여성 계승자를 인정했기에 만약 펠리페 4세에게 아들이 태어나지 않을 경우를 대비해야 했습니다. 사촌이었던 프랑스의 루이 14세와 결혼했던 마리아 테레사는 많은 지참금을 가지고 가는 대신 왕위 계승 권리를 포기하기로 했습니다. 숙적인 프랑스 왕가가 에스파냐 왕위 계승 권리를 얻게 내버려 둘 수 없었기 때문이었습니다. 하지만 에스파냐의 재정 상태로는 약속한 지참금을 줄 수가 없었고, 이것은 나중에 큰 문제가 됩니다.

합스부르크 가문은 에스파냐가 다른 가문으로 넘어가는 것을 두고 볼 수 없었습니다. 따라서 마르가리타 테레사는 황제가 되는 외삼촌 레오폴트 1세와 결혼하게 됩니다. 펠리페 4세는 마침내 카를로스 2세를 낳았지만, 카를로스 2세는 후손이 없었습니다. 이후 카를로스 2세가 사망하면서 결국 에스파냐-합스부르크 가문은 단절됩니다.

✤ 오스트리아-합스부르크

카를 5세의 동생인 페르디난트 1세Ferdinand I가 제국의 황위를 물려받은 뒤 갈라져 나온 오스트리아-합스부르크 가문은 에스파냐-합스부르크와 또 다른 문제에 직면하게 됩니다. 에스파냐-합스부르크는 종교 갈등이 있었지만, 이는 네덜란드 지방 중심이었으며 에스파냐는 오랫동안 가톨릭 중심의 통일 이념을 유지했기에 종교적으로 안정된 상황이었습니다. 반면 신성로마제국에서는 개신교의 이념이 이곳저곳으로 퍼져나가서 혼란한 상황이 됩니다. 게다가 합스부르크 가문은 외부의 강력한 적이었던 오스만제국과 상대해야 했기에 내부의 갈등을 원만하게 수습해야 할 상황이었습니다.

페르디난트 1세의 아들이었던 막시밀리안 2세Maximilian II는 사촌이자 처남이었던 에스파냐의 펠리페 2세보다 훨씬 더 유연한 종교 정책을 폈던 인물이었습니다. 제국 내에서 신교도들의 세력이 더욱 확대되고 있었을 뿐 아니라 여전히 오스만제국은 신성로마제국은 물론 합스부르크 가문의 영지에 강력한 위협이었기에 이를 대처하기 위해서는 제국 내의 내부 단속이 중요했습니다. 그래서 막시밀리안 2세는 종교 문제에 좀 더 유연하게 대처할 수밖에 없었습니다.

사실 합스부르크 가문 내에서도 개신교에 호의적인 사람들이 많았으며 이는 당시 많은 사람이 '종교개혁'이 필요하다고 인식하고 있었음을 의미합니다. 하지만 개신교처럼 급격한 종교개혁에 대해서는 찬성하는 이들과 반대하는 이들로 나뉘었습니다. 특히 제국 내에서는 개신교 세력이 강해지고 있었으며 합스부르크 가문의 황제들인 페르디난트 1세, 막시밀리안 2세, 루돌프 2세Rudolf II, 마티아스Matthias까지 개신교에 대해서 에스파냐-합스부르크보다는 훨씬 더 너그러웠습니다. 이런 견해는 오스트리아 쪽과 에스파냐 쪽의 이견이 점차 나타나기 시작하게 된 원인이 됩니다. 이런 이견을 해결하기 위해서 합스부르크 가문은 두 분가 사이의 결혼으로 서로의 이익과 화합을 조절하려고 했습니다.

막시밀리안 2세는 어떻게든 제국 내 평화를 유지하길 바랐으며 이것은 그가 중재자 역할을 하게 만들었습니다. 막시밀리안 2세는 제국 내 상황은 물론 합스부르크 가문에 불만을 가지고 있던 네덜란드 쪽 상황에 대해서도 중재하려고 했습니다만 사촌인 펠리페 2세의 거부로 이는 실현되지 못했습니다.

막시밀리안 2세의 뒤를 이은 루돌프 2세는 매우 교육을 잘 받았을 뿐 아니라 종교정책에서 아버지와 비슷한 입장이었습니다. 하지만 루돌프 2세는 심각한 우울증을 앓고 있어서 점차 더 한쪽으로 편중하는 모습을 보였는데, 특히 오스만제국에 대한 투쟁을 십자군 전쟁에 비견할 만한 일이라고 여겼고, 적극적으로 전쟁을 치르게 됩니다. 그러나 오스만제국과의 전쟁은 신성로마제국 내 상황을 악화시켰으며 결국 동생인 마티아스가 형인 루돌프에게 반기를 들게 됩니다. 루돌프 2세는 동생의 반역과 가족들의 동조에 격분했지만 마티아스는 기어이 형을 가두었으며, 이후 루돌프 2세는 명목뿐인 황제가 되었습니다. 마티아스는 실권을 장악했고, 이후 루돌프 2세가 죽은 뒤 황위를 이었습니다. 그는 이전의 황제들과 달리 좀 더 가톨릭에 집중하는 정책을 펼쳤는데, 이는 제국 내 개신교 세력의 반발을 사게 됩니다.

✧ 국제전으로 치닫는 전쟁의 시대

에스파냐와 네덜란드의 분쟁은 펠리페 2세 시대부터 시작되었으며 펠리페 3세 시대가 되면서 절정에 이릅니다. 이들의 전쟁은 점차 국제전 양상으로 발전했고 17세기 초반 무렵에 잠시 휴전이 있었지만 곧 다시 전쟁이 시작될 것을 모두가 알고 있었습니다. 하지만 이 시기에 가장 심각했던 유럽의 분쟁은 이 에스파냐와 네덜란드의 전쟁이 아니라 오스트리아-합스부르크 가문이 통치 권리를 주장하고 있던 보헤미아에서 시작됩니다.

황제 마티아스에게는 후계자가 될 아들이 없었습니다. 이 때문에 합스부르크 가문에서는 마티아스의 후계자가 될 만한 사람을 선정해야 했습니다. 그리고 마티아스의 사촌이었던 슈타이어마르크의 페르디난트 대공이 마티아스의 뒤를 이을 예정이었습니다. 이 결정으로 제국 내 종교 갈등은 더욱 심화됩니다. 페르디난트 대공은 매우 종교에 신실했으며 교육을 잘 받았기에 그를 만난 많은 사람은 그를 호의적으로 봤었습니다. 하지만 페르디난트의 사상은 가톨릭에 대한 엄격한 헌신을 기반으로 했기에 당연히 개신교에 강력한 억압을 시도할 것이 뻔했습니다. 이로 인해 제국 내 개신교도들의 불안감은 더욱 커졌습니다.

결국 페르디난트가 합스부르크 가문의 후계자로서 1617년 보헤미아의 국왕이 되었을 때, 보헤미아의 개신교 귀족들은 페르디난트가 그들을 핍박하리라고 생각했습니다. 그래서 이들은 개신교도인 국왕을 새롭게 선출하려고 합니다. 그리고 팔츠pfalz의 선제후였던 프리드리히 5세가 보헤미아 개신교도들의 제안을 받아들여서 보헤미아 국왕의 지위를 수락합니다. 당연히 페르디난트는 이런 상황을 지켜만 보지 않았으며, 보헤미아에서 프리드리히를 쫓아냅니다. 이것이 바로 30년 전쟁의 시작이었습니다.

1519년에 사촌인 마티아스의 뒤를 이어서 황제 페르디난트 2세가 된 페르디난트는 보헤미아를 공격해서 성공적으로 장악했을 뿐 아니라 보헤미아를 완전히 합스부르크 가문의 영지로 만들어버립니다. 그는 성공한 경험을 바탕으로 제국에도 같은 정책을 펴기로 생각합니다. 특히 반역자였던 프리드리히 5세의 팔츠 선제후령을 당연히 점령하기로 마음먹었습니다. 하지만 팔츠 선제후령에 대한 공격은 30년 전쟁을 제국 내의 사람들은 물론, 더 나아가 여러 이익 문제가 얽힌 잉글랜드·프랑스·에스파냐·네덜란드 심지어 덴마크와 스웨덴 같은 제국 외부 나라들마저도 끌어들인 국제전으로 발전시켰습니다.

페르디난트 2세의 아들인 페르디난트 3세Ferdinand III는 이미 황제가 되기 전부터 30년 전쟁에 참전했습니다. 하지만 그는 이제 오랜 전쟁을 끝내야 한다는 것을 알고 있었습니다. 물론 페르디난트 3세 역시 아버지와 비슷한 정책을 폈으며 가톨릭에 헌신적이었습니다. 하지만 아버지보다 좀 더 종교에 대해 유연한 정책을 펼쳤습니다. 사실 그는 전쟁을 끝내길 원했기에 어쩔 수 없이 선택한 측면도 있었을 것입니다.

30년 전쟁은 이전의 종교개혁과 연결되어 종교 전쟁처럼 보였습니다만, 전쟁이 진행되면서 종교 전쟁이라기보다는 제국 내 여러 세력과 제국 바깥 세력들이 서로의 이익을 위해서 견제하는 양상으로 발전했습니다. 결국 이 전쟁으로 제국 내 각 지역의 독립성이 더욱 강화되었으며, 이것은 합스부르크 가문이 제국 내에서 황제의 권력을 강화하고 중앙집권제를 실시하는 데 큰 걸림돌로 작용하게 됩니다. 30년 전쟁 이후 제국 내

1620년에 일어난 백산전투.
30년 전쟁 초기에 벌어진 이 전투에서 제국군은 보헤미아군에 승리했다.

황제의 권력을 더 강화할 수 없었기에 페르디난트 3세는 헝가리와 보헤미아에서 통치 권력을 강화합니다. 이후에도 30년 전쟁의 여파는 계속 남아 있었는데 1657년에 페르디난트 3세가 사망한 뒤, 그의 아들인 레오폴트 1세Leopold I가 황제가 되려고 했을 때 프랑스에서 노골적으로 반대하며 합스부르크 가문 사람이 아닌 다른 후보자들을 적극적으로 지지했는데, 이에 동조하는 제국의 제후들 역시 많았습니다.

　30년 전쟁이 끝나고 나서 합스부르크 가문은 위기를 겪게 됩니다. 바로 후계자 문제 때문이었습니다. 에스파냐-합스부르크 가문은 후계자가 될 아들이 점차 줄어들었으며 특히 카를로스 2세는 후계자를 얻지 못할 것이 분명했습니다. 이렇게 되자 에스파냐 상속을 두고 분쟁이 일어났습니다. 카를로스 2세의 누나인 마리아 테레사는 프랑스 국왕 루이 14세와 결혼했으며, 카를로스 2세의 다른 누나인 마르가리타 테레사는 외삼촌인 황제 레오폴트 1세와 결혼했습니다. 원래 마리아 테레사는 결혼할 때 지참금을 받고 왕위 계승 권리를 포기했어야 하지만 에스파냐는 프랑스에 이 지참금을 다 지급하지 못했습니다. 이를 빌미로 루이 14세는 아내의 권리를 통해 자신의 손자인 앙주 공작 필리프가 왕위를 얻어야 한다고 주장합니다.

물론 합스부르크 가문에서는 숙적인 프랑스 왕가가 에스파냐와 신대륙을 얻는 것을 원치 않았기에 당연히 적당한 왕위 계승자를 찾았습니다. 바로 레오폴트 1세의 외손자이자 카를로스 2세의 조카였던 바이에른의 프란츠 페르디난트였습니다. 프랑스의 앙주 공작이 카를로스 2세의 누나의 손자였다면, 프란츠 페르디난트는 카를로스 2세의 누나의 외손자였습니다. 결국 합스부르크 가문 쪽에서는 프랑스에 에스파냐를 넘기는 것보다는 합스부르크 가문에 우호적인 비텔스바흐 가문으로 에스파냐를 넘기는 게 더 이익이었을 것입니다. 하지만 프란츠 페르디난트는 어린 나이에 카를로스 2세보다 일찍 사망했으며 결국 다시 한번 에스파냐 왕위 계승 문제가 떠오르게 됩니다.

1700년, 카를로스 2세가 사망하자 프랑스와 오스트리아에서 서로 왕위를 얻기 위해 전쟁을 시작합니다. 이 전쟁이 바로 1701년에 일어난 에스파냐 계승 전쟁이었습니다. 이 전쟁은 루이 14세의 손자였던 앙주 공작 필리프와 레오폴트 1세의 아들인 카를 대공이 왕위를 주장하면서 시작되었습니다. 한때 카를 대공이 우세하기도 했지만 1711년에 그의 형인 요제프 1세Joseph I가 아들 없이 사망하고 카를 대공이 황제인 카를 6세Charles VI가 되자, 카를 6세의 영지와 권한이 너무 커질 것을 우려했던 다른 국가들이 개입해 결국 에스파냐의 국왕으로 앙주 공작 필리프가 완전히 인정받게 되었습니다. 이후 에스파냐 왕위는 합스부르크 가문의 손을 떠나서 부르봉 가문의 손에 넘어가게 됩니다.

17세기 말 합스부르크 가문의 상황은 이전보다 매우 위축된 분위기였습니다. 에스파냐의 카를로스 2세는 스스로 통치하는 게 거의 불가능했으며, 심지어 오스트리아-합스부르크보다 프랑스에 더욱 호의적이었습니다. 레오폴트 1세는 더욱 힘든 상황이었는데 에스파냐-합스부르크가 프랑스를 견제하지 않았기에 결국 오스트리아-합스부르크 가문은 동쪽에서는 오스만제국을 견제해야 했으며 서쪽으로는 프랑스를 견제해야 했습니다.

레오폴트 1세는 오스만제국과 평화협정을 맺으면서 프랑스와의 투쟁에 더 집중하지만, 이에 대해 헝가리와 보헤미아가 반발했습니다. 게다가 오스만제국은 계속해서 팽창해나갔으며 헝가리와 보헤미아는 물론 합스부르크 가문의 수도인 빈마저 공격했습니다. 레오폴트 1세는 서둘러 오스만제국을 견제하기 위해서 제국 내 여러 지위를 포기해야 했지만 사실 30년 전쟁 이후 신성로마제국은 황제의 권한이 더욱 약해졌고 대신 신하 군주들의 영향력은 강화되는 상황이었기에 큰 손해는 아니었을 것입니다. 도리어 오스만제국의 공격에서 빈을 구하기 위해서 여러 세력이 참전했고, 이교도로부터 유럽을 지킨다는 합스부르크 가문에 대한 오랜 믿음을 되살렸습니다. 게다가 오랫동안 합스부르크 가문의 통치에 불만을 품고 있었던 헝가리와 보헤미아가 합스부르크 가문의 통치를 좀 더 순순히 받아들이는 계기가 되기도 했습니다.

에스파냐 계승 전쟁으로 합스부르크 가문은 에스파냐를 잃었습니다.

프랑스와 오스만제국을 견제했던 레오폴드 1세. 합스부르크 가문의 상황이 위축되자 오스만 제국과 프랑스의 공격을 막아야 했다.

하지만 남성 후계자가 부족한 문제는 에스파냐-합스부르크 가문의 문제만은 아니었습니다. 오스트리아-합스부르크 가문 역시 남성 후계자가 부족한 문제가 나타나기 시작했습니다.

레오폴트 1세에게는 두 아들인 요제프와 카를이 있었습니다. 하지만 요제프와 카를은 모두 남성 후계자를 남기지 못했습니다. 요제프는 황제 요제프 1세가 되었으며 두 딸만이 성인으로 성장합니다. 그리고 요제프 1세가 죽었을 때 합스부르크 가문의 모든 상속 권리는 동생인 카를 대공이 물려받아서 황제 카를 6세가 됩니다. 카를 6세 역시 두 딸밖에 남지 않았으며, 그는 후계자 문제를 고민할 수밖에 없었을 것입니다. 카를 6세는 결국 딸인 마리아 테레지아Maria Theresa를 자신의 후계자로 선택했습니다. 이것은 제국 내 여러 세력의 반발을 초래했는데, 특히 여성 상속을 인정할 경우 마리아 테레지아보다 우선 상속 권리가 있었던 요제프 1세의 딸들의 상속 권리를 무시했기에 가문 내 갈등의 요인도 되었습니다.

카를 6세는 1713년 합스부르크 가문의 영지를 묶어서 상속해야 한다는 국사조칙Sanctio Pragmatica을 발표해서 여성 상속이 배제된 오스트리아 공작령 등에 대한 여성 상속을 가능하게 하는 법률을 만들었으며, 외교적인 방법을 통해서 딸의 상속 권리를 보장하려 했습니다. 하지만 카를 6세가 죽고 난 뒤 그의 정책은 실패한 것이 분명해집니다. 이전에 마리아 테레지아를 인정하겠다고 했던 사람들조차도 마리아 테레지아의 상속을 인정하지 않는 바람에 이것은 오스트리아 계승 전쟁으로 이어지게 됩니다.

♣ 합스부르크-로트링겐

마리아 테레지아는 1736년에 로렌의 공작 가문 출신인 프란츠 슈테판과 결혼했습니다. 이 두 사람의 후손들은 이후 합스부르크 가문을 이어나갔기 때문에 합스부르크-로트링겐으로 불리게 됩니다. 하지만 후손들은 스스로를 이전의 합스부르크 가문 사람들처럼 오스트리아 가문 사람으로 인식했습니다.

마리아 테레지아는 카를 6세의 후계자로 알려져 있었지만 카를 6세는 딸에게 통치 기술을 가르치지 않았습니다. 이것은 아마도 카를 6세 역시 당대 많은 이처럼 딸은 단순히 다른 남성 후계자(외손자)를 얻기 위한 징검다리 정도로 여겼을 가능성이 큽니다. 물론 카를 6세는 딸의 권리를

카를 6세의 후계자인 마리아 테레지아.
카를 6세는 딸의 권리를 확보하기 위해
제국 내 제후들과 주변 국가에 그녀의
계승을 인정하도록 협정을 체결했다.

확보해야 한다는 것을 잘 알고 있었으며, 외교적인 노력을 통해서 제국
내 제후들과 주변 국가들이 마리아 테레지아의 계승을 인정하도록 협정
을 체결했습니다. 하지만 1740년에 카를 6세가 죽자, 이전의 합의와 달
리 프로이센과 작센 등 제국 내 여러 국가는 물론 프랑스 같은 국외 세력
까지 마리아 테레지아의 계승을 인정하지 않아서 전쟁에 돌입하게 됩니
다. 이것이 바로 오스트리아 계승 전쟁입니다.

　위기에 처한 마리아 테레지아는 헝가리로 가서 태어난 지 얼마 안 된
자신의 아들인 요제프를 안고 헝가리 귀족들에게 호소합니다. 자극을 받
은 헝가리 사람들은 위험에 처한 귀부인이자 자신들의 군주를 지키기 위
해서 마리아 테레지아를 지지합니다. 재미있는 점은 오랫동안 헝가리는
합스부르크 가문이 통치하는 데 반발하는 입장이었지만, 이때에는 도리

어 합스부르크 가문을 이어받은 마리아 테레지아를 가장 적극적으로 지지했다는 것입니다.

오스트리아 계승 전쟁은 합스부르크 가문의 모든 것을 바꾸게 됩니다. 마리아 테레지아는 오스트리아 계승 전쟁을 통해서 적들과 대항하기 위해서는 내부 개혁이 필요하다는 것을 절실히 깨달았습니다. 그녀는 행정은 물론 군대에 대한 개편까지도 단행합니다. 하지만 마리아 테레지아는 보수주의자였기에 급진적인 개혁을 추구한 것은 아니었습니다. 또한 외교에 대해서도 이전의 동맹들과는 다른 관점을 취합니다.

오스트리아 계승 전쟁 당시 합스부르크 가문의 동맹이라고 여겨졌던 프로이센이나 바이에른이 오스트리아를 공격했으며, 심지어 전통적인 우방국인 영국마저도 소극적으로 대처했습니다. 이에 마리아 테레지아는 이전의 동맹과 다른 동맹을 찾게 됩니다. 바로 오랫동안 합스부르크 가문의 숙적이었던 프랑스 왕가와 동맹을 추진한 것입니다. 당시 프랑스 왕가였던 부르봉 가문은 프랑스뿐 아니라 에스파냐와 파르마, 시칠리아와 나폴리 등을 통치하고 있었습니다. 부르봉 가문과의 동맹을 위해서 마리아 테레지아는 자신의 자녀들을 부르봉 가문의 여러 분가와 결혼시켰습니다. 아들인 요제프와 딸인 마리아 아말리아를 파르마 공작 가문의 사람들과 결혼시켰고, 또 다른 딸인 마리아 카롤리나는 시칠리아와 나폴리의 국왕과 결혼시켰으며, 막내딸인 마리아 안토니아를 프랑스 국왕의 후계자와 결혼시키기까지 합니다. 그리고 7년 전쟁 때 오스트리아는 프랑스, 러시아와 동맹을 맺고 프로이센 등과 전쟁을 치르게 됩니다. 특히 마리아 테레지아는 프로이센에 뺏긴 슐레지엔 지방을 되찾기 위해서 평생을 노력했지만, 성공하지는 못했습니다.

마리아 테레지아는 여성이었기에 신성로마제국의 황제 지위를 이어받지는 못했습니다. 하지만 그녀는 남편인 프란츠 슈테판을 황제로 만들었으며 이후 후손들이 여전히 황제 지위를 쓸 수 있도록 만들었습니다. 그리하여 프란츠 슈테판이 죽은 뒤 장남인 요제프 2세Joseph II가 황위를 이어받았으며 어머니와 공동 통치자가 되어 가문의 영지를 통치할 수 있었습니다.

나이가 든 후 마리아 테레지아는 자신이 공적인 활동에서 물러나길 바랐습니다. 하지만 요제프 2세의 정책은 당대 입장에서 보면 너무나 급진적이었기에 그의 행동을 제약할 사람이 필요했습니다. 그래서 마리아 테레지아는 계속해서 공적 활동을 이어갈 수밖에 없었습니다. 물론 요제프 2세는 이런 상황을 못마땅해했지만, 급진적인 그의 정책을 반대하는 인물들이 많았습니다. 결국 요제프 2세는 이로 인해 통치하는 데 좌절을 겪게 됩니다.

요제프 2세는 후계자가 될 아들이 없었으며 딸도 일찍 죽었기에 동생이자 토스카나 대공이었던 레오폴트가 형의 뒤를 이어서 황제가 됩니다. 레오폴트 2세Leopold II는 형과 달리 좀 더 보수적인 인물이었을 뿐 아니라 어머니처럼 점진적인 개혁을 추진했습니다. 특히 형의 생전에 토스카나 대공으로서 이 지역을 통치했는데 이런 경험은 황위에 올라서도 큰 도움이 되었습니다.

가문의 황혼

✤ 프랑스 대혁명과 합스부르크의 위기

프랑스 대혁명은 유럽의 모든 나라에 영향을 미쳤습니다. 합스부르크 가문 역시 예외는 아니었습니다. 마리아 테레지아의 외교 정책 때문에 그의 세 딸들은 부르봉 가문이 통치하던 파르마, 나폴리, 시칠리아, 프랑스로 시집갔습니다. 그리고 프랑스 혁명에 마리아 테레지아의 막내딸인 마리 앙투아네트가 직접적으로 엮이게 됩니다. 곧 프랑스 혁명은 전 유럽으로 확대되었고, 이후 나폴레옹이 등장하면서 기존의 유럽 질서를 완전히 붕괴시킵니다.

프랑스 대혁명이 일어난 직후 아버지 레오폴트 2세로부터 황위를 이어받은 프란츠 2세Franz II는 이런 상황에서 합스부르크 가문을 지켜야 했습니다. 나폴레옹은 유럽의 많은 지역을 정복했을 뿐 아니라 자신이 정복한 지역을 프랑스를 중심으로 하는 제국으로 만들었습니다. 이에 프란츠 2세는 결국 '오스트리아 황제'라는 새로운 칭호를 쓰게 됩니다. 이것은 신성로마제국과는 다른 시스템이었고, 나폴레옹 전쟁 이후 신성로마제국은 더 이상 존재하지 않았으므로, 이후 합스부르크 가문은 오스트리아제국을 통치하게 되었습니다. 이 오스트리아제국은 이전의 신성로마제국보다 독일 내 영향력이 축소된 형태였습니다.

이전의 신성로마제국이 독일의 전 지역을 묶었다면 오스트리아제국은 독일 내 영향력은 축소되고 오스트리아와 헝가리, 보헤미아 등 합스부르크 가문의 영지 쪽에만 이전과 같은 영향력을 행사할 수 있었습니다. 결국 오스트리아제국은 이전의 신성로마제국보다 훨씬 동유럽에 치중된 형태였습니다.

오스트리아의 황제 프란츠 1세Franz 1가 된 프란츠 2세는 나폴레옹과 오랫동안 전쟁을 치렀습니다. 나폴레옹을 이기지 못한 그는 나폴레옹과 평화협정을 체결했으며 심지어 자신의 큰딸을 나폴레옹과 결혼시키기까지 했습니다. 하지만 나폴레옹이 러시아 원정에 실패하고 나서 러시아와 함께 나폴레옹을 몰아내는 데 힘쓰게 됩니다. 프란츠 1세는 이후 빈회의에서 나폴레옹 이전 시절의 국제 질서를 회복하는 데 찬성했습니다. 이 의견을 주장한 중심인물은 프란츠 1세의 수상이었던 메테르니히였으며, 프란츠 1세 역시 그의 주장을 지지했습니다.

이로 인해 프란츠 1세가 이전 시대의 질서를 신봉한 많은 유럽의 군주와 같은 성격의 인물이었다는 것을 알 수 있습니다. 하지만 나폴레옹 전쟁 이후 유럽은 자유주의와 함께 국민주의가 대두되었으며, 많은 나라에서 혁명이 일어났고, 분권화되어 있던 나라들이 중앙집권화가 되면서 통일하거나 아니면 이전의 통치를 벗어나 독자적인 나라가 되려고 하는 상황이 진행됩니다. 그리고 여기에는 프란츠 1세의 영지인 헝가리 등도 포함됩니다.

프란츠 1세의 장남인 페르디난트 1세Ferdinand I는 장애가 있어서 독자적으로 국가를 통치하기 어려웠습니다. 그렇기에 국가를 운영한 것은 페르디난트 1세가 아니라 관료들과 왕가 사람들 등으로 구성된 합의체였습니다. 이들은 이전 시대의 메테르니히의 정책보다는 좀 더 자유주의적 정책을 폅니다. 하지만 이미 자유주의나 국민주의 등이 널리 퍼져 있던 상황에서 이런 점진적인 정책은 도리어 사람들의 불만을 샀고, 결국 1848년 혁명 이후 페르디난트 1세는 퇴위하게 됩니다. 그리고 황위는 페르디난트 1세의 조카인 프란츠 요제프Franz Joseph에게 돌아갑니다.

프란츠 요제프는 백부인 페르디난트 1세가 퇴위한 뒤인 1848년, 18세의 나이로 황제가 되었습니다. 사실 황위계승법상 페르디난트 1세의 동생이자 프란츠 요제프의 아버지인 프란츠 카를 대공이 황제가 되어야 했습니다. 하지만 개혁을 원했던 사람들에게 페르디난트 1세의 동생인 프란츠 카를은 개혁에 부응하는 인물은 아니었습니다. 이에 프란츠 카를 대공의 아내이자 프란츠 요제프의 어머니인 조피 대공비가 남편을 설득해서 황위를 포기하게 만들고 아들을 황제로 즉위시킵니다.

프란츠 요제프가 즉위한 뒤 처음 한 일은 독립을 원한 헝가리를 진압하는 것이었습니다. 헝가리를 진압하는 것은 성공했지만 다른 지역에서도 늘 성공한 것은 아니었습니다. 이 때문에 프란츠 요제프는 여러 민족으로 구성된 오스트리아제국을 군대와 관료제를 통해서 하나로 묶으려 했습니다. 하지만 프란츠 요제프 시절 합스부르크 가문은 서서히 가라앉고 있었습니다. 이탈리아 통일 운동 때문에 이탈리아 내 영지를 빼앗겼을 뿐 아니라 독일의 통일에서 프로이센과의 경쟁에서 패배해 오랫동안 통치했던 독일에서 완전히 밀려났습니다. 그 후 독일은 프로이센을 중심으로 하는 독일제국으로 거듭나게 됩니다.

프란츠 요제프는 전통적인 독일의 통치자였던 합스부르크 가문의 통치자였지만 이제 그의 시대에 통치할 수 있는 영지는 오스트리아를 중심으로 헝가리와 보헤미아 등의 동유럽을 아우르는 지역으로, 독일은 그의 손에서 벗어나게 되었습니다. 이런 상황에서 프란츠 요제프는 동유럽에 좀 더 집중해야 했고, 결국 헝가리를 오스트리아와 동등한 지위로 받아들여 오스트리아-헝가리제국을 만들었습니다.

✢ 제국의 마지막 장면

프란츠 요제프는 사실 그렇게 성공한 군주는 아니었습니다. 그의 통치 시기에 이탈리아나 독일에서 영향력을 상실했으며 그가 원치 않았던 많은 정책을 승인해야만 했습니다. 하지만 프란츠 요제프는 점점 더 시간이 지날수록 제국에서 존경받는 군주가 됩니다. 그가 존경을 받은 가장 큰 이유는 개인적인 불행에도 군주로서 성실히 제국을 지탱하고 있다는 이미지가 있었기 때문이었습니다.

프란츠 요제프는 아내이자 '시씨Sisi'라는 애칭의 엘리자베트를 매우 사랑했습니다. 하지만 시씨는 오스트리아 궁정에 적응하지 못했고 늘 남편과 아이들을 떠나 이곳저곳을 여행하면서 지냈는데, 결국 암살당하고 맙니다. 한편 프란츠 요제프의 동생인 막시밀리안은 멕시코 황제 지위를 받아들여서 그곳으로 갔지만 멕시코에서 총살당했습니다. 프란츠 요제프의 유일한 아들이었던 루돌프는 정부와 함께 자살했고, 조카이자 후계

프란츠 요제프와 그의 가족.
프란츠 요제프의 가족과 친척들은 암살당하거나 총살당하는 등 비극적인 운명을 맞이했다.

자였던 프란츠 페르디난트 대공은 사라예보에서 아내와 함께 암살당했습니다. 가까운 사람들이 죽은 불행한 상황에서도 프란츠 요제프는 오스트리아-헝가리제국의 황제로서 제국을 지탱했습니다. 결국 프란츠 요제프가 죽으면서 오스트리아-헝가리제국도 몰락하게 됩니다.

　합스부르크 가문의 마지막 황제였던 카를은 프란츠 요제프의 조카인 오토 대공의 아들이자 사라예보에서 죽은 프란츠 페르디난트 대공의 조카이기도 했습니다. 백부인 프란츠 페르디난트가 귀천상혼morganatic marriage했기에 이미 프란츠 페르디난트의 후계자로 내정된 인물이었습니다. 카를은 백부가 암살당한 뒤 황태자가 되었으며 제1차 세계대전이 일어나는 것을 지켜봐야 했습니다. 프란츠 요제프는 사라예보 사건 이후 세르비아를 공격했으며 이것은 제1차 세계대전의 도화선이 되었습니다. 강대국으로서 오스트리아-헝가리제국의 힘을 보여줘야 했기 때문에 그런 결정을 내리고 행동했지만, 그 결과는 합스부르크 가문의 몰락으로 끝나게 됩니다. 제1차 세계대전 중 프란츠 요제프 황제는 사망했으며, 카를이 전쟁 중 황위를 이어받았습니다. 하지만 결국 제1차 세계대전은 독일과 오스트리아의 패배로 끝났으며 전쟁 후, 카를 황제는 가족과 함께 오스트리아에서 떠나야 했습니다.

제1차 세계대전 이후 오스트리아-헝가리제국은 붕괴했고, 대부분 공화국이 되었습니다. 카를 황제는 가족과 함께 망명 생활을 하다가 34세의 젊은 나이로 망명지였던 마데이라에서 사망했습니다. 카를 황제가 사망했을 때 오스트리아에서는 합스부르크 가문을 경계하며 그를 합스부르크 가문의 영묘에 묻지 못하게 했습니다. 이런 이유로 카를 황제는 여전히 마데이라에 묻혀 있습니다.

제1차 세계대전 이후 합스부르크 가문은 통치 영지를 상실했지만 많은 망명 왕가처럼 영지에 대한 통치 권리를 주장하고 있습니다. 물론 이들의 주장이 받아들여져서 합스부르크 가문이 오스트리아의 통치 가문으로 복위할 가능성은 거의 없습니다. 하지만 카를 황제의 아들이자 후계자인 오토 대공은 오랫동안 유럽연합을 위해서 일했으며 정치적인 영향력도 컸습니다. 그렇기에 그는 합스부르크 가문 사람으로서 선조들이 묻힌 카푸친 영묘에 묻힐 수 있었습니다.

현재 합스부르크 가문은 단지 옛 왕가일 뿐입니다. 오스트리아-헝가리제국은 제1차 세계대전 이후 사라졌으며, 오스트리아, 헝가리, 체코 등으로 분할된 나라로만 남아 있고 대부분 공화국이 되었습니다. 하지만 합스부르크 가문이 유럽사에 미친 영향력은 어마어마합니다. 한때 프랑스를 제외한 서유럽 대부분의 지역을 통치 영지로 가지고 있었기에 정치적인 영향력이 컸을 뿐 아니라 유럽의 많은 군주처럼 예술 분야의 후원자가 되어 유럽 예술이 발전하는 데도 큰 영향을 미쳤습니다. 또한 종교적으로는 가톨릭의 수호자이기도 했습니다. 그렇기에 유럽 역사에 대해서 이해하려면 합스부르크 가문을 빼놓을 수 없습니다.

합스부르크 가문은
왜 근친결혼을 하게 되었을까?

합스부르크 가문을 이야기하면 가장 먼저 근친결혼을 떠올릴 것입니다. 합스부르크 가문의 근친결혼이 유명한 이유는 사실 합스부르크 가문에서 유전되는 '합스부르크 턱' 또는 '합스부르크 입술'이라고 불리는 신체적인 특징 때문일 것입니다. 아래턱이 과도하게 커서 우리나라에서는 '주걱턱'이라고 이야기하면 더 익숙할 모습입니다.

하지만 과연 합스부르크 가문만이 근친결혼을 했는가 하면 절대 그렇지 않습니다. 통치 가문 사람들의 결혼은 가문의 이익을 위해서 이루어졌고, 필요하다면 근친결혼도 했습니다.

11세기부터 기독교, 특히 가톨릭 교회에서는 교회법상 일정 범위 이내의 친족을 근친으로 규정하고 근친결혼을 금지하고 있었습니다. 가톨릭 교회법에서 정한 근친결혼은 시대에 따라서 변화하기도 했는데 엄격했던 시기에는 결혼할 두 사람이 다섯 세대 이내에 친족관계라면 결혼이 거부될 수 있었습니다. 이를테면 잉글랜드의 정복왕 윌리엄과 그의 아내인 플랑드르의 마틸다는 근친이라는 이유로 교황에 의해서 결혼을 거부당했는데 윌리엄의 할머니의 외할아버지와 마틸다 어머니의 외할머니가 남매 사이였기 때문이었습니다. 물론 후대에 가면 근친의 규정이 완화되어서 좀 더 가까운 친족들만 근친으로 인정했습니다만 여전히 가까운 친족 간의 결혼은 교회법상으로도 허락되지 않았습니다.

하지만 교회가 모든 근친결혼을 허락하지 않은 것은 아닙니다. 교회에서 근친결혼을 허락하는 사면장을 부여해준다면 결혼할 수 있었습니다. 이것은 사실 너무나 광범위한 친족을 근친으로 규정했던 것을 완화시키려는 목적도 있었습니다. 문제는 예외 상황을 인정하자 많은 이가 점차 이런 예외 규정을 이용하기에 이르렀고, 특히 통치 가문에서 이런 예외 상황을 자주 이용하게 됩니다.

통치 가문들은 주로 가문의 이익을 위해서 정략결혼을 해야 했는데 이들의 결혼 문제는 상속 문제라던가 아니면 주변 국가들 간의 관계가 연관된 경우가 많았습니다. 이를테면 이웃 국가이지만 서로에게 적대적인 두 나라 사이에 갈등이 일어난 뒤 평화협정을 체결하면서 이에 대한 보증으로 두 나라의 통치 가문 사람들을 결혼시켰던 것입니다. 그런데 이들 국가가 다시 갈등을 일으키고 난 뒤에 평화협정을 체결한다면 두 나라 간의 평화협정을 체결하면서 한 번 더 결혼 동맹을 추진해야 했는데 결국 두 번째 결혼 동맹은 어쩔 수 없이 교회법상 금지된 근친결혼이 될 가능성이 컸습니다.

또 유럽의 통치 가문들은 가문의 영지가 클수록 힘이 있었습니다. 이로 인해 가문의 작위와 영지가 다른 가문으로 넘어가는 것을 원하지 않는 경향을 보이게 됩니다. 특히 여성의 계승 권리가 인정되는 경우 여성이 다른 가문으로 결혼해서 가문의 영지가 다른 가문으로 넘어가는 경우가 발생했기에 이를 막기 위해서는 계승 권리를 가진 여성을 가문의 다른 사람과 결혼시키는 경우도 있었습니다.

　이런 두 가지 경우가 동시에 나타나는 지역이 바로 이베리아반도 지역이었습니다. 이베리아반도의 국가들인 아라곤, 카스티야, 레온, 나바라, 포르투갈은 이웃한 나라들이었기에 서로 갈등을 빚기도 했으며, 공동의 적이었던 이슬람 세력에 대항하기 위해서 협력하기도 했습니다. 이런 상황은 결국 이 나라들의 통치 가문 사람이 결혼관계로 연결되었으며 이들이 결혼하기 위해서는 사면장이 늘 필요할 정도였습니다. 게다가 이베리아반도의 나라들은 여성의 영지와 작위 상속 권리를 인정하는 곳이었습니다.

　합스부르크 가문은 독일에서 시작된 가문입니다. 사실 독일 쪽에는 많은 통치 가문이 있었으며 이 시기 합스부르크 가문 역시 그리 가까운 친족끼리 결혼하지 않았습니다. 하지만 합스부르크 가문은 결혼 관계를 통해서 이베리아반도의 대부분을 차지하는 에스파냐 지역을 상속받게 됩니다. 그리고 합스부르크 가문은 이베리아반도의 통치 가문처럼 이 지역의 특수성을 받아들여서 근친결혼을 하게 됩니다.

　합스부르크 가문은 당연히 이웃 국가인 포르투갈과의 관계를 고려해야 했기에 포르투갈 왕가와 혼담을 진행했고, 황제 카를 5세는 포르투갈의 공주 이사벨과 결혼했습니다. 그런데 그녀는 사실 카를 5세의 이종사촌이었으며, 포르투갈 왕가는 전통적으로 이전의 카스티야와 아라곤 등과 자주 통혼했습니다. 이 부부는 사실 이종사촌일 뿐 아니라 여러 번의 결혼 관계를 통해서 탄생한 더욱 복잡한 친족관계이기도 했습니다. 또 이웃 나라인 프랑스와의 관계 때문에 프랑스 왕가와도 통혼했습니다. 이를테면 펠리페 4세의 누나인 아나(안 도트리슈)는 프랑스의 루이 13세와 결혼했으며, 펠리페 4세 역시 루이

13세의 여동생인 엘리자베트 드 부르봉과 결혼했습니다. 그리고 다시 한번 에스파냐와 프랑스의 평화협정을 위해서 루이 13세와 안 도트리슈의 아들인 루이 14세와 펠리페 4세와 엘리자베트 드 부르봉의 딸인 마리아 테레사(마리 테레즈)가 결혼하기도 했습니다.

하지만 합스부르크 가문의 근친결혼이 심해진 가장 결정적인 이유는 바로 이베리아반도의 여성 상속 권리와 에스파냐와 오스트리아 등 두 개의 분가로 나뉜 것이었습니다. 합스부르크 가문의 두 개의 분가는 매우 강력한 힘을 가지고 있었습니다. 이들 두 개의 분가는 지역적 상황 때문에 각각의 이익이 달라지기도 했습니다. 하지만 하나의 가문이었기에 두 개의 분가는 서로의 이익을 위해서 협력해야만 했는데 해결 방법은 가문 내 결혼을 통해서 이익을 도모하는 것이었습니다. 이 때문에 에스파냐-합스부르크와 오스트리아-합스부르크는 서로 결혼을 통해서 이익을 도모했습니다. 이를테면 황제 막시밀리안 2세는 사촌이자 카를 5세의 딸이었던 마리아와 결혼했으며, 둘의 딸인 안나는 후에 에스파냐의 국왕이었던 펠리페 2세의 네 번째 아내가 되었습니다.

게다가 두 가문의 후계자가 점차 더 줄어들면서 근친결혼은 도리어 더 심해지는 경향을 보입니다. 에스파냐의 경우 여성 계승자를 인정했는데 정치적인 목적으로 합스부르크 가문에 적대적이었던 프랑스와 통혼하게 되면서 에스파냐 왕위가 프랑스 왕위로 넘어갈 것을 우려하게 되었습니다. 이 때문에 얼마 남지 않은 두 가문의 상속자나 상속 권리를 가진 사람들이 결혼해야 했기에 더욱 근친결혼이 심해지게 된 것입니다. 이를테면 펠리페 4세는 오래도록 아들을 얻지 못했고 두 명의 딸인 마리아 테레사와 마르가리타 테레사밖에 없었습니다. 마리아 테레사가 프랑스로 시집가면서, 마르가리타 테레사는 상속 권리를 합스부르크 가문에 남기기 위해서 오스트리아-합스부르크 가문으로 시집가게 됩니다. 문제는 오스트리아-합스부르크 가문에도 후계자가 별로 없었기에 결국 마르가리타 테레사는 자신의 외삼촌이었던 황제 레오폴트 1세와 결혼해야 했습니다.

이런 요소들 때문에 합스부르크 가문에 대해서 가장 먼저 떠오르는 특징 중 하나가 근친결혼이 되었습니다. 하지만 레오폴트 1세 이후 합스부르크 가문은 에스파냐를 잃게 되었으며, 이후에는 이전과 같이 심하게 근친결혼을 추진하지 않았습니다.

2장

부르봉

: 프랑스 왕가의 전성기

House of Bourbon

부르봉 가문 가계도

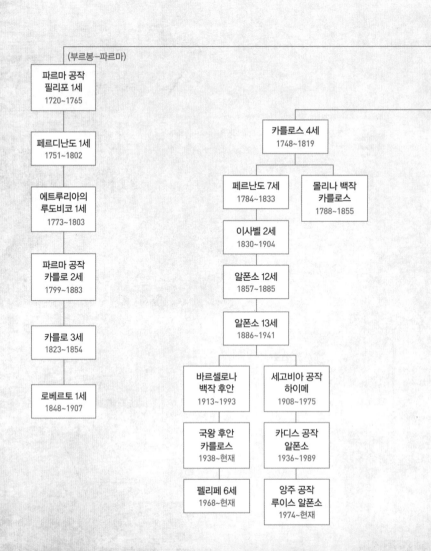

(부르봉–파르마)

파르마 공작
필리포 1세
1720~1765

페르디난도 1세
1751~1802

에트루리아의
루도비코 1세
1773~1803

파르마 공작
카를로 2세
1799~1883

카를로 3세
1823~1854

로베르토 1세
1848~1907

카를로스 4세
1748~1819

페르난도 7세
1784~1833

몰리나 백작
카를로스
1788~1855

이사벨 2세
1830~1904

알폰소 12세
1857~1885

알폰소 13세
1886~1941

바르셀로나
백작 후안
1913~1993

세고비아 공작
하이메
1908~1975

국왕 후안
카를로스
1938~현재

카디스 공작
알폰소
1936~1989

펠리페 6세
1968~현재

앙주 공작
루이스 알폰소
1974~현재

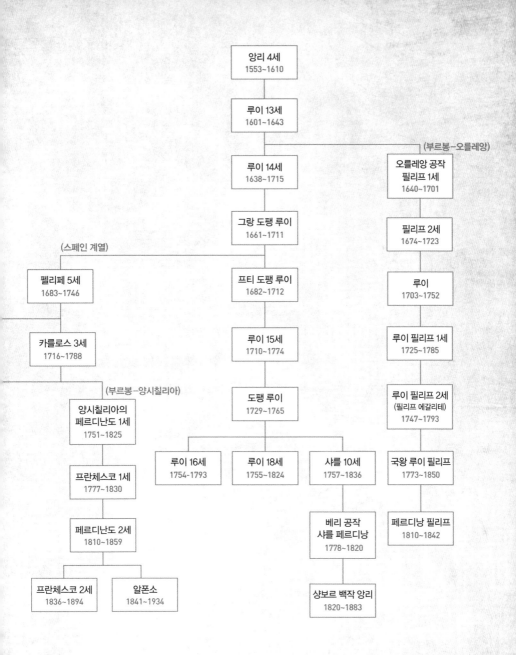

앙리 4세
1553~1610

루이 13세
1601~1643

(부르봉–오를레앙)

오를레앙 공작
필리프 1세
1640~1701

루이 14세
1638~1715

그랑 도팽 루이
1661~1711

필리프 2세
1674~1723

(스페인 계열)

펠리페 5세
1683~1746

프티 도팽 루이
1682~1712

루이
1703~1752

카를로스 3세
1716~1788

루이 15세
1710~1774

루이 필리프 1세
1725~1785

(부르봉–양시칠리아)

양시칠리아의
페르디난도 1세
1751~1825

도팽 루이
1729~1765

루이 필리프 2세
(필리프 에갈리테)
1747~1793

프란체스코 1세
1777~1830

루이 16세
1754-1793

루이 18세
1755~1824

샤를 10세
1757~1836

국왕 루이 필리프
1773~1850

페르디난도 2세
1810~1859

베리 공작
샤를 페르디낭
1778~1820

페르디낭 필리프
1810~1842

프란체스코 2세
1836~1894

알폰소
1841~1934

샹보르 백작 앙리
1820~1883

프랑스의 최고 전성기 시절을 이끌었던 왕가는 부르봉 가문이었습니다. 하지만 이 부르봉 가문은 사실 카페 가문의 분가 중하나로, 부르봉 가문의 국왕들은 모두 가문의 시조인 위그 카페Hugues Capet의 남성 직계 후손들이었습니다. 그렇기에 프랑스의 왕가는 프랑스의 역사와 함께했습니다. 게다가 카페 가문의 수많은 분가는 유럽 여러 지역의 통치 가문으로 뻗어나가기도 했습니다.

카페 가문의 탄생

♣ 교회가 인정한 정통 가문이라는 명분

987년 서프랑크 왕국(후에 프랑스 왕국)에서는 당대 서프랑크 최고의 권력자였던 위그 카페Hugues Capet가 왕위에 오르게 됩니다. 위그 카페는 서프랑크 왕국의 강력한 귀족 가문이었던 로베르티안 가문 출신이었습니다. 위그 카페의 증조할아버지로 로베르티안 가문의 첫 번째 인물이었던 로베르 르 포르Robert le Fort는 동프랑크 귀족 출신으로 서프랑크에 자리를 잡았다고 추정하고 있습니다. 로베르 르 포르가 866년 노르드인과의 전투에서 전사한 이후 로베르티안 가문은 이 투쟁으로 명성을 얻게 됩니다.

로베르 르 포르의 아들이었던 외드Eudes는 파리 백작 지위를 얻었을 뿐 아니라 바이킹이 파리를 공격했을 때 이를 물리친 인물로 유명했으며 이 때문에 당시 서프랑크의 국왕으로 선출되기까지 했습니다. 이후 외드의 동생으로 형의 뒤를 이어 파리 백작이 된 로베르 1세Robert I가 다시 한 번 서프랑크의 국왕으로 선출됩니다. 로베르 1세가 죽은 뒤 그의 아들인 위그 르 그랑Hugues le Grand은 서프랑크의 국왕이 되지는 않았지만, 결국 그의 아들인 위그 카페가 프랑스의 국왕이 되었습니다.

위그 카페가 국왕이 된 10세기 말 무렵, 프랑크 왕국에서 왕권은 강하지 않았습니다. 위그 카페의 영향력은 파리를 중심으로 하는 가문의 영지에서 크게 벗어나지 못했으며 국왕보다 세력이 컸던 노르망디 공작이나 브르타뉴 공작 같은 인물들을 억누를 수도 없었습니다. 게다가 남부 프랑스 지역은 영향력을 행사할 수가 없어서 다른 나라나 다름없었습니다. 사실 위그 카페도 영주들의 추대로 국왕이 된 인물이었기에 영주들이 다른 인물을 국왕으로 선출하려고 한다면 왕위에서 물러나야 할 수도 있었습니다. 게다가 선출된 국왕이기에 이전의 통치 가문인 카롤링거 Carolinger 왕가의 이름을 잇는 상속자들보다 왕위 계승의 정통성이 부족했는데, 이것 역시 위그 카페나 카페 가문이 초기에 프랑스를 통치할 때 어려운 점이기도 했습니다.

그나마 위그 카페나 그 후손들이 기댈 수 있는 것은 바로 교회였습니다. 교회는 위그 카페가 신의 선택을 받은 국왕이라는 점을 인정해서 위그 카페의 왕권에 신성성을 부여하게 됩니다. 비록 왕의 정통성이나 힘은 약했지만 위그 카페가 국왕의 지위를 유지할 수 있는 중요한 명분이었으며, 다른 영주들이 위그 카페를 상위 군주인 국왕으로 인정하는 요인 중 하나였습니다. 권력을 지키는 데 교회의 지지가 중요했기에 위그 카페 이후 군주들은 교회와의 관계를 매우 중요시했으며, 교회 역시 카페 가문의 통치에 정통성을 부여했습니다.

이렇게 카페 가문의 초기 프랑스 통치기에는 교회의 권한이 중요했는데, 그 결과 교회가 왕권에 강한 영향력을 미치게 됩니다. 이를테면 위그

프랑스의 첫 국왕 위그 카페. 교회는 위그 카페의 왕권에 신성성과 정통성을 부여해 국왕의 지위를 유지할 수 있도록 지지했다.

카페의 동생이었던 부르고뉴 공작이 죽고 난 뒤 그의 의붓아들과 위그 카페의 아들인 로베르 2세Robert II가 부르고뉴 공작령의 상속을 두고 다투었을 때, 교회는 로베르 2세가 공작령을 상속받는 것을 지지했으며, 그가 부르고뉴를 얻을 명분을 주었습니다. 하지만 교회는 로베르 2세의 결혼 문제에도 개입해서 그의 두 번째 아내 쪽 세력과 세 번째 아내 쪽 세력이 갈등을 겪을 때 세 번째 아내 쪽을 지지해 결국 정치적인 영향력을 행사하기도 했습니다.

로베르 2세의 아들 앙리 1세Henri I는 즉위 초부터 어려움을 겪었습니다. 앙리 1세의 동생인 로베르는 형에게 영지 분할을 요구했으며 앙리 1세의 어머니는 로베르를 지지했습니다. 이 때문에 앙리 1세는 동생에게 부르고뉴 지역을 주며 달랬습니다. 그는 후에 '정복왕'으로 알려지는 노르망디의 기욤Guillaum(정복왕 윌리엄)이 미성년으로 공작이 되었을 때 그의 권리를 지켜주고 보호해줬습니다. 하지만 노르망디 공작이 세력을 확장해나가자 위협을 느껴 그를 견제하기도 했습니다.

앙리 1세의 아들인 필리프 1세Philippe I는 미성년으로 왕위에 올랐으며 어머니와 친척이었던 플랑드르 백작이 섭정으로 일했습니다. 필리프 1세 역시 주변의 강력한 영주들을 억누르기 위해서 이들과 전쟁을 치렀는데, 특히 잉글랜드를 차지한 노르망디 공작과 오랜 시간 갈등을 빚었습니다. 필리프 1세 역시 결혼 문제로 나라를 혼란스럽게 하는데, 유부녀인 앙주 백작부인 베르트라드 드 몽포르와 결혼하기 위해 아내와 헤어지려 했습니다. 이는 아내인 베르타와 베르트라드 드 몽포르의 남편이었던 앙주 백작 풀크 4세의 반발을 사는 일이었습니다. 이들은 교황에게 이 문제를 제소했고 교황은 그를 파문하기까지 했습니다.

12세기가 되면서 카페 가문은 프랑스의 왕가로 지위를 굳혔습니다. 그리고 이제 프랑스의 왕가로서 프랑스 내 지역의 통치에 더 관심을 가지게 되었으며 결국 이전부터 카페 왕가를 위협할 정도였던 강력한 주변 영주들과 본격적으로 투쟁하게 됩니다. 특히 루이 6세Louis VI 때 직접 통치하는 영지는 더 커지지는 않지만, 영지 내에서는 강력한 영향력을 행사했습니다. 이런 영지 내 안정성은 루이 6세가 주변 영주들과의 투쟁에 뛰어들도록 하는 계기가 되었을 것입니다. 루이 6세는 강력한 노르망디 공작이나 앙주 백작인 블루아 등과 상대했는데 영주들 간의 이익을 두고 갈등을 빚는 상황을 잘 이용했습니다. 하지만 그가 가장 크게 성공한 일은 아키텐 공작의 상속녀와 자신의 후계자를 결혼시켜서 아키텐 공작령을 프랑스 왕가의 손에 넣으려 했던 점입니다.

루이 6세의 아들인 루이 7세Louis VII는 엘레오노르 다키텐Éléonore

d'Aquitaine과 결혼했습니다. 이로써 프랑스 왕가가 아키텐 공작령을 손에 넣는 듯했습니다. 하지만 루이 7세가 엘레오노르 다키텐과 헤어지면서 광대한 아키텐 공작령과 푸아투 백작령 등 엘레오노르 다키텐의 영지에 대해서 프랑스 왕가가 더 이상 관여하지 못했습니다. 그뿐 아니라 프랑스 국왕과 경쟁 관계였던 강력한 힘을 가진 앙주 백작 앙리가 엘레오노르 다키텐과 결혼하면서 프랑스 국왕에게 위협적인 존재가 됩니다. 앙주 백작 앙리는 어머니의 권리를 통해서 잉글랜드 왕위와 노르망디 공작령을 손에 넣었고, 잉글랜드의 국왕 헨리 2세가 됩니다. 헨리 2세의 영지는 프랑스 국왕의 영지보다 훨씬 컸으며, 곧 프랑스 왕가에도 큰 위협이 되었습니다.

루이 7세의 아들인 필리프 2세Philippe II Auguste는 프랑스 내에서 왕권을 강화했고 영주들 간의 내분을 이용해서 프랑스 북부 지역에서의 지배권을 완전히 확보했습니다. 특히 필리프 2세는 프랑스 내 잉글랜드 국왕의 영향력을 줄이기 위해서 영지 상속 문제로 갈등을 빚고 있던 플랜태저넛 가문의 내분을 이용했습니다. 그뿐 아니라 이전까지 국왕의 영향력이 미치지 않았던 프랑스 남부 지역까지도 미약하나마 국왕의 영향력을 확대했습니다. 필리프 2세의 아들인 루이 8세Louis VIII(le Lion)는 프랑스 내 가장 강력한 영주였던 노르망디 공작이자 잉글랜드 국왕을 견제하기 위해서 스스로 잉글랜드 국왕이 되려고 했습니다만 성공하지 못했고, 대신 남부 지역에 대한 영향력을 더 확대했습니다.

❖ 루이 9세의 통치와 십자군 전쟁 이후

성인으로 시성되었기에 '성왕 루이Saint Louis'라는 이름으로 알려진 루이 9세Louis IX는 프랑스 국왕의 이상적인 모습이자 기독교 국왕의 이상적인 모습이 됩니다. 1226년에 미성년으로 즉위했던 루이 9세의 초기 통치기는 어머니인 카스티야의 블란카Blanca de Castilla(블랑쉬Blanche)의 영향을 받았습니다. 블랑쉬는 헨리 2세 외손녀로, 선조들인 마틸다 황후나 엘레오노르 다키텐 같은 강인한 성격을 이어받았습니다. 블랑쉬는 미성년인 아들의 지위를 확고히 하기 위해서 반항적인 영주들을 굴복시켰습니다. 특히 블랑쉬는 남편인 루이 8세가 완성하지 못한 프랑스 남부 지역에 대한 왕가의 통치 권리를 확보했습니다. 루이 9세는 나라가 안정되면서 '기독교인의 자비'를 강조하는 통치 방식을 취하게 됩니다. 사실 그가 이런 통치를 할 수 있었던 가장 큰 이유는 이전 시대보다 프랑스 내 영주들의 힘이 줄어들었고 국왕의 힘이 더 커졌기 때문이었습니다. 루이 9세는 이후 십자군 전쟁에 참전하는 등 기독교인 국왕의 이상적인 모습을 더욱 확고히 했고, 이것은 후대 프랑스 국왕이 따라야 할 모범으로 자리 잡게 되었을 것입니다.

1270년, 십자군 전쟁에 참가했던 루이 9세는 전염병으로 사망했고 아들인 필리프 3세Philippe III가 그 뒤를 잇게 됩니다. 필리프 3세는 아버지의 정책을 이어받았지만 아버지보다 훨씬 더 우유부단한 성격으로 주변 사람들에게 휘둘렸는데, 이것은 그의 궁정 내에서 음모들이 계속 이어지는 원인이었습니다. 하지만 필리프 3세의 행동 중 가문에 가장 도움이 된 행동은 바로 친척이었던 나바라의 왕비의 요청에 따라서 나바라와 상파뉴

어머니이자 섭정이었던 블랑쉬 왕비와 함께 있는 루이 9세.
블랑쉬는 헨리 2세의 외손녀로 미성년인 아들을 섭정하면서 강력한 정책을 펼쳤다.

의 상속녀였던 후아나를 자신의 아들인 필리프와 결혼시키기로 결정한 것일 듯합니다. 이 결정으로 프랑스 왕가는 파리와 가까운 강력한 백작령이었던 샹파뉴 백작령을 왕가에 귀속시킬 수 있게 됩니다.

1285년, 필리프 3세의 뒤를 이어 그의 아들인 필리프 4세Philippe IV가 즉위합니다. 필리프 4세는 프랑스에서 더 강력한 왕권을 확립하려 했으며, 여러 가지 강력한 정책들을 펼치게 됩니다. 가장 대표적인 예가 바로 성전기사단의 박해와 해체였습니다. 필리프 4세는 왕권을 강화하고 재정적인 문제를 해결하기 위해서 성전기사단을 해체하고 그 지도부를 화형에 처했습니다. 하지만 이런 무자비한 행동과는 달리 필리프 4세는 개인적으로는 매우 조용하고 신앙심이 깊으며 가족을 사랑하는 인물이었다고 알려져 있기도 합니다. 아마 정치가로서의 필리프 4세는 왕권을 위해서 잔혹한 일을 서슴치 않는 인물이었을 것입니다만 개인적인 삶에서의 필리프 4세는 좀 더 내성적인 인물이었을 것입니다. 그렇기에 필리프 4세에 대한 당대의 기록이나 평가가 엇갈리는 게 아닐까 합니다.

필리프 4세에게는 네 명의 아들이 있었으며, 세 명의 아들이 성인으로 자라났습니다. 따라서 필리프 4세 생전에는 후계자 문제가 일어날 것 같지 않았습니다. 하지만 그의 치세 마지막에 일어난 투르 드 넬르 사건Tour de Nesle affair(필리프 4세의 세 며느리 중 두 명이 간통을 저질러서 평생 감옥에 갇히게 되었다)은 사후에 일어날 후계자 문제의 전조이기도 했습니다.

발루아 가문의 등장

♦ 카페 직계 가문의 단절과 살리카법

필리프 4세의 세 아들인 루이 10세Louis X, 필리프 5세Philip V, 샤를 4세 Charles IV는 차례로 왕위에 오르게 됩니다. 이들이 왕위에 오르는 과정을 통해서 프랑스 내에서 여성의 왕위 계승 권리를 배제하는 살리카법이 확립되었습니다. 이 법은 카페 가문의 방계인 발루아 가문이 왕가를 얻게 되는 중요한 계기였을 뿐 아니라 1337년~1453년까지 벌어진 잉글랜드와의 백년전쟁을 시작하는 명분을 제공하기도 했습니다.

루이 10세는 1314년에 아버지의 뒤를 이어 왕위에 오르지만, 왕위에 오른 지 2년도 되지 않은 1316년에 사망합니다. 그의 아내는 임신 중이었고, 루이 10세가 죽은 뒤 5개월 후 아들인 장Jean이 태어납니다. 장은 태어나자마자 국왕 장 1세로 선포되지만 태어난 지 일주일도 안 되어 사망했기 때문에 왕위 계승에 대한 문제가 시작됩니다.

루이 10세에게는 장 외에도 딸인 잔Jeanne이 있었습니다. 이전까지는 카페 가문에서는 남성 직계로 왕위를 이어왔기에 여성 후계자의 문제에 대해 그리 중요하게 생각하지 않았지만, 이제는 상황이 달라졌습니다. 루이 10세의 동생인 필리프는 '살리카법'을 주장하면서 조카인 잔이 아니라 자신이 왕위를 이어야 한다고 주장합니다. 잔은 나이가 어렸으며 어머니는 투르 드 넬르 사건으로 감옥에 갔혔고, 이미 사망한 뒤여서 지지해줄 세력이 약했기에 결국 필리프가 필리프 5세로 프랑스 왕위에 오르게 됩니다. 하지만 필리프 5세도 1322년에 후계자가 될 아들 없이 사망했고, 필리프 5세의 동생인 샤를 4세 역시 형과 같이 살리카법을 주장하면서 왕위를 잇게 됩니다. 하지만 1328년, 샤를 4세 역시 아들 없이 사망했으며 필리프 4세의 남성 직계 후손이 단절됩니다.

프랑스에서는 이전의 국왕들이 주장했던 살리카법에 따라서 샤를 4세의 가장 가까운 부계 친척이자 사촌인 발루아 백작 필리프가 프랑스의 국왕이 됩니다. 하지만 여기에서 잉글랜드의 국왕 에드워드 3세가 등장합니다. 에드워드 3세는 필리프 4세의 외손자이자 그의 유일한 남성 후손이었습니다. 그렇기에 에드워드 3세는 자신이 프랑스 왕국에 대한 상속 권리가 있다고 주장합니다. 이것은 세미-살리카법이라고 불리는 상속 방식으로, 딸의 남성 후손에게도 상속 권리를 주는 방식이었습니다. 실제로 에드워드 3세의 어머니인 이자벨이 살아 있었지만 에드워드 3세는 어머니가 여왕이 되어야 한다고 주장하지 않고, 어머니의 권리를 통해서 자신이 왕위에 올라야 한다고 주장했습니다.

이 문제는 프랑스 내부에서 논란이 되었지만 결국 프랑스 내 영주들은 에드워드 3세가 아니라 발루아 백작 필리프를 국왕 필리프 6세Philippe VI로 받아들였습니다. 이 일로 결국 잉글랜드와 프랑스가 백년전쟁을 시작하게 됩니다. 사실 에드워드 3세가 프랑스 왕위를 주장한 가장 큰 이유는 프랑스 내 잉글랜드 국왕의 영지를 프랑스 국왕의 봉토가 아닌 독립적인 영지로 만들길 원했기 때문입니다. 하지만 프랑스는 이를 수용할 수 없었기에 전쟁은 피할 수 없었습니다.

✧ 카페 가문의 분가들

카페 가문은 오래된 가문이었으며, 당연히 여러 분가가 존재했습니다. 이 분가들은 프랑스 내 영지를 받았지만 여러 가지 이유로 유럽 여러 지역의 통치 가문이 되기도 합니다.

국왕 로베르 2세의 아들인 로베르Robert는 부르고뉴 공작령을 물려받았으며 부르고뉴 공작 가문을 형성합니다. 이 부르고뉴 공작 가문의 남성 직계는 14세기에 단절되었으며, 공작령은 다시 프랑스 왕가로 돌아가게 됩니다. 하지만 첫 번째 공작인 로베르의 손자였던 앙리Henry는 카스티야와 레온의 국왕 알폰소 6세의 사위가 되었고 장인으로부터 포르투갈 백작령을 받았습니다. 그리고 앙리의 아들인 아폰수Afonso Henriques는 포르투갈의 첫 번째 국왕 아폰수 1세가 되었으며 이후 포르투갈의 국왕들은 모두 아폰수 1세의 후손들이었습니다. 특히 가문의 이름이 달라지긴 했지만 포르투갈의 왕위를 이어가는 아비스Aviz 가문과 브라간사Braganza 가문 모두 아폰수 1세의 남성 직계 후손이었기에 결국 포르투갈 왕가도 카페 가문의 후손이었습니다.

루이 8세의 막내아들인 샤를Charles I d'Anjou은 형인 루이 9세로부터 앙주와 멘Maine 백작 지위를 받았습니다. 그리고 형수의 여동생이자 프로방스 백작령의 상속녀였던 베아트리체Beatrice와 결혼해서 프로방스 백작령에 대한 상속 권리도 갖게 됩니다. 하지만 샤를에게는 더 큰 지위가 주어집니다. 바로 시칠리아 왕국의 왕위였습니다.

황제 프리드리히 2세는 교황과 마찰을 빚었으며 프리드리히 2세가 죽은 뒤 시칠리아 왕국의 왕위 계승 문제는 애매했습니다. 이에 교황은 자신의 권리로 호엔슈타우펜 가문에서 시칠리아 왕국의 왕위를 빼앗아 앙주 백작인 샤를에게 주었으며, 샤를은 군대를 이끌고 무력으로 시칠리아 왕국을 차지했습니다. 이후 시칠리아 왕국은 시칠리아섬을 중심으로 하는 지역과 나폴리를 중심으로 하는 이탈리아 남부 지역으로 나뉘게 됩니다. 시칠리아섬 사람들은 호엔슈타우펜 가문의 후손들을 지지한 반면, 나폴리 쪽 지역은 샤를의 통치를 받게 됩니다. 결국 두 지역은 분리되어 각각 시칠리아 왕국과 나폴리 왕국으로 나뉩니다. 샤를의 후손들은 나폴리 왕국을 통치했으며, 1435년에 조바나 2세Giovanna II di Napoli가 앙주 가문의 마지막 국왕에 오른 뒤 이 가문은 단절됩니다.

한편 샤를의 아들인 카를로 2세Carlo II d'Angiò는 헝가리 공주와 결혼했고, 이 혈연관계 때문에 카를로 2세의 손자인 카로이Károly가 14세기 초 헝가리의 국왕이 되었습니다. 카로이의 아들이었던 라요시는 헝가리 왕위는 물론 폴란드 왕위도 얻었지만 남성 후계자는 없었고, 딸들이 즉위하긴 했지만 14세기 말 이후 헝가리와 폴란드 왕위는 앙주 가문에서 이어지지 않습니다.

필리프 3세의 아들 중 샤를은 아버지로부터 발루아 백작 지위를 받았습니다. 그리고 그의 아들이었던 필리프는 사촌들이 남성 후계자 없이 사망한 뒤 발루아 가문 출신의 첫 번째 프랑스 국왕인 필리프 6세Philippe VI

헝가리의 국왕이 된 카로이 1세의 즉위식.
샤를의 아들인 카를로 2세는 헝가리 공주와 결혼했고, 이 혈연관계에 따라 카를로 2세의 손자인 카로이가 왕위에 올랐다.

가 됩니다.

필리프 3세의 막내아들인 루이Louis d'Évreux는 형인 필리프 4세로부터 에브뢰 백작 지위를 받게 됩니다. 그는 필리프 4세의 이복동생이었기에 발루아 백작 샤를보다는 좀 더 신중한 성격이었을 것입니다. 에브뢰 백작 루이는 조카였던 필리프 5세와 사이가 좋았는데 이것은 그의 가문에 좋은 일을 가져옵니다. 필리프 5세는 조카이자 루이 10세의 딸이었던 잔의 문제에 대해서 고민하고 있었습니다. 프랑스 왕위는 살리카법에 따라서 자신이 상속받을 수 있었지만, 나바라 왕위와 상파뉴 백작령의 상속 문제가 남아 있었던 것입니다. 그래서 필리프 5세는 루이의 아들이었던 에브뢰의 필리프Philippe d'Évreux와 잔을 일찍 결혼시켰으며 잔에게 엄청난 지참금을 주기로 합니다. 그리고 필리프 5세는 그 지참금의 댓가로 상파뉴 백작령을 왕가에 귀속시키기로 했습니다. 이 결혼은 에브뢰 가문에는 유리한 조건으로, 엄청난 지참금을 얻을 수 있었으며 후에 다시 상속 권리에 대해 논의할 수도 있었습니다.

이후 발루아 가문이 프랑스 왕위를 물려받으면서 나바라의 왕위는 잔이 얻게 되었고, 1328년에 잔과 남편인 필리프는 각각 나바라의 국왕 후아나 2세와 펠리페 3세가 되어 함께 통치했습니다. 이후 1441년, 나바라의 블란카 1세(수리아 1세)가 사망할 때까지 에브뢰 가문이 나바라를 통치했습니다.

✤ 암살, 내전, 협상의 대혼란

발루아 가문 출신으로 첫 번째 국왕이 된 필리프 6세는 즉위 직후부터 잉글랜드와의 전쟁을 시작해야 했습니다. 필리프 6세와 그의 아들인 장 2세Jean II 시절, 프랑스는 잉글랜드에게 엄청난 손실을 입었습니다. 필리프 6세는 요충지였던 칼레 등을 빼앗겼으며, 장 2세는 잉글랜드의 포로가 될 정도였습니다. 장 2세는 프랑스로 돌아오기 위해서 아들을 대신 인질로 보내야 했습니다. 하지만 아들이 탈출했다는 소식을 듣고서는 다시 잉글랜드로 돌아가서 포로생활을 마저 하고 난 뒤 사망합니다.

장 2세의 아들로 포로가 된 아버지를 대신해서 섭정으로 나라를 통치하기 시작했던 샤를 5세Charles V는 잉글랜드가 점령한 지역을 차례로 다시 회복하기 시작합니다. 당시 잉글랜드나 프랑스 모두 오랜 전쟁에 부담을 느꼈고, 특히 잉글랜드에서도 국왕이 바뀌는 등 내부 상황이 복잡해지면서 샤를 5세는 잉글랜드에 빼앗긴 지역을 되찾을 기회를 얻었던 것입니다.

1380년, 샤를 5세가 사망하고 미성년인 샤를 6세Charles VI가 즉위합니다. 그는 미성년이었을 뿐 아니라 어머니마저 아버지보다 먼저 사망했기에 샤를 6세의 숙부들인 앙주 공작 루이, 베리 공작 장Jean I de Berry, 부르고뉴 공작 필리프와 외삼촌인 부르봉 공작 루이 2세가 섭정합니다. 국왕의 세 숙부들은 강력한 권한을 행사하며 정치에 관여했습니다. 게다가 샤를 6세가 성인이 되어서도 세 숙부들은 섭정으로 누리던 자신의 권한을 내려놓지 않으려 했습니다. 하지만 샤를 6세가 정신적으로 문제가 생기면서 국왕의 일을 거의 할 수 없게 되면서 다시 섭정이 필요해지자 권력 다툼은 더 치열해집니다. 특히 부르고뉴 공작들과 샤를 6세의 동생인 오를레앙 공작 루이Louis d'Orléans 간의 갈등이 더 심해졌습니다. 결국 부르고뉴 공작 필리프의 아들로 '장 상 푀르Jean sans Peur'라고 불렸던 부르고뉴 공작 장은 사촌인 오를레앙 공작 루이를 암살합니다. 이 사건으로 프랑스에서는 부르고뉴 공작을 지지하는 부르고뉴파와 오를레앙 공작을 지지하는 오를레앙-아르마냑파의 내전이 일어나게 됩니다.

이런 내전 상황에서 잉글랜드의 국왕 헨리 5세는 다시 한번 프랑스를 침공하면서 백년전쟁을 이어갔습니다. 잉글랜드의 침공으로 부르고뉴파와 아르마냑파는 외부의 적을 대응하기 위해 화해해야 했습니다. 그리고 아르마냑파이자 샤를 6세의 후계자인 도팽(왕세자) 샤를이 부르고뉴 공작 장과 만나서 협상하기로 합니다. 하지만 비무장으로 만나기로 했던 협상장에서 샤를의 측근들이 무기를 들고 나타나 부르고뉴 공작을 살해하는 일이 발생합니다. 이 일로 부르고뉴 공작 가문은 프랑스 왕가에 완전히 등을 돌리고 잉글랜드를 지지하게 됩니다.

아버지 장 상 푀르의 뒤를 이어 부르고뉴 공작이 된 필리프는 아버지가 살해된 뒤 샤를 6세 부부를 포로로 잡았습니다. 결국 프랑스에서는 부르고뉴 공작의 주도하에 도팽 샤를의 왕위 계승권을 박탈하고 그의 여동생인 카트린 드 발루아Catherine de Valois와 결혼한 헨리 5세가 프랑스의 왕위 계승자로 인정하는 트루아 조약을 체결했고, 결국 헨리 5세와 카트린 드 발루아의 아들인 헨리 6세가 프랑스의 국왕으로도 즉위하게 됩니다.

부르고뉴 공작이 살해당한 뒤 도팽 샤를은 자신을 지지하는 아르마냐크파와 함께 자신의 지위를 되찾기 위해 노력합니다. 처음에는 그다지 성공적이지 않았지만 1422년에 헨리 5세가 죽고 한 살도 되지 않은 아들 헨리 6세가 즉위하면서 상황이 바뀌었습니다. 같은 해 샤를 6세마저 사망하자 이제 도팽 샤를은 국왕이 되기 위한 명분을 쌓으려 했는데, 이때 잔 다르크가 등장합니다. 잔 다르크의 등장으로 그는 프랑스의 국왕 샤를 7세Charles VII로 대관할 수 있었으며, 더 나아가서 잉글랜드로부터 프랑스를 되찾을 수 있었습니다.

샤를 7세의 아들인 루이 11세Louis XI와 손자인 샤를 8세Charles VIII는 프랑스 내 왕권을 강화하기 위해 노력했습니다. 루이 11세는 프랑스 왕국에서 독립하려던 부르고뉴 공작 샤를과 갈등을 빚었습니다. 물론 샤를의 외동딸로 부르고뉴 공작령의 상속녀였던 마리 드 부르고뉴Marie de Bourgogne가 합스부르크 가문으로 시집가는 것을 막을 수는 없었지만, 부르고뉴 공작이 통치하던 영지 일부를 프랑스로 가져올 수는 있었습니다. 샤를 8세는 브르타뉴 공작의 상속녀였던 안 드 브르타뉴Anne de Bretagne와 결혼해 브르타뉴 공작령을 프랑스 왕가에 귀속시켰습니다.

샤를 8세에게는 남성 후계자가 없었고 결국 살리카법에 따라 가장 가까운 남성 친척이었던 오를레앙 공작 루이가 그의 뒤를 이어서 국왕 루이 12세Louis XII가 됩니다. 루이 12세는 필리프 5세의 증손자이자 부르고

루이 12세의 뒤를 이어
왕위에 오른 프랑수아 1세.

뉴 공작에게 살해당했던 오를레앙 공작 루이의 손자였습니다. 그는 원래
샤를 8세의 누나인 잔 드 발루아Jeanne de Valois와 결혼했지만 브르타뉴 공
작령에 대한 상속 권리를 얻기 위해서 아내와 헤어지고 샤를 8세의 왕비
였던 안 드 브르타뉴와 결혼합니다. 하지만 두 사람 사이에서는 딸들밖
에 태어나지 않았으며, 결국 루이 12세의 오촌이자 오를레앙 공작 루이
의 증손자이기도 한 앙굴렘 백작 프랑수아가 프랑수아 1세François I로 왕
위를 잇게 됩니다.

　프랑스의 국왕이 된 뒤에 프랑수아 1세는 합스부르크 가문과 갈등을
빚었으며, 특히 황제 카를 5세와 지속적으로 전쟁을 치릅니다. 프랑수아
1세는 카를 5세에게 패배했고, 아들들을 인질로 보내거나 카를 5세의 압
박으로 그의 누나를 아내로 맞이하기도 했습니다.

　프랑수아 1세의 아들이었던 앙리는 아버지의 뒤를 이어서 프랑스의

부르고뉴 공작령의 상속녀이자 막시밀리안
1세의 부인이었던 마리 드 부르고뉴.

앙리 2세Henri II가 됩니다. 앙리 2세는 아버지처럼 합스부르크 가문과의
대립관계를 이어나갔는데, 카를 5세가 퇴위하면서 합스부르크 가문은
두 개로 분리되었고, 이것은 프랑스에 이익이 되는 일이기도 했습니다.

앙리 2세의 세 아들인 프랑수아, 샤를, 앙리는 차례로 프랑수아 2세
François II, 샤를 9세Charles IX, 앙리 3세Henri III로 즉위합니다. 이 앙리 2세의
아들들이 즉위했던 시기는 유럽에서 개신교가 퍼져나가면서 종교 갈등
이 활발해지던 때였습니다. 사실 앙리 2세의 고모였던 나바라의 왕비 마
르그리트 당굴렘Marguerite d'Angoulême은 비록 개종하지는 않았지만 개신교
에 매우 호의적이었으며, 마르그리트의 딸인 나바라의 여왕 후아나 3세
는 스스로 개신교로 개종하고 나바라의 종교를 바꿀 정도였습니다.

한편 프랑스 전역에서는 개신교도와 가톨릭교도가 갈등을 빚었습니

다. 프랑스 왕가는 전통적으로 가톨릭교와 깊은 연관성이 있었기 때문에 당연히 개신교의 확산을 막으려 했는데, 이것은 여러 가지 갈등으로 나타납니다. 특히 샤를 9세의 통치 시기였던 1572년, 나바라의 국왕 엔리케와 샤를 9세의 여동생인 마르그리트 드 발루아의 결혼식 때 일어난 개신교도의 학살 사건인 성 바르톨로메오 축일의 학살 사건이 대표적인 갈등입니다.

앙리 2세의 아들들은 모두 남성 후계자를 얻지 못했기에 결국 발루아 가문의 남성 후계자는 단절됩니다. 그리고 왕위는 가장 가까운 남성 친척이었던 부르봉 공작 가문의 수장이자 나바라의 국왕이었던 엔리케(앙리)에게 돌아갑니다.

✢ 앙주 공작과 부르고뉴 공작

발루아 가문 역시 몇몇 분가들이 있었으며 이들 역시 프랑스 내 영지를 받았습니다. 이중 샤를 7세의 섭정이었던 앙주 공작과 부르고뉴 공작은 강력한 영향력을 가진 인물이었습니다만 두 사람은 각자 다른 방향으로 나아가게 됩니다.

앙주 공작 루이 1세는 나폴리 내부의 정치적인 이유로 나폴리 국왕의 후계자로 지목됩니다. 하지만 나폴리의 국왕이 될 수는 없었으며, 이후 앙주 공작 가문은 프랑스 내부의 정치 상황에 관여하기보다는 나폴리 왕위를 얻기 위해 더 노력하게 됩니다. 특히 루이 1세의 손자였던 앙주의 르네René d'Anjou는 결혼과 상속을 통해서 나폴리와 아라곤의 국왕, 로렌의 공작 등의 지위를 주장하기도 했습니다. 하지만 15세기 말에 가문의 남성 직계 후손은 단절되었고 앙주 공작령은 루이 12세 때 왕가로 돌아가게 됩니다.

부르고뉴 공작 필리프는 조카인 샤를 6세의 섭정으로 가장 강력한 영향력을 행사한 인물이었습니다. 부르고뉴 공작들은 이런 권력을 놓지 않으려 했고, 샤를 6세의 동생으로 정치적 권력을 장악하려 했던 오를레앙 공작 루이와 갈등하게 됩니다. 특히 부르고뉴 공작 필리프의 아들로 아버지의 뒤를 이어 부르고뉴 공작이 된 장 상 푀르는 결국 오를레앙 공작을 암살했고, 이로 인해 부르고뉴파와 오를레앙-아르마냑파가 내전을 시작하게 됩니다. 하지만 장 상 푀르 역시 샤를 7세의 측근들에게 암살당합니다.

이후 장 상 푀르의 아들로 부르고뉴 공작이 된 필리프는 프랑스 왕가와 적대적이었으며, 잉글랜드를 적극 지지했습니다. 하지만 상황이 바뀌자 샤를 7세는 즉위한 뒤 국왕과 화해하게 됩니다. 필리프의 아들이었던 샤를은 프랑스 국왕의 봉신이 아니라 독립적인 군주가 되려 했습니다. 하지만 부르고뉴 공작령의 독립은 성공하지 못했으며 그는 전투에서 전사했습니다.

샤를의 외동딸인 마리 드 부르고뉴는 부르고뉴 공작령의 상속녀로 인정받았으며 루이 11세의 압박에도 아버지의 동맹이었던 황제 프리드리히 3세의 아들인 막시밀리안과 결혼하기로 결정했습니다. 이 결혼으로 인해 합스부르크 가문은 당대 유럽에서 가장 부유한 지역이었던 부르고뉴 공작령을 손에 넣었으며, 합스부르크 가문이 발전하는 데 중요한 바탕이 되었습니다.

프랑스 왕위를 계승한 부르봉 가문

✤ 프랑스 왕위를 얻기 전의 부르봉 가문

부르봉 가문은 루이 9세의 아들인 클레르몽 백작 로베르Robert de Clermont가 부르봉 영주령의 상속녀였던 부르고뉴의 베아트리스Béatrice de Bourgogne와 결혼하면서 생긴 가문이었습니다. 1327년, 두 사람의 아들인 루이Louis I de Bourbon가 첫 번째 부르봉 공작이 되었습니다. 그는 신경쇠약이 있었다고 전해지는데 이 때문에 그의 손자인 부르봉 공작 루이 2세, 손녀인 잔, 잔의 아들인 국왕 샤를 6세, 샤를 6세의 외손자인 헨리 6세에게 정신적인 문제가 발생한 것이 모두 그의 영향이라고 이야기하기도 합니다.

부르봉 가문은 시간이 지나면서 라 마르셰 백작, 몽팡시에 백작, 방돔 백작 같이 다양한 분가를 형성하면서 가문의 영지가 다시 합쳐졌다가 나눠졌다를 반복합니다. 특히 부르봉 공작의 루이 1세의 6대손이었던 방돔 백작 샤를 4세Charles IV de Bourbon는 군인으로 활약했는데, 1514년에 국왕 루이 12세로부터 공작 지위를 받아 방돔 공작 샤를 1세가 됩니다. 그리고 이 샤를 1세가 바로 부르봉 가문 출신으로는 첫 프랑스 국왕이 되는 앙리

4세의 할아버지였습니다.

1525년이 되자 프랑스 왕가의 방계 가문 중에서 남성 후손이 살아남은 가문은 오직 방돔 공작 가문밖에 없었습니다. 이렇게 되자 방돔 공작 가문은 '프랑스 뒤 상Prince du sang'으로 주목받게 됩니다. 이 명칭은 프랑스 왕가에서 직계를 제외하고 가장 높은 왕위 계승 권리를 가진 사람들을 의미하는 것이었습니다. 당시 프랑수아 1세에게는 아들들이 있긴 했지만 이 아들들을 제외하고는 다른 왕위 계승 후보자가 없었습니다. 그래서 만약 왕가의 직계에서 문제가 생긴다면 방돔 공작 가문 사람들이 프랑스의 국왕이 될 것이었습니다.

방돔 공작 샤를에게는 여러 아들이 있었는데 장남인 앙투안Antoine de Bourbon은 아버지의 뒤를 이어서 방돔 공작이 되었으며, 다른 아들 중 루이는 콩데 지방의 영지를 얻어 이후 '콩데 공'이라고 불렸습니다. 콩데 공 루이 드 부르봉의 후손들은 이후 부르봉 가문의 방계 가문인 콩데 가문과 콩티 가문을 형성했습니다.

앙투안은 방돔 공작이 되었지만, 결혼을 통해서 나바라의 국왕 지위도 얻게 됩니다. 프랑스어로 '잔 달브레Jeanne d'Albert'라는 이름으로도 알려진 나바라의 여왕 후아나 3세(호아나 3세)는 프랑스의 국왕 앙리 2세의 사촌이었습니다. 후아나 3세는 방돔 공작 앙투안에게 반해 그와 결혼하길 원했습니다. 결국 1548년에 앙투안과 후아나는 결혼했으며 둘 사이에서는 아들인 엔리케Henri와 딸인 카타리나Cathrine가 태어납니다. 하지만 부부는 종교 문제 때문에 서로 사이가 나빴으며 심지어 결혼 생활 마지막에는 별거 생활을 할 정도였습니다.

후아나 3세는 1572년에 사망했고, 아들인 엔리케가 나바라의 국왕 엔리케 3세가 됩니다. 엔리케 3세가 즉위했을 때 프랑스의 국왕 샤를 9세 Charles IX에게는 아들이 없었으며 동생인 앙주 공작 앙리만이 유일한 후계자 후보였습니다. 이 때문에 엔리케는 프랑스 왕가의 가장 가까운 방계 가문의 수장으로 왕위 계승 후보자이기도 했습니다. 하지만 가톨릭을 믿는 프랑스 왕가와 개신교를 믿는 나바라 왕가의 관계는 최악으로 치달았고, 엔리케는 프랑스 내 개신교 지도자와 연합해서 전쟁에 참전했습니다. 프랑스 왕가는 갈등을 완화하고 나바라 왕가와의 결속을 다지기 위해 엔리케와 샤를 9세의 여동생인 마르그리트 드 발루아의 결혼을 주선하게 됩니다.

후아나 3세 생전에 이 혼담이 성사되었고, 여왕이 죽은 지 얼마 되지 않아서 결혼식이 열렸습니다. 하지만 이 결혼식은 끔찍한 비극으로 끝나게 되는데, 앞서 언급한 성 바르톨로메오 축일 학살 사건이 벌어진 것입니다. 이 상황에서 많은 개신교 지도자들이 살해당했으며, 나바라의 국왕인 엔리케 역시 간신히 살아남아 개종하겠다고 맹세하고서 겨우 목숨을 건질 수 있었습니다. 이후 엔리케는 프랑스를 탈출해서 다시 나바라로 돌아가 프랑스와의 전쟁을 계속했습니다.

1589년, 프랑스의 국왕 앙리 3세가 죽자 프랑스 왕위 계승 문제가 발생합니다. 왕위 계승 권리는 당연히 왕가의 가장 가까운 분가인 부르봉 가문의 수장에게 돌아가야 했는데 그 수장이 바로 나바라의 국왕 엔리케 3세였기 때문이었습니다. 프랑스 내 가톨릭 세력은 개신교도인 엔리케를 국왕으로 바로 받아들일 수 없었습니다. 교황 역시 개신교도인 엔리케가 왕위를 얻는 것을 원치 않았습니다. 하지만 엔리케가 왕위에 오르지 않는다면 왕위는 결혼관계를 통해서 프랑스의 숙적인 에스파냐 왕가로 넘어갈 수 있었습니다. 프랑스 사람들은 그렇게 되길 원치 않았습니다. 결국 타협한 끝에 나바라의 엔리케 3세가 가톨릭으로 개종하면서 프랑스의 국왕 앙리 4세Henri IV가 됩니다.

✤ 앙리 4세의 즉위부터 프랑스 대혁명까지

프랑스의 국왕이 된 앙리 4세는 가톨릭으로 개종했지만 이전에 개신교도였던 점을 잊지 않았으며, 1598년에 낭트 칙령을 선포해 종교의 자유를 부여했고 종교 전쟁을 마무리했습니다. 또한 전쟁으로 황폐화된 왕국을 재건하기 위해서 농업을 장려하는 정책 등을 펴기도 했습니다.

하지만 1610년에 앙리 4세가 암살당했고, 그의 미성년 아들인 루이가 루이 13세Louis XIII로 즉위합니다. 이때 어머니인 마리 드 메디시스가 섭정했는데 루이 13세는 어머니와 그 측근들을 선호하지 않았으며, 결국 어머니를 실각시키고 자신이 정권을 장악합니다. 루이 13세는 리슐리외 Richelieu 추기경을 등용한 것으로도 유명합니다. 리슐리외 추기경은 특히 외교 관계에서 숙적인 합스부르크 가문을 반대하며 30년 전쟁이 벌어졌을 때 신교 측을 지원했습니다. 이런 그의 대외정책은 프랑스의 적들을 약화시키는 바탕이 되었습니다.

루이 13세는 에스파냐의 공주였던 안 도트리슈Anne d'Autriche와 결혼했지만 오래도록 자녀가 없었습니다. 하지만 결혼 23년 만에 후계자가 될 아들 루이가 태어났고, 2년 후에는 둘째 아들인 필리프까지 태어나면서 후계자 문제가 해결되었습니다.

루이 14세와 그의 후계자들.
루이 14세는 강력한 군주였지만, 아들과 손자 모두 일찍 사망했고, 증손자인 루이 15세가 그의 뒤를 이었다.

루이 13세는 1643년 사망했고, 다섯 살인 아들 루이가 국왕 루이 14세
Louis XIV로 즉위합니다. 안 도트리슈는 리슐리외 추기경의 후계자이자 그
녀의 정치적 동지였던 마자랭 추기경의 지지를 얻어서 정치적인 권력을
장악했으며 루이 14세가 친정을 할 때까지 섭정했습니다.

루이 14세는 프랑스에서 가장 강력한 군주로 성장합니다. 어린 시절
귀족들과 왕가의 친척들이 일으킨 반란을 경험했지만, 루이 14세가 프랑
스를 통치하는 동안 왕권을 강화했으며, 이후 프랑스에서는 왕권에 감히
도전할 사람들이 없어지게 됩니다. 루이 14세는 정부에게서 낳은 수많은

자녀가 있었지만 왕비인 마리 테레즈Marie Thérèse와의 사이에서는 그랑 도팽 루이를 제외하고는 살아남은 자녀들이 없었습니다. 루이 14세는 정부들과의 사이에서 태어난 자녀들을 자신의 자녀로 인정했으며 왕족으로 살 수 있게 하기 위해서 이 자녀들을 왕가의 친척들인 콩데 가문, 콩티 가문 등과 혼인시켰습니다.

루이 14세 생전에 에스파냐 왕위 계승 문제가 발생합니다. 루이 14세의 어머니와 아내는 모두 에스파냐의 공주였습니다. 합스부르크 가문에서는 라이벌인 프랑스 왕가에 에스파냐를 넘겨줄 수 없었기에 상속 권리를 포기하고 대신 많은 지참금을 부여했습니다. 하지만 에스파냐에서는 마리 테레즈의 지참금을 덜 줬고, 루이 14세는 이것을 빌미로 자신의 손자인 앙주 공작 필리프가 에스파냐 왕위를 계승해야 한다고 주장합니다. 결국 이로 인해 에스파냐 계승 전쟁이 일어났으며 복잡한 과정을 거쳐서 앙주 공작 필리프는 에스파냐의 국왕 펠리페 5세Felipe V가 되었습니다. 이후 에스파냐 왕위는 이 펠리페 5세의 후손들이 이어나가게 됩니다.

루이 14세는 장수했는데, 아들은 물론 손자들보다 더 오래 살았습니다. 그래서 1715년에 루이 14세가 죽었을 때 그의 뒤를 이은 사람은 루이 14세의 증손자였던 다섯 살의 루이 15세Louis XIV였습니다. 루이 15세가 즉위했을 때 그의 가족들 중 살아남은 사람은 멀리 에스파냐의 국왕이었던 숙부 펠리페 5세 밖에 없었습니다. 결국 루이 15세의 가장 가까운 남성 친척이었던 오를레앙 공작 필리프 2세Philip II가 섭정하게 되었습니다. 1723년부터 루이 15세는 성인으로 친정을 시작했으며 이후 1774년까지 프랑스를 통치했습니다. 그가 통치하던 시기 프랑스는 여전히 강대국이었습니다만 문제가 서서히 드러났으며 특히 재정 문제가 점차 커졌습니다.

아이들과 함께 있는 마리 앙투아네트. 프랑스 대혁명이 일어난 후 루이 16세 부부는 처형당했고, 자녀들도 대부분 죽었으나 큰딸인 마리 테레즈만 살았다.

　1774년, 아들보다 장수한 루이 15세가 죽고 난 뒤 왕위에 오른 인물은 루이 15세의 손자였던 루이 16세Louis XVI였습니다. 루이 16세는 프랑스와 오스트리아와의 동맹을 위해서 마리아 테레지아의 막내딸이었던 마리 앙투아네트와 결혼했습니다. 사실 이 당시 마리아 테레지아는 부르봉 가문 전체와의 동맹을 원했고, 다른 딸들 역시 파르마 공작 가문이나 시칠리아, 나폴리 왕국으로 시집가기도 했습니다. 루이 16세 시절에는 프랑스 내의 경제 상황이 더욱 악화되었으며 재정 개혁에 실패했습니다. 결국 이로 인해 1789년에 프랑스 대혁명이 일어났고, 루이 16세 부부는 처형당했으며, 자녀들 대부분은 죽음을 맞이했습니다. 큰딸인 마리 테레즈만이 살아남아 정치적 목적으로 사촌과 결혼했습니다.

　프랑스 대혁명 이후 나폴레옹 시대가 지난 뒤에야 프랑스에는 다시 부르봉 왕가가 복귀합니다. 루이 16세의 동생인 프로방스 백작이 루이 18세Louis XVIII로 즉위한 것입니다. 루이 18세는 혁명을 좋아하지 않았지만, 정치적으로 너무 보수적인 입장이 되면 문제가 생길 것이라고 생각했습니다. 하지만 루이 18세의 동생이자 후계자였던 아르투아 백작 샤를Charles Philippe, comte d'Artois은 형과 생각이 달랐습니다. 샤를은 형의 뒤를 이어 프랑스 국왕 샤를 10세Charles X가 되었고, 당시 프랑스 사람들이 원하던 것과 달리 보수적인 정책을 폅니다. 이런 샤를 10세의 정책으로 결국 1830년 7월 혁명이 일어났고, 샤를 10세는 같은 해 8월에 왕위에서 물러나야 했습니다. 샤를 10세가 퇴위한 뒤 더 이상 부르봉 왕가 직계는 왕위에 오르지 못합니다. 게다가 샤를 10세의 유일한 남성 후손인 손자 샹보르 백작 앙리Henri, comte de Chambord가 후손 없이 사망하면서 프랑스에서 부르봉 가문 직계는 완전히 단절됩니다.

✛ 혁명 이후 왕위를 얻은 오를레앙 가문

오를레앙 가문은 루이 13세의 둘째 아들인 오를레앙 공작 필리프 1세 Philippe I d'Orléans로부터 시작하는 가문입니다. 필리프 1세는 형인 루이 14세와 사이가 좋았다고 알려져 있었습니다. 다만 형제간의 불화를 막기 위해서 형제의 어머니인 안 도트리슈는 언제나 동생인 필리프에게 양보하게 만들었습니다. 사실 이것은 현명한 판단이었는데 나중에 오를레앙 공작이 전쟁에서 좋은 성과를 냈을 때 형인 루이 14세가 그다지 좋아하지 않았던 적도 있을 정도였습니다. 오를레앙 공작의 딸들은 주변의 사보이 공작 가문이나 로렌 공작 가문으로 시집갔는데, 이 딸들의 후손들은 다시 프랑스 왕가로 시집오기도 했습니다. 이를테면 필리프 1세의 딸인 엘리자베트 샤를로트Elizabeth Charlotte는 로렌 공작과 결혼했는데, 그녀의 손녀 중 한 명이 바로 마리 앙투아네트였습니다.

필리프 1세의 아들인 필리프 2세Philippe II d'Orléans는 루이 15세의 가장 가까운 남성 친척으로 그의 섭정으로 일했습니다. 하지만 필리프 2세가 죽은 뒤 오를레앙 가문은 루이 15세와 그의 측근인 콩데 공의 견제로 인해서 권력에서 밀려나게 됩니다. 프랑스 대혁명이 일어났을 때 오를레앙 공작은 '필리프 에갈리테Philippe Égalité'라고 알려진 루이 필리프 2세Louis-Philippe II d'Orléans로, 필리프 1세의 현손이었습니다. 그는 혁명을 지지했으며, 루이 16세의 처형에 찬성표를 던졌다고 알려져 있습니다. 하지만 필리프 에갈리테 역시 단두대에서 목숨을 잃었습니다.

필리프 에갈리테의 아들인 루이 필리프Louis Philippe I는 처음에는 프랑스 혁명 전쟁에서 프랑스 군으로 싸웠지만 곧 목숨의 위협을 느껴 망명했습니다. 루이 필리프는 다른 프랑스의 왕족들처럼 왕정이 복구된 후 다시 프랑스로 돌아왔으며 오를레앙 가문의 수장으로 프랑스에서 지냈습니다. 7월 혁명 이후 샤를 10세는 왕위에서 물러났으며, 그 빈자리를 루이 필리프가 채우게 됩니다. 그는 오를레앙 가문 출신으로는 첫 번째 프랑스 국왕이 됩니다만 결국 1848년 2월 혁명 이후 역시 왕위에서 물러나야 했습니다. 부르봉 가문의 남성 직계가 단절되고, 샹보르 백작 앙리는 오를레앙 가문의 수장이 자신의 권리를 상속받는 것을 인정했습니다. 이후 오를레앙 가문의 수장은 프랑스 국왕이 가지고 있던 칭호 중 하나인 '파리 백작'이라고 쓰고 있습니다.

루이 필리프의 손자인 외 백작 가스통Gaston d'Eu은 브라질의 페드루 2세의 딸이자 후계자인 이사벨과 결혼했습니다. 가스통과 이사벨은 브라질 제국의 후계자로 지목이 되었습니다만, 1889년 브라질에서 왕정이 폐지되자 그의 가족은 유럽으로 망명해야 했습니다. 이사벨은 아버지가 죽은 뒤 가문의 수장이 되어 이후 후손들로 이어집니다.

에스파냐를 지배하다

✤ 에스파냐의 왕위 계승

합스부르크 가문 출신의 국왕 카를로스 2세가 1700년에 후손 없이 사망하면서 에스파냐-합스부르크 가문의 직계는 단절됩니다. 카를로스 2세 생전에 후계자 문제가 발생했을 때 처음에는 누나인 마르가리타 테레사의 외손자 바이에른 공작의 아들을 후계자로 삼았지만 그는 일찍 사망했고 다른 후계자를 생각해야 했습니다.

카를로스 2세가 생각할 수 있는 후보는 오스트리아-합스부르크 가문 출신으로 황제 레오폴트 1세의 아들 카를 대공과 누나 마르가리타 테레사의 손자들인 프랑스의 앙주 공작과 베리 공작이었습니다. 루이 14세는 자신의 손자가 에스파냐 국왕이 되길 바랐고, 오스트리아-합스부르크 가문에서는 당연히 가문의 영지인 에스파냐와 그 밖의 통치 지역을 잃을 수는 없었습니다.

이런 상황에서 에스파냐와 다른 지역을 분할해서 상속하자는 이야기가 나왔으며 관련된 여러 나라 사람은 이 분할 상속을 고려하기 시작했

루이 14세의 손자였던 펠리페 5세.
카를로스 2세는 유언장에 앙주 공작 필리프를 첫
번째 상속자로 써서 에스파냐를 지키고자 했다.

습니다. 하지만 카를로스 2세는 이를 거부했고 결과적으로 카를로스 2세
가 죽을 때까지 그의 후계자를 정할 수 없게 됩니다.

카를로스 2세는 죽으면서 유언장에 앙주 공작 필리프를 첫 번째 상속
자로 썼습니다. 그리고 앙주 공작이 상속을 하지 않으면 앙주 공작의 동
생인 베리 공작이 상속하고, 베리 공작도 상속을 원치 않는다면 레오폴
트 1세의 아들인 카를 대공이 상속받도록 순서도 정해졌습니다. 프랑스
쪽에서 에스파냐를 상속하지 않는다면 에스파냐는 오스트리아-합스부
르크로 넘어갈 것이라고 분명히 선언했기 때문에 프랑스에서는 받아들
일 수밖에 없었습니다. 결국 1700년, 앙주 공작 필리프는 에스파냐의 국
왕 펠리페 5세Felipe V de España가 됩니다.

에스파냐의 왕위가 부르봉 가문으로 넘어가자 당연히 오스트리아-합
스부르크 쪽에서는 반발했습니다. 또 프랑스가 에스파냐와 신대륙 등의

지역까지 장악하는 것에 거부감을 느끼던 다른 나라들도 반발했습니다. 결국 1701년, 카를 대공이 에스파냐 왕위를 이어받아야 한다는 명분으로 에스파냐 계승 전쟁이 일어났습니다. 이 전쟁은 주변의 국제 정세에 따라 상황이 달라졌고, 결국 펠리페 5세는 에스파냐 국왕으로 인정받았습니다. 다만 에스파냐와 신대륙을 제외한 현재 벨기에 지역이나 이탈리아 지역에서 가지고 있던 영지는 합스부르크 가문에게 넘겨줘야 했습니다.

이후 펠리페 5세는 넘겨준 영지를 되찾기 위해 노력했습니다. 여기에는 펠리페 5세의 두 번째 아내로 야심 가득했던 엘리사베타 파르네세 Elisabetta Farnese가 큰 역할을 했다고 알려져 있습니다. 복잡한 정치적 상황을 이용해서 그녀는 아들 카를로스를 시칠리아와 나폴리의 국왕으로 만듭니다.

카를로스 3세Carlos III de España는 원래 두 명의 형이 있었기에 자신이 에스파냐 왕위를 이으리라고는 생각하지 못했을 것입니다. 엘리사베타 파르네세는 아들에게 영지를 주려 했고, 그녀의 숙부였던 파르마 공작 안토니오 프란체스코가 1731년에 후계자 없이 사망하자 파르마 공작령에 대한 상속을 주장합니다. 이때 엘리사베타 파르네세는 딸 마리아 테레지아의 계승을 확고히 하려던 황제 카를 6세에게 접근했습니다. 그 결과 카를로스는 파르마 공작령을 상속받을 수 있게 됩니다. 하지만 1733년에 폴란드 계승 전쟁이 일어나게 되면서 상황은 한 번 더 바뀌게 됩니다. 폴란드 계승 전쟁 이후 에스파냐는 파르마를 합스부르크 가문에 양도하는 대신 시칠리아와 나폴리 왕국을 손에 넣었으며 카를로스는 이제 시칠리아와 나폴리 왕국의 국왕 카를로 1세Carlo I가 됩니다. 물론 나중에 파르마 공작령은 다시 에스파냐 부르봉 가문의 손에 들어오게 됩니다.

1759년에 카를로스의 형인 페르난도 6세Ferdinand VI가 후계자 없이 사망하면서 시칠리아와 나폴리의 국왕이었던 카를로스가 에스파냐의 국왕 카를로스 3세가 됩니다. 그러면서 시칠리아와 나폴리의 왕위는 셋째 아들인 페르난도에게 물려주었습니다.

1788년에 카를로스 3세가 죽은 뒤 왕위는 그의 둘째 아들인 카를로스 4세Carlos IV de España가 물려받았습니다. 그가 통치할 때는 프랑스 대혁명이 일어나고 나폴레옹이 전 유럽을 장악하던 시기였습니다. 카를로스 4세는 정치에 관심이 없었고 아내인 파르마의 마리아 루이사María Luisa de Parma와 총리였던 고도이Manuel de Godoy가 에스파냐를 통치했습니다. 특히 혁명 후 처음에는 프랑스와 대립관계에 있었지만 1796년, 평화협정 이후 에스파냐는 오랫동안 프랑스와 동맹관계를 유지하게 됩니다. 하지만 경제적으로 상황이 악화되면서 고도이는 점차 더 인기가 없어졌으며, 카를로스 4세의 아들이자 후계자인 페르난도Fernando는 고도이를 배제하고 자신이 권력을 얻으려 했습니다. 이런 경쟁관계 속에서 페르난도는 고도이를 몰아내기 위해 나폴레옹을 끌어들이려 했습니다만 고도이 측이 먼저 이를 발견하고는 페르난도를 몰아세웠습니다.

1808년 3월, 인기 없는 고도이를 몰아내기 위한 에스파냐 사람들의 봉기가 시작되었고 결국 고도이와 고도이를 신임했던 카를로스 4세가 퇴위하게 되었습니다. 그리고 카를로스 4세의 아들이자 상대적으로 인기가 있었던 페르난도가 페르난도 7세Fernando VII de España가 됩니다. 카를로스 4세는 아들이 왕위를 빼앗은 것에 불만을 품었고 중재할 사람을 찾게 되는데, 그가 바로 나폴레옹이었습니다. 1808년 5월, 나폴레옹은 중재를 핑계로 에스파냐 왕실 가족들을 모두 불렀고, 부자에게서 아예 에

총리였던 마뉴엘 드 고도이.
1808년, 에스파냐 사람들의 봉기로 고도이와 그를
신임했던 카를로스 4세는 퇴위했다.

스파냐 왕위를 빼앗아버렸으며 무력으로 자신의 형인 조제프를 에스파냐 국왕으로 세웠습니다. 하지만 이로 인해 에스파냐 전역에서 반란이 일어났으며, 이후 카를로스 4세 부부는 이탈리아로 망명해 사망합니다.

페르난도 7세는 나폴레옹에 의해서 물러나야 했지만, 1813년에 나폴레옹이 몰락하면서 다시 에스파냐 국왕으로 복귀하게 됩니다. 페르난도 7세가 복위한 뒤 에스파냐 내의 자유주의자들과 보수주의자들이 다퉜는데, 이는 페르난도 7세의 후계자 문제로 나타났고, 결국 에스파냐를 오래도록 분열시키는 원인이 됩니다.

페르난도 7세의 동생인 몰리나 백작 카를로스Carlos María Isidro de Borbón는 형의 뒤를 이어 왕위에 오를 것이라고 생각했습니다. 이전에 아들이 없던 페르난도 7세는 세 번째 아내가 죽은 후 조카였던 양시칠리아의 마리아 크리스티나Maria Christina di Borbone-Due Sicilie와 네 번째 결혼을 했고, 이 결혼 이후 두 명의 딸이 태어납니다.

에스파냐는 여성 계승자를 인정했지만, 부르봉 가문 자체는 살리카법을 따라서 여성 계승자를 인정하지 않았고 이것은 법률에서 애매한 상황으로 남아 있었습니다. 그리고 많은 사람들이 가문의 상속법이 우선이라고 생각했기에 몰리나 백작이 왕위에 오를 것이라 생각했습니다. 그런데 몰리나 백작은 보수주의자였기에 같은 보수주의자들의 지지를 얻고 있었고, 이에 자유주의자들은 위협을 느끼게 됩니다.

자유주의자들은 몰리나 백작이 왕위에 오르는 것을 막고 싶어 했고, 페르난도 7세의 두 딸을 떠올리게 됩니다. 이들은 페르난도 7세의 왕비였던 마리아 크리스티나에게 접근했으며, 그녀의 딸이 왕위에 오를 수 있도록 협조합니다. 그리고 페르난도 7세 역시 이에 동조해서 자신의 딸이 국왕이 될 수 있게 법을 바꿉니다. 당연히 반발이 있었지만 페르난도 7세는 이를 무시했습니다.

1833년에 페르난도 7세가 사망하면서 법에 따라서 세 살 정도였던 그의 딸인 이사벨이 이사벨 2세Isabel II de España로 즉위하게 됩니다. 이는 당연히 몰리나 백작 카를로스의 반발을 불러일으켰으며 에스파냐 왕위를 두고 오랜 갈등이 시작됩니다. 이때 몰리나 백작 카를로스를 지지하는 사람들을 '카를리스타Carlista'라고 불렀으며 이들은 이사벨 2세의 왕위 계승을 반대하면서 몇 차례 반란을 일으키기까지 했습니다. 이런 상황에서 이사벨 2세와 그녀의 동생인 루이사 페르난다Luisa Fernanda의 결혼이 중요한 문제로 부각되었습니다. 이사벨 2세는 가문 내 지지자를 확보하기 위해서 16세였던 1846년, 사촌인 프란체스코 데 아시스Francisco de Asís de Borbón와 결혼합니다. 프란체스코 데 아시스는 이사벨 2세의 숙부이자 몰리나 백작의 동생이었던 프란체스코 데 파울라의 아들이었고, 프란체스코의 어머니는 이사벨 2세의 이모이기도 했습니다. 하지만 프란체스코 데 아시스는 동성연애자로 알려져 있었기에 이사벨 2세가 자녀를 얻지 못할 것이라는 소문이 파다했고, 이 때문에 이사벨의 여동생인 루이사 페르난다의 혼담이 중요해졌습니다. 루이사 페르난다는 프랑스 루이 필리프의 아들인 몽팡시에 공작Antoine d'Orléans duc de Montpensier과 결혼했고, 몽팡시에 공작은 스스로 에스파냐의 국왕이 될 야망을 불태웠다고 합니다. 하지만 이사벨 2세는 1851년부터 아이를 낳았으며 성인으로 성장한 다섯 아이가 있었습니다. 많은 이들이 이사벨 2세의 아이들은 남편의 아이가 아닐 것이라고 추정하기도 합니다만, 프란체스코 데 아시스는 아이들을 모두 자신의 아이로 인정했습니다.

어린 나이에 즉위했으며 내전까지 해야 했던 이사벨 2세의 통치기는 혼란했고 결국 1868년에 일어난 쿠데타로 그는 퇴위해야 했습니다. 이사벨 2세는 아들인 알폰소에게 왕위 계승 권리를 물려주었지만 에스파냐에서는 알폰소가 아닌 다른 이를 군주로 선출하려 했고, 1870년에 이탈리아의 국왕 비토리아 아메데오 2세의 아들인 아오스타 공작 아메데오를 국왕으로 추대해서 아마데오 1세Amadeo I de España가 즉위합니다. 하지만 아마데오 1세도 1873년 퇴위했고 에스파냐는 공화국이 됩니다. 그러다 1874년에 이사벨 2세의 아들인 알폰소를 다시 국왕으로 추대했고, 그는 알폰소 12세Alfonso XII de España가 되었습니다.

알폰소 12세는 혼란한 정치 상황의 에스파냐에 어느 정도 정치적 안정을 가져다준 인물이기도 했습니다. 이 때문에 알폰소 12세는 에스파냐에서 인기가 매우 높았습니다. 하지만 그는 결핵을 앓고 있어 건강이 서서히 나빠졌으며 1885년 11월에 사망합니다.

알폰소 12세는 두 딸밖에 없었으며, 사망 당시 그의 아내였던 마리아 크리스티나는 임신 중이었습니다. 이사벨 2세 때부터 이어진 카를리스타와의 갈등은 그때까지도 이어지고 있었기에 만약 알폰소 12세의 딸이 왕위를 잇게 된다면 다시 왕위 계승으로 갈등을 일으킬 수도 있었습니다. 하지만 1886년 5월에 아들이 태어났고, 이 아이는 아버지의 이름을 물려받았으며, 태어나자마자 에스파냐의 국왕 알폰소 13세Alfonso XIII de España가 됩니다.

알폰소 13세 초기의 통치는 어머니인 마리아 크리스티나 왕비가 섭정했습니다. 사실 마리아 크리스티나 왕비의 섭정 시기 에스파냐의 식민지 상당수가 독립하려 했습니다. 알폰소 13세가 1902년부터 친정을 시작했습니다만, 에스파냐의 상황은 크게 나아진 것은 아니었습니다. 식민지 문제 때문에 여러 번 전쟁을 치렀으며 이것은 에스파냐 내부에 압박으로 작용했습니다. 알폰소 13세는 제1차 세계대전 때 중립을 지켰습니다만 제1차 세계대전 이후 여전히 에스파냐의 식민지를 지키고 식민지배를 강화하기 위해 전쟁을 벌였기에 당연히 에스파냐 내부에서 불만이 계속되고 있었습니다. 게다가 세계 대공황을 맞이해서 에스파냐 역시 경제적인 타격이 컸고 국왕에 대한 불만이 더 심해졌습니다. 결국 1931년에 퇴위한 알폰소 13세는 나라를 떠나게 됩니다.

바르셀로나 백작 후안Juan de Borbón은 알폰소 13세의 셋째 아들이었지만 형들이나 동생과는 달리 장애를 가지고 있지 않았기에 아버지에게 후계자로 승인받았습니다. 후안은 에스파냐의 왕위 계승 요구자로 평생 살았지만 그의 아들인 후안 카를로스Juan Carlos I는 결국 다시 에스파냐의 국

세 자녀와 함께 있는
마리아 크리스티나 왕비.

왕으로 복귀합니다.

알폰소 13세가 떠난 뒤 에스파냐는 군부가 장악했으며 특히 프란시스코 프랑코Francisco Franco 장군에 의해서 오랫동안 독재정치가 유지되었습니다. 프랑코 장군은 자신의 후계자로 군주를 다시 복귀시키기로 했으며 이에 에스파냐 왕실 가족들은 모두 촉각을 세웠습니다. 군주 후보로는 후안 카를로스와 후안 카를로스의 사촌이자 프랑코의 외손녀와 결혼했던 알폰소, 그리고 카를리스타들이 주장하는 후계자가 있었습니다. 결국 프랑코는 후안 카를로스를 자신의 후계자로 선포했으며, 1975년 프랑코가 죽은 뒤 후안 카를로스가 에스파냐의 국왕이 되어 다시 부르봉 가문이 왕위를 잇게 됩니다.

후안 카를로스는 고분고분할 것이라는 예상과 달리 확고하게 에스파냐의 민주화를 진행해 나갔습니다. 그는 쿠데타에 맞서서 국민에게 거부하라는 명령을 할 정도로 강한 정책을 펼쳤고, 이것은 후안 카를로스가 꽤 오래도록 에스파냐에서 인기가 있었던 요인이었습니다. 하지만 2014년, 스캔들로 인해서 그는 큰 타격을 입었으며, 결국 아들에게 왕위를 물려주고 퇴위했습니다. 현재 에스파냐의 국왕은 후안 카를로스의 아들인 펠리페 6세Felipe VI입니다.

⚜ 파르마와 양시칠리아

1759년, 당시 8세였던 카를로스 3세의 셋째 아들 페르디난도Francesco I는 아버지의 뒤를 이어서 시칠리아와 나폴리의 왕위를 물려받게 됩니다. 페르디난도가 국왕이 되었을 때, 그는 미성년이었기에 왕국을 통치할 수 없었으므로 이탈리아 귀족들로 구성된 섭정단이 나라를 통치했습니다.

어린 시절부터 섭정단이 나라를 통치했기에 페르디난도는 통치보다는 개인적인 즐거움을 더 추구했습니다. 하지만 그의 아내 오스트리아의 마리아 카롤리나는 어머니인 마리아 테레지아를 가장 많이 닮은 딸이었습니다. 마리아 카롤리나는 남편을 자신의 영향력 아래 두었고, 섭정단들을 물리친 다음 권력을 잡았습니다. 하지만 프랑스 대혁명이 일어나고, 이후 나폴레옹이 이탈리아를 침공하면서 페르디난도와 가족들은 이탈리아 본토의 영지를 뺏기고 시칠리아섬으로 갈 수밖에 없었습니다. 나폴레옹이 몰락한 뒤 빈 회의에서 두 개의 왕국이었던 나폴리와 시칠리아 왕국은 하나의 왕국인 양시칠리아로 통합되었으며 페르디난도는 1816년에 양시칠리아 왕국의 페르디난도 1세가 됩니다.

페르디난도 1세의 아들인 프란체스코 1세는 1820년 혁명 이후 섭정으로 양시칠리아 왕국을 통치했습니다. 섭정 시절 그는 자유주의를 더 선호했지만 1825년에 아버지의 뒤를 이어 국왕이 된 뒤에는 보수주의로 정책을 바꿨기에 인기가 떨어지게 됩니다.

프란체스코 1세의 아들인 페르디난도 2세Ferdinando II는 1830년에 왕위에 올랐으며 초기에는 자유주의적 정책을 폈습니다. 하지만 1848년, 전 유럽에 일어난 혁명의 영향이 양시칠리아에 도달했을 때 그는 도리어 보수주의로 회귀했을 뿐 아니라 헌법을 무시하는 절대 군주제를 추구했습니다. 이것은 그가 통치하던 양시칠리아 지역에서 부르봉 가문에 대한 반감을 극에 달하게 만들었습니다.

1859년, 페르디난도 2세의 아들인 프란체스코 2세Francesco II가 양시칠리아의 국왕이 됩니다. 하지만 시칠리아 등지에서 부르봉 왕가를 반대해 사르데냐 왕국 중심의 이탈리아 통일을 지지하게 됩니다. 결국 1860년, 사르데냐 왕국 군대는 양시칠리아의 왕국 수도인 나폴리를 향해 진격했고 사르데냐와 양시칠리아는 가에타 요새에서 맞붙게 됩니다. 1861년, 가에타 요새의 함락으로 양시칠리아 왕국은 사르데냐를 중심으로 하는 이탈리아에 합병되었으며 프란체스코 2세는 왕위에서 물러나야 했습니다. 이후 가문은 프란체스코 2세의 동생인 카세르타 백작 알폰소의 후손이 가문의 수장이 되어 이어가게 됩니다.

한편 에스파냐의 국왕 카를로스 3세는 국왕이 되기 전 외가 쪽 영지였던 파르마 공작령을 얻었습니다. 이후 나폴리와 시칠리아 왕국과 파르마 공작령을 바꾸기도 했지만, 결국 1748년에 카를로스 3세의 동생인 인판테 펠리페가 파르마 공작 필리포 1세Filippo I di Parma로 공작령을 이어받았습니다.

필리포 1세의 아들이자 후계자였던 페르디난도 1세Ferdinando I di Parma는 1765년에 아버지의 뒤를 이어서 파르마 공작이 되었습니다. 하지만 그의 통치기에 프랑스 대혁명과 나폴레옹 전쟁이 일어났습니다. 페르디난도 1세는 나폴레옹과의 협정을 통해서 1801년에 파르마 공작령을 프랑스에 넘겼습니다. 이는 그의 아들인 루도비코가 나폴레옹에 의해서 토스카나 대공국을 포함하는 에트루리아 왕국의 국왕이 되었던 것과 연결됩니다.

페르디난도 1세는 1802년에 사망했으며, 그의 아들인 에트루리아의 국왕 루도비코 1세Ludovico I di Etruria는 1803년에 사망합니다. 루도비코의 아들인 카를로 루도비코는 1803년, 아버지가 죽은 뒤 어린 나이에 에트루리아의 국왕이 됩니다. 하지만 1807년에 나폴레옹이 에트루리아 왕국을 해체하면서 카를로 루도비코는 왕위를 잃었습니다. 이후 그는 이탈리아에 망명 중인 외할아버지인 에스파냐의 카를로스 4세의 보호 아래 있게 됩니다. 나폴레옹이 몰락한 뒤 빈 회의에서 파르마 공작령은 나폴레옹의 황후였던 마리 루이즈에게 주어졌으며 그에 대한 보상으로 루카 공작령이 파르마 공작 가문에게 주어집니다.

물론 마리 루이즈가 죽은 뒤 파르마 공작령은 가문에 다시 돌아가는 것으로 합의되었습니다. 그런데 루카 공작령은 카를로 루도비코에게 주어진 것이 아니라 그의 어머니인 에스파냐의 마리아 루이사Maria Luisa에게 주어졌으며 카를로 루도비코는 어머니의 후계자 자격으로 루카 공작령을 물려받게 됩니다. 1824년에 어머니가 죽은 뒤 루카 공작이 된 카를로 루도비코는 1847년에 마리 루이즈가 죽자 다시 파르마 공작령을 물려받았습니다. 그리고 이전에 받았던 루카 공작령은 토스카나 대공령에 합병됩니다.

파르마 공작 카를로 2세Carlo II di Parma가 된 카를로 루도비코는 사실 파르마에서 잘 적응하지 못했습니다. 파르마는 그에게 낯선 곳이었으며 20년 이상 통치했던 루카가 그에게는 더 고향 같았습니다. 결국 1849년에 아들인 카를로 3세에게 양위하고 파르마 공작 지위에서 물러났습니다.

1849년, 아버지가 양위한 뒤 파르마의 공작이 된 카를로 3세Carlo III di Parma는 보수적인 군주였으며, 혁명이 휩쓸던 유럽의 정치 상황에서 당연히 그는 인기 없는 군주가 됩니다. 결국 1854년에 카를로 3세는 암살당했습니다.

1854년, 카를로 3세의 장남인 여섯 살 로베르토 1세Roberto I di Parma가 파르마의 공작이 됩니다. 즉위 직후 로베르토의 어머니인 루이즈 다르투아가 아들의 섭정이 되었지만 1859년, 이탈리아 통일을 위한 사르데냐와 오스트리아 간의 전쟁 때 파르마 공작령 역시 이탈리아 왕국이 되는 사르데냐에 합병당했으며 로베르토 1세는 11세의 나이에 통치 공작령을 잃게 됩니다. 이후 파르마 공작 가문의 수장은 로베르토 1세의 후손들에게로 이어집니다.

지금까지 이야기했던 것처럼, 987년에 위그 카페가 프랑스의 국왕이 된 뒤 그의 후손들이 대대로 프랑스 왕위를 이어갔습니다. 이 때문에 유럽의 수많은 나라와 달리 프랑스는 위그 카페의 남성 직계 후손들이 800년 넘게 통치했습니다.

프랑스는 위그 카페가 왕위에 오른 뒤 서서히 유럽의 강대국으로 성

파르마의 카를로 2세.
파르마에서 잘 적응하지 못한 그는 1849년에 아들인
카를로 3세에게 양위하고 파르마 공작 지위에서 물
러났다.

장하게 됩니다. 이런 프랑스를 통치했던 프랑스 왕가 역시 유럽에 강력
한 영향을 미칠 수밖에 없었습니다. 이를테면 호엔슈타우펜 가문과 갈등
을 빚던 교황은 프랑스의 국왕 루이 8세의 아들인 앙주 백작 샤를에게 호
엔슈타우펜 가문의 상속 영지였던 시칠리아 왕국의 왕위를 줘버립니다.
그리고 샤를은 호엔슈타우펜 가문에서 그 지역을 무력으로 빼앗았고, 시
칠리아의 국왕 카를로 1세로 즉위하기도 했습니다. 특히 부르봉 가문이
프랑스를 통치하던 시기 프랑스는 더욱 강력해졌고 유럽의 여러 분쟁에
적극적으로 관여했으며 큰 성공을 거두기도 했습니다. 이를테면 30년 전
쟁이 시작되자 프랑스는 숙적이었던 합스부르크 가문이나 신성로마제
국을 견제하기 위해서 가톨릭교를 믿는 나라임에도 신교도를 지원했고,
이 때문에 유럽의 질서에도 큰 영향을 미쳤습니다. 결국 부르봉 가문은
에스파냐와 이탈리아 쪽 영지를 차지했으며, 가문의 영향력은 더욱 커졌

습니다.

　프랑스의 문화 역시 유럽에 엄청난 영향을 미쳤는데 특히 부르봉 왕가의 통치 시기 중 루이 14세 때 절정에 이르게 됩니다. 이를테면 루이 14세가 세운 베르사유 궁전은 당대 최고의 궁전이었을 뿐 아니라 이후 유럽의 많은 통치 가문에서 이 베르사유 궁전을 모방해서 궁전을 지었습니다. 또한 수많은 유럽의 궁정에서는 프랑스의 궁정문화를 자연스럽게 받아들였는데 이를테면 공식 정부를 두는 것이나 궁정 언어로 프랑스어를 쓰는 것 등은 당대 전 유럽의 궁정에서 자연스럽게 받아들인 일 가운데 하나였습니다.

　부르봉 가문은 프랑스에서 막강한 힘을 가지고 있었지만 결국 프랑스가 공화국이 되면서 힘을 잃었습니다. 그리고 19세기 국민주의의 물결을 타고 이탈리아 쪽 영지 역시 잃었습니다. 이어서 20세기 초 에스파냐 왕위마저 잃었지만, 결국 20세기 중반 에스파냐가 입헌군주제로 돌아가면서 다시 가문은 통치가문으로 살아남았습니다.

프랑스의 왕위 계승 요구자들

프랑스는 프랑스 대혁명 이후, 공화정과 군주정이 번갈아가며 시행되다가 결국 공화정으로 정착하게 되었습니다. 현재 프랑스는 공화제 국가이고 군주제로 돌아갈 일은 거의 없습니다. 하지만 명분이라는 것은 언제나 중요하고, 프랑스의 왕위 계승이라는 명분 역시 가문에서 굉장히 중요하게 생각될 수밖에 없습니다. 실제로 에스파냐의 경우 20세기에 알폰소 13세가 퇴위하고 난 뒤 공화제 국가로 한동안 남았습니다만 결국 1975년에 후안 카를로스가 즉위하면서 군주제 국가로 되돌아갔으며, 이때 왕위 계승 권리를 가지고 있던 사람은 알폰소 13세의 셋째 아들이었던 바르셀로나 백작 후안이었습니다. 형들과 그 후손이 있었음에도 결국 후안의 아들인 후안 카를로스가 에스파냐의 국왕이 될 수 있었습니다.

그러면 현재 프랑스의 왕위 계승을 주장할 수 있는 왕위 계승 요구자들은 누가 있을까요? 사실 부르봉 가문의 마지막 직계 후손은 샤를 10세의 손자였던 샹보르 백작 앙리였습니다. 앙리가 죽으면서 부르봉 왕가의 직계 후손은 단절됩니다만, 이 권리는 다른 부르봉 가문의 분가들에게 넘어가게 됩니다.

가장 먼저 생각할 사람들은 바로 오를레앙 가문 사람들입니다. 오를레앙 가문은 루이 13세의 아들이자 루이 14세의 동생인 오를레앙 공작 필리프의 후손들입니다. 오를레앙 가문은 부르봉 왕가의 제1분가로 부르봉 가문의 본가가 단절될 경우 프랑스 왕위를 이을 권리를 가지고 있었습니다. 게다가 샤를 10세가 2월 혁명으로 쫓겨난 뒤 오를레앙 가문 출신이었던 루이 필리프가 국왕이 되었기에 자연스럽게 오를레앙 가문에서 프랑스의 왕위 계승을 요구할 수 있었습니다.

루이 필리프는 여러 아들이 있었는데 당연히 장남인 오를레앙 공작 페르디낭이 아버지의 뒤를 이어서 오를레앙 가문의 수장이 되어야 했습니다. 하지만 페르디낭은 아버지보다 먼저 사망했고, 그에게는 아들 필리프와 로베르가 있었습니다. 장남인 필리프는 할아버지의 뒤를 이어서 오를레앙 가문의 수장이 되었으며 '파리 백작'이라는 칭호를 씁니다. 이 칭호는 위그 카페가 국왕이 된 이래 프랑스 국왕만이 쓸 수 있었습니다. 유럽에서는 이런 식으로 나라가 공화국이 되면 왕위 계승 요구자들은 스스로 국왕이라고 칭하지 않고 국왕이 쓰던 다른 작위를 썼습니다. 필리프의 동생인 로베르는 오를레앙 공작의 후계자들이 쓰던 '샤르트르 공작 칭호'를 썼습니다.

파리 백작 필리프의 아들인 오를레앙 공작 필리프가 아버지의 뒤를 이어서 프랑스의 왕위 계승 요구자가 됩니다만 그는 후손 없이 사망했으며, 가문의 수장이자 프랑스의 왕위 계승 요구자 지위는 사촌인 기즈 공작 장에게로 이어집니다. 기즈 공작 장은 샤르트르 공작 로베르의 아들이었을 뿐 아니라 오를레앙 공작 필리프의 처남이기도 했습니다. 그리고 기즈 공작 장의 장남인 앙리는 아버지의 뒤를 이어서 프랑스의 왕위 계승 요구자로 '파리 백작' 칭호를 썼으며, 현재 오를레앙 가문의 수장은 기즈 공작 장의 손자이자 파리 백작 앙리의 아들인 '파리 백작' 앙리입니다.

그런데 프랑스의 왕위 계승 요구자는 한 명이 아닙니다. 루이 14세의 직계 후손인 에스파냐 왕족들도 남아 있습니다. 사실 에스파냐의 펠리페 5세는 루이 14세의 손자입니다. 이것은 그와 그의 후손들이 오를레앙 가문 사람보다 프랑스 왕위 계승 권리에서 우선순위라는 것을 의미하기도 합니다. 하지만 펠리페 5세와 그의 후손들은 에스파냐 왕위 계승 권리를 가지고 있는 한 프랑스 왕위를 얻을 수는 없었습니다. 바로 에스파냐 계승전쟁 이후 맺은 조약 때문이었습니다. 에스파냐 계승전쟁은 합스부르크 가문과 부르봉 가문이 에스파냐 왕위를 얻기 위해서 다퉜던 전쟁입니다. 이때 잉글랜드 같은 나라들은 프랑스 왕가에서 에스파냐를 얻는 것을 원치 않았습니다. 프랑스와 에스파냐의 왕위가 합쳐질 가능성이 있었기 때문입니다. 실제로 나바라의 국왕이었던 앙리 4세가 프랑스 국왕으로 즉위하면서 나바라와 프랑스가 합쳐진 예도 있었습니다. 하지만 에스파냐 왕위 계승 요구자였던 카를 대공이 황제 카를 6세가 되면서 다시 한번 상황이 바뀌게 됩니다.

결국 프랑스의 앙주 공작이었던 필리프가 에스파냐의 왕위에 오르게 됩니다. 하지만 프랑스와 에스파냐가 합쳐지는 것을 원치 않았던 주변 나라들은 1713년에 에스파냐 왕위 계승 전쟁을 종식하기 위해 위트레흐트 조약을 체결하면서 한 가지 조항을 더 넣습니다. 바로 펠리페 5세가 프랑스 왕위 계승 권리를 포기하는 것이었습니다. 이렇게 에스파냐-부르봉 가문은 프랑스 왕위 계승 권리가 없었으며, 이것은 프랑스에서 부르봉 직계가 단절되어서 계승 권리가 오를레앙 가문으로 넘어가게 되는 원인이 되었습니다.

하지만 에스파냐-부르봉 쪽에서 기어이 프랑스 왕위 계승 요구자의 지위를 얻으려는 사람이 있었습니다. 그는 바로 알폰소 13세의 아들이었던 세고비아 공작 하이메Haime de Borbón y Battenberg였습니다. 사실 하이메가 왕위 계승자 지위를 얻으려 했던 것은 에스파냐 왕가의 복잡한 사정과 그와 그의 아들의 야망이 합쳐진 것이었습니다. 알폰소 13세는 빅토리아 여왕의 외손녀였던 '에나Ena'라는 애칭의 바텐베르크의 빅토리아 유제니Victoria Eugénie와 결혼했고 둘 사이에서는 네 명의 아들이 태어났습니다. 하지만 에나는 혈우병 보인자였고 장남과 막내가 혈우병 환자였습니다. 다행히 둘째인 하이메와 셋째인 후안은 혈우병을 유전받지 않았지만 하이메는 어린 시절 병 때문에 청각장애를 앓게 되었습니다. 이렇게 되자 알폰소 13세는 아픈 아들 모두를 왕위 계승 권리에서 배제시켰고 유일하게 건강한 아들이었던 셋째 아들 후안을 에스파냐 왕위 계승자로 인정합니다. 그리고 후안은 통치 가문 출신인 양시칠리아 왕가 출신의 여성과 결혼해서 아들 후안 카를로스를 낳았고, 후안 카를로스가 왕가의 후계자로 여겨졌습니다.

하이메는 아버지에 의해서 에스파냐 왕위 계승 권리를 포기당했지만, 아버지가 죽은 뒤 프랑스 왕위 계승 권리를 주장했습니다. 에스파냐와 프랑스 왕위 계승 권리를 동시에 가지지 못하지만, 하이메는 이 권리를 포기했기에 자신에게 프랑스 왕위 계승 권리가 있다고 주장한 것이었습니다. 오를레앙 가문을 싫어하고 부르봉 가문을 지지하던 전통파들에게는 하이메가 오를레앙 가문보다 더 확고한 계승자로 여겨졌으며, 하이메는 '앙주 공작'이라는 칭호를 쓰게 됩니다.

하이메는 알폰소와 곤살로라는 두 아들이 있었는데 이들 역시 아버지와 마찬가지로 자신의 신분에 대해서 민감하게 생각했습니다. 특히 알폰소는 매우 야망이 큰 인물로, 아버지가 에스파냐 왕위 계승 권리를 박탈당했음에도 에스파냐 왕위를 얻으려 하고 있었습니다. 이때쯤 프랑코는 자신의 후계자로 에스파냐 왕가 사람들 중 한 명을 선택해서 군주제를 복원하려고 계획하고 있었습니다. 에스파냐 왕가에서는 당연히 정통성을 가진 후안 카를로스가 프랑코의 후계자가 되길 바랐습니다. 하지만 후안 카를로스의 아버지인 바르셀로나 백작 후안과 프랑코의 사이는 굉장히 나빴는데 둘의 정치적 성향이 정반대였기 때문이었습니다. 아마도 하이메와 그의 아들인 알폰소는 이것이 좋은 기회라고 여겼을 것입니다. 하이메는 포기당했던 자신의 에스파냐 왕위 계승 권리를 다시 주장합니다. 그리고 그의 아들인 알폰소의 계승 권리도 정당하다고 주장합니다. 당연히 프랑코가 후안을 껄끄럽게 여기기에 후안 카를로스가 아닌 알폰소를 선택할 수 있다고 생각했을 것입니다.

그런 다음 알폰소는 한 발 더 나아가 프랑코와 인척관계를 만들고자 했습니다. 프랑코는 아내와의 사이에서 외동딸만 있었고 그 외동딸에게는 여러 명의 자녀가 있었습니다. 알폰소는 프랑코의 외손녀였던 마리아 델 카르멘 마르티네스보르디우와 결혼식을 올리게 됩니다. 이렇게 되자 알폰소의 지위는 더욱 올라가는데 특히 프랑코의 아내는 외손녀가 왕비가 될 것이라고 떠들고 다닐 정도였다고 합니다. 하지만 결국 왕위는 후안 카를로스가 물려받았습니다.

이후 하이메와 알폰소는 다시 프랑스 왕위 계승 요구자 지위를 주장했고, 1975년에 하이메가 죽고 난 뒤 알폰소는 자신을 카디스와 앙주 공작이라고 주장하면서 프랑스 왕위 계승 요구자가 됩니다. 그리고 현재는 알폰소의 아들인 '앙주 공작' 루이스 알폰소Luis Alfonso(프랑스식으로는 루이 알퐁스Loius

Alphonse)가 프랑스의 왕위 계승 요구자를 주장하고 있습니다.

사실 프랑스 왕위 계승 요구자는 한 명 더 있는데, 바로 보나파르트 가문 사람들입니다. 나폴레옹과 나폴레옹 3세는 보나파르트 가문 출신으로 프랑스의 황제가 되었으며 이 때문에 이들은 프랑스의 황위 계승 요구자로서 권리가 있었습니다. 실제로 프랑스의 왕위 계승 요구자들이 프랑스 내에서 거주할 수 없다는 법률이 있었을 때 보나파르트 가문의 수장 또한 프랑스에서 살지 못했습니다.

나폴레옹은 아들 나폴레옹 2세가 있었지만 그는 후손 없이 사망했습니다. 나폴레옹의 조카인 나폴레옹 3세는 황제가 되었지만 쫓겨났고, 나폴레옹 3세의 아들인 루이나폴레옹은 1879년에 후계자 없이 사망합니다. 루이나폴레옹은 죽기 전 자신의 권리를 제롬 보나파르트의 손자인 나폴레옹 빅토르에게 물려줬습니다. 이때 나폴레옹 빅토르의 아버지였던 나폴레옹 조제프가 살아 있었기에 가문의 수장자리를 두고 아버지와 아들이 싸우는 상황이 되었다고 합니다. 물론 가문의 수장 자리는 나폴레옹 빅토르가 이어받았고, 이후 보나파르트 가문의 수장도 그의 후손이 이어가게 됩니다.

3장

로마노프

: 강력한 러시아를 만든 힘

House of Romanov

로마노프 가문 가계도

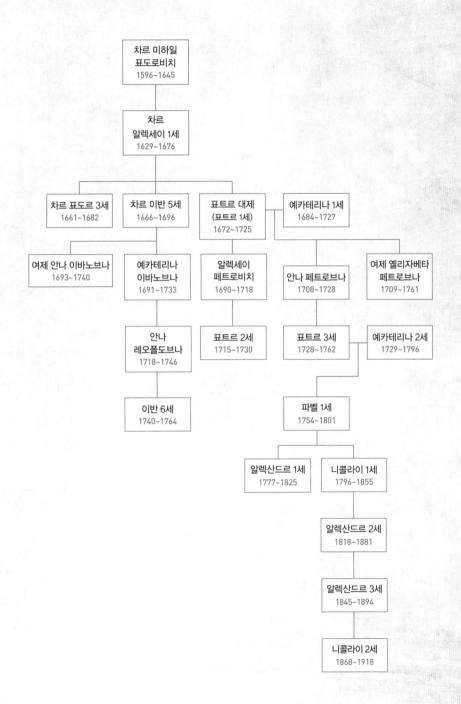

차르 미하일
표도로비치
1596~1645

차르
알렉세이 1세
1629~1676

차르 표도르 3세
1661~1682

차르 이반 5세
1666~1696

표트르 대제
(표트르 1세)
1672~1725

예카테리나 1세
1684~1727

여제 안나 이바노브나
1693~1740

예카테리나
이바노브나
1691~1733

알렉세이
페트로비치
1690~1718

안나 페트로브나
1708~1728

여제 옐리자베타
페트로브나
1709~1761

안나
레오폴도브나
1718~1746

표트르 2세
1715~1730

표트르 3세
1728~1762

예카테리나 2세
1729~1796

이반 6세
1740~1764

파벨 1세
1754~1801

알렉산드르 1세
1777~1825

니콜라이 1세
1796~1855

알렉산드르 2세
1818~1881

알렉산드르 3세
1845~1894

니콜라이 2세
1868~1918

로마노프 가문은 300여 년 간 거대한 러시아를 통치했습니다. 특히 러시아가 유럽에 속한 나라가 아니라는 인식이 있었던 시절부터 통치하기 시작해서 결국 유럽 내 모든 나라들이 강력한 러시아를 인정하도록 만들었던 시기에도 로마노프 가문이 러시아를 통치하고 있었습니다. 그렇기 때문에 러시아를 이야기할 때 로마노프 가문을 떼놓고 생각할 수 없습니다.

존재감 있는 강한 통치 가문

✢ 로마노프의 유래와 차르의 조건

1613년 2월, 16세의 어린 미하일 표도로비치 로마노프Mikhaíl Fyodorovich Románov가 러시아의 통치 군주인 차르로 선출됩니다. 그는 로마노프 가문 출신의 첫 번째 차르였습니다. 이후 러시아를 통치하는 군주들은 미하일 의 후손으로, 스스로를 로마노프 가문 사람들로 인식했습니다.

로마노프 가문은 러시아 제국의 전신인 모스크바 대공국의 보야르(귀 족) 출신이었습니다. 로마노프 가문이 황제의 가문이 되면서 선조들을 미 화했기에 사실 이 가문의 조상이 누구인지는 살짝 모호한 면이 있습니다. 하지만 로마노프라는 성을 쓰게 되는 데 결정적인 역할을 한 인물이 있었 습니다. 바로 로만 유리예비치 자카린유리예프Roman Yurievich Zakharyin-Yuriev 였는데, 로마노프라는 성은 이 이름으로부터 유래했습니다.

16세기 후반에 들어서면서 모스크바 대공국은 러시아의 중심이 되었 습니다. 특히 강력한 왕권을 확립했기에 '뇌제 이반'이라는 별명으로 유 명했던 모스크바의 대공 이반 4세는 러시아의 차르라는 칭호를 쓰면서

아이를 낳은 아나스타샤 로마노브나.
이반 4세가 사랑했던 아내이면서 귀족들과 백성들
에게도 사랑받는 인물이었다.

전 러시아의 통치자로서 지위를 확고히 했습니다. 이반 4세가 가장 사랑했던 아내가 바로 로만 유리예비치의 딸이었던 아나스타샤 로마노브나 Anastasia Romanovna였습니다. 그녀는 귀족들과 백성들에게도 사랑받는 인물이었습니다. 그렇기에 아나스타샤의 친정 식구들은 이반 4세 시절 권력에 가까워지게 됩니다. 특히 아나스타샤의 오빠였던 니키타 로마노비치 Nikita Romanovich는 이반 4세가 신임하는 신하로서 이반 4세의 후계자가 될 아들의 후견을 맡기도 했습니다. 니키타 로마노비치의 장남인 표도르 니키티치 Feodor Nikitich Romanov는 아버지의 뒤를 이어 보야르가 되었을 뿐 아니라 아버지의 부명으로부터 따온 '로마노프'라는 성을 쓰기 시작했습니다.

뇌제 이반이 사망한 뒤 러시아는 혼란스러운 상황에 빠집니다. 특히 뇌제 이반의 아들이었던 표도르 1세가 후손 없이 사망하고, 표도르의 동생인 드미트리 역시 일찍 사망하면서 차르의 지위를 두고 권력자들이 다투게 됩니다. 특히 표도르 1세의 처남이었던 보리스 고두노프Boris Godunov는 표도르 1세 시절 권력을 잡았으며, 표도르 1세가 사망한 뒤 차르로 선출됩니다. 하지만 표도르 니키티치 로마노프 역시 강력한 차르 후보였으며, 보리스 고두노프는 당연히 자신의 정적이었던 표도르를 경계했습니다. 결국 보리스 고두노프는 표도르 니키티치 로마노프와 그의 아내인 크세니아를 수도원으로 보내서 각각 필라레트Filaret 수도사와 마르파Marfa 수녀가 되게 했습니다. 속세를 떠난 그들이 정치에 더 이상 관여하지 못하게 하려는 의도였습니다. 그리고 보리스 고두노프는 남은 로마노프 가문 사람들을 모스크바에서 추방했습니다.

보리스 고두노프의 통치 말기, 러시아는 다시 한번 혼란스러운 상황에 처하게 됩니다. 먼저 자연재해가 일어나 사람들의 삶이 피폐해졌습니다. 삶이 어려워지자 통치자인 보리스 고두노프에 대한 불만도 점차 더 커지게 됩니다. 결국 보리스 고두노프를 반대했던 사람들은 차기 차르가 될 인물을 찾아냅니다. 바로 뇌제 이반의 아들로 성년이 되기 전 사망했다고 알려진 드미트리 이바노비치였습니다. 사실 이 드미트리는 가짜였지만, 폴란드 귀족들의 지원을 받았던 그는 인기 없던 황제에게 반발한 사람들의 지지를 얻었으며, 심지어 러시아의 차르가 되기까지 합니다. 물론 이후 가짜로 판명이 났고 살해당했습니다만, 그의 뒤를 이어서 또 다른 사람이 자신을 드미트리라고 주장하면서 차르 지위를 이어받으려고 했습니다.

그뿐 아니라 러시아의 적이었던 폴란드 역시 러시아를 공격합니다. 특히 당시 폴란드는 매우 강력한 나라였으며 폴란드가 지지하던 가짜 드미트리가 국왕이 될 정도로 러시아에 막강한 영향력을 행사하고 있었습니다. 이런 폴란드가 러시아를 공격하면서 러시아의 상황은 더욱 악화될 수밖에 없었습니다. 또한 폴란드를 견제하기 위해서 끌어들였던 스웨덴 역시 정치적 상황에 따라 도리어 러시아를 공격하면서 더욱 상황은 혼란해집니다.

러시아는 내부적으로 여러 세력이 서로 다퉜으며, 외부적으로도 폴란드와 스웨덴이 간섭하고 있었습니다. 그리고 이런 혼란한 상황을 종식시키려는 사람들이 등장하게 됩니다. 외교적으로 해결하려는 사람들 중 일부는 강력한 폴란드 왕가 사람을 러시아의 통치자로 선출하려고 했습니다. 그뿐 아니라 내부적인 혼란 역시 종식시키려는 사람들이 등장합니다. 특히 외국 세력들이 러시아에 관여하는 데 불만을 품은 사람들이 많았기 때문에 '외세를 몰아낸다'는 것은 러시아 사람들을 안정시킬 수 있는 큰 명분 중 하나가 될 수 있었습니다. 이들의 군사 활동은 성공으로 이어졌고, 러시아 사람들이 다시 뭉칠 수 있는 계기가 됩니다.

보야르들은 이런 내분을 종식시키려면 결국 모두가 인정하는 한 명의 차르를 선출해야 한다고 생각했습니다. 또한 차르 선출 이후 자신들의 권력 유지 역시 염두에 둬야 했습니다. 그랬기에 서로에게 유리한 인물을 차르로 내세우려고 합니다. 너무 강인하거나 뛰어난 인물이 차르가 될 경우 도리어 보야르들을 억압했던 뇌제 이반처럼 될 수 있었기에 경계했습니다. 또한 폴란드의 지지를 받는 인물 역시 경계해야 했는데 이런 대혼란이 빚어지게 된 결정적인 요인 중 하나가 폴란드의 개입 때문

미하일 표도로비치 로마노프의 차르 선출.
미하일 표도로비치가 차르로 선출되었을 때 어머니인 마르파 수녀와 그를 모시러 온 사람들이 묘사되어 있다.

이었으며, 친폴란드파에 대해서 성공적인 군사 활동을 벌였던 이들은 절대 폴란드 측 인물이 차르가 되는 것도 인정하지 않을 것이었습니다.

결국 보야르들은 자신들의 복잡한 이해관계를 만족시킬 적당한 인물을 찾아냅니다. 그가 바로 16세의 미하일 표도로비치 로마노프였습니다.

로마노프 가문은 모스크바에서 힘 있는 보야르였습니다. 그리고 미하일은 어렸으며 부모가 수도원으로 추방당했을 뿐 아니라 당시 자신도 어머니와 함께 수도원에서 살고 있었기에 기존의 정치 세력과 접점이 적었습니다. 게다가 미하일의 가족은 외국 세력과도 접점이 적었는데, 특히 미하일의 아버지였던 필라레트는 당시 폴란드와의 협상을 거절했기에 결국 오래도록 폴란드에 억류되어 있었습니다.

미하일 표도로비치가 차르가 될 수 있었던 중요한 명분은 바로 그의 대고모였던 아나스타샤 로마노브나 때문이었습니다. 매우 자비로웠다고 알려진 아나스타샤는 대중에게 인기 있는 인물이었을 뿐 아니라 표도르 1세의 어머니이기도 했습니다. 류리크 왕가의 직계는 단절되었지만, 미하일 표도로비치는 류리크 가문의 마지막 차르인 표도르 1세와 오촌으로 혈연관계가 있었기에 왕위에 대한 정당성도 어느 정도 주장할 수 있었습니다.

미하일 표도로비치가 차르로 선출되었을 때, 어머니인 마르파 수녀와 미하일은 이 사실을 바로 받아들일 수는 없었습니다. 이전에 스스로 차르로 주장하거나 차르가 된 사람들 대부분이 불행한 결말을 맞았다는 것을 그들은 잘 알고 있었습니다. 특히 마르파는 아들을 죽음으로 몰아넣을 수는 없었을 것입니다. 게다가 필라레트는 여전히 폴란드에 억류당해 있었는데, 이는 어린 미하일에게 강력한 지원자가 될 만한 인물이 없다는 것을 의미했기에 더욱 차르가 되는 것을 망설였을 것입니다. 하지만 결국 미하일 표도로비치 로마노프는 차르가 되는 것을 받아들였고, 로마노프 가문의 첫 번째 러시아 차르가 됩니다.

✤ 미하일 표도로비치의 통치와 그 이후

미하일 표도로비치가 차르가 된 후 미하일의 아버지인 필라레트가 폴란드에서 귀환했습니다. 필라레트는 정치 경험이 부족한 어린 아들에 비해서 정치적으로 뛰어난 인물이었습니다. 수도사가 되기 이전에는 강력한 보야르로서 보리스 고두노프에게 견제를 받을 정도였습니다. 또한 비록 수도원에 들어가서 속세의 이름이나 지위는 버려야 했지만 교회에서 강력한 영향력을 행사하는 인물이었습니다.

필라레트는 아들의 왕권을 강화하기 위해서 영향력을 행사하기 시작합니다. 모스크바 총대주교가 된 필라레트는 적극적으로 정치에 관여했습니다. 먼저 차르 주변의 인물들을 자신과 연결고리가 강한 친인척들로 기용했습니다. 가장 대표적인 인물이 바로 동생 이반 니키티치 로마노프 Ivan Nikitich Romanov였습니다. 그뿐 아니라 필라레트는 자신의 교회 지위 역시 적극적으로 활용했습니다. 러시아에서 정교회를 강조했으며, 상대적으로 다른 기독교 분파인 개신교나 가톨릭에 대해서 경쟁 구도로 만들었습니다. 이것은 개신교나 가톨릭으로 대표되는 외국 세력에 대한 반발을 정교회에 대한 지지로 받아들이게 만들었고 교회에 대한 사람들의 충성도를 높였기에, 결국 필라레트와 그의 아들인 미하일의 권위를 높이는 것이기도 했습니다.

미하일이 통치하던 시기의 러시아는 내부적인 안정을 추구하고 있었습니다. 그렇기에 먼저 내·외부적인 혼란을 정리해야 했습니다. 따라서 외부적으로 러시아를 적대하고 있던 폴란드, 스웨덴과 평화협정을 체결합니다. 물론 러시아에 불리한 협정이었지만 러시아에서는 일단 이들을 달래야 했고, 분열된 귀족들을 하나로 뭉치게 해야 했습니다. 또 차르에 충성하는 귀족들에게 보상으로 여러 가지 특권을 부여했습니다. 특히 차르의 통치 영역에 들어온 여러 귀족에게는 그들의 이전 세력을 인정해줬고, 이것은 농노제도의 강화와 귀족들의 대영주화로 이어집니다.

표도르 1세가 후계자 없이 사망하면서 러시아는 매우 혼란해졌기에,

미하일의 후계자와 아내감을 찾는 일이 몹시 중요했습니다. 미하일의 주변 사람들 대부분은 귀족 가문에서 아내를 얻어야 한다고 생각했습니다. 하지만 필라레트는 아들이 외국 공주와 결혼하길 바랐습니다. 결혼 동맹을 통해서 러시아의 입지를 강화하려는 의도였습니다. 하지만 외국 공주와의 결혼은 쉽게 성사되지 않았고, 결국 미하일은 러시아 귀족 출신의 여성과 결혼했습니다.

미하일의 결혼은 순탄치 않았는데 차르의 처가가 되는 것은 매우 큰 이익이기에 여러 귀족 가문들이 자신의 딸들을 신붓감으로 추진했으며 여러 가지 말들이 나오게 됩니다. 이 과정에서 신붓감으로 선출된 여성이 파혼당하기도 했고, 심지어 미하일의 첫 번째 아내였던 마리야 블라디미로브나 돌고루코바는 결혼한 지 4개월 만에 사망했는데 독살당한 게 아니냐는 소문마저 돌았습니다.

미하일은 두 번째 아내인 예브도키야 루키아노브나 슈트레슈노바와의 사이에서 열 명의 자녀를 얻습니다만, 세 명의 딸과 아들 알렉세이 미하일로비치를 제외하고는 성인으로 성장하지 못했습니다. 사람들은 다시 후계자 문제가 발생할 것을 우려했고, 미하일의 큰딸인 이리나 미하일로브나를 다음 후계자로 세울 계획까지 세웠습니다. 하지만 알렉세이는 우려와 달리 30여 년간 차르로서 러시아를 통치했습니다.

아버지처럼 16세에 차르가 된 알렉세이는 교육을 잘 받았으며 자비로운 인물이었다고 기록되어 있습니다. 하지만 알렉세이가 말 그대로 자비로웠는지는 의문의 여지가 있습니다. 즉위 초에 알렉세이의 처가 쪽 친척들이 정권을 장악했는데, 시간이 지나면서 이들의 정책에 반대하는 사람들과 가혹한 정책에 대항하는 사람들이 늘어나면서 반란들이 시작되었습니다. 하지만 알렉세이는 자신의 측근들인 처가 쪽 친척들을 신뢰했으며, "자비로웠다"는 기록과는 달리 반란을 무자비하게 진압했습니다. 물론 반란 세력의 행동이 매우 잔혹했지만, 알렉세이의 진압군 역시 무자비하긴 마찬가지였습니다.

알렉세이의 치세는 나라의 제도를 정치하려던 시기였습니다. 특히 알렉세이 치세 때 러시아의 명문화된 법률이 선포되었으며 이 법률은 19세기 이전에 러시아를 통치하는 명문화된 유일한 법률이기도 했습니다. 알렉세이는 종교적인 면에서도 개혁을 지지했던 인물이었습니다. 그는 정교회의 개혁을 추구했던 모스크바 총대주교인 니콘Nikon을 지지했으며, 심지어 아버지 미하일이 할아버지 필라레트에게 주었던 지위를 알렉세이는 니콘에게 부여하면서 그의 개혁을 뒷받침해주기도 했습니다. 물론 이후 알렉세이는 니콘에 대한 지지를 철회하고 그를 추방하는데, 아마 이것은 니콘의 개혁이 정치적으로 부담되었으며 이를 해소하기 위한 조치였을 듯합니다.

또한 알렉세이는 러시아의 전통을 따르던 인물이었지만 그에 못지않게 서유럽에 대한 관심도 많았습니다. 특히 건축과 문화 등에 관심이 많았는데, 이것은 이후 로마노프 가문 사람들이 꾸준히 서유럽에 관심을 가지는 데 영향을 줬을 것입니다.

알렉세이는 아버지 미하일처럼 후계자 문제에 시달리게 됩니다. 물론 그는 첫 번째 아내인 마리야 일리치나 밀로슬라브스카야Maria Ilyinichna Miloslavskaya 사이에서 다섯 명의 아들과 여덟 명의 딸을 낳았습니다. 하지만 마리야가 죽은 다음 해에 후계자였던 아들 알렉세이가 15세의 나이로 사망하면서 후계자 문제를 고민하기 시작했습니다. 나머지 두 아들인

차르 알렉세이의 신부 간택.
30년 간 러시아를 통치한 알렉세이는 후계자 문제에 시달렸다.

표도르와 이반이 있긴 했지만, 표도르는 건강에 문제가 있었으며 이반은
통치자로서 적합하지 않다고 여겼습니다. 이런 상황은 아마도 딸들이 중
요한 역할을 하도록 만들었을 것입니다. 당대 러시아에서는 여성들이 정
치에 적극적으로 관여하는 데 거부감이 있었습니다. 하지만 왕가의 혈통
을 이어갈 수 있게 하는 여성의 존재 역시 무시할 수 없었습니다. 또한 차
르의 누이들로서 차르에게 영향력을 행사할 수 있었기에 중요한 존재가
됩니다. 아마 이런 인식이 표트르 대제 이후 여제들이 즉위할 수 있었던
중요한 요인이었을 것입니다.

알렉세이는 첫 번째 아내가 죽은 뒤인 1671년에 나탈리야 키릴로브
나 나리슈키나와 재혼합니다. 알렉세이는 어리고 아름다운 나탈리야에
게 반해버렸고 그녀와 결혼하길 원했습니다. 나이 차가 많이 났지만 알

렉세이와 결혼하는 것은 매우 큰 이익이었기에 나탈리야의 식구들은 이 결혼을 지지했으며 나탈리야와 알렉세이가 결혼한 뒤 나탈리야의 친정 식구들은 알렉세이의 첫 번째 아내였던 마리야의 친정 식구들을 밀어내고 권력을 차지하게 됩니다. 특히 나탈리야가 결혼한 다음 해에 건강한 아들 표트르를 낳으면서 그녀의 지위는 물론 친정 식구들의 지위도 굳건해집니다. 하지만 알렉세이는 자신의 후계자로 전처의 아들인 표도르를 확고히 지지했습니다. 결국 1676년, 알렉세이가 사망한 뒤, 알렉세이의 뜻에 따라 표도르 알렉세예비치Feodor Alekséyevich가 차르가 됩니다.

14세에 차르 표도르 3세로 즉위한 그는 교육을 잘 받았다고 알려졌으며 겨우 6년간 러시아를 통치했습니다만, 이 시기 러시아가 더 개혁적으로 변하는 데 중요한 역할을 했습니다. 이를테면 귀족 가문의 서열에 따라서 관직을 부여하던 제도인 메스트니체스트보mestnichestvo를 폐지했는데, 이것은 훗날 동생인 표트르 대제가 적극적인 개혁 정책을 펴는 데 큰 도움이 되었습니다.

즉위 초, 표도르 3세의 외가인 밀로슬로브스키 가문이 나리슈킨 가문을 몰아내고 권력을 장악합니다. 표도르 3세는 계모와 이복동생에게 호의적이었습니다만, 나리슈킨 가문에 대해서 호의적이지 않았습니다. 하지만 표도르 3세는 외가의 세력이 너무 강대해지는 것도 원하지 않았습니다.

이런 그의 생각은 표도르 3세의 결혼 문제에서 잘 나타납니다. 표도르 3세는 매우 아름다운 아가피야 세미오노브나 그루셰츠카야Agafya Semyonovna Grushetskaya와 결혼하길 원했습니다. 하지만 표도르 3세의 외가에서는 권력을 위해서 자신들에게 이익이 될 만한 여성을 표도르 3세의 신붓감으로 원했으며, 표도르 3세 앞에서 아가피야가 정숙하지 못하다고 비난했습니다. 이때 아가피야는 차르 앞에 나서서 자신을 변호했으며 표도르 3세 역시 아가피야의 손을 들어주면서 외가를 무시하고 그녀와 결혼했습니다. 이렇게 차르의 결혼은 매우 아름다운 사랑이야기로 끝납니다. 하지만 표도르 3세는 결혼을 통해 외가를 견제하는 모습을 보여줬고, 그가 좀 더 독자적으로 권력을 장악하고 싶어 했다는 의미로 생각할 수도 있을 것입니다.

표도르 3세와 아가피야의 이야기는 시작은 행복했지만 불행하게 끝납니다. 아가피야는 결혼 1년 후 첫 아이를 낳다가 사망했으며, 아이 역시 얼마 살지 못하고 사망했습니다. 사랑하는 아내를 잃은 표도르 3세는 너무나 큰 충격을 받았고 건강이 더 나빠졌습니다. 하지만 그는 후계자를 얻어야 했기에 다시 한번 결혼합니다. 그러나 재혼한 다음 2개월 후, 표도르 3세 역시 사망합니다. 그는 후계자를 정하지 않고 사망했기에 러시아는 다시 한번 혼란 속으로 빠져들게 됩니다.

표도르 3세가 죽은 뒤 로마노프 가문에서는 두 명의 차르 후보가 있었습니다. 한 명은 표도르 3세의 동복동생인 이반이었고 다른 한 명은 표도르 3세의 이복동생인 표트르였습니다. 많은 이들이 이반 역시 건강이 나빴으며 심지어 이반이 차르가 되기에는 자질이 부족하다고 여겼습니다. 그렇기에 건강한 이복동생인 표트르가 차르가 되는 것은 당연하다고 생각했습니다. 따라서 표트르를 지지하는 가문 사람들이 많았으며 이반을 배제하고 표트르가 차르가 되는 것은 당연한 일처럼 보였습니다. 하지만 이에 반발한 사람들 역시 존재했는데, 대표적인 인물이 바로 이반과 표트르의 누나인 소피야 알렉세예브나Sophia Alekseyevna였습니다.

소피야 알렉세예브나.
무력으로 권력을 장악하고 동생들을 대신
해 섭정하면서 러시아를 통치했다.

소피야 알렉세예브나가 볼 때 이반을 건너뛰고 표트르가 차르가 되는
것은 이반의 권리를 무시하는 것이었습니다. 결국 소피야는 자신의 지지
세력과 함께 무력으로 이반의 차르 지위를 얻으려 했습니다. 소피야와
그의 추종자들이 일으킨 모스크바의 소요 사태는 모두를 공포에 떨게 만
들었으며, 이를 통해서 소피야는 권력을 장악할 수 있었습니다.

소피야는 동생들인 이반 5세Ivan V Alekseyevich와 표트르를 공동 차르로
즉위시켰으며 스스로 섭정이 됩니다. 표트르를 지지했던 인물들은 소피
야 쪽 사람들에 의해서 숙청당했기에 어린 표트르나 그의 대리인이 궁정
에서 영향력을 행사할 수는 없었습니다. 반면 이반 5세는 사람들에게 여
전히 차르로서 자질이 부족하다고 여겨졌기에 결국 권력은 누나이자 섭
정인 소피야와 그의 측근들이 장악하게 됩니다.

이반 5세는 누나인 소피야와 동생인 표트르 대제에게 가려진 인물이

었습니다. 하지만 그는 전통적인 차르의 의무를 충실히 수행한 인물이기도 했습니다. 동생인 표트르는 궁정을 떠나 멀리서 지냈지만, 표트르 스스로도 차르가 해야 하는 전통적인 역할인 궁정에 나오거나 종교 행사에 참석하는 것 등에 대해서 그다지 탐탁지 않게 생각했습니다. 하지만 당시 궁정 내에서 전통적인 차르의 역할 역시 무시할 수 없었는데, 이반 5세가 이를 수행하면서 로마노프 가문이 러시아를 여전히 통치하고 있음을 확인시켜주었습니다.

존재감 없는 차르였던 이반 5세에게는 아들이 없었고 딸들만 있었습니다. 따라서 그가 죽은 뒤 동생인 표트르 대제가 단독으로 차르가 되는 데 무리가 없었습니다. 하지만 이반 5세의 딸인 안나는 결국 러시아의 여제가 되기도 했습니다.

표트르 대제의 등장

✦ 러시아를 개혁하고 위상을 높이다

　　러시아의 역사에서 가장 중요한 인물이라고 할 수 있는 사람이 바로 '표트르 대제'라는 이름으로 더 잘 알려진 표트르 1세Pyotr Alekséyevich 입니다. 표트르 1세는 러시아를 개혁했을 뿐 아니라 주변 국가, 특히 스웨덴과의 투쟁에서 승리하면서 러시아의 위상을 높인 인물이었습니다. 또한 그는 당시 비효율적이던 러시아 구체제를 좀 더 효율적이었던 서유럽식으로 바꿨는데, 이것은 러시아가 근대 국가로 나가는 중요한 계기 중 하나였습니다. 그렇기에 표트르 1세는 '대제'라고 불렸습니다.

　　표트르는 어린 시절부터 권력 다툼의 한가운데서 자랐습니다. 아버지가 죽은 뒤 형인 표도르 3세가 차르가 되었지만 표트르의 외가인 나리쉬킨 가문이 표트르를 차르로 세우려 했다는 소문이 돌았고, 결국 표도르 3세는 나리쉬킨 가문을 경계했습니다. 또 표도르 3세가 죽고 난 뒤 표트르를 지지하는 사람들이 표트르를 차르로 내세웠지만, 누나인 소피야와 그의 측근들의 반발로 표트르는 형인 이반과 함께 공동 차르가 되어야 했습니다. 특히 소피야가 일으킨 모스크바의 소요 사태는 엄청나게 폭력적이었는데, 표트르가 보는 앞에서 그를 지지하는 사람들을 죽였기 때문입니다.

이런 불안정한 삶을 경험한 표트르는 자신이 권력을 장악해야 한다는 것을 깨달았습니다. 그리고 그에게 기회가 옵니다. 소피야가 두 동생들의 섭정으로 활동할 수 있었던 것은 동생들이 어려서 능력이 부족했기 때문이었습니다. 따라서 표트르가 성인으로서 친정할 수 있게 된다면 소피야의 명분 역시 약해질 것이었습니다. 당연히 시간이 지날수록 표트르가 차르의 권한을 되찾을 명분이 점차 강해졌으며, 그와 반대로 소피야의 명분은 더욱 약해지게 됩니다. 특히 오스만제국과의 관계가 악화되면서 소피야의 권위는 더욱 약화되었고, 표트르와 그의 측근들은 이 기회를 놓치지 않았습니다.

1689년, 표트르가 결혼하면서 완전한 성인이 됩니다. 소피야는 이런 동생을 견제하기 위해서 먼저 행동을 실행했지만 도리어 소피아가 실각하고 표트르와 그의 측근들이 권력을 잡게 됩니다. 하지만 표트르 대제 통치 초기는 그가 통치한 것이라기보다는 어머니와 그를 지지한 세력들이 통치한 것이라고 할 수 있습니다. 표트르 대제는 1694년에 어머니 나탈리야가 사망한 뒤에 정치의 전면에 나섭니다. 그리고 1697년에 유럽에 대규모 사절단을 파견합니다. 오스만제국과의 투쟁에서 서유럽의 도움을 얻기 위해서였습니다.

표트르 대제는 자신의 신분을 숨기고 사절단과 함께 동행했습니다. 이때 그는 서유럽의 여러 가지 사회 제도나 과학 기술 등을 보면서 러시아의 전통적인 모든 것을 바꿔야 한다고 생각하게 됩니다. 그리고 러시아로 돌아와서 러시아의 정치 체제는 물론 사회적인 모든 것을 바꾸려

러시아를 강국으로 만든 표트르 대제.
그는 서유럽의 여러 사회 제도나 과학 기술 등
을 보고 러시아의 전통적인 모든 것을 개혁하고
자 했다.

했습니다. 이를테면 러시아의 성인 남성은 긴 수염을 기르는 게 전통이
었는데, 모두 강제로 수염을 깎도록 지시했습니다. 이는 표트르 대제가
추진한 개혁의 상징처럼 여겨지는 모습이었습니다. 또한 그는 오스만제
국, 스웨덴과 전투를 치르면서 러시아 군대를 계속 개혁해 점차 군사력
을 강화시켰습니다. 그뿐 아니라 러시아의 통치자 명칭을 서유럽식인 황
제로 지칭하기 시작한 것도 이때부터입니다.

　표트르 대제는 이렇게 러시아를 개혁하면서 유럽에서 러시아를 강국
으로 인식하도록 만들었습니다. 하지만 한편으로는 평생 후계자 문제로
골머리를 앓게 됩니다. 그는 첫 번째 아내인 에우도키야 표도로브나 루
프키나Eudoxia Fyodorovna Lopukhina와 결혼해 아들 알렉세이 페트로비치Alexei
Petrovich를 낳았습니다. 하지만 첫 번째 아내와 사이가 매우 나빴고 결국
표트르 대제는 그녀와 강제로 이혼해버립니다. 이혼한 후 에우도키야는

수녀원으로 들어가 표트르 대제의 개혁을 거부하는 이들의 지지를 받고 중심인물이 됩니다. 이런 상황은 표르트 대제의 유일한 적자였던 알렉세이에게 영향을 미쳤고, 어머니를 동정한 알렉세이 역시 반개혁적인 성향을 가지게 됩니다. 표트르 대제는 반개혁적 성향을 가진 아들을 정적으로 여겼을 것이며 아들을 경계하게 되었습니다.

한편 표트르 대제는 자신의 정부였던 마르타 스코브론스카Marta Skavronskaya와 재혼합니다. 마르타는 정교회로 개종하면서 예카테리나 알렉세예브나라고 세례를 받았는데 그녀가 바로 표트르의 뒤를 이어서 러시아의 황제가 되는 예카테리나 1세Yekaterína I Alekséyevna입니다. 예카테리나는 표트르 사이에서 여러 자녀를 낳았고, 이 때문에 표트르는 자신의 마음에 들지 않는 알렉세이를 황위에서 배제하려는 생각이 강해집니다. 그리고 결국 알렉세이를 반란죄로 처형합니다. 하지만 예카테리나와의 사이에서 태어난 다른 아들들은 모두 성인으로 성장하지 못했으며, 결국 표트르 대제가 후계자를 선택하는 데 큰 문제가 되었습니다.

표트르 대제가 죽을 때쯤 후계자로 선택할 만한 인물들은 손자인 표트르 알렉세예비치Aleksey Mikhaylovich와 딸들인 안나와 예카테리나, 그리고 조카들인 이반 5세의 딸들이 전부였습니다. 표트르 대제는 당대 많은 남성처럼 여성이 황위를 계승하는 데 회의적이었기에 딸이나 조카딸들을 후계자로 선택하기가 애매했을 것입니다. 하지만 어렸을 뿐 아니라 자신이 못마땅해 했던 알렉세이의 아들인 표트르를 선뜻 후계자로 선택하기도 어려웠을 것입니다. 결국 그는 1725년에 죽을 때까지 후계자를 정하지 못하고 사망합니다.

표트르 대제 사후, 후계자 문제는 복잡해졌고 결국 연달아 여제들이 등장하는 시대가 오게 됩니다. 이런 상황은 로마노프 가문 남성 직계 후계자가 부족했던 것과 귀족들이 자신들의 이익을 먼저 내세우려 했던 것 등 복합적인 이유들이 연결되어 나타났습니다.

✧ 여제들의 전성시대

표트르 대제가 후계자를 지목하지 못한 채 죽자, 귀족들은 누구를 황제로 뽑아야 할지 고민했습니다. 궁정 내에는 강력한 영향력을 행사할 만한 황족들이 없었으므로 귀족들은 자신들이 원하는 황제를 선출할 수 있었죠. 게다가 로마노프 가문 이전 시대에 후계자가 없어서 엄청난 혼란을 맞이했던 경험이 있었기에 황제의 지위를 비워둔다면 모두 불안해질 수 있었습니다. 결국 표트르 대제의 총신이었던 알렉산드르 멘시코프Aleksandr Menshikov를 중심으로 귀족들은 표트르 대제의 아내인 예카테리나를 황제로 선포합니다. 권신들은 예카테리나 1세가 표트르의 아내였기 때문에 남편의 정책을 뒤집는 행동을 하지 않을 것이라 여겼습니다. 또한 예카테리나 1세는 황후 시절에도 정치에 직접 관여하지 않았기에 권신들이 예카테리나가 여제가 된다고 하더라도 자신의 권력을 유지할수 있을 것이라 여겼습니다. 하지만 예카테리나의 치세는 오래 지속되지 않았습니다. 그녀 역시 표트르 대제가 죽은 2년 후인 1727년에 사망했기 때문입니다.

예카테리나 1세는 죽기 전 표트르 대제의 손자였던 표트르 알렉세예비치Pyotr Alekseyevich를 후계자로 지목했고, 11세의 표트르 2세가 황제로 등극합니다. 예카테리나 1세 시절 권신이었던 멘시코프는 표트르 2세 시절에도 권력을 장악하려 했습니다. 하지만 표트르 2세는 점차 멘시코프가 아닌 돌고루코프를 신임했고, 결국 멘시코프는 권력에서 밀려났으며 돌고루코프가 권력을 장악하게 됩니다. 하지만 표트르 2세 역시 15세가 되던 1730년에 천연두로 사망했습니다.

어린 표트르 2세는 결혼하지 않았으므로 당연히 후계자도 정해지지 않았습니다. 이렇게 되자 귀족들은 다시 황제를 뽑아야 했습니다. 그러나 로마노프 가문의 남성 후손은 없었고 여성 후손들만 남아 있었습니다. 다만 귀족들은 궁정에 남아 있던 표트르 대제와 예카테리나 1세의 딸 옐리자베타는 후보에서 배제했는데, 아마도 러시아의 상황을 잘 알고 있는 옐리자베타가 황제가 되면 자신들이 권력을 유지하는 데 걸림돌이 된다고 생각했을 것입니다. 따라서 귀족들은 황위 계승 후보로 표트르 대제의 조카이자 이반 5세의 딸인 안나 이오아노브나Anna Ioannovna를 고려합니다.

안나는 숙부인 표트르에 의해서 쿠를란트(현재 라트비아의 서부 지역) 공작과 결혼했으나 남편이 일찍 죽는 바람에 과부가 되어 러시아로 돌아오지 않고 쿠를란트에 남아 있었습니다. 귀족들은 안나가 해외에 있었기 때문에 러시아 상황에 익숙하지 않을 것이라 여겼습니다. 또한 그녀는 과부였으므로 귀족들을 억누를지도 모를 '외국인 남편' 역시 존재하지 않았습니다. 귀족들은 안나에게 황위를 제안했으며 대신 귀족들의 권한을 강화하는 문서를 그녀에게 서명하도록 했습니다. 물론 안나는 황위를 받아들였으며 이 문서에도 서명했다고 합니다만, 황제로 등극하자 이전의 약속을 모두 무효로 돌립니다. 안나는 귀족들의 의도와 달리 황제로

여제 예카테리나 1세 알렉세예브나.
그녀는 후계자를 정하지 못하고 사망한 표트르
대제의 뒤를 이어 황제에 올랐다.

서 강력하게 통치했을 뿐 아니라 쿠를란트에서 데려온 신하들에게 더 많
은 권력을 부여한 반면, 러시아 귀족들을 억압했습니다.

안나 여제는 자녀가 없는 과부였기에 그녀 역시 후계자를 정해야 하
는 문제가 있었습니다. 먼저 옐리자베타를 비롯한 표트르 대제 쪽 후손
을 후계자에서 배제했으며, 대신 언니의 딸인 메클렌부르크-슈베린의
안나(안나 레오폴도브나Anna Leopoldovna)를 후계자로 고려하기 시작했습니
다. 하지만 안나 여제는 죽기 직전 안나 레오폴도브나가 아니라 그녀의
아들인 이반을 후계자로 선정합니다. 안나 여제는 후계자를 지목한 지
얼마 되지 않아 사망했으며, 만 한 살도 되지 않은 이반은 황제 이반 6세
Iván VI Ioánn Antónovich가 됩니다.

이반 6세는 아기였기에 당연히 섭정이 필요했고 안나 여제는 자신의

총신이었던 비론을 섭정으로 내세웠습니다. 하지만 안나 레오폴도브나는 비론과의 권력 투쟁에서 승리하고 아들의 섭정이 됩니다. 그렇지만 그녀는 러시아를 통치할 수 없었습니다. 옐리자베타 페트로브나Yelisaveta Petrovna가 쿠데타를 일으켰기 때문이었습니다.

옐리자베타 페트로브나는 아버지가 죽을 때 그의 곁에 있었습니다. 그리고 예카테리나 1세와 조카인 표트르 2세 통치 시절 동안 계속 궁정에서 있었습니다. 이는 옐리자베타가 정치적인 영향력을 가질 수 있는 좋은 기회였지만, 사촌인 안나가 즉위하면서 모든 것이 물거품이 됩니다. 이후 옐리자베타는 안나 여제 시절 정치에서 배제당했기에 숨죽이며 살아야 했습니다. 하지만 안나 여제가 죽고 난 뒤 내부 권력 다툼이 일어난 상황을 놓치지 않았습니다.

1741년 12월, 옐리자베타는 아버지 표트르 대제를 지지했고 이제는 자신을 지지하는 근위대를 이끌고 궁전으로 향했습니다. 무력으로 궁전을 장악한 옐리자베타는 아기인 이반 6세와 부모를 모두 추방하고 스스로 러시아의 황제가 되었습니다.

옐리자베타 여제 시절 러시아는 표트르 대제 시절을 재현한 것처럼 변합니다. 그녀는 자신의 독일인 측근들을 중요시했던 안나 여제와는 대조적으로 러시아 측근들을 중시했습니다. 사실 안나 여제의 측근들이자 핵심 세력은 외국인인 독일인이었으며, 반면 옐리자베타의 측근이자 핵심 세력은 러시아인이었기 때문에 당연한 모습이었을 것입니다. 하지만 안나 여제 시절에 있었던 외국인이 권력을 장악한 것에 대한 불만이 옐리자베타 여제가 즉위하고 나서 사라진 것처럼 보였고, 이로 인해 옐리자베타 여제에게 러시아 귀족들이 호의적으로 변하게 되었습니다.

엘리자베타 여제는 표트르 대제의 딸답게 아버지의 정책을 계속 이어나갔습니다. 특히 엘리자베타는 다시 한번 러시아에 대항하려 했던 스웨덴을 무찔렀으며, 프랑스, 오스트리아와 함께 동맹을 맺고 프로이센을 성공적으로 압박했습니다. 이를 통해서 아버지 표트르 대제가 스웨덴을 물리치면서 러시아의 위상을 높였던 것처럼, 러시아가 유럽의 강국이라는 인식을 유럽 사람들에게 심어주었습니다.

엘리자베타는 공식적으로 미혼이었기에 그녀 역시 후계자를 정해야 하는 문제가 있었습니다. 여제는 후계자를 정하지 않는 것이 얼마나 치명적인지 잘 알고 있었기에 서둘러 후계자를 정했습니다. 바로 여제의 조카였던 홀슈타인-고토로프의 카를 페테르 울리히Karl Peter Ulrich von Schleswig-Holstein-Gottorp였습니다. 혈연적으로 로마노프 가문과 연결되는 페테르는 적당한 후계자였습니다. 페테르의 할머니는 스웨덴 공주로, 페테르는 스웨덴의 유력한 왕위 계승자이기도 했습니다. 결국 페테르는 러시아로 가서 정교회로 개종했으며 러시아식으로 표트르 표도로비치라고 불립니다. 표트르는 러시아의 황위 계승자였지만 10대 중반의 나이에 러시아로 갔기에 이미 자신을 러시아인이라기보다는 독일인으로 인식했습니다. 특히 당대 최고의 장군이라고 일컬어지던 프로이센의 프리드리히 대왕을 숭배했습니다. 당연히 러시아에서는 이전에 안나 여제 시절 데려왔던 독일 총신들이 떠올랐으며, 표트르에게 반감을 가지는 사람들이 등장합니다. 이들 중 가장 대표적인 인물이 바로 표트르의 아내였던 예카테리나 알렉세예브나였습니다. 그녀 역시 독일 출신이었지만, 안할트-제르브스트라는 작은 공령 출신이었습니다. 예카테리나는 당대 유럽의 강국으로 인식되던 러시아의 황태자비가 되면서 자신의 지위가 얼마나 높아질 수 있는지 잘 알았으며 러시아에서의 삶을 기회로 삼았습니다. 결국 예카테리나는 러시아에 대해서 배우고 적응해갔으며 이런 모습은 스스로를 독일인으로 생각해 러시아에 부정적으로 반응하던 남편 표트르와는 대조적이었습니다. 이런 상황에서 표트르에게 불만을 품은 사람들이 점차 예카테리나를 중심으로 모였고, 예카테리나와 표트르는 부부 사이였음에도 정적이 됩니다.

엘리자베타 여제는 조카 부부의 불화를 알고 있었지만, 후계자를 얻는 것이 가장 중요하다고 생각했습니다. 그렇기에 예카테리나의 황태자비 지위는 남편과의 불화가 아니라 후계자를 낳지 못해서 불안정했습니다. 결국 예카테리나가 후계자가 될 아들 파벨을 낳고 난 뒤 그녀의 지위는 굳건해집니다.

엘리자베타 여제가 사망한 뒤 표트르 표도로비치는 표트르 3세Pyotr III Fyodorovich로 즉위했으며 예카테리나는 황후가 됩니다. 표트르 3세는 황제로 즉위한 뒤 이전의 러시아 정책을 완전히 뒤엎었습니다. 특히 거의 다 이기고 있었던 프로이센과의 전쟁에서 아무 이유 없이 물러나는 모습을 보여줬는데, 이것은 러시아 내에서 반독일 세력의 불만을 더 키우는 일이었습니다. 곧 표트르 3세와 예카테리나는 서로의 불만이 극에 달했다는 것을 잘 알고 있었으며 서로를 실각시키기 위해 기회를 노리게 됩니다. 그리고 기회를 잡은 사람은 바로 예카테리나였습니다. 표트르 3세에게 불만을 품은 군인들은 예카테리나를 중심으로 쿠데타를 일으켰으며, 결국 1762년 7월에 표트르 3세는 제위에서 물러나야 했고 예카테리나가 제위에 오릅니다. 제위에서 물러난 표트르 3세는 쿠데타 세력에 의해서 곧 살해당합니다. 하지만 몇몇 사람들이 스스로를 표트르 3세라고 칭하면서 반란을 일으켰고, 황제가 죽지 않았을 것이라고 믿었던 사람들이 반란에 동참하기도 했습니다. 물론 이 반란은 예카테리나의 군대에 의해서 진압되었습니다.

이렇게 황제가 된 예카테리나 2세Yekaterina Alekseyevna는 러시아에서 '대제'라고 불리는 또 다른 인물이었습니다. 그 이유는 표트르 대제처럼 러시아를 개혁하고 군사적 행동으로 러시아의 위상을 확고히 했기 때문이었습니다. 예카테리나 2세는 점차 더 커지던 러시아의 조직을 개편합니다. 특히 지방 조직 등을 개편하면서 국가를 더 효율적으로 운영했습니다. 하지만 귀족들을 중심으로 하는 정치 체제를 유지했기에, 러시아에서 농노제가 더 확대되는 결과를 낳게 했습니다. 물론 자신은 농노제가 없어져야 한다고 생각했으며, 왕실 영지에서의 농노들을 해방하는 데 적극적이었지만 농노제도가 강화되는 것을 막을 수는 없었습니다. 한편 그녀는 스스로 계몽주의자로 여겼으며 프랑스의 볼테르 같은 계몽주의자들과도 교류했습니다. 이것은 예카테리나의 많은 정책에 영향을 주는데, 특히 교육 제도에 열정적이었던 그녀는 공교육을 확대했습니다.

예카테리나 2세 시절의 대외 정책은 러시아의 팽창과 더불어 유럽의 강국이라는 러시아의 지위를 유지하는 데 힘을 쏟았습니다. 특히 오스만 제국과의 전투에서 승리를 거두었는데, 러시아가 크림 반도를 손에 넣는 중요한 계기가 되었습니다. 또 이전에 러시아에 가장 위협적인 존재였던 폴란드를 프로이센, 오스트리아와 함께 분할, 점령하기까지 합니다. 이런 군사적 행동은 러시아가 유럽의 강국임을 입증하는 것이었습니다.

그녀는 아들 파벨 페트로비치Pavel I Petrovich가 있었기 때문에 선대 황제들보다 후계자 문제에 대해서는 걱정이 덜했습니다. 하지만 아들을 그다

여제 예카테리나 2세 알렉세예브나. 그녀는 러시아의 팽창과 더불어 유럽 강국으로서의 러시아를 유지하는 데 힘썼다.

지 좋아하지 않았는데 가장 큰 이유는 바로 남편 표트르 3세를 너무나 닮았을 뿐 아니라 아버지에 대해서 호의적이었기 때문이었습니다. 또한 파벨이 예카테리나 2세의 정적들과 뜻을 같이 할 수도 있다고 생각해 아들을 못마땅해합니다. 아마도 이런 이유로 파벨의 두 아들인 알렉산드르와 콘스탄틴을 자신이 데려가서 키우게 되었을 것입니다. 아들과 불화가 있긴 했지만 예카테리나 2세는 황제였으며, 아무리 후계자라도 파벨은 황제인 어머니의 말을 거역할 수는 없었습니다. 결국 예카테리나 2세는 평생 아들을 억누를 수 있었고, 만년에는 손자, 손녀들과 행복한 가정생활을 누릴 수 있었습니다.

홀슈타인-고토로프-로마노프 가문

✢ 파벨의 황위 계승 이후

예카테리나 2세가 죽은 뒤 황위는 예카테리나 2세의 아들인 파벨에게 돌아갑니다. 이후 러시아는 파벨 1세와 그의 후손들이 통치했습니다. 파벨 1세의 아버지인 표트르 3세는 홀슈타인-고토로프 가문 출신이었지만 러시아에서는 황제가 여전히 로마노프라는 이름 아래 통치했으며, 러시아 황실 가족들 역시 모두 스스로를 로마노프 가문 사람들이라고 인식했습니다.

파벨은 기본적으로 아버지를 좀 더 좋아했는데, 이는 예카테리나 2세와 그 측근들이 그가 황위를 계승하는 데 부담을 느끼도록 만들었습니다. 하지만 부모가 모두 러시아의 황제였던 파벨은 러시아의 제위를 상속받을 권리를 얻었으며, 그가 황제가 되는 데 기본적으로 이견은 없었습니다. 결국 파벨은 황제가 된 뒤 잊힌 아버지를 복권시켰으며, 아버지를 죽인 어머니의 측근들과 어머니의 정책에 대해서 대놓고 불만을 표시했습니다. 이를테면 파벨은 여성의 황위 계승을 계승법에서 완전히 배제했는데, 어머니인 예카테리나 2세에 대한 반감 때문에 그랬다는 이야기가 있을 정도입니다. 아마 이런 파벨의 행동 때문에 예카테리나 2세를 지지했던 이전 세력들은 위협을 느꼈을 것입니다. 결국 1801년 3월, 러시아에서 또 한 번 쿠데타가 일어났고 파벨은 살해당합니다. 쿠데타를 일으킨 세력들은 파벨이 죽은 뒤 그의 아들이자 예카테리나 2세가 파벨 대신 후계자로 여겼다고 알려진 알렉산드르 파블로비치Aleksándr I Pávlovich를 황제로 즉위시켰습니다.

알렉산드르 1세가 이 쿠데타와 파벨의 죽음에 대해서 얼마나 관여했는지는 애매한 면이 있습니다. 알렉산드르 1세는 아버지와 정치적으로 다른 입장이었으며 아마 쿠데타에 직접적으로 관여했거나 쿠데타를 알았을 것은 분명합니다. 하지만 적어도 그는 아버지를 살해하라고 직접 지시하지는 않았을 것입니다. 물론 아버지의 살해를 방관했을 가능성은 있습니다.

알렉산드르 1세는 아버지 파벨과 다른 평가를 얻은 인물이었습니다. 그는 예카테리나 2세의 정책을 계속 이어받았으며, 러시아에서 자유주의적 개혁을 진행했던 인물이었습니다. 특히 알렉산드르 1세는 나폴레옹이 러시아 침공에 패배한 뒤 유럽의 다른 동맹들과 함께 나폴레옹에 대항하는 중심인물이 되었고, 유럽을 구한 영웅으로까지 대접받게 됩니다. 이 일로 러시아는 유럽의 강대국 지위를 확고히 하는 중요한 계기를 만들었습니다. 하지만 나폴레옹과의 대립 이후 알렉산드르 1세는 좀 더 보수적으로 바뀌어 이전에 그가 추진했던 개혁정책은 멈추게 됩니다.

알렉산드르 1세는 아내와의 사이에서 오래도록 후계자를 얻지 못했습니다. 그렇기에 그는 당연히 후계자 문제를 생각해야 했는데, 자신

알렉산드르 1세 파블로비치와 옐리자베타 알렉세예브나 황후.

과 가장 가까운 동생이자 정치적인 동반자였던 콘스탄틴 파블로비치 Constantine Pavlovich 대공을 후계자로 생각했습니다. 하지만 콘스탄틴 대공은 후계자가 되는 것을 거부했고, 결국 알렉산드르 1세는 거의 아들 뻘인 동생 니콜라이 파블로비치Nikoláy I Pávlovich를 후계자로 선택합니다. 이후 알렉산드르 1세는 신비주의에 빠져들어 자신의 삶을 돌아보게 됩니다. 그는 자신의 여러 잘못을 바로 반성하고 아버지의 죽음에 책임감을 느꼈으며, 이제 무거운 짐이 되어버린 황제의 지위에서 벗어나고 싶어 했습니다.

1825년, 알렉산드르 1세는 아픈 황후를 데리고 남쪽으로 요양을 떠나게 됩니다. 전해지는 이야기에 따르면 황제는 떠나기 전날 울면서 대주교에게 자신을 위해서 기도해달라 했다고 합니다. 그리고 여행을 떠난

지 얼마 되지 않아서 아픈 황후가 아니라 황제가 사망했다는 소식이 전해집니다. 동시에 황제가 죽지 않고 모습을 감췄다는 이야기 역시 널리 퍼지게 됩니다. 황제가 죽지 않았다는 소문은 훗날 이어지는 여러 이야기의 토대가 됩니다만 사실인지는 알 수 없습니다. 어떤 소문이 떠돌았던 간에 공식적으로 알렉산드르 1세는 1825년 11월에 사망했으며, 그의 관은 상트페테르부르크로 돌아왔습니다. 그리고 이제 알렉산드르의 후계자가 황위를 이어야 했습니다.

니콜라이 1세는 알렉산드르 1세의 둘째 남동생으로, 알렉산드르 1세와는 나이차가 많이 났기에 거의 부자지간에 가까울 정도였습니다. 사실 니콜라이는 군대에만 관심이 많았던 인물로 그다지 인기가 없었습니다. 덕분에 많은 이들이 니콜라이가 아니라 폴란드에 총독으로 가 있던 콘스탄틴 대공이 황제가 되길 바랐습니다. 이 문제는 복잡했는데 누가 황제가 될 것이냐를 두고 수도에서 소요 사태로 확대될 정도였습니다.

나폴레옹 전쟁 이후 러시아에도 자유주의자들이 많아졌으며 이들은 황제의 권한을 좀 더 제한해야 하고 그를 위해서는 헌법을 도입해야 한다고 생각했습니다. 그렇기에 보수주의자로서 황제의 권한을 강화할 것이 뻔한 니콜라이가 황제가 되는 것을 용납할 수 없었습니다. 결국 이들은 수도에서 무력으로 자신들의 뜻을 관철하려 합니다. 수많은 사람이 수도에 몰려왔으며, 콘스탄틴 대공의 즉위는 물론 헌법 도입을 요구했습니다. 이들은 처음에는 평화적으로 요구했지만 점차 폭력적으로 변했습니다. 시위가 지속되자 황실 가족들은 불안을 느꼈습니다. 프랑스 대혁명이 일어난 지 얼마 되지 않았고, 프랑스 왕실 가족들의 비극 또한 로마노프 가문 사람들도 잘 알고 있었기 때문이었습니다.

처음에 니콜라이는 수도에 모인 이들과 협상하려고 했습니다만 협상을 위해 니콜라이가 보낸 사람이 살해될 정도로 상황이 심각해지면서 협상은 결렬됩니다. 결국 니콜라이는 알렉산드르 1세의 유언에 따라 황제가 된다고 선언했으며, 군대를 동원해서 무력으로 사람들을 진압합니다. 이때 니콜라이 1세에게 진압된 이들은 '12월의 사람들'이라는 정도의 의미를 가진 '데카브리스트Dekabrist'라고 불렸는데, 이 사건이 12월에 일어났기 때문입니다.

데카브리스트를 무력으로 진압하고 황제가 된 니콜라이 1세는 러시아에서 황제의 권한을 더욱 강화합니다. 그렇기에 러시아에서 황제의 말은 절대적이었습니다. 물론 이렇게 하기 위해서 니콜라이 1세는 여러 가지 일을 했습니다. 언론의 자유를 제한하고 엄격한 검열을 실시했을 뿐 아니라 정보기관을 통해서 사람들의 사상을 검증하고 통제했습니다. 니콜라이 1세의 이런 정책은 러시아의 상황을 악화시켰습니다. 이를테면 시대에 뒤떨어진 제도였던 농노 문제는 러시아의 경제에 부담이 되고 있었습니다. 하지만 농노를 해방하면 기존의 러시아 질서를 무너뜨릴 위험이 있었기에 니콜라이 1세는 농노제를 계속 끌고 나갔습니다.

그는 러시아가 유럽에서 강력한 지위를 유지하길 바랐지만, 그의 꿈은 1853년에 크림전쟁이 일어나면서 깨지게 됩니다. 크림반도는 니콜라이 1세의 할머니인 예카테리나 대제 이후 러시아가 장악한 곳이었지만 영국-프랑스-오스만제국 등 연합군의 공격을 받았으며, 러시아군은 이 연합군에 패배하게 됩니다. 니콜라이 1세는 러시아군이 이들과 비교할 수 없을 만큼 약하다는 것을 인정해야 했습니다. 그는 이런 상황에 큰 충격을 받았고, 결국 전쟁 중에 병사했습니다. 니콜라이 1세의 충격은 매우 컸기에 그의 죽음에 대해서 병사한 것이 아니라 좌절감으로 자살했다는 소문마저 돌 정도였습니다.

니콜라이 1세의 뒤를 이은 사람은 니콜라이 1세의 장남이었던 알렉산드르 니콜라예비치Aleksándr II Nikoláyevich였습니다. 니콜라이 1세는 네 명의 아들이 있어서 후계자 문제는 전혀 걱정할 필요가 없었습니다. 장남인 알렉산드르 니콜라예비치는 매우 교육을 잘 받았으며, 아버지 밑에서 황위를 이어받을 후계자로 착실히 수업을 받았습니다. 그는 아버지가 죽은 뒤 황제 알렉산드르 2세로 즉위합니다.

알렉산드르 2세는 크림전쟁에서의 패배를 통해서 러시아를 개혁해야 한다고 생각하게 됩니다. 19세기 초 러시아는 유럽의 강자였지만, 19세기 중반의 러시아는 다른 유럽의 강대국인 영국, 프랑스 같은 나라에 비해서 훨씬 약했기 때문에 러시아의 현실을 깨닫게 해주었습니다. 이런 상황에서 그는 러시아의 가장 큰 문제점인 농노제를 해결해야 한다고 생각했을 것입니다.

사실 로마노프 가문의 황제들은 오래전부터 개인적으로는 농노를 해방해야 한다고 생각했습니다. 하지만 구질서는 이미 농노제를 기반으로 마련되었으며 만약 농노를 해방한다면 체제가 크게 흔들릴 수 있었기에 이 문제에 쉽게 접근할 수가 없었습니다.

알렉산드르 2세 시기가 되면서 더 이상 농노제를 유지하는 것 자체가 나라를 운영하는 데 너무나 비효율적이어서 결국 알렉산드르 2세는 농노 해방을 선언했습니다. 하지만 농노 해방은 단순히 농노를 해방한다고 선언하면 끝나는 문제가 아니었습니다. 농노제는 그때까지도 러시아 경제의 근간이기도 했으며, 또 농노제에 따른 소지 소유권 문제 역시 너무나 큰 문제였습니다.

알렉산드르 2세가 실시한 가장 큰 개혁은 농노 해방이었지만 그 외의 다른 부분에서도 개혁을 추진했습니다. 니콜라이 1세 시절의 엄격했던 언론 검열을 푼다던가 사법개혁을 통해서 공정한 재판을 받을 수 있는 토대를 마련하기도 했습니다. 군대를 근대화했으며, 또 지방 자치를 위한 제도를 개편하기도 했습니다.

알렉산드르 2세는 치세 초기에 열렬한 개혁 정책을 펼쳤습니다. 하지만 개혁 정책에는 당연히 불만이 따르게 됩니다. 구체제를 지지하는 인물들은 개혁에 불만을 품었으며, 반대로 급진적 세력들은 황제의 개혁 정책이 너무 느리다고 불만을 품었습니다. 알렉산드르 2세는 이런 모습 때문에 개혁 정책에 회의를 가졌고, 치세 후기로 갈수록 도리어 개혁 이전의 상황으로 돌아가는 모습까지 보여주게 됩니다.

1866년 이후 알렉산드르 2세는 이전의 개혁 정책의 상당수를 뒤집어서 다시 옛 시스템으로 돌아갑니다. 이로 인해 급진주의자들의 불만은 극에 달했고, 그들은 개혁이 이루어지지 못하는 것을 황제의 탓으로 돌렸습니다. 결국 급진주의자들은 개혁을 방해하는 최대의 걸림돌인 황제를 암살하려고 합니다. 1866년에 처음 암살 시도를 경험한 알렉산드르 2세는 여러 번 암살될 위기를 모면했습니다. 하지만 결국 1881년 3월, 알렉산드르 2세가 마차를 타고 갈 때 폭탄테러가 일어나 사망했습니다.

알렉산드르 2세는 첫 번째 아내인 마리야 알렉산드로브나 황후에게서 여섯 아들을 낳았기 때문에 황위 계승자 걱정은 없었습니다. 하지만 알렉산드르 2세가 가장 사랑했으며 모두가 기대했던 황태자 니콜라이 알렉산드로비치 대공은 아버지보다 먼저 사망했습니다. 그래서 니콜라이의 뒤를 이은 것은 둘째 아들인 알렉산드르 알렉산드로비치Aleksandr III Aleksandrovich였습니다. 궁정에서는 알렉산드르 대공이 그리 똑똑하지도 않고 정치적으로 유능하지도 않기에 그가 황태자가 되면 안 된다는 사람조차 있었습니다. 하지만 알렉산드르 2세는 알렉산드르를 황태자로 지지했으며, 이 알렉산드르는 아버지가 죽은 뒤 황제 알렉산드르 3세로 즉위합니다.

알렉산드르 3세는 즉위 초기 개혁을 추구했던 아버지와 달리 매우 보수적인 정책을 추구했습니다. 특히 그는 아버지를 암살한 급진파들을 용서할 수 없었습니다. 그는 이들을 처단하기 위해 매우 강압적으로 행동합니다. 할아버지인 니콜라이 1세가 활용했던 비밀경찰 제도를 적극적으로 이용했을 뿐 아니라 이들을 잡아들일 때도 사법제도를 거치지 않고 바로 사람들을 잡아가서 구속하는 일도 승인했습니다. 또 아버지가 추진했던 지방자치 같은 개혁적인 정치 시스템을 도리어 옛 시스템으로 되돌리기도 했습니다. 하지만 모든 정책을 다 바꾼 것은 아니었고, 경제적 개혁은 계속 추진하기도 했습니다. 알렉산드르 3세의 이런 행동은 이미 황제를 암살했던 급진 세력들이 더욱 황제를 적대시하는 원인을 제공했고, 이후 황실 가족들은 계속해서 암살 위협에 시달리게 됩니다.

알렉산드르 3세는 표트르 대제 이후 제일 키가 큰 로마노프 가문 사람이었으며 강인한 외모를 가지고 있었습니다. 하지만 그는 1888년 기차 탈선 사고 때 가족들을 구하다가 다쳤고, 이후 신장이 나빠지면서 점차 건강이 악화되어 1894년 11월에 사망했습니다. 알렉산드르 3세가 죽은 뒤 알렉산드르 3세의 장남이었던 니콜라이 알렉산드로비치Nikolai II Alexandrovich가 아버지의 뒤를 이어서 황제 니콜라이 2세로 즉위하게 됩니다.

1888년 기차 탈선 사고 현장의 모습.
알렉산드르 3세는 이 사고 이후 신장이 나빠지면서 점차 건강이 악화되어 사망했다.

알렉산드르 3세는 강력한 전제정치로 러시아의 상황을 억누르고 있었습니다. 하지만 26세의 젊은 니콜라이 2세는 아버지에 비해서 모든 것이 부족해보였으며 특히 전환점이 필요해진 러시아를 이끌어나가기에는 능력이 부족했습니다.

니콜라이 2세가 즉위한 뒤에도 급진파들은 여전히 개혁에 불만이 있었기 때문에 러시아의 정치 상황은 혼란했습니다. 이 상황을 반전시키기 위해서는 표트르 대제처럼 러시아를 완전히 변화시킬 강력한 개혁 정책을 추진할 인물이 필요했습니다. 하지만 니콜라이 2세는 아버지의 영향을 받아 전제군주로서 전통적인 역할을 받아들인 인물이었습니다. 이런 그의 성향은 1913년, 로마노프 가문의 통치 300주년 기념 행사에서 잘

드러났습니다. 러시아 전역에서 벌어진 이 기념행사에서 니콜라이 2세는 로마노프 가문의 전통을 강조하면서 황실의 권위를 높여 나라를 하나로 뭉치려 했습니다. 이것은 개혁보다는 옛 권위를 통해 나라를 이끌어가려는 의도였습니다.

니콜라이 2세는 이전 시대의 전통을 유지하길 바랐지만 결국 입헌군주제도로 나아가는 방향을 받아들여야 했습니다. 그는 의회의 권한이 강화되는 것을 받아들였으며 급진적이지는 않았지만 개혁 정책을 추진해 갔습니다. 이런 개혁은 모두에게 여전히 불만을 가져오긴 했지만 시간을 두고 천천히 추진할 수 있었다면 성공할 수도 있었을 것입니다. 하지만 니콜라이 2세에게는 그럴 시간이 없었습니다. 바로 제1차 세계대전이 일어났기 때문이었습니다.

✤ 볼셰비키의 통치와 박해받는 로마노프

제1차 세계대전은 니콜라이 2세와 그의 정부의 무능력함을 드러내는 극단적인 예시였습니다. 제1차 세계대전 이전에 이미 러일전쟁에서 패배하는 등의 일이 있었지만 이 전쟁은 극동지방에서의 전투였기에 널리 알려지지는 않았습니다. 하지만 서부전선에서 패배하자 모든 국민들이 알게 되었고, 특히 황제가 스스로 총사령관으로서 치른 전쟁이었기에 많은 이들이 포로가 되거나 탈영한 모습은 황제에게 매우 부정적인 모습으로 반영되었습니다. 전쟁 상황은 러시아인의 삶을 더욱 힘들게 했고, 더는 견딜 수 없을 지경에 이르렀습니다.

마침내 1917년, 2월 혁명이 일어나게 되었고, 이후 니콜라이 2세는 퇴위했으며 니콜라이 2세의 외아들인 알렉세이 니콜라예비치Alexei Nikolaevich는 황위 계승 권리를 포기했습니다. 니콜라이 2세는 동생인 미하일에게 양위했지만 미하일은 제위를 받아들이지 않았습니다. 이후 볼셰비키Bol'sheviki가 정권을 잡으면서 러시아에서 제정은 끝났고, 로마노프 가문의 300여 년 간의 통치 역시 끝나게 됩니다.

혁명 이후 로마노프 가문 사람들은 엄청난 박해를 받았습니다. 특히 볼셰비키가 권력을 잡고, 러시아 내에서 백군과 적군으로 나뉘어 내전이 일어나면서 로마노프 가문 사람들은 엄청나게 위험한 처지에 놓였습니다. 볼셰비키는 황제와 그 가족의 상징성을 간과할 수 없었습니다. 국민 대부분이 농민이자 정교회 신자였던 러시아에서 황제의 존재는 절대적인 것이었습니다. 로마노프 가문은 오랫동안 정교회와의 관계를 통해서 황제 권한을 강화했기에 대부분의 국민에게 황제는 정교회의 보호자인 신성한 사람이었습니다. 또 적군과 백군의 내전이 심해지면서 백군의 중심이 될 수 있는 로마노프 가문 사람들의 존재 역시 적군에게는 위협적이었습니다. 결국 이런 상징성은 니콜라이 2세와 그의 가족들이 모두 살해당하고 심지어 오래도록 유해조차 찾을 수 없게 만들었습니다.

다른 로마노프 가문의 사람들 역시 처형당하게 됩니다. 이를테면 니콜라이 2세의 숙모이자 황후의 언니였던 옐리자베타 표도로브나 대공비는 남편이 죽은 뒤 수녀가 되어 모스크바에서 어려운 사람들을 돌보며 살고 있었습니다. 볼셰비키는 모스크바에서 존경받는 인물이었던 옐리자베타 대공비의 상징성이 너무 컸기에 그녀가 정치적인 행동을 하지 않는 수녀였음에도 살해했습니다.

니콜라이 2세와 알렉산드라 황후,
그리고 다섯 자녀의 가족 사진.

살아남은 로마노프 가문 사람들은 대부분 러시아를 떠나 유럽으로 흩어졌습니다. 이들은 유럽에서 망명 왕족으로 살아가야 했는데 이전의 화려한 삶을 살았던 이들에게는 매우 힘든 생활이었습니다. 게다가 황제와 그 직계 가족 모두 살해당했기에 로마노프 가문은 구심점이 될 만한 사람이 별로 없었습니다.

망명 초기에는 살아남은 황태후를 중심으로 로마노프 가문 사람들이 하나가 되었습니다만, 시간이 지나면서 가문의 수장 자리를 두고 살아남은 가문 사람들이 서로 견제하게 됩니다. 만약 러시아가 제정으로 돌아간다면 황제가 될 수도 있었기에 가문의 수장자리는 당연히 중요했습니다. 게다가 황제 니콜라이 2세의 직계 가족은 아무도 남아 있지 않았기에 더욱 미묘한 문제였습니다. 이것은 살아남은 로마노프 가문 사람들 사이에서 오랫동안 갈등의 요소로 남았고, 현재까지도 이어지고 있습니다.

로마노프 가문은 300여 년 간 거대한 러시아를 통치했습니다. 특히 러시아가 유럽에 속한 나라가 아니라는 인식이 있었던 시절부터 통치하기 시작해서 결국 유럽의 모든 나라들이 강력한 러시아를 인정하도록 만들었던 시기에도 로마노프 가문이 러시아를 통치하고 있었습니다. 그러므로 러시아를 이야기할 때 로마노프 가문을 떼놓고 생각할 수는 없습니다.

비록 20세기에 들어서면서 러시아는 혁명을 거쳐 공화국이 되었고, 이후 혼란한 상황을 겪기도 했지만 여전히 유럽에서 강력한 힘을 자랑했습니다. 그리고 이런 강국인 러시아를 확립한 것이 바로 로마노프 가문이었습니다.

니콜라이 2세와
가족들의 죽음에 관한 미스터리

1918년 7월 16일, 예카테린부르크는 매우 더웠지만 여느 날처럼 평온한 날이기도 했습니다. 이곳에는 당시 퇴위한 러시아의 황제 니콜라이 2세와 그 가족들이 억류되어 있었습니다. 이날 오후 4시경 니콜라이와 그의 딸들은 작은 정원을 산책했습니다. 그리고 가족들이 목격된 마지막 모습이기도 했습니다.

1918년 7월 17일 새벽, 볼셰비키들은 황실 가족들과 시종들, 의사를 깨웠으며, 2시 15분경 집 지하실에 모두 모이게 했습니다. 황실 가족들은 군인들에게 둘러싸였으며, 군인들은 처음 황제에게 총을 쏘고 난 뒤 나머지 사람들에게도 총을 쐈습니다. 처음 총을 쐈을 때 황후와 황제의 딸들은 바로 죽지 않았는데 옷 속에 보석들을 숨기고 있어서 총알이 보석들을 튕겨냈기 때문이었습니다. 하지만 결국 이들 모두는 살해당했습니다.

황실 가족들의 시신은 처음에는 예카테린부르크에서 12킬로미터 떨어진 광산에 버려졌습니다. 하지만 볼셰비키들은 만약 황실 가족들의 시신이 러시아의 황제를 지지하는 러시아 백군들의 손에 넘어간다면 저항의 상징으로 여겨질 것을 우려합니다. 이들은 황실 가족들의 시신에 황산을 부어서 신원을 알아볼 수 없게 만들었으며 급하게 여기저기에 시신을 묻었습니다.

니콜라이 2세와 가족들의 죽음은 세상에 일찍 알려지게 됩니다. 하지만 시신들이 발견되지 않자 이들의 죽음을 믿지 않는 사람들도 있었습니다. 가장 대표적인 사람이 바로 황제의 어머니였던 마리야 황태후였습니다. 황태후는 언니인 영국의 알렉산드라 왕비의 도움으로 러시아를 탈출해서 고향인 덴마크로 돌아갔습니다. 황태후는 아들과 그 가족의 죽음을 죽을 때까지 믿으려 하지 않았습니다. 아마도 황태후도 아들과 그 가족들이 죽었으리라는 것을 알았을 수 있지만 믿을 수가 없었을 것입니다. 그래서 황태후는 평생 아들의 죽음을 부인했을 것입니다.

황실 가족들의 시신을 찾을 수 없게 되면서 또 다른 문제가 발생합니다. 바로 자신을 니콜라이 2세의 자녀라고 주장하는 사람들이 등장한 것입니다. 사실 니콜라이 2세의 아들인 알렉세이는 혈우병 환자라는 것을 모두 알았기에 사칭자를 쉽게 구별할 수 있었습니다. 하지만 딸들은 구별할 방법이 부족했으며, 특히 막내인 아나스타샤의 경우 나이가 어렸기에 성장했다면 얼굴이 어느 정도 바뀌었을 가능성이 있었기에 사칭자들을 구별하기가 더욱 애매해집니다.

1920년, 베를린에서 한 여성이 발견됩니다. 그녀는 자신이 누군지 알지 못했으며 인근 요양원에서 1년 여간 머물게 됩니다. 이때 의사들은 이 여성이 러시아 억양의 독일어를 썼다고 기록합니다. 그리고 1922년, 같은 요양원에 머물고 있던 한 러시아 망명객이 이 이름 모를 여성을 니콜라이 2세의 막내딸인 아나스타샤 니콜라예브나Anastasia Nikolaevna Romanova 여대공이라고 주장합니다. 곧 이 사실은 러시아 망명객들 사이에 소문이 났으며 많은 이들이 이 여성을 만나기 위해서 방문하게 됩니다. 그리고 망명 중인 러시아 황실 가족들과 이들의 지인들 중 일부 역시 이 소문을 듣게 됩니다. 그중 황후의 친구이자 시녀였던 소피 북스회덴이 소문이 사실인지 확인하러 가게 됩니다. 소피 북스회덴은 러시아 황실 가족들에게 '이사'라는 애칭으로 불렸을 뿐 아니라 황실 가족들과 함께 예카테린부르크까지 갔다 왔던 측근이었습니다. 그녀는 이 여성이 아나스타샤가 아니라고 확인합니다.

하지만 1922년에 이 여성은 스스로를 '안나 차이코프스키'라고 부르면서 러시아 망명객들과 함께 베를린으로 갔으며 자신이 학살에서 살아남은 아나스타샤 여대공이라고 주장합니다. 이것은 곧 러시아 황실 가족들과 친척들의 관심을 끌게 됩니다.

시간이 지날수록 안나는 더욱 많은 사람들을 만나게 됩니다. 러시아 황실 가족들의 주변 사람들은 물론 아나스타샤의 고모였던 올가 알렉산드로브나 여대공 역시 안나를 만나러 왔습니다. 하지만 그녀를 만난 대부분의 사람들은 안나를 아나스타샤로 인정하지 않았으며 올가 여대공은 어머니에게 안나를 만났다는 이야기조차 하지 못했습니다. 황태후는 아들의 죽음을 인정하지 않았는데, 만약 학살에서 살아남은 손녀가 있다면 황제의 죽음을 인정해야 하는 것이기에 황태후는 안나의 존재를 인정할 수 없었던 것입니다.

하지만 안나에게도 후원자가 생겼습니다. 바로 황실 가족들의 시중을 들었던 고용인들의 가족들이었습니다. 이들은 안나가 아나스타샤라고 주장하는 데 힘을 실어줬으며 안나는 더욱 아나스타샤와 비슷하게 보이게 됩니다.

니콜라이 2세의 친척들 대부분은 안나를 인정하지 않았습니다. 특히 외가인 헤센 대공 가문 사람들은 안나가 사기꾼이라고 주장했습니다. 아나스타샤의 외삼촌이었던 헤센의 대공 에른스트 루트비히Ernst Ludwig는 사람을 고용해서 안나 차이코프스키의 신원을 밝혀냅니다. 안나 차이코프스키는 아나스타샤 여대공이 아니라 폴란드 출신의 여공이며, 충격과 머리의 상처로 인해서 요양원을 드나들었다는 것이었습니다. 그리고 헤센 대공 가문과 남은 러시아 황실 가족들 모두는 안나가 아나스타샤가 아니라는 성명서를 발표했습니다.

하지만 안나에게는 여전히 후원자들이 있었으며 친척들 중 일부 역시 안나를 믿는 이들이 있었습니다. 그중 한 명이었던 러시아의 크세니아 게오르기예브나가 미국으로 안나를 초청합니다. 미국으로 간 안나는 미국에서 수많은 지지자를 얻었으며 '안나 앤더슨'이라는 이름으로 알려집니다. 안나의 변호사는 안나 앤더슨이 아나스타샤라는 것을 인정받기 위해서 독일 법원에 제소했습니다. 러시아 황제의 국외 재산은 유일한 자녀인 안나 앤더슨이 물려받아야 한다는 내용이었습니다. 이 소송에 대해서 헤센 대공 가문 사람들은 일관되게 안나 앤더슨이 가짜라고 주장합니다. 결국 독일 법원은 안나 앤더슨이 아나스타샤라는 사실을 확인하지 못하지만 그렇다고 아닌 것도 확인할 수 없었기에 결국 사건을 무효화하는 판결을 내리게 됩니다. 패소한 안나 앤더슨은 미국으로 다시 돌아갔지만 평생 스스로를 아나스타샤 여대공이라고 주장했습니다.

사실 오래전부터 황실 가족들의 죽음에 관련된 사람들이 인터뷰를 해왔고, 이들은 황실 가족들이 살아남았을 가능성이 없다고 주장했습니다. 그러다가 아직 소련이 해체되기 전인 1970년대 후반 예카테린부르크 주변에서 조사를 하던 한 아마추어 지질학자와 그 친구들이 사람들의 유해를 발견했고, 이 유해가 사라진 황실 가족들의 유해라는 것을 알아차리게 됩니다. 하지만 이들은 이 발견에 대해서 발설해서는 안 된다고 생각했으며, 자신들이 발견한 곳을 표시해둔 채 알릴 날만 기다렸습니다. 그리고 소련이 붕괴되면서 이들은 이제 자신들이 발견한 물건에 대해서 이야기하게 됩니다.

1990년 경 이 유해들에 대한 발굴이 시작됩니다. 발굴된 유해들은 주변의 유물들을 통해서 황실 가족들일 가능성이 컸지만, 유해들의 부식 상태가 너무나 심했기에 누구인지 특정할 수는 없었습니다. 그리고 이 유해를 특정하기 위해 당시에는 획기적인 기술이었던 DNA를 통한 신원 확인 방법을 시도합니다. 미토콘드리아DNA(mtDNA)는 체세포 내 세포질에 있는 것으로 어머니로부터 자녀에게 전해집니다. 그렇기에 같은 모계 조상을 가진 사람은 변이가 없다면 동일한 mtDNA를 물려받아야 합니다. 이 기본적 사실을 토대로 유해의 mtDNA와 동일 모계 후손을 가진 mtDNA를 비교해서 가족인지 확인할 수 있었습니다.

황실 가족들의 신원을 확인하기 위해서 비교할 mtDNA를 제공한 사람은 바로 영국의 엘리자베스 여왕의 남편이었던 필리프 공이었습니다. 필리프 공의 외할머니인 헤센의 빅토리아는 알렉산드라 황후의 언니였고 가까운 친족이었기에 유전자가 변이를 일으킬 가능성이 적었습니다. 결국 만약 유해가 니콜라이 2세의 가족들이라면 알렉산드라 황후와 그 자녀들의 신원을 필리프 공의 mtDNA를 통해서 확인할 수 있어야 했습니다.

검사 결과 네 명의 여성이 필리프 공과 동일한 모계 조상을 가진다는 것이 밝혀집니다. 그리고 다른 검사를 통해서 발굴된 유해는 결국 니콜라이 2세와 알렉산드라 황후, 그리고 세 명의 딸들의 유해가 포함되어 있다는 것을 알게 됩니다. 이 사실이 알려지자 안나 앤더슨의 지지자들은 흥분했습니다. 안나 앤더슨이 아나스타샤이고 그녀가 말했던 학살에서 살아남은 스토리가 맞아떨어지는 것이기 때문이었습니다. 하지만 러시아에서는 발견되지 않은 여대공의 시신은 아나스타샤가 아니라 마리야라고 주장했으며 이것은 또 다른 분쟁을 일으켰습니다. 게다가 mtDNA 비교법을 사용했을 때 안나 앤더슨은 필리프 공과 같은 모계 조상을 갖지 않는 것으로 밝혀졌기에 더욱 당황합니다. 곧 수많은 이야기가 나왔지만 mtDNA를 통한 확인법을 많은 이들이 받아들였지만 여전히 받아들이지 않고 음모론을 주장하는 사람들 역시 있었습니다.

이 문제는 2007년 8월, 예카테린부르크에서 아마추어 고고학자가 두 구의 유해를 발굴하면서 끝나게 됩니다. 발굴된 유해는 여성과 성인이 되지 못한 남성의 유해였습니다. 이들은 곧 이 두 구가 찾지 못한 나머지 황실 가족들의 유해라는 것을 확신하게 됩니다. 이 유해 주변에서 발굴된 총알이나 유품 파편들이 황실 가족들의 유해를 발굴했을 때 나왔던 것과 동일했기 때문입니다. 그리고 DNA 검사 결과 이 두 구의 유해가 황실 가족인 것이 밝혀졌습니다.

니콜라이 2세와 그 가족들의 죽음은 매우 비극적이었기 때문에 많은 사람이 이들 중 일부는 죽지 않았을지도 모른다고 생각했습니다. 하지만 그런 기대와 달리 결국 니콜라이 2세와 그의 가족들은 모두 1918년에 살해당했으며, 시신마저 훼손당한 채 오래도록 남아 있었습니다.

4장

호엔촐레른

: 독일을 통일한 대가문

House of Hohenzollern

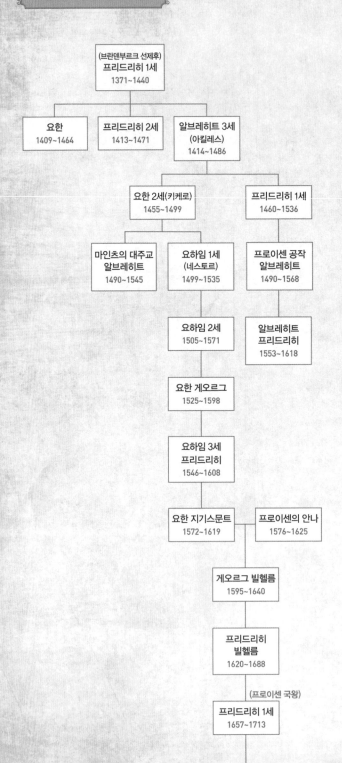

(브란덴부르크 선제후)
프리드리히 1세
1371~1440

요한
1409~1464

프리드리히 2세
1413~1471

알브레히트 3세
(아킬레스)
1414~1486

요한 2세(키케로)
1455~1499

프리드리히 1세
1460~1536

마인츠의 대주교
알브레히트
1490~1545

요하임 1세
(네스토르)
1499~1535

프로이센 공작
알브레히트
1490~1568

요하임 2세
1505~1571

알브레히트
프리드리히
1553~1618

요한 게오르그
1525~1598

요하임 3세
프리드리히
1546~1608

요한 지기스문트
1572~1619

프로이센의 안나
1576~1625

게오르그 빌헬름
1595~1640

프리드리히
빌헬름
1620~1688

(프로이센 국왕)
프리드리히 1세
1657~1713

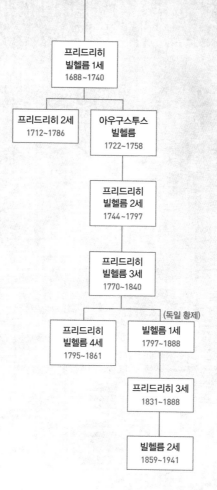

프리드리히
빌헬름 1세
1688~1740

프리드리히 2세
1712~1786

아우구스투스
빌헬름
1722~1758

프리드리히
빌헬름 2세
1744~1797

프리드리히
빌헬름 3세
1770~1840

프리드리히
빌헬름 4세
1795~1861

(독일 황제)
빌헬름 1세
1797~1888

프리드리히 3세
1831~1888

빌헬름 2세
1859~1941

호엔촐레른 가문은 오래도록 신성로마제국 황제의 신하였습니다. 하지만 이들은 18세기에 프로이센 왕국을 형성하면서 점차 힘을 얻기 시작했으며, 이후 황제 가문이었던 합스부르크 가문과의 경쟁에서 승리해 19세기에 독일을 통일하기까지 했습니다. 제1차 세계대전 이후 독일이 공화국이 될 때, 호엔촐레른 가문 역시 통치 가문에서 물러나야 했습니다만, 현재 독일을 구성하는 데 중요한 역할을 한 것은 분명합니다.

황제의 신하에서 왕가로 성장하다

✦ 뉘른베르크에서 시작된 역사

호엔촐레른 가문은 11세기에 촐레른 백작이었던 부르크하르트 Burkhard가 선조였다고 추정하고 있습니다. 부르크하르트의 후손들은 촐레른 백작령을 통치했는데 특히 호엔촐레른 성을 가문의 거주지로 삼았기에 13세기 이후 이들은 '호엔촐레른'이라는 성으로 불렸습니다.

촐레른 백작령은 신성로마제국의 일부였고 촐레른 백작들은 신성로마제국 황제의 신하로 황제에게 충성했습니다. 하지만 이들은 12세기 말까지 그리 큰 세력을 형성하지 못하다가 촐레른 백작이었던 프리드리히 3세Friedrich III von Zollern 때 이르러서야 가문이 성장하는 기틀을 마련했습니다. 프리드리히 3세는 뉘른베르크의 부르크그라프(성주)였던 콘라트 2세의 외동딸과 결혼했습니다. 그리고 장인이 죽은 뒤인 1192년경 프리드리히는 장인의 영지였던 뉘른베르크 부르크그라프령을 상속받아서 뉘른베르크의 프리드리히 1세가 되었습니다.

뉘른베르크는 제국 내 자유도시로 제국의 회의가 열리던 중요한 요

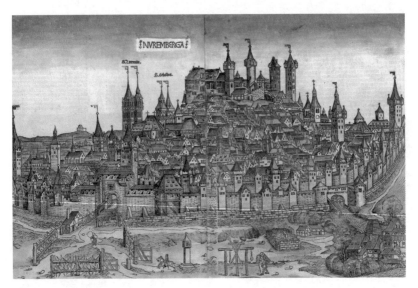

15세기의 뉘른베르크.
뉘른베르크는 제국 내 자유도시로 제국의 회의가 열리던 중요한 요충지 중 하나였다.

충지 중 하나였습니다. 이 때문에 황제는 뉘른베르크를 보호하기 위해서
뉘른베르크 주변 지역에 뉘른베르크의 부르크그라프령을 만들었습니
다. 즉, 뉘른베르크의 부르크그라프가 되는 것은 제국 내 지위가 크게 올
라가는 것이기도 했습니다. 특히 프리드리히가 이 상속에 대해서 황제의
승인을 받을 수 있었던 가장 큰 이유는 그가 한결같이 호엔슈타우펜 가
문을 지지했기 때문이었습니다. 당시 황제 가문이었던 호엔슈타우펜 가
문은 친척 관계였던 벨프 가문과 갈등을 빚고 있었고, 이런 상황에서 황
제는 뉘른베르크 같은 요충지를 믿지 못할 사람에게 넘길 수는 없었습니
다. 그렇기에 프리드리히는 황제의 신임을 받았고, 상속을 인정받을 수
있었습니다.
  촐레른의 프리드리히 3세에게는 두 아들이 있었습니다. 장남인 콘라

트Konrad는 촐레른 지역을 물려받았으며 둘째 아들인 프리드리히Friedrich
는 뉘른베르크 지역을 물려받았습니다. 하지만 1218년에 형제가 서로의
영지를 바꾼 후 이 가문은 두 분가로 나뉩니다. 두 분가 중 뉘른베르크 쪽
을 물려받은 분가는 프랑켄 분가로 불렸고, 촐레른을 물려받은 쪽은 슈
바벤 분가로 불렸습니다.

두 개의 분가 중 슈바벤 지역을 물려받은 분가들은 뉘른베르크 쪽을
물려받은 분가에 비해서 그리 큰 영향력을 가지지 못합니다. 하지만 슈
바벤 분가 역시 결국 호엔촐레른 가문이었으며, 호엔촐레른 가문 간의
기본적인 유대 관계를 어느 정도 형성했습니다. 이런 연결고리는 19세
기에 들어서면서 슈바벤 분가의 한 갈래였던 호엔촐레른-지그마링겐
Hohenzollern-Sigmaringen 가문 출신의 카를이 루마니아의 국왕 카롤 1세Carol I
가 될 수 있었던 원인 중 하나가 됩니다.

프랑켄 분가를 형성한 콘라트와 그의 후손들은 뉘른베르크 주변 지역
인 안스바흐Ansbach와 쿨름바흐Kulmbach 등을 얻으면서 영지를 넓혀갔습
니다. 특히 이들은 신성로마제국의 황제와 연합하면서 성장했습니다. 뉘
른베르크는 제국에서 중요한 지역으로 15세기까지 제국의회가 열린 곳
이었습니다. 그리고 이곳 주변을 장악했던 호엔촐레른 가문 역시 신성로
마제국에서 점차 더 영향력을 키울 수 있었습니다.

13세기 중반, 호엔슈타우펜 가문의 마지막 황제인 프리드리히 2세가
죽고 난 뒤 제국의 황제 지위를 두고 룩셈부르크 가문이나 비텔스바흐
가문, 그리고 합스부르크 가문 같은 대가문들이 치열하게 경쟁합니다.
제국에서 중요한 도시인 뉘른베르크를 통치하던 호엔촐레른 가문 역시
덩달아 중요한 가문으로 떠오릅니다. 경쟁을 벌이던 대가문들은 호엔촐

레른 가문과 통혼을 통해서 연결고리를 형성했고, 이는 호엔촐레른 가문이 제국에서 더 높은 지위로 올라가는 계기가 됩니다.

특히 15세기 초, 뉘른베르크의 부르크그라프였던 프리드리히 6세Friedrich VI von Nürnberg는 이런 복잡한 상황을 잘 이용했습니다. 그의 두 누나는 비텔스바흐 가문과 합스부르크 가문으로 시집갔으며, 형인 요한 3세는 룩셈부르크 가문 출신으로 황제 카를 4세의 딸과 결혼했습니다. 이 시기에 이들 모두와 인척관계였던 프리드리히 6세는 정치적으로 여러 가지를 배울 수 있었고, 이런 관계를 통해 자신의 권한을 확장할 수 있는 기회 역시 얻을 수 있었습니다.

✢ 브란덴부르크 선제후의 계승

1410년, 프리드리히 6세의 매형이자 로마인의 왕이었던 루프레히트 폰 데어 팔츠Ruprecht von der Pfalz가 사망합니다. 루프레히트가 죽은 뒤 로마인의 왕 지위를 두고 여러 사람이 경쟁하기 시작했습니다. 당시 프리드리히 6세는 룩셈부르크 가문 출신으로 헝가리 국왕이 된 지기스문트Sigismund를 섬기고 있었는데, 지기스문트가 로마인의 왕이 되기 위한 선거에 나서면서 그의 운도 커졌습니다.

1410년의 선거에서 지기스문트는 사촌인 모라비아(체코 동부 지역)의 요스트Jobst와 왕위를 두고 경쟁했습니다. 문제는 요스트가 브란덴부르크의 마르크그라프로 황제를 뽑는 선제후였다는 것입니다. 지기스문트는 이에 대해 문제를 제기하면서 자신이 신뢰했던 프리드리히 6세에게 브란덴부르크의 선제후 지위를 부여해버립니다. 프리드리히 6세는 당연히 지기스문트에게 투표했지만, 요스트가 선거에서 이기자 지위가 애매해졌습니다.

하지만 1년 후인 1411년, 요스트가 의심스러운 상황에서 사망했고, 이후 지기스문트가 로마인의 왕으로 선출됩니다. 당연히 지기스문트는 자신을 지지해준 프리드리히 6세가 브란덴부르크 선제후령을 통치하는 것을 인정해줍니다. 물론 선제후 지위를 확고히 하기 위해서 프리드리히 6세는 지기스문트를 지지한 것 외에도 그에게 엄청난 양의 금전을 제공했습니다. 그 결과 1415년, 프리드리히 6세는 임시로 받은 브란덴부르크 선제후 지위를 정식으로 인정받았고, 이후 브란덴부르크의 선제후 프리드리히 1세Friedrich I von Brandenburg로 불렸습니다. 그의 후손들도 브란덴부르크 선제후 지위를 물려받게 됩니다.

브란덴부르크 선제후령을 얻게 된 호엔촐레른 가문은 선제후라는 지위 덕분에 제국에서 중요한 위치를 차지하게 됩니다만, 이후 크게 성장하지 못했습니다. 가장 큰 이유는 제국 내 황위를 두고 혼란했던 상황이 합스부르크 가문을 중심으로 정리되었기 때문이었습니다. 1438년, 황제 지기스문트의 사위로 장인의 모든 것을 물려받은 합스부르크 가문의 알브레히트가 로마인의 왕 지위에 올랐지만, 얼마 살지 못하고 죽었습니다. 이어서 오스트리아 공작으로 알브레히트의 친척이었던 프리드리히 Frederick III가 알브레히트의 뒤를 이어서 1440년에 로마인의 왕이 되었고, 결국 황제 프리드리히 3세가 됩니다. 그리고 이후 황위는 합스부르크 가문이 계속 이어갔습니다.

호엔촐레른 가문은 이전에 복잡한 황위 계승 문제 덕분에 선제후 가문으로 발돋움할 수 있었습니다. 하지만 합스부르크 가문이 확고히 황위를 이어가면서 제국 내에서 좀 더 큰 세력을 얻을 가능성이 줄어들었습니다. 게다가 주변의 영지를 확장하려고 인근 제후들과 분쟁을 지속했는데 그러면서 영지 내 경제 상황을 크게 악화시켰기에 가문의 세력을 유지하기가 힘든 상황이었습니다.

선제후 프리드리히 1세는 생애 동안 네 명의 아들과 함께 선제후령을 통치했습니다. 하지만 복잡한 정치 상황보다는 연금술에 더 관심이 많아서 '연금술사Alchimist'라는 별명으로 알려진 첫째 아들 요한은 아버지의 기대에 미치지 못했습니다. 결국 1440년, 프리드리히 1세가 사망한 뒤 선제후 지위는 둘째 아들인 프리드리히 2세가 이어받았고, 영지는 네 아들들이 서로 나누게 됩니다.

프리드리히 2세Friedrich II는 8세가 되던 1421년, 폴란드 국왕의 외동딸과 약혼했으며 미래의 폴란드 국왕으로서 폴란드로 갔지만 10년 후인 1431년에 약혼녀가 죽으면서 다시 브란덴부르크로 돌아왔습니다. 폴란드와 리투아니아의 군주가 될 수 있었던 기회를 놓친 프리드리히 2세는 주변 인근 영지를 차지하는 데 집중했습니다. 하지만 그 결과 브란덴부르크 선제후령의 경제가 나빠졌을 뿐 아니라 프리드리히 2세 스스로도 지쳐서 1470년, 선제후 지위를 동생인 알브레히트에게 물려주고 은퇴하고 맙니다.

형의 뒤를 이어 선제후가 된 알브레히트 3세Albrecht III는 운이 좋은 편에 속했습니다. 형에게서 선제후령을 물려받았을 뿐 아니라 네 형제 중 유일하게 여러 아들이 있었기에 가문의 영지 모두를 다시 하나로 상속받았기 때문입니다. 어린 시절 황제 지기스문트의 궁정에서 자란 알브레히

브란덴부르크의 알브레히트 3세.
형에게 선제후령을 물려받았을 뿐 아니라 가문의
영지도 모두 하나로 상속받았다.

트 3세는 르네상스 시대의 지식인으로 교육받았으며 기사도 같은 궁정 문화에 완벽히 적응한 인물이었습니다. 특히 마상시합에서 몇 번이나 우승했기에 '아킬레스Achilles'라는 별명으로도 알려졌습니다.

호엔촐레른 가문의 입장에서 알브레히트 3세의 가장 중요한 업적은 바로 브란덴부르크 선제후령의 장자 상속제를 확립한 것입니다. 뉘른베르크 쪽 영지는 다른 아들에게 분배해줄 수 있었지만 브란덴부르크 선제후령 자체는 장자에게만 상속하게 했는데, 이로 인해 영지가 더 많이 쪼개지는 것을 막을 수 있었습니다. 결국 알브레히트 3세가 죽은 뒤 그의 세 아들 중 장남인 요한Johann이 브란덴부르크 선제후령 전체를 상속받았으며 남은 두 아들인 프리드리히와 지그문트는 각각 안스바흐와 쿨름바흐 지역을 중심으로 하는 영지를 물려받아 브란덴부르크-안스바흐와 브란덴부르크-쿨름바흐(바이로트) 분가를 형성하게 됩니다.

1486년, 아버지의 뒤를 이어 브란덴부르크 선제후가 된 요한은 '키케로Cicero'라는 별명이 붙었는데, 매우 뛰어난 웅변 실력을 가지고 있었기 때문이라고 알려져 있지만 사실 이것은 후대에 꾸며낸 이야기라고 추정하고 있습니다. 요한 키케로가 이룬 가장 중요한 업적은 브란덴부르크 선제후로서 선제후령을 주 거주지로 삼은 것이었습니다. 이전 선제후들은 모두 브란덴부르크 선제후령은 물론 이전에 물려 받은 뉘른베르크 쪽 영지도 가지고 있었고, 이쪽에서 지내는 것을 더 선호했습니다. 하지만 요한은 동생들과 영지를 분배했고 아버지와 달리 뉘른베르크 쪽 영지를 다시 얻지는 못했기에 결국 브란덴부르크의 주 거주지를 베를린으로 확정지었습니다.

　　평소 건강이 그리 좋지 않았던 요한은 1499년에 갑작스럽게 사망했으며, 선제후 지위는 요한의 아들인 요아힘에게 돌아갑니다. 15세의 미성년으로 선제후가 된 요아힘 1세Joachim I는 잠시 숙부가 섭정했습니다만 곧 자신이 영지를 통치합니다. 후대에 '네스토르Nestor'라는 별명으로 알려지는 그는 매우 정치적인 인물로 선제후의 역할을 이용해서 자신의 이익을 차지하려고 했습니다. 합스부르크와 갈등 중이었던 프랑스는 선제후들에게 접근해서 합스부르크 가문이 황위를 얻는 것을 막으려 했으며 요아힘 1세는 이를 이용하기도 했습니다. 특히 그는 동생인 알브레히트를 황제 선출권을 가진 선제후였던 마인츠의 선제후로 만들기 위해 엄청난 돈을 쓰면서 노력한 끝에 이 일을 성사시킵니다. 알브레히트가 마인츠의 대주교가 되면서 호엔촐레른 가문은 황제를 뽑는 데 한 표가 아닌 두 표를 행사할 수 있었는데, 이후 제국 내 호엔촐레른 가문의 이익을 강화할 수 있는 기회를 얻게 됩니다.

요아힘 1세의 동생인 알브레히트는 형의 도움으로 마인츠와 마그데부르크, 할버슈타트 등의 통치권을 얻었으며 젊은 나이에 추기경의 지위에 오릅니다. 하지만 형제에게는 엄청난 빚이 생겼고, 이 빚을 갚기 위해서 다양한 방법으로 돈을 모아야 했습니다. 결국 알브레히트는 교황 레오 10세Leo X를 대리해서 면죄부를 파는 데 적극적으로 참여하기까지 합니다. 면죄부를 파는 수수료의 일부는 알브레히트의 몫이었기에 열성적으로 면죄부를 파는 것을 독려했습니다. 하지만 이런 상황에 대해서 부당하다고 생각하는 사람이 있었으니, 그는 바로 마르틴 루터였습니다. 루터는 면죄부 판매에 대한 부당함을 공개적으로 주장했고, 이것이 바로 종교개혁의 시발점이 되었습니다.

선제후 요아힘 1세는 종교개혁에 매우 반발하는 입장이었습니다. 그는 전통적인 가톨릭에 헌신적이었기에 개신교를 크게 경계했습니다. 하지만 종교개혁 시기, 독일 북부지역 사람들은 개신교를 적극적으로 받아들였고, 브란덴부르크 선제후령 사람들 역시 개신교를 적극적으로 받아들였습니다. 요아힘 1세는 이를 매우 못마땅해했으며 강력하게 개신교 세력을 억제하려고 했습니다. 하지만 그의 시도는 성공하지 못했는데, 이를테면 요아힘 1세의 아내이자 덴마크 공주였던 엘리자베트도 루터파로 개종할 정도였습니다. 그래서 요아힘 1세는 아들인 요아힘 2세Joachim II Hector에게는 개종하지 말라고 맹세를 시킬 정도였습니다. 요아힘 2세는 아버지 생전에는 이 맹세를 지켰지만, 아버지가 죽은 뒤 결국 개종했습니다.

호엔촐레른 가문은 종교개혁 때문에 혼란을 겪었지만 한편으로는 이익도 얻을 수 있었습니다. 바로 프로이센 공작령을 호엔촐레른 가문이 손에 넣게 되는 상황 역시 종교개혁과 연결되었기 때문입니다.

✛ 프로이센 공작령의 성립

　　프로이센 지역은 발트해 연안에 자리 잡은 폴란드 동쪽의 비옥한 토지로 이루어진 영역이었습니다. 이곳이 유럽 역사에 편입된 중요한 원인은 바로 튜턴 기사단Ordo Teutonicus이라고 알려진 독일 기사단Deutschen Ordens이 점령했기 때문입니다. 13세기에 종교 기사단이었던 튜턴 기사단은 프로이센 지역의 이교도들을 점령한 다음 이곳에 가톨릭을 전파하고 이민자를 받아들여서 독일의 한 지역으로 편입합니다. 이후 프로이센 지역은 튜턴 기사단의 영지가 됩니다만, 폴란드-리투아니아 왕국의 근처였기에 폴란드 역시 프로이센 지역을 얻으려 했습니다. 결국 15세기에 폴란드가 튜턴 기사단과의 전투에서 승리를 거두면서 프로이센 지역에 대한 종주권을 얻었습니다. 이후 튜턴 기사단은 폴란드의 간섭을 벗어나기 위해서 노력했지만 성공하지 못했습니다.

　　종교개혁이 널리 퍼져가던 시절인 16세기 초, 튜턴 기사단의 단장으로 프로이센을 통치하던 인물은 호엔촐레른 가문 출신이었던 알브레히트였습니다. 알브레히트는 선제후 알브레히트 3세 아킬레스의 손자로, 브란덴부르크-안스바흐의 프리드리히 1세의 아들이었습니다. 브란덴부르크 선제후 가문의 분가 출신이자 셋째 아들이었던 그는 아버지의 영지를 얼마간이라도 상속받을 가능성이 적었습니다. 분가 출신이었기에 당연히 영지가 작았을 뿐 아니라 영지를 나눈다고 하더라도 이미 두 형이 있어서 그의 차례까지 올 가능성은 훨씬 적었습니다. 많은 독일 제후들의 셋째, 넷째 아들은 이런 상황에 처해 있었고, 이들은 군인이나 성직자 등 자신의 길을 찾아야만 했습니다. 알브레히트 역시 어린 시절부터 성직자가 되려고 했고, 선제후였던 쾰른 대주교의 궁정에서 일하면서 성직자의 길을 걷게 됩니다.

그러다 알브레히트는 큰 기회를 얻게 됩니다. 1510년 12월 당시 튜턴 기사단장이 사망해서 새로운 기사단장을 뽑아야 했던 것입니다. 프로이센은 폴란드 국왕의 봉토였고, 이곳을 통치하던 튜턴 기사단은 폴란드 국왕의 봉신이었기에 기사단장을 뽑는 데도 폴란드 국왕의 입김이 강하게 작용했습니다.

당시 폴란드 국왕이었던 지그문트 1세는 늘 폴란드의 간섭에서 벗어나려 했던 튜턴 기사단을 억누르고 싶어 했습니다. 하지만 튜턴 기사단은 종교 기사단이었고, 기사들은 모두 성직자이자 수도사들이었습니다. 이 때문에 지그문트 1세는 자신의 사람이 될 만한 성직자를 뽑아야 했는데 그가 선택한 인물이 바로 브란덴부르크-안스바흐의 알브레히트였습니다. 알브레히트의 어머니인 조피아 야겔로니카가 지그문트 1세의 누나였기 때문에 지그문트 1세는 조카인 알브레히트가 튜턴 기사단 단장이 된다면 튜턴 기사단을 훨씬 더 자신의 뜻대로 움직일 수 있을 것이라 생각했습니다. 이렇게 알브레히트는 1511년에 튜턴 기사단의 기사단장으로 선출됩니다.

폴란드 국왕의 조카였음에도 알브레히트는 튜턴 기사단장으로서 자신의 의무에 충실했습니다. 그는 폴란드 국왕의 봉신이길 거부했고 제국의 황제와 교황에게 충성을 다했으며 폴란드에서 벗어나기 위해 전쟁도 마다하지 않았습니다. 하지만 알브레히트의 노력은 성공하지 못했습니다. 게다가 알브레히트는 황제나 교황이 튜턴 기사단을 지지해주고 외교적으로도 지원해주리라 여겼는데, 그 누구도 튜턴 기사단을 신경 쓰지

폴란드 국왕에게 프로이센 공작으로서 충성을 맹세하는 알브레히트.

않았습니다. 이런 상황에서 알브레히트가 황제나 교황에게 회의를 느끼게 됩니다.

1522년, 알브레히트는 뉘른베르크에서 열린 제국회의에서 루터파 종교개혁가로서 그에게 막대한 영향을 미친 안드레아스 오지안더Andreas Osiander를 만났고, 이후 종교개혁의 중심인물인 마르틴 루터를 만나게 됩니다. 두 사람을 만나면서 알브레히트는 결국 개종하기로 결심합니다. 튜턴 기사단은 가톨릭 수도회여서 그의 개종은 매우 중요한 문제였습니다. 만약 알브레히트가 개종한다면 파문당할 수 있었고, 튜턴 기사단장 지위를 박탈당할 수 있었으며 프로이센에 대한 권리 역시 박탈당할 수 있었습니다. 하지만 알브레히트에게는 이를 조정할 수 있는 친척들이 많았습니다. 결국 1525년, 알브레히트는 루터파로 개종하고 폴란드 국왕의 지지를 얻어서 프로이센의 공작 알브레히트 1세Albrecht von Preußen로 인정받게 됩니다. 그는 프로이센 공작으로서 폴란드 국왕에게 봉신으로 충성을 맹세했으며, 이후 프로이센 공작령은 그와 그의 후손이 받을 상속 영지로 인정받게 됩니다.

성직자였던 알브레히트는 늦게 결혼했기에 오랫동안 후계자가 될 아들이 없었습니다. 이 때문에 가문 사람들은 프로이센 공작령의 상속에 대해 예민하게 반응합니다. 특히 발트해 연안의 영지를 절실히 원했던 브란덴부르크 선제후가 프로이센을 노리고 있었기 때문이었습니다. 알브레히트는 안스바흐 분가 출신이었으므로 그에게 후손이 없더라도 브란덴부르크 선제후가 직접적으로 상속받기에는 애매한 상황이었습니다. 게다가 프로이센 공작은 폴란드 국왕의 봉신이었기에 폴란드 국왕이 상속을 허락하지 않는다면 가문에서 아무리 합의하더라도 어려울 가능성이 컸습니다.

하지만 선제후 요아힘 2세는 프로이센 공작령을 상속받을 기반을 마련합니다. 그는 1535년 폴란드의 국왕 지그문트 1세의 딸인 야드비가 야겔로니카Jadwiga Jagiellonka와 결혼했습니다. 이렇게 폴란드 왕가와 연결고리를 마련한 요아힘 2세는 1564년, 프로이센 공작의 후손이 단절될 경우 그와 그의 후손들이 프로이센 공작령을 상속하는 것을 처남인 폴란드 국왕으로부터 승인받습니다. 하지만 1553년에 알브레히트가 기다리던 후계자인 알브레히트 프리드리히가 태어나면서 프로이센 공작령은 이 아들이 상속받았습니다. 그럼에도 요아힘 2세가 승인받은 내용은 훗날 브란덴부르크 선제후가 프로이센 공작령을 상속받는 데 큰 역할을 하게 됩니다.

프로이센 왕국의 성립과 발전

✤ 브란덴부르크 선제후의 프로이센 공작령 상속

1568년, 아버지 알브레히트 1세가 죽은 뒤 프로이센 공작령을 물려받은 알브레히트 프리드리히Albrecht Friedrich는 1570년대에 정신적으로 문제가 생겨 나라를 통치할 수 없을 지경에 이릅니다. 결국 그를 대신할 섭정이 필요했으며, 호엔촐레른 가문 친척들이 그 일을 맡았습니다. 여기에는 안스바흐 쪽 친척은 물론 1571년에 요아힘 2세가 죽은 뒤 브란덴부르크의 선제후가 된 요한 게오르그Johann Georg도 있었습니다. 요한 게오르그는 아버지인 요아힘 2세와 정치적으로 마찰을 빚었는데 특히 경제적인 상황이 악화되면서 더 심하게 갈등했습니다. 그래서 선제후가 된 직후 아버지의 측근들을 제거했으며, 선제후령 내의 경제 상황을 호전시키기 위해 노력했습니다.

1598년, 요한 게오르그의 뒤를 이어서 선제후가 된 요아힘 3세 프리드리히Joachim Friedrich는 아버지의 그늘에 오랫동안 가려진 인물이었습니다. 브란덴부르크 선제후령에 대한 정책은 아버지의 정책을 이어가는 수밖에 없었습니다. 하지만 그는 프로이센 공작령을 브란덴부르크 선제후가 상속받을 수 있도록 하는 데 결정적으로 기여했습니다.

1603년, 요아힘 3세 프리드리히는 프로이센 공작의 섭정이 됩니다. 이때 프로이센 공작이었던 알브레히트 프리드리히에게는 아들이 없었고 딸들만 있었으며 아들이 태어날 가능성은 없었습니다. 그렇기에 요아힘 3세는 프로이센 공작령을 얻기 위해 작업을 시작합니다. 이미 요아힘 2세가 폴란드 국왕으로부터 상속권을 인정받았고, 게다가 당시 프로이센 공작의 가장 가까운 남성 친척은 브란덴부르크 선제후였기에 선제후가 프로이센 공작령을 상속받는 데 가족 중 반대하는 세력이 없었습니다.

하지만 많은 이들이 프로이센 공작령이 브란덴부르크 선제후에게 가는 것을 두고 보려고 하지 않았습니다. 이 때문에 요아힘 3세 프리드리히는 권리를 확고히 하기 위해서 자신의 장남인 요한 지기스문트Johann Sigismund를 프로이센의 공작 알브레히트 프리드리히의 장녀인 안나Anna와 결혼시키기까지 합니다. 그렇게 해서 안나와 요한 지기스문트의 후손들이 모계로도 프로이센 공작령에 대한 상속권리를 브란덴부르크 선제후 가문이 주장하려는 것이었습니다. 요아힘 3세 프리드리히는 정치적 지위를 강화하기 위해서 안나를 며느리로 들인 것에 만족하지 않았습니다. 그는 아내가 죽은 뒤 며느리의 여동생인 엘레오노레와 결혼해서 자신의 정치적 입지를 더욱 강화하려고 했습니다.

1608년, 아버지가 죽은 뒤 선제후가 된 요한 지기스문트는 아내 안나를 통해서 프로이센 공작령에 대한 상속권리를 얻게 되었으며 안정적으로 프로이센 공작령을 상속받게 됩니다. 하지만 요한 지기스문트의 삶은 종교 문제로 더 복잡해집니다. 프로이센 공작 가문과 브란덴부르크 선제

브란덴부르크의 선제후 요한 지기스문트와 선제후비 안나.

후 가문은 원래 루터파였는데 요한 지기스문트는 종교적으로 더 엄격한 칼뱅파로 개종하려고 했습니다. 강인한 의지와 성격을 가진 인물로 알려진 안나는 대놓고 남편의 입장을 반대했으며, 그의 후계자였던 아들 게오르그 빌헬름Georg Wilhelm 역시 이에 대해서 반대할 정도였습니다. 이런 혼란한 상황은 요한 지기스문트가 병으로 쓰러진 다음 일어나지 못하자 적당히 해결됩니다. 특히 1618년에 장인인 프로이센 공작이 죽고 난 뒤 프로이센 공작령을 상속받은 다음 해인 1619년에 사망했기에, 브란덴부르크 선제후령과 프로이센 공작령은 아들인 게오르그 빌헬름이 물려받게 됩니다.

그는 어려운 시기에 브란덴부르크 선제후령과 프로이센 공작령을 물려받았습니다. 그가 지위를 이어받았을 때는 30년 전쟁이 시작되었을 뿐 아니라 폴란드와 스웨덴 사이에 끼어 있기도 했습니다. 게오르그 빌헬름은 프로이센 공작으로 폴란드 국왕의 신하였는데, 그의 어머니인 안나는 딸인 마리아 엘레오노라Maria Eleonora를 폴란드 국왕의 적인 스웨덴 국왕 구스타브 2세 아돌프와 결혼시켰습니다. 이런 상황에서 게오르그 빌헬름은 스웨덴과 폴란드 사이에 끼여서 눈치를 볼 수밖에 없었습니다.

게다가 30년 전쟁이 시작되면서 게오르그 빌헬름의 처지는 더 복잡해집니다. 게오르그 빌헬름은 신교도였지만 황제의 신하이기도 했습니다. 그런데 그의 아내는 팔츠 선제후의 여동생이었습니다. 팔츠의 선제후인 프리드리히 5세는 보헤미아의 왕위를 받아들였고 그 결과 합스부르크 가문에서는 그를 반역자로 여겨 보헤미아를 공격해 그를 몰아냈을 뿐 아니라 팔츠 선제후령마저 빼앗았습니다. 이 일로 이전에 팔츠 선제후 가문과 동맹관계였던 브란덴부르크 선제후에게도 합스부르크 가문이 의심의 눈초리를 보내게 되었습니다. 게다가 게오르그 빌헬름의 여동생은 반합스부르크 경향이 강했던 트란실바니아(루마니아의 중부와 서북부 지역)의 군주 베틀렌 가보르Bethlen Gábor와 결혼했기에 게오르그 빌헬름은 더욱 의심받을 수밖에 없었습니다. 가족의 상황과 의무감에 짓눌린 게오르그 빌헬름은 결국 중립 정책을 펴기로 결정했으며 30년 전쟁 동안 브란덴부르크 선제후는 개신교나 가톨릭 어느 쪽도 편들지 않았습니다. 하지만 이 정책은 도리어 가톨릭과 개신교 모두의 공격을 받게 되었고, 그 결과 브란덴부르크 선제후령은 매우 황폐해졌으며, 게오르그 빌헬름은 프로이센 공작령으로 도망쳐서 죽을 때까지 그곳에서 지냈습니다.

게오르그 빌헬름의 아들인 프리드리히 빌헬름Friedrich Wilhelm은 1640년에 아버지가 죽은 뒤 브란덴부르크 선제후이자 프로이센 공작이 되었습니다. 그는 매우 교육을 잘 받았으며 뛰어난 능력이 있는 인물이었습니다. 특히 30년 전쟁 시기 몰락한 호엔촐레른 가문이 다시 일어서는 데 큰 역할을 했기에 '대선제후'라고 불릴 정도였습니다.

프리드리히 빌헬름이 아버지의 뒤를 이었을 때 아직 30년 전쟁이 끝나지 않은 상황이었습니다. 그는 먼저 프로이센 공작령에 대한 통치를 강화했으며 이후 전쟁으로 황폐화된 브란덴부르크 선제후령을 다시 회복시키는 데 집중합니다. 다행히도 1648년에 30년 전쟁이 끝나고 평화조약이 체결되었고, 덕분에 게오르그 빌헬름은 브란덴부르크 선제후령에 집중할 수 있었습니다. 특히 프리드리히 빌헬름은 브란덴부르크 선제후령과 프로이센 공작령을 하나로 통일하는 작업에 힘썼습니다. 사실 두 영지는 각기 다른 군주의 봉토였기에 일관되게 통치하기가 애매했습니다. 따라서 프리드리히 빌헬름은 프로이센 공작령에 대한 권리를 독자적으로 얻기 위해서 스웨덴과 연합해 폴란드를 공격했으며, 결국 프로이센 공작령의 독립을 인정받았습니다.

또한 그는 군대를 양성하는 데도 힘을 쏟았습니다. 매우 뛰어난 군인이기도 했던 프리드리히 빌헬름은 30년 전쟁 당시 직접 참전하면서 강력한 군사력이 뒷받침되어야만 이익이 되는 외교정책을 펼 수 있다는 것을 깨달았으며 군사력을 강화하는 데 힘을 쏟습니다. 그 결과 프리드리히 빌헬름 시기 군대는 이후 강력한 프로이센의 군대로 발전하는 바탕이 되었습니다.

프리드리히 빌헬름은 자신의 후계자인 아들 프리드리히를 몹시 탐탁지 않게 여겼습니다. 자신의 기대에 부응했던 아들 카를 에밀이 죽어버렸기에 하는 수 없이 다음 아들이었던 프리드리히를 후계자로 받아들여야 했기 때문입니다. 게다가 프리드리히 빌헬름은 두 번째 아내와 관계

'대선제후' 브란덴부르크의
프리드리히 빌헬름.

가 매우 좋았고 이 때문에 후계자인 프리드리히가 아니라 두 번째 결혼
에서 태어난 아들들을 더 좋아했으며, 심지어 프리드리히를 후계자 자리
에서 쫓아내고 좋아하는 아들에게 지위를 물려줄 것이라는 소문까지 돌
았습니다. 이런 상황은 프리드리히가 아버지의 뒤를 이어서 선제후가 된
뒤 새어머니와 동생들과 껄끄러운 관계로 지내는 한편, 상속 문제 때문
에 갈등을 빚는 원인이 되었습니다. 프리드리히는 분할상속이 아닌 장자
상속제도를 주장했으며 결국 이복 동생들에게 슈베트 지방을 중심으로
하는 영지를 주었을 뿐 아니라 연금을 통해서 이들의 나머지 상속분에
대해 보상하면서 마무리됩니다. 프리드리히의 이복 동생들은 후에 브란
덴부르크-슈베트 분가로 알려집니다.

✧ 프로이센 왕국과 7년 전쟁 이후

선제후 프리드리히 3세Frederick III는 '대선제후'로 불린 아버지에 비해서는 확실히 능력이 부족했습니다. 하지만 그는 역시 교육을 잘 받았으며 외교적인 능력도 있었습니다. 그 당시 복잡한 외교적 상황은 프리드리히 3세에게 좋은 기회였습니다. 당시 국제 관계는 브란덴부르크-프로이센에 매우 유리한 상황이었는데 영국의 윌리엄 3세는 프랑스의 루이 14세를 견제하고 있었으며, 스웨덴과 러시아 역시 서로를 견제하고 있었습니다. 게다가 1701년에 에스파냐 계승 전쟁이 일어나면서 제국 내에서 큰 영지를 가지고 있던 브란덴부르크 선제후의 위치는 더욱 중요해졌습니다. 프리드리히 3세는 황제 레오폴트 1세와의 협상을 통해서 왕국 지위를 획득했습니다. 사실 전통적으로 제국 내 국왕은 후계자인 로마인의 왕 한 명이었기에 프리드리히를 국왕으로 인정하기가 애매한 상황이었습니다. 결국 황제는 프리드리히Friedrich I를 '프로이센 국왕'으로 인정합니다. 프로이센 공작령은 제국 내 지역이 아니라 독립된 지역으로, 이곳의 국왕이 되는 것은 기본적으로 제국과는 무관한 일이었기에 황제가 국왕으로 승인해줄 만했습니다. 1701년, 프리드리히는 프로이센의 국왕 프리드리히 1세로 즉위했으며, 호엔촐레른 가문은 이제 왕국을 통치하게 됩니다.

1713년, 아버지 프리드리히 1세의 뒤를 이어 국왕이 된 프리드리히 빌헬름 1세Friedrich Wilhelm I는 할아버지인 대선제후를 닮았으며 특히 군사적 능력이 매우 뛰어났습니다. 프리드리히 1세는 아들이 하나밖에 없었기에 일찍부터 그를 국정에 참여시켰으며, 이것은 프리드리히 빌헬름

프리드리히 1세.
프로이센의 국왕으로 즉위하면서 호엔촐레른
가문이 왕국을 통치하게 되었다.

1세가 프로이센을 개혁하는 데 중요한 시발점이 되었습니다. 프리드리히 빌헬름 1세는 아버지와 달리 예술과 문화 같은 분야는 그저 사치일 뿐이라고 여겼습니다. 이런 생각에서 그는 훗날 후계자인 아들 프리드리히를 가혹하게 대했을지도 모릅니다. 프리드리히 빌헬름 1세는 프로이센의 군대 조직을 개편하고 정리했는데, 특히 프로이센의 상비군 제도와 함께 장교 제도 역시 정비해 프로이센을 군사 강국으로 만드는 기초를 다졌습니다. 그의 업적이 군사 분야에서만 두드러져 보이지만, 사실 그는 프로이센 전반을 개혁한 인물이었습니다. 지방제도를 개편했을 뿐 아니라 국내 상업을 육성하기 위한 정책을 폈으며, 교육정책도 바꿨고, 심지어 식민지를 개척하는 일까지 다양하게 통치했습니다. 그렇기에 프리드리히 빌헬름 1세는 아버지가 성립한 프로이센 왕국의 기초를 다진 인물이기도 했습니다.

　독일 통일 전 프로이센 왕국에서 가장 유명한 인물은 바로 '대왕'이라고 불렸던 프리드리히 2세Friedrich II일 것입니다. 그는 군사적으로 뛰어났을 뿐 아니라 매우 특이한 인물이기도 합니다. 프리드리히 2세의 삶에서 아버지는 엄청난 영향을 미쳤습니다. 엄격한 성격의 프리드리히 빌헬름 1세는 아버지와 전혀 다른 성격이었음에도 결국 아버지의 뜻을 따랐고, 자신이 그랬던 것처럼 그의 아들 역시 자신의 뜻을 따라야 한다고 여겼을 것입니다. 하지만 프리드리히 2세는 이런 아버지와의 관계를 힘들어했습니다. 아마 프리드리히 2세는 조부모를 닮아서 예술과 학문에 재능이 있었지만, 그의 아버지는 이런 것들은 모두 사치로 여겼고 아들이 예술분야에 대해서 공부하는 것을 못마땅하게 여길 정도였습니다.

　이런 억압적인 아버지에게 프리드리히 2세는 반발했고, 두 사람의 갈등은 프리드리히의 결혼 문제에서 최고로 치닫게 됩니다. 프리드리히는 어머니의 뜻에 따라 사촌인 영국의 공주와 결혼하길 바랐습니다만 프리드리히의 아버지는 이를 허용하지 않습니다. 이에 화가 난 프리드리히는 집을 떠나 외삼촌이 있는 영국으로 가려고 했지만 결국 아버지에게 붙잡혔습니다. 프리드리히 빌헬름 1세는 아들을 도왔던 이를 아들이 보는 앞에서 처형했을 뿐 아니라 아들을 반역죄로 처벌하려고까지 했습니다. 그나마 신하들과 황제 등이 이를 만류했기에 겨우 처벌은 피할 수 있었습니다. 결국 프리드리히는 아버지의 뜻에 굴복했고, 그제야 프리드리히 빌헬름 1세는 아들을 다시 왕위 계승자로 만들었으며 이후 부자 관계는 조금 원만해졌습니다.

　프리드리히 2세는 왕위를 계승한 직후 프로이센은 물론 유럽 전체의

왕태자 시절의 프리드리히 2세.
그가 슐레지엔 지역을 장악한 것은 프로이센
은 물론 유럽 전체의 정치적인 관계를 바꿀 만
한 일이었다.

정치적인 관계를 바꿀 만한 일을 합니다. 바로 당시 합스부르크 가문의
영지였던 슐레지엔 지방을 장악했던 것입니다. 프리드리히 2세가 왕위
를 이어받았던 1740년, 마리아 테레지아 역시 합스부르크 가문을 상속
합니다. 이전에 카를 6세는 살리카법에 따라 여성에게 상속이 금지된 합
스부르크 가문의 영지를 딸에게 상속시키기 위해서 국사조칙을 발표했
으며, 딸의 상속을 보장하기 위한 외교적 합의를 이루기 위해 노력했습
니다. 하지만 카를 6세가 죽고 난 뒤에 외교적인 합의는 모두 무산되었고
1740년에 오스트리아 계승 전쟁이 일어나게 됩니다. 프리드리히 2세는
이전부터 북부 유럽에 치우친 프로이센이 중부 유럽 쪽으로 나아가야 한
다고 생각하고 있었으며 슐레지엔 지방은 프리드리히 2세가 노릴 만한
곳이었습니다. 결국 이 전쟁으로 프로이센은 슐레지엔 지역을 장악했습
니다. 물론 마리아 테레지아는 평생 슐레지엔을 되찾으려고 노력했으며,

1756년에 7년 전쟁을 일으켜 프로이센에게서 슐레지엔을 빼앗으려 했습니다만 성공하지 못했습니다.

이런 상황은 사실 이전의 유럽 질서를 완전히 바꿨고, 황제의 신하였던 프로이센이 황제가 힘을 겨룰 만한 유럽의 강국으로 부상하게 되었습니다. 또 전통적인 동맹들이 깨지는데, 이를테면 영국은 전통적으로 합스부르크 가문의 동맹이었지만 7년 전쟁 당시에는 프로이센을 지지합니다. 또 합스부르크 가문은 프로이센과 대항하기 위해서 오랜 기간 숙적이었던 프랑스와 동맹을 맺기까지 했습니다.

사실 7년 전쟁은 프로이센에게 거의 재앙이었습니다. 프리드리히 2세는 옐리자베타 여제의 죽음으로 러시아가 전쟁에서 발을 빼는 바람에 겨우 버틸 수 있었습니다. 이후 그는 대규모 군사 활동을 펼치지 않았습니다. 하지만 7년 전쟁 이후에는 아버지의 예를 따라서 군대 조직을 더욱 개편했으며 프로이센의 군대를 강하게 만들었습니다. 그뿐 아니라 그는 내정에도 집중했는데 특히 '프로이센 왕국'이라는 개념을 강화했습니다. 이전까지는 비록 왕국이긴 했지만, 프로이센에 대해서 사람들은 브란덴부르크 선제후령과 프로이센 공작령의 연합 정도로 인식했습니다. 하지만 프리드리히 2세 이후 사람들은 이제 프로이센 왕국이라는 개념을 확실히 인식하게 되었습니다.

프리드리히 2세는 아내와의 사이에서 자식이 없었고, 일찌감치 그의 후계자로 조카인 프리드리히 빌헬름을 선택했습니다. 그리고 프리드리히 빌헬름은 1786년 백부가 죽은 뒤 프로이센의 국왕 프리드리히 빌헬름 2세Friedrich Wilhelm II로 즉위합니다.

젊은 시절 프리드리히 빌헬름 2세는 잘생기고 예술에 재능 있는 인물이었습니다. 하지만 그는 정치적인 경험이 부족했을 뿐 아니라 많은 여성과 부적절한 관계를 맺었습니다. 또 주변 인물들에게 휘둘리는 모습을 보였기에 프리드리히 2세가 보기에 못미더운 인물이기도 했습니다. 프리드리히 2세의 휘하 장군들도 같은 생각이었기에, 이들은 프리드리히 빌헬름 2세에게 그다지 기대를 걸지 않거나 불만을 품었습니다.

프리드리히 빌헬름 2세는 백부의 정책 대부분을 그대로 수용했습니다. 아마 큰 풍파가 없었다면 그의 치세는 조부와 백부의 업적을 바탕으로 발전적인 방향으로 나아갔을 것입니다. 하지만 프리드리히 빌헬름 2세가 통치하던 때 전 유럽은 물론 전 세계를 뒤바꿔놓은 프랑스 대혁명이 일어났습니다. 이때 프리드리히 빌헬름 2세는 강력한 프로이센 군대가 혁명을 저지할 수 있을 것이라 여겼고, 만약 그렇게 된다면 여전히 패권을 두고 견제하던 오스트리아보다 한발 앞서나갈 수 있다고 생각했습니다. 하지만 그의 계획은 결국 성공하지 못했습니다. 프랑스 혁명 전쟁에서 프랑스는 영토를 지켰을 뿐 아니라 프랑스를 공격했던 다른 지역을 점령하기까지 했는데 특히 나폴레옹이 등장한 뒤엔 유럽에서 프랑스를 이길 자가 없을 정도였습니다. 이 과정에서 프로이센군은 프랑스군에 패배했으며, 실의에 빠진 프리드리히 빌헬름 2세는 1797년에 병이 악화되어 사망합니다.

프리드리히 빌헬름 2세의 뒤를 이은 인물은 그의 장남인 프리드리히 빌헬름 3세Friedrich Wilhelm III였습니다. 프리드리히 대왕은 왕위 계승자로 믿음직하지 못한 조카 프리드리히 빌헬름 2세에게 마음을 비웠으며 조카 손자인 프리드리히 빌헬름 3세에 대해서 기대를 걸었다고 합니다. 교육을 잘 받았고 자비심 많은 인물이었다고 알려진 프리드리히 빌헬름 3

세는 프리드리히 대왕만큼 능력이 있는 사람은 아니었습니다. 그는 궁정 생활보다 개인적인 삶을 좋아했으며 특히 아내인 메클렌부르크-슈트렐리츠의 루이제Luise von Mecklenburg-Strelitz를 매우 사랑했다고 합니다.

이런 그에게 나폴레옹 전쟁은 매우 큰 고난이기도 했습니다. 특히 나폴레옹은 유럽을 자신의 뜻대로 재편하길 원했고 거기에 프로이센이 참여하길 요구합니다. 독일 내 강력한 지역인 프로이센이 참여한다면 독일의 다른 작은 지역은 자연스럽게 따를 것이라 여겼기 때문이었습니다. 결국 프로이센은 이를 거부했고, 나폴레옹과의 전쟁이 계속됩니다. 하지만 프로이센은 1806년, 예나-아우어슈타트(지금의 독일 튀링겐주) 전투에서 나폴레옹에게 패배하면서 힘이 크게 위축됩니다. 많은 영토를 빼앗긴 것은 물론 독일 내 강자라는 지위마저 박탈당했습니다. 이에 프리드리히 빌헬름 3세와 그의 신하들은 나라를 개편해야 한다고 생각합니다. 이들은 국가 행정조직을 간단히 개편하고, 전쟁으로 줄어든 세수를 충당하는 것이 중요하다고 생각했습니다. 이런 개혁은 농노제를 폐지하고 유대인에 대한 차별을 폐지하는 등의 방향으로 나아갔으며, 결과적으로 프로이센 내 사람들이 프로이센이라는 나라에 대한 개념이 확고해지는 계기를 만들었습니다.

1812년, 프리드리히 빌헬름 3세는 다시 한번 나폴레옹과의 전쟁에 참여합니다. 하지만 이번 전쟁은 이전 전쟁의 수모를 되갚는 것이기도 했습니다. 나폴레옹이 패배한 뒤 승전국이 된 프로이센은 빈 회의에서 자신의 이익을 얻기 위해 노력합니다. 비록 많은 영토를 얻었으며 독일 내 강자의 지위를 다시 회복했지만, 원래 목표로 했던 작센을 완전히 손에 얻지는 못했는데, 이는 프리드리히 빌헬름 3세가 러시아에 너무 의존한

프로이센의 프리드리히 빌헬름 4세.
중세 독일의 군주들을 이상화한 그는 정치적 평가는 좋
지 않았으나 산업화에 집중해 나라에 부를 가져왔다.

결과였습니다.

　프리드리히 빌헬름 3세는 이후 평온하게 프로이센을 통치했으며
1840년에 사망합니다. 그리고 그의 뒤를 이어서 장남인 프리드리히 빌
헬름 4세Friedrich Wilhelm IV가 즉위합니다. 사실 프리드리히 빌헬름 4세는
매우 독특한 인물로, 중세 독일의 군주들을 이상화했습니다. 당시 유럽
의 상황과는 어울리지 않는 방향이었기에 그에 대한 정치적 평가는 좋지
않았습니다. 하지만 프리드리히 빌헬름 4세는 프로이센의 산업화에 집
중했고, 그 결과 나라에 부를 가져왔습니다. 하지만 이전의 농업사회였
던 때와 달리 산업 사회가 되면서 이전에 겪어보지 못했던 사회적인 불
안을 겪게 됩니다. 프리드리히 빌헬름 4세는 개인적으로는 도시 노동자
들의 삶을 개선해야 한다고 여겼지만 결국 파업 등은 강경하게 진압하기
도 했습니다.

　1848년, 전 유럽은 혁명의 물결에 휩싸이게 됩니다. 자유주의자와 노

동자 계급의 불만이 폭발하면서 혁명이 일어났는데, 프로이센에서도 역시 도시 노동자들과 자유주의자들이 무력 시위를 하게 됩니다. 처음에는 무력으로 이들을 진압하려 했지만, 이것은 오히려 더욱 큰 불안을 초래했으며 결국 프리드리히 빌헬름 4세는 헌법을 만들어서 입헌군주제로 가는 것을 약속해야 했습니다. 하지만 이전의 프리드리히 빌헬름 4세가 좀 더 자유주의적 정책을 폈던 것과 달리, 이때부터 그는 이전의 정책을 모두 뒤엎고 보수적인 정책을 폈습니다.

1848년 이후 독일에서는 통일에 대한 논의가 본격적으로 시작됩니다. 특히 프리드리히 빌헬름 4세는 독일 통일을 지지하는 입장이었습니다. 하지만 그는 중세시대에 대한 동경이 있었기에 이전 체제인 신성로마제국의 황제가 독일을 통치해야 한다고 여겼습니다. 그렇기에 스스로 황제가 되는 것을 그다지 원하지 않았습니다. 게다가 1848년 혁명 이후 독일 전 지역에서 선출된 사람들이 모였던 프랑크푸르트 국민의회 Frankfurter Nationalversammlung에서는 자유주의와 국민주의를 바탕으로 하는 헌법을 제정합니다. 그리고 이 헌법을 바탕으로 독일을 통치할 입헌군주를 선택하려 했는데, 이때 선택된 사람이 바로 프리드리히 빌헬름 4세였습니다. 하지만 이미 보수주의로 생각을 바꿨을 뿐 아니라 입헌군주라는 것이 군주의 권한을 제한하는 것이라고 여겼던 프리드리히 빌헬름 4세는 당연히 프랑크푸르트 국민회의의 제안을 받아들일 수는 없었습니다. 하지만 독일 내에서는 이미 이전부터 프로이센을 중심으로 독일의 통일을 원하는 사람들이 늘어났고, 결국 프리드리히 빌헬름 4세의 후계자인 빌헬름 1세Wilhelm I가 독일을 통일합니다.

독일제국의 등장

✛ 빌헬름 1세, 독일의 통일을 이끌다

프리드리히 빌헬름 4세는 1861년에 사망했습니다. 그는 후계자가 될 자녀가 없었기에 동생인 빌헬름이 형의 뒤를 잇게 됩니다. 사실 프리드리히 빌헬름 4세는 오랫동안 자녀가 없었기에 빌헬름은 형이 살아 있었을 때부터 이미 왕위 계승자로 여겨졌을 뿐 아니라 형이 병으로 쓰러진 뒤 통치가 불가능하자 섭정으로 형을 대신해서 프로이센을 통치했습니다. 그리고 형이 죽은 뒤 프로이센의 국왕 빌헬름 1세로 즉위했습니다.

빌헬름 1세는 선대의 많은 프로이센 국왕들처럼 군인이자 보수주의자였습니다. 이 때문에 빌헬름은 즉위한 뒤 프로이센을 군사 강국으로 만들려고 시도합니다. 물론 이에 대해서 자유주의자들은 반발했지만 빌헬름 1세는 가장 강력한 조력자를 얻게 되는데, 바로 '철혈의 재상'이라고 알려진 비스마르크Bismark였습니다. 비스마르크를 통해서 빌헬름 1세는 군대를 재편하고 확장한 것은 물론 독일 통일의 꿈을 실현하려 했습니다. 그리고 그가 노린 곳은 바로 슐레스비히-홀슈타인 지역이었습니다.

슐레스비히-홀슈타인은 덴마크의 영지인 슐레스비히 공작령과 신성 로마제국의 영지인 홀슈타인 백작령으로 구성된 곳이었습니다. 이곳은 원래 서로 연결된 지역이 아니었습니다만 올덴부르크 가문 출신으로 첫 덴마크 국왕이 되는 크리스티안 1세가 두 지역을 모두 상속받으면서 하나의 공작령으로 묶였으며 덴마크 국왕들은 이 지역을 개인 영지로 상속받았습니다. 그리고 19세기에 독일의 통일 문제가 대두되면서 이미 단일 지역으로 여겨지던 이 지역이 독일에 편입되어야 하는지 논란이 일어납니다. 특히 덴마크 국왕의 남성 후손이 단절되면서 방계가문으로 이어져야 했는데 이때 슐레스비히-홀슈타인 공작령에 대한 상속 문제까지 일어나면서 더 복잡해집니다.

빌헬름 1세는 슐레스비히-홀슈타인이 독일에 들어가야 한다고 여겼으며 결국 이것은 프로이센이 슐레스비히-홀슈타인을 공격하는 계기가 됩니다. 빌헬름 1세가 즉위하기 이전에 이미 프로이센은 1848년에 제1차 슐레스비히-홀슈타인 전쟁을 통해서 슐레스비히-홀슈타인을 공격했습니다만, 이때는 프로이센이 패배했습니다. 이 전쟁에서 실패한 요인 중 가장 큰 문제는 외교 때문이었습니다. 러시아나 영국이 이 전쟁에 반대했을 뿐 아니라 북유럽 국가들 사이에서도 하나로 뭉쳐야 한다는 생각이 있었기 때문에 성공할 수 없었습니다.

국왕이 된 후 빌헬름 1세는 덴마크 국왕이 바뀔 때를 노려서 1864년에 제2차 슐레스비히-홀슈타인 전쟁을 일으킵니다. 이때는 양상이 완전히 달랐는데 먼저 오스트리아를 끌어들였을 뿐 아니라 영국이나 러시아가 중립을 유지했기에 결국 프로이센-오스트리아의 승리로 끝날 수 있었습니다. 그리고 프로이센은 다시 한번 1866년, 오스트리아와 독일의

1871년에 성립된 독일제국.
7주 전쟁과 보불전쟁에서 승리하면서 프로이센은 독일제국을 성립했고, 빌헬름 1세는 독일의 첫 황제가 되었다.

패권을 두고 전쟁을 치릅니다. 7주 전쟁이라고 불리는 이 전쟁에서 프로이센을 지지하는 측과 오스트리아를 지지하는 측이 갈라져 전쟁을 치렀고, 결국 프로이센이 승리를 거두었습니다. 이로써 오스트리아는 독일에서 완전히 배제되었으며, 이후 오스트리아-헝가리 제국을 이루게 됩니다. 프로이센은 독일 내 패권을 완전히 장악했는데 특히 오스트리아를 지지했던 나라 중 위협이 될 만한 하노버 같은 지역은 모두 편입해버리기까지 합니다. 그리고 프로이센은 독일의 패권을 완전히 확보하기 위해서 1870년부터 1871년까지 프랑스와 전쟁을 치릅니다. '보불전쟁'이라고 불리는 이 전쟁에서도 승리를 거두면서 프로이센을 중심으로 하는 연방에 들어가길 꺼렸던 독일 내 나머지 지역도 모두 가입하게 되었고, 이로써 독일제국을 성립하기에 이릅니다. 그렇게 빌헬름 1세는 통일된 독일의 첫 황제가 됩니다.

빌헬름 1세는 강한 보수주의자였으며, 이것은 자유주의가 널리 퍼져 있던 상황에서 사람들의 불만을 사게 되었습니다. 빌헬름 1세 가족들 사이에서도 서로 정치적 입장이 달랐습니다. 이를테면 빌헬름 1세의 아내였던 아우구스타 황후는 자유주의자였으며, 빌헬름 1세의 아들이자 후계자인 프리드리히 역시 자유주의자였습니다. 또한 프리드리히의 아내이자 영국의 빅토리아 여왕의 딸이었던 프린세스 로열 빅토리아Princess Royal Victoria도 마찬가지였습니다. 하지만 빌헬름 1세의 손자이자 할아버지 곁에서 자란 빌헬름 왕자(빌헬름 2세Wilhelm II)는 보수주의자로 성장하게 됩니다.

1888년에 빌헬름 1세가 사망하고 아들인 프리드리히 3세Friedrich III가 즉위하지만, 황제가 된 지 석 달 만에 사망합니다. 프리드리히 3세의 아들이었던 빌헬름 2세는 할아버지 곁에서 보수주의자로 자랐으며, 이 때문에 부모와는 정치적으로 적대적인 관계였습니다. 빌헬름 2세와 프리드리히 3세 부부의 관계는 정말 나빴는데, 이를테면 아버지가 죽은 직후 빌헬름 2세는 아버지의 서재에 들어가서 편지나 생각 등이 적힌 것 등 모든 문서를 찾아내려고 했습니다. 특히 그는 빅토리아 여왕의 첫 번째 외손자이자 앨버트 공Prince Consort Albert이 살아 있었을 때 태어난 손자로, 빅토리아 여왕에게 엄청나게 큰 사랑을 받았습니다. 하지만 영국의 다른 가족들은 그를 그다지 좋아하지 않았는데 빅토리아 여왕이 죽은 뒤 빌헬름 2세와 영국 쪽 식구들과의 관계도 서서히 악화되었습니다.

빌헬름 2세는 독일제국이 최고가 되어야 한다고 생각했으며 이를 위해서 다른 나라들과 경쟁을 벌였습니다. 특히 외가인 영국과 외교전에서 팽팽하게 경쟁했습니다. 사실 당시 영국은 세계 최강국이었으며, 패권을 장악하려면 영국에 도전해야만 했기에 마찰은 피할 수 없었습니다. 하지만 가족관계가 계속 이어졌기에 빌헬름 2세는 제1차 세계대전이 일어나기 전에 외가인 영국이 중립을 지키거나 오랜 동맹이었던 러시아가 자신들의 편에 설 것이라고 여겼습니다. 하지만 이것은 빌헬름 2세의 바람이었을 뿐, 전쟁이 일어나자 영국과 러시아 모두 독일을 적으로 돌리게 됩니다.

제1차 세계대전은 소모전으로, 독일과 오스트리아를 중심으로 하는 동맹국 측과 영국과 러시아, 프랑스를 중심으로 하는 연합국 측 모두 엄청난 피해를 입었습니다. 하지만 1917년, 미국이 연합국 측에 참전하면서 동맹국 측은 차례로 항복했습니다. 독일은 마지막까지 버텼지만 결국 1918년 11월, 빌헬름 2세가 퇴위한 뒤 정전협정을 맺게 됩니다.

✛ 독일제국의 몰락, 그 이후

퇴위 후, 빌헬름 2세는 네덜란드에서 망명 생활을 했습니다만, 그의 아들들은 독일에서 지냈습니다. 전쟁 후 독일은 공화국이 되었으며, 많은 군주들이 빌헬름 2세처럼 물러나야 했습니다. 이들은 다시 독일이 군주제로 돌아가길 원했습니다. 그래서 이들 중 몇몇 사람들은 1930년대에 힘을 얻은 나치에 희망을 걸기도 했습니다. 빌헬름 2세나 그의 가족들

망명 생활 중인 빌헬름 2세.

역시 초기에는 그런 기대를 했지만, 시간이 지나면서 독일에서 군주제로 복귀할 일이 없다는 것을 알고 난 이후, 점차 나치와 거리를 두게 됩니다.

빌헬름 2세는 제2차 세계대전에서 독일이 네덜란드를 점령한 뒤 사망합니다. 빌헬름 2세는 자신이 군주제의 상징이 아니라 나치의 상징이 될 것을 두려워해서 독일이 아닌 망명지인 도른에 묻히길 바랐으며, 자신의 장례식이 나치의 선전도구로 이용될 것을 두려워해서 나치와 관련된 모든 것을 거부했습니다. 그의 바람대로 빌헬름 2세는 도른에 묻히긴 했지만 나치식 행사로 치러지는 것을 막을 수는 없었습니다.

빌헬름 2세의 후손들은 독일에서 살았으며, 이들은 현재에도 독일에서 살고 있는데 가문의 수장은 빌헬름 2세의 현손인 게오르그 프리드리히Georg Friedrich Ferdinand Prinz von Prenßen입니다.

제1차 세계대전 이후 독일제국은 몰락했고, 호엔촐레른 가문 사람들

은 왕위에서 물러나야 했습니다. 특히 호엔촐레른 가문의 슈바벤 쪽 분
가였던 호엔촐레른-지그마링겐 가문 사람들이 왕위를 얻었던 루마니아
는 제1차 세계대전 중 연합국 쪽에 속해 있었기에 승전국이 되어서 지위
를 유지할 수 있었습니다. 하지만 제2차 세계대전 이후 루마니아는 공산
화되었으며, 루마니아의 국왕이었던 미하이Mihai는 내전을 피하기 위해
왕위에서 물러나 망명을 떠났습니다. 이렇게 호엔촐레른 가문의 마지막
통치자 역시 나라를 떠나야 했고, 1990년대가 되어서야 루마니아로 돌
아갈 수 있었습니다.

호엔촐레른 가문은 유럽의 많은 왕가처럼 그리 세력이 크지 않은 영
주에서 시작했습니다. 하지만 이들은 꾸준히 영토를 넓혀나갔으며 지위
역시 올라가게 됩니다. 이들은 넓은 영토를 바탕으로 강력한 군사력을
확보했으며, 18세기에 호엔촐레른 가문이 통치하던 프로이센이 유럽의
강대국으로 자리 잡을 수 있었습니다. 그리고 19세기에 들어서면서 오랫
동안 신성로마제국의 황제 지위를 이어갔던 합스부르크 가문을 제치고
독일을 통일하기에 이르렀습니다. 호엔촐레른 가문이 통치한 독일제국
은 제1차 세계대전 이후 사라졌지만, 이 독일제국은 현재 독일의 바탕이
기도 합니다.

빌헬름 2세는 왜
부모와 갈등을 빚었을까?

독일의 빌헬름 2세는 독일의 황제인 프리드리히 3세와 그의 아내인 영국의 프린세스 로열 빅토리아의 첫 번째 아이로 태어났습니다. 빅토리아는 빌헬름을 낳을 때 난산이었는데, 아이의 어깨가 골반에 끼어서 뺄 수가 없었습니다. 결국 아이와 산모 모두를 살리기 위해서 의사는 아이의 왼쪽 팔을 부러뜨리면서 아이를 꺼낼 수밖에 없었습니다. 다행히 아이와 어머니 모두 무사했지만, 빌헬름 2세는 평생 왼쪽 팔을 쓸 수가 없었습니다.

빌헬름 2세의 장애는 빌헬름 2세와 그의 부모 사이를 멀어지게 만든 요인 중 하나였습니다. 빌헬름 2세의 부모는 아들이 장애를 가지게 된 것을 모두 자신의 탓으로 여겼습니다. 그리고 아들의 장애를 고치기 위해서 온갖 방법을 동원합니다. 사실 빌헬름 2세의 장애는 고칠 수 없었으므로 어떤 방법을 쓴다고 해도 소용이 없었습니다. 하지만 빌헬름 2세의 부모는 지푸라기라도 잡는 심정으로 무조건 아들에게 치료법을 시행합니다. 고통스러운 치료를 받게 된 빌헬름 2세는 어떤 말도 하지 못하고 부모의 뜻을 따라야 했습니다.

빌헬름 2세는 자라면서 자신의 장애를 받아들였습니다. 그는 자신이 다른 사람들과 다르다는 것을 인정했으며, 나름의 방법을 써서 장애를 극복하려고 했습니다. 그는 다른 사람들과 똑같은 방법으로 일을 할 수는 없었지만 자신만의 방법을 터득해서 다른 사람들과 같은 결과를 냈습니다. 이렇게 빌헬름 2세는 자신의 장애를 극복해나갔습니다. 하지만 부모는 그의 노력을 인정하지 않고 그저 장애를 '없애는 것'에만 집중했습니다. 이 과정에서 빌헬름 2세는 부모에게 상처를 받았을 것입니다. 결국 이로 인해 부모 자식 간의 심리적 거리가 생겼으며 서로를 인정하지 못하는 시간이 길어질수록 이 거리는 점차 더 멀어졌습니다.

게다가 빌헬름 2세는 할아버지인 빌헬름 1세에게 주로 교육을 받았습니다. 보수주의자였던 빌헬름 1세가 자유주의자였던 아들과 며느리와는 정치적으로 반대였기에 손자는 자신이 키우기로 결정한 것이었습니다. 따라서 빌헬름 2세도 부모와 정반대의 정치적 성향으로 성장합니다. 결국 빌헬름 2세는 부모와 거의 정적인 상황에서 성장했고, 심리적 요인까지 더해서 그들의 갈등은 점차 심각해집니다.

빌헬름 2세는 앨버트 공과 빅토리아 여왕의 첫 번째 손주였기에 영국 왕가에서 매우 사랑받는 아이였습니다. 빅토리아 여왕은 이 외손자를 정말 특별히 생각했습니다. 하지만 빌헬름 2세가 성장하면서 정치적 상황은 빌헬름 2세가 영국과 점차 거리가 멀어지게 만들었습니다. 이를테면 독일 궁정에서는 프린세스 로열 빅토리아를 환영하지 않았고 늘 '영국 여자'라고 이야기했습니다. 매우 독립적인 성격으로 정치 주장을 하고 사회활동을 펼쳤던 빅토리아를 곱지 않은 시선으로 바라봤기 때문이었습니다. 그리고 빌헬름 2세 역시 독일 궁정의 시각을 그대로 가지고 있었으며, 어머니의 활동을 곱지 않은 시선으로 바라봤습니다.

프리드리히 3세는 황위 계승 전부터 이미 아팠고, 결국 즉위한 지 석 달만에 사망해 황위는 아들인 빌헬름 2세가 물려받았습니다. 그런데 아버지가 죽고 황제가 되자마자 빌헬름 2세가 한 일은 바로 아버지의 서재를 뒤지는 것이었습니다. 아버지의 편지 등 사적 문서를 얻기 위해서였다고 하는데, 프리드리히 3세의 개인 서류들은 이전에 모두 영국으로 보내졌기에 그가 얻을 수 있는 것은 없었습니다.

빌헬름 2세가 즉위한 후 어머니인 빅토리아와 친영국파였던 여동생들과 사이가 더욱 나빠지게 됩니다. 황제는 어머니에게 호의적이지 않았으며, 그의 아내인 아우구스타 빅토리아 황후 역시 시어머니와 시누이들에게 호의적이지 않게 대했습니다. 게다가 빌헬름 2세는 어머니가 어떤 공적인 활동도 하지 못하도록 했습니다. 늘 사회활동을 했던 빅토리아에게는 너무나 씁쓸한 일이기도 했습니다. 결국 빅토리아는 곁에 있던 딸들마저 다 시집가고 떠나자 홀로 외롭게 지내게 됩니다.

빅토리아는 유방암으로 죽었는데 죽기 전 자신의 개인 서신이 정치적으로 반대 입장이었던 아들에게 들어갈까봐 두려워했으며 남편과 마찬가지로 자신의 개인 서신들을 모두 영국으로 보냈다고 합니다. 역시나 빌헬름 2세는 어머니가 죽은 뒤에도 어머니의 개인 서류를 뒤졌습니다.

빌헬름 2세는 제1차 세계대전을 일으켰기에 좋은 평가를 받지 못한 인물입니다. 특히 그의 성격에 대해서 여러 가지 부정적인 이야기가 있으며, 그의 장애에 대한 이야기 역시 포함됩니다. 빌헬름 2세는 확실히 어린 시절에 장애 때문에 상처를 받았을 것입니다. 장애를 가진 사람들은 비장애 사람들의 편견 어린 시선을 견뎌야 했는데 여기에는 왕족이나 왕위 계승자도 예외가 아니었습니다. 게다가 당대 왕족들은 장애가 있는 것을 숨기고 멀쩡한 모습만 보여줘야 했기에 어린 시절부터 고스란히 치부를 드러낼 수밖에 없었던 빌헬름 2세는 큰 상처를 입었을 것입니다. 이런 상처를 보듬어줘야 할 부모는 도리어 그의 장애를 '없애는 것'에만 집중했습니다. 빌헬름 2세의 입장에서는 부모가 자신을 이해하고 받아들이는 것이 아니라 다른 사람들처럼 장애를 가진 사람으로만 보고 있다고 생각하게 만들었을 것입니다.

5장

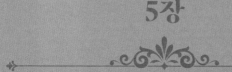

하느버

: 영국의 전성기를 이끈 가문

House of Hanover

하노버 가문 가계도

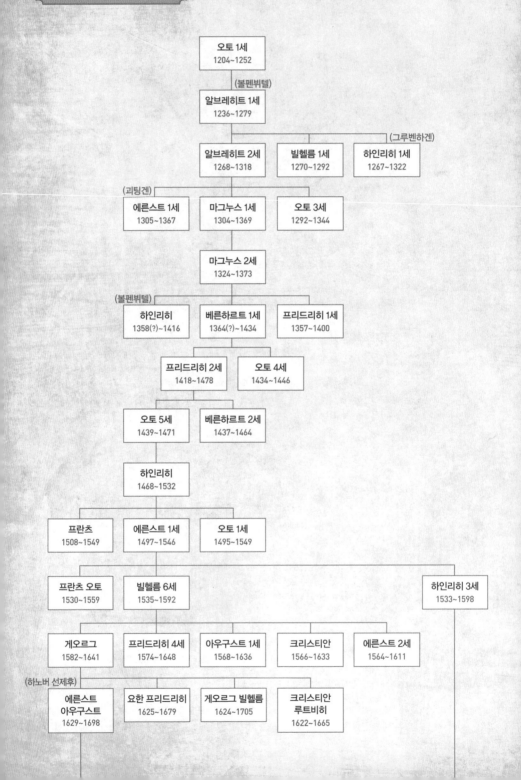

오토 1세
1204~1252

(볼펜뷔텔)
알브레히트 1세
1236~1279

알브레히트 2세
1268~1318

빌헬름 1세
1270~1292

(그루벤하겐)
하인리히 1세
1267~1322

(괴팅겐)
에른스트 1세
1305~1367

마그누스 1세
1304~1369

오토 3세
1292~1344

마그누스 2세
1324~1373

(볼펜뷔텔)
하인리히
1358(?)~1416

베른하르트 1세
1364(?)~1434

프리드리히 1세
1357~1400

프리드리히 2세
1418~1478

오토 4세
1434~1446

오토 5세
1439~1471

베른하르트 2세
1437~1464

하인리히
1468~1532

프란츠
1508~1549

에른스트 1세
1497~1546

오토 1세
1495~1549

프란츠 오토
1530~1559

빌헬름 6세
1535~1592

하인리히 3세
1533~1598

게오르그
1582~1641

프리드리히 4세
1574~1648

아우구스트 1세
1568~1636

크리스티안
1566~1633

에른스트 2세
1564~1611

(하노버 선제후)
에른스트
아우구스트
1629~1698

요한 프리드리히
1625~1679

게오르그 빌헬름
1624~1705

크리스티안
루트비히
1622~1665

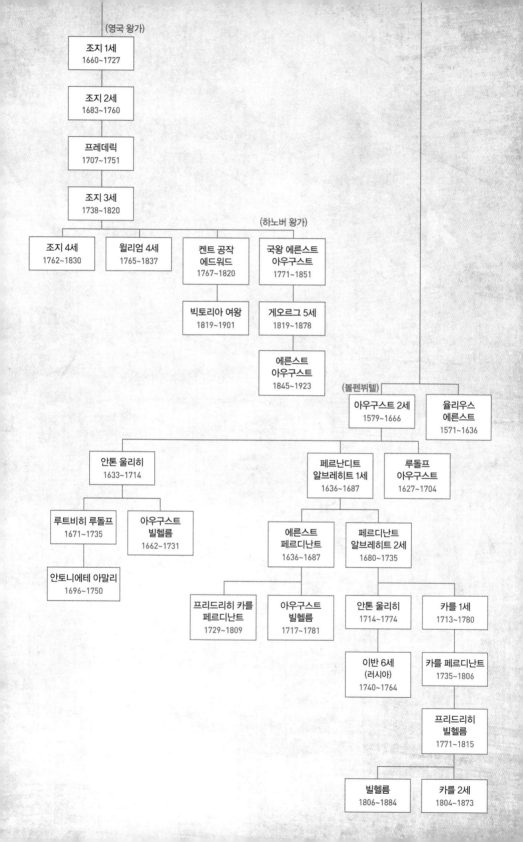

(영국 왕가)

조지 1세
1660~1727

조지 2세
1683~1760

프레데릭
1707~1751

조지 3세
1738~1820

조지 4세
1762~1830

윌리엄 4세
1765~1837

켄트 공작
에드워드
1767~1820

(하노버 왕가)

국왕 에른스트
아우구스트
1771~1851

빅토리아 여왕
1819~1901

게오르그 5세
1819~1878

에른스트
아우구스트
1845~1923

(볼펜뷔텔)

아우구스트 2세
1579~1666

율리우스
에른스트
1571~1636

안톤 울리히
1633~1714

페르난디트
알브레히트 1세
1636~1687

루돌프
아우구스트
1627~1704

루트비히 루돌프
1671~1735

아우구스트
빌헬름
1662~1731

에른스트
페르디난트
1636~1687

페르디난트
알브레히트 2세
1680~1735

안토니에테 아말리
1696~1750

프리드리히 카를
페르디난트
1729~1809

아우구스트
빌헬름
1717~1781

안톤 울리히
1714~1774

카를 1세
1713~1780

이반 6세
(러시아)
1740~1764

카를 페르디난트
1735~1806

프리드리히
빌헬름
1771~1815

빌헬름
1806~1884

카를 2세
1804~1873

하노버 가문은 17세기가 되면서 가문이 일어설 계기를 마련합니다. 특히 17세기 말에는 하노버의 선제후 지위를 얻었으며, 18세기에는 영국의 왕위까지 얻게 되었습니다. 이렇게 이름이 변화한 것은 결국 영지의 변화를 의미하는 것이자 가문의 세력이 변화한 것을 의미하기도 했습니다.

하노버 이전의 가문들

✦ 오베르텡기 가문과 에스테 가문

1714년, 영국의 앤Anne 여왕이 사망하고 그 뒤를 이어서 하노버의 선제후였던 게오르그 루트비히가 왕위에 올랐습니다. 그는 어머니인 팔츠의 조피를 통해서 영국의 왕위를 얻게 되었지만 실은 유럽의 오래된 통치 가문 중 하나인 브라운슈바이크-뤼네부르크 가문 출신이었습니다. 이 가문은 한때는 매우 강성했고, 한때는 가문의 힘이 분열되어서 침체를 겪었지만, 18세기 이후부터는 다시 서서히 힘을 얻기 시작했습니다. 특히 게오르그 루트비히가 영국의 국왕 조지 1세로 즉위하면서 이들의 후손이 영국을 통치하던 시절에 가문의 힘도 정점에 도달했습니다.

브라운슈바이크-뤼네부르크 가문의 선조는 10세기경 밀라노의 통치자였던 아달베르토 3세Adalberto il Margravio로 추정됩니다. 그는 투스카나의 통치 가문이었던 보니파치 출신이라는 이야기가 있습니다만, 보니파치 가문의 영지를 상속받지는 못했기에 그가 이 가문과 연결될 수 있는지 의문이긴 합니다. 그러나 아달베르토 3세의 아들인 오베르토 1세Oberto 1는 정식으로 통치권을 인정받았으며, 이후 오베르토의 후손들은 '오베르텡기 Obertenghi'라는 성을 쓰게 됩니다.

이 오베르텡기 가문의 인물 중 11세기에 역시 밀라노의 통치자였던 알베르토 아초 2세Alberto Azzo II는 가문에서 중요한 역할을 합니다. 그는 두 번 결혼했는데, 첫 번째 아내는 알트도르프의 쿠니쿤데라는 여성이었습니다. 그녀는 선대 벨프Welf 가문 출신이었습니다. 알베르토 아초 2세는 첫 번째 아내와의 사이에서 아들인 벨프를 얻었습니다. 그리고 첫 번째 아내가 죽은 뒤 재혼했고, 두 번째 아내와의 사이에서 두 아들인 풀코와 우고를 얻었습니다. 알베르토 아초 2세는 파두아 인근의 에스테에 에스테 성을 지어서 거주했으며, 이후 그의 후손들, 특히 이탈리아 쪽 후손들은 '에스테House of Este'라는 성을 썼습니다.

알베르토 아초 2세의 장남인 벨프는 외삼촌이 후계자 없이 사망하자 외가 쪽 영지를 상속받았고 독일로 가게 됩니다. 벨프는 당연히 장남이었기에 아버지의 이탈리아 쪽 영지를 상속받아야 한다고 생각했습니다만, 알베르토 아초 2세는 벨프의 생각과 달리 이탈리아 쪽 영지를 벨프의 동생들인 풀코와 우고에게 물려주었습니다. 벨프는 이에 반발했으며 무력을 동원해서 이탈리아 쪽 영지를 얻으려고 했습니다. 하지만 영지를 얻는 데 성공하지 못해 이탈리아 쪽 영지는 벨프의 동생들과 그 후손들이 상속받았으며 이들은 계속해서 에스테라는 성을 썼습니다.

이탈리아 쪽에 남은 알베르토 아초 2세의 후손들은 페라라와 모데나 등을 통치합니다. 특히 르네상스 시대에 복잡한 이탈리아 정치 상황에서 이름을 날렸던 페라라의 공작들이 에스테 가문 출신이었고, 유명한 만토바 후작부인인 이사벨라 데스테Isabella d'Este 역시 에스테 가문 출신이었습니다. 이탈리아 쪽의 마지막 에스테 가문 사람은 모데나 공작령의 상속녀였던 마리아 베아트리체 데스테Maria Beatrice d'Este로, 그녀는 마리아 테레지아의 아들이었던 페르디난트 카를 대공과 결혼했고, 이후 가문의 영지는 합스부르크 가문의 분가로 편입되었습니다.

✛ 벨프 가문

이탈리아 쪽 영지를 장악하지 못했던 벨프는 독일 쪽 영지로 만족해야 했으며 이후 벨프의 후손들은 '벨프 가문House of Welf'으로 불렸습니다. 비록 이탈리아 쪽 영지를 얻지는 못했지만 벨프는 독일에서 영향력을 확대하고 있었습니다. 그는 처음에 황제인 하인리히 4세Heinrich IV를 지지했으며 이 덕분에 바이에른 공작령을 얻어서 바이에른 공작 벨프 1세Welf I가 됩니다. 하지만 11세기에는 교황과 황제가 성직자 서임권을 두고 대립하던 시기였으며 벨프 1세 역시 이익을 위해서 편을 바꾸게 됩니다. 특히 1070년대 후반, 황제 하인리히 4세가 교황 그레고리오 7세Gregorio VII와 대립하면서 갈등을 빚자, 벨프 1세는 입장을 바꿔 슈바벤 공작이었던 루돌프의 편을 들며 그를 국왕으로서 지지했습니다.

이 상황은 황제가 벨프 1세의 바이에른 공작령을 빼앗는 원인이 되었을 것입니다. 하지만 벨프 1세는 바이에른 사람들의 지지를 받았을 뿐 아니라 밀라노의 마르크그라프였던 아버지의 지원을 받을 수 있었기에 황제에게 공작령을 빼앗기지 않고 버틸 수 있었습니다. 특히 장남이자 후계자였던 아들 벨프를 토스카나의 마틸다Matilde di Toscana와 결혼시키면서

벨프 1세와 플랑드르의 유디트의 결혼.
벨프 1세는 이탈리아 쪽 영지를 장악하지는
못했지만 독일에서 영향력을 확대했다.

황제에게 대항했습니다. 토스카나의 마틸다는 1075년에 벌어진 '카노사의 굴욕' 사건에서 교황이 보호를 요청했던 카노사 성의 성주이자 토스카나의 통치자였습니다. 토스카나의 마르크그라프들은 전통적으로 교황의 강력한 지지자들이었으며, 마틸다는 교황을 보호하기 위해 황제에게 대항할 만큼의 군사력도 갖고 있었습니다.

벨프 1세는 마틸다와 아들을 결혼시키면서 황제의 압박에 대항하려고 했습니다. 하지만 1095년에 벨프가 마틸다와 헤어지고 난 뒤 벨프 1세는 황제와 화해했습니다. 그는 다시 한번 황제에게서 바이에른 공작으로 인정을 받았고, 1096년에 사망했습니다.

1120년에 후계자 없이 사망한 형 벨프 2세의 뒤를 이어 바이에른 공작이 된 하인리히 9세Henry IX는 강력한 독일의 제후 중 하나였습니다. 황제 하인리히 5세가 1125년에 후계자 없이 사망하자 강력한 제후들은 서로 황제가 되려고 했습니다. 하인리히 9세는 바이에른 공작으로서 세력이 강한 인물이었기에 황제가 되려던 사람들은 그를 끌어들이려 했습니다. 하인리히 9세는 처음에는 사위이자 호엔슈타우펜 가문 출신이었던 슈바벤 공작 프리드리히 2세Friedrich II를 황제로 지지했습니다만 곧 마음을 바꿉니다. 슈바벤 공작의 라이벌이었던 작센의 공작 로타르Lothar III가 그에게 접근했기 때문이었습니다. 로타르는 자신을 지지한다면 자신의 상속녀가 될 외동딸을 하인리히 9세의 아들에게 시집보내겠다고 약속합니다. 이 제안은 벨프 가문이 작센 공작령을 얻을 수 있는 좋은 기회였기에 하인리히 9세는 사위가 아니라 로타르를 황제로 지지했고, 결국 로타르는 황제 로타르 3세가 됩니다.

1126년, 하인리히 9세가 사망하고 그의 아들인 하인리히 10세Henry X가 아버지의 뒤를 이어서 바이에른 공작이 됩니다. 그리고 황제 로타르 3세는 이전의 약속을 지켜서 딸인 게르트루트Gertrude를 하인리히 10세와 결혼시켰습니다. 하인리히 10세는 장인인 로타르 3세를 도와서 여러 가지 일을 했습니다. 호엔슈타우펜 가문의 반발을 무력으로 억누르는 데 도움을 줬을 뿐 아니라 이탈리아는 물론 시칠리아까지 장인을 따라가서 승리를 거두는 데 조력했습니다. 로타르 3세는 하인리히 10세에게 여러 특권을 부여했으며, 자신이 가지고 있던 작센 공작령도 사위에게 주었습니다. 또한 그는 교황에게도 호의를 얻어서 이탈리아 내의 영지도 얻게 됩니다.

1137년에 로타르 3세가 사망하고 난 뒤, 황제 지위를 두고 여러 사람이 경쟁하게 됩니다. 하인리히 10세는 가장 강력한 제후였고 장인의 뒤를 이

하인리히 데어 뢰베와 잉글랜드의 마틸다의 결혼.
황제와 대립한 하인리히는 공작령을 몰수당하자, 아내와 자녀들을 데리고 노르망디로 망명했다.

으려고 노력했습니다. 하지만 독일의 제후들은 그의 경쟁자였던 호엔슈
타우펜 가문의 콘라트를 지지했고 그를 로마인의 왕으로 선출합니다.

독일의 콘라트 3세가 된 콘라트는 당연히 상위 군주로서 하인리히 10
세를 억누르려고 했습니다. 하인리히 10세는 장인의 영지였던 작센 공작
령의 상속을 주장했지만, 콘라트는 두 개의 공작령을 가지는 것을 허락
하지 않았고 더 나아가서 하인리히 10세의 바이에른 공작령마저 빼앗아
버렸습니다. 하인리히 10세는 자신의 영지를 무력으로 되찾고자 시도했
으며, 먼저 작센 공작령을 장악했습니다. 이어서 바이에른 공작령을 되
찾기 위해 준비하던 중 1139년, 37세의 나이로 사망합니다.

하인리히 10세가 죽었을 때 그의 유일한 아들인 하인리히는 겨우 10세
정도의 어린 나이였습니다. 이것은 벨프 가문에 매우 치명적인 일이었는

데 무력으로 영지를 점령했다고 하더라도 그 통치 권리를 인정받기 위해서는 여전히 전쟁을 해야 했기 때문이었습니다. 하지만 훗날 '사자공 하인리히'라는 뜻의 '하인리히 데어 뢰베Heinrich der Löwe'로 불리는 어린 하인리히는 당시에는 군대를 이끌 수 없었기에 무력으로 자신의 영지 상속 권리를 인정받을 수 없었습니다. 결국 하인리히의 어머니인 게르트루트와 외할머니이자 황후였던 노르트하임의 리헨차의 중재를 거쳐서 1142년 하인리히가 바이에른 공작령을 포기하는 조건으로 작센 공작령의 상속을 인정받습니다. 하지만 하인리히 데어 뢰베는 바이에른 공작령에 대한 권리를 지속적으로 주장했고, 그에게 기회가 찾아옵니다.

콘라트 3세는 죽기 전 로마인의 왕 지위를 아들에게 물려주길 바랐습니다. 하지만 콘라트 3세의 조카이자 하인리히 데어 뢰베의 사촌이었던 슈바벤 공작 프리드리히 3세가 스스로 나서서 로마인의 왕이 되길 원했고, 하인리히는 프리드리히를 지지합니다. 프리드리히는 로마인의 왕에 당선되었으며 후에 '프리드리히 바르바롯사Frederick Barbarossa'라고 알려진 황제 프리드리히 1세가 됩니다. 프리드리히 1세는 당연히 자신을 지지해준 사촌인 하인리히에게 그가 원했던 바이에른 공작령을 줬습니다. 이렇게 하인리히는 두 개의 공작령을 가진 독일 내 최고의 제후로 성장하게 됩니다.

하인리히 데어 뢰베는 처음에는 프리드리히 1세의 충실한 신하이자 동맹이었으며, 황제를 따라 이탈리아에 함께 가기도 했습니다. 하지만 1170년대에 편을 바꾸게 됩니다. 하인리히의 숙부였던 벨프는 이탈리아 내 스폴레토 공작령을 가지고 있었는데, 황제와 하인리히는 이 영지를 두고 갈등을 빚었습니다. 이후 하인리히는 황제가 이탈리아에서 전쟁을 치를 때 돕는 것을 거부합니다. 결국 황제와 하인리히 데어 뢰베는 적대적인 관계가 됩니다. 두 사람의 대립은 두 가문의 대립으로 이어졌습니다. 황제는 하인리히 데어 뢰베의 두 공작령을 모두 몰수했고, 잉글랜드의 헨리 2세의 딸과 결혼했던 하인리히는 아내와 자녀들을 데리고 장인의 영지인 노르망디로 망명해야 했습니다.

하인리히 데어 뢰베는 다시 한번 자신의 영지를 회복할 기회를 노립니다. 1189년에 프리드리히 1세가 십자군 전쟁에 원정을 떠난 사이 하인리히 데어 뢰베는 작센으로 돌아왔으며 작센 지역의 일부인 브라운슈바이크와 뤼네부르크 지역을 수복합니다. 하지만 프리드리히 1세의 아들이자 아버지의 뒤를 이어 황제가 된 하인리히 6세와의 전투에서 패배하고 맙니다. 하인리히 데어 뢰베와 그의 아들들은 계속해서 호엔슈타우펜 가문과 대립했으나 1194년, 하인리히 데어 뢰베가 죽을 때가 가까워지면서 황제와 화해하길 원합니다. 결국 하인리히 6세와 하인리히 데어 뢰베는 화해했고, 황제는 하인리히 데어 뢰베에게 작센 공작령에 있던 브라운슈바이크 지역을 통치하도록 했으며, 하인리히 데어 뢰베는 브라운슈바이크에서 평온하게 사망합니다.

하인리히 데어 뢰베에게는 세 아들이 있었습니다. 첫째 아들인 하인리히Heinrich der Ältere von Braunschweig는 황제 하인리히 6세의 사촌이었던 호엔슈타우펜의 아그네스와 결혼했으며 장인의 뒤를 이어서 라인의 팔츠그라프령을 물려받아서 라인의 팔츠그라프가 되었습니다. 하지만 그의 아들은 아버지보다 일찍 사망했습니다.

둘째 아들인 오토는 황제 하인리히 6세의 뒤를 이어 황제 오토 4세Otto IV가 됩니다. 그는 복잡한 정치 상황 덕분에 황위에 오르게 되었습니다.

두 아들과 함께 있는 황제 프리드리히 1세.
하인리히에게 바이에른 공작령을 줄 만큼 그를 신
뢰했으나, 결국 이탈리아의 스폴레토 공작령을 두
고 갈등을 빚었다.

황제 하인리히 6세가 죽은 뒤, 그의 아들인 프리드리히(페데리코)는 어렸
으며 어머니의 영지인 시칠리아 왕국에 있었기에 독일 쪽 영지에 대한
권리를 주장하기 힘들었습니다. 이 때문에 호엔슈타우펜 가문에서는 황
제 하인리히 6세의 동생이었던 필리프가 로마인의 왕이 되려고 했습니
다. 대부분의 제후들은 그를 지지했지만 오토의 외삼촌인 잉글랜드의 국
왕들은 프랑스를 견제하기 위해서 조카인 오토를 지지했으며, 오토 역시
세력을 모으게 됩니다. 결국 필리프와 오토는 모두 로마인의 왕으로 대
관식을 했고, 서로 자신이 정당성을 갖는다고 주장합니다. 이렇게 두 명
의 로마인의 왕이 대관하자 제국 내부의 상황은 더욱 혼란해집니다.

독일 내에서 필리프와 오토는 1208년까지 대립했지만 결국 필리프가
암살당한 뒤 오토는 황제 오토 4세가 됩니다. 사실 독일 내 제후들 중 필

리프를 지지하는 사람들이 더 많았지만, 필리프가 죽었기에 로마인의 국왕으로 대관했던 오토가 황제가 되었습니다. 오토는 필리프의 지지 세력을 달래기 위해서 필리프의 딸인 호엔슈타우펜의 베아트릭스와 결혼했습니다.

오토 4세 역시 제국 내 권력을 강화하기 위해서 교황을 견제했고, 교황 인노첸시오 3세Innocentius III와 갈등을 빚게 됩니다. 특히 인노첸시오 3세는 황제 하인리히 6세의 아들이자 시칠리아의 국왕인 페데리코(프리드리히)의 후견인이었기에 호엔슈타우펜 가문을 지지하는 사람들은 오토 4세가 교황과 갈등을 빚다가 파문당하자 황제에게서 바로 등을 돌립니다. 게다가 잉글랜드와 프랑스 사이에 벌어진 전쟁에서 프랑스가 승리를 거두면서, 당시 프랑스의 국왕이었던 필리프 2세는 잉글랜드와 함께 프랑스를 위협했던 오토 4세와도 전쟁을 치릅니다. 1214년에 오토 4세는 프랑스와의 전쟁에서 패배했으며, 결국 1215년에 퇴위해야 했습니다. 황위는 다시 호엔슈타우펜 가문 출신으로 시칠리아의 국왕이었던 프리드리히 2세에게 돌아가게 됩니다. 오토 4세는 퇴위한 뒤 아버지로부터 물려받은 브라운슈바이크 주변 영지에서 머물렀습니다.

셋째 아들인 윈체스터의 빌헬름Wilhelm von Lüneburg은 아버지로부터 뤼네부르크 지역을 물려받았으며 동맹을 위해서 덴마크 공주와 결혼했습니다. 하지만 그는 아들 오토가 10세도 되지 않았을 때인 1213년에 사망했으며, 뤼네부르크 지역은 오토 4세가 조카를 위해서 대신 통치하게 됩니다.

1227년에 하인리히 데어 뢰베의 장남으로 마지막까지 살아 있었던 라인의 팔츠그라프 하인리히 5세가 사망합니다. 이때 하인리히 데어 뢰베

황제 오토 4세.
하인리히 데어 뢰베의 둘째 아들인 그는 복잡한 정치 상황
덕분에 황위에 오르게 되었다.

의 남성 후손으로는 윈체스터의 빌헬름의 아들이자 오토 다스 킨트Otto
das Kind라는 이름으로 알려진 오토만이 남아 있었습니다. 남성 후계자가
없었던 하인리히 5세는 자신의 영지를 조카인 오토에게 물려줬습니다.
이전에 오토 4세의 영지였던 브라운슈바이크 역시 하인리히가 물려받아
통치하고 있었기에 벨프 가문의 모든 영지는 오토가 상속받게 됩니다.

당시 황제였던 프리드리히 2세는 자신의 강력한 라이벌 가문이었던
벨프 가문이 힘을 얻는 것을 원치 않았습니다. 이 때문에 하인리히 5세의
딸들이 아버지의 영지 상속을 주장했을 때 이를 지지했으며 영지를 뺏기
위해 군대에 보냅니다. 하지만 벨프 가문의 영지 사람들은 오토에게 매
우 충성을 다했는데, 이들은 황제의 군대를 물리쳤을 뿐 아니라 심지어
나중에 오토가 슈베린 백작의 포로가 되었을 때조차도 황제의 군대를 거
부하고 스스로 오토의 신하로 남을 정도였습니다.

결국 1235년, 황제 프리드리히 2세와 오토는 서로 평화협정을 체결합니다. 프리드리히 2세는 오토의 영지 상속을 정식으로 인정했으며 오토의 영지를 공작령으로 묶어서 오토를 브라운슈바이크-뤼네부르크 공작으로 임명했습니다. 그리고 오토는 황제에게 봉신으로서 충성을 맹세하게 됩니다.

브라운슈바이크-뤼네부르크 공작

✥ 영지의 분할과 계승 전쟁

　브라운슈바이크-뤼네부르크의 첫 번째 공작이었던 오토 1세는 벨프 가문의 유일한 남성 상속자였습니다. 이 때문에 벨프 가문의 남은 영지인 브라운슈바이크-뤼네부르크를 상속받을 수 있었으며 황제에게 인정받아 브라운슈바이크-뤼네부르크 공작으로서 통치 권리도 인정받았습니다. 오토 1세의 모든 후손들은 이후 브라운슈바이크-뤼네부르크 공작/공작 영애라는 칭호를 씁니다. 하지만 그의 영지는 당대 많은 독일의 제후 가문들처럼 분할되어 상속됩니다. 사실 영지를 분할하는 것은 영지가 기반이던 중세 시절에 세력을 나누는 것과 마찬가지였고, 가문의 힘을 약화시키는 것이기도 했습니다. 작아진 영지에 외부 세력이 개입하거나 아니면 영지를 두고 가문 내부에서 다툴 수 있기 때문이었습니다. 그리고 브라운슈바이크-뤼네부르크 공작 가문 역시 이런 상황을 겪게 됩니다.

　오토 1세의 두 아들인 알브레히트Albrecht der Große와 요한Johann 1은 아버지로부터 공작령을 상속받았으며 처음에는 공동으로 통치했습니다.

프리드리히 2세가 오토 다스 킨더에게 브라운슈
바이크-뤼네부르크 공작령을 수여하고 있다.

하지만 결국 그들은 영지를 나누기로 합니다. 동생인 요한은 뤼네부르크
를 중심으로 하노버와 첼레에 이르는 공작령의 북부 지역을 통치하기로
했으며, 형인 알브레히트는 볼펜뷔텔을 중심으로 남쪽 지역을 통치하기
로 결정했습니다. 이렇게 공작령은 뤼네부르크 공령과 볼펜뷔텔 공령으
로 나뉘었으며 가문 역시 이렇게 두 개의 분가로 나뉩니다. 이 두 개의 분
가는 각각의 후손들이 이어가게 됩니다만, 14세기 중엽 뤼네부르크 공
령의 남성 후계자가 단절되면서 상속 문제가 발생했고, 결국 뤼네부르크
계승 전쟁으로 이어지게 됩니다.

　　뤼네부르크 공령의 마지막 통치자였던 인물들은 오토 1세의 증손자
들이자 요한 1세의 손자들이었던 오토 3세Otto III와 빌헬름 2세William II

형제였습니다. 두 사람은 모두 아들은 없고 딸만 있었기에 뤼네부르크 공령에 대한 상속 문제가 발생할 수밖에 없었습니다. 특히 빌헬름 2세는 마지막까지 뤼네부르크 공령을 통치했던 인물인데, 그는 영지를 자신의 외손자에게 물려줄지, 아니면 같은 가문 사람들인 볼펜뷔텔 쪽으로 물려줄지 고민하게 됩니다. 빌헬름 2세는 아마도 처음에는 같은 가문 사람들에게 영지를 상속시키려 했을 것입니다. 그래서 자신의 딸을 오토 1세의 증손자였던 브라운슈바이크-볼펜뷔텔의 루트비히와 결혼시켜서 그를 후계자로 삼으려 했습니다. 하지만 루트비히는 후손 없이 빌헬름 2세보다 일찍 사망합니다. 이렇게 되자 빌헬름 2세는 먼 친척 관계인 볼펜뷔텔 쪽 분가 사람들보다 자신의 외손자에게 영지를 물려주고 싶어 합니다. 빌헬름 2세의 외손자는 작센-비텐베르크의 알브레히트Albrecht von Sachsen-Wittenberg로, 작센 공작령은 브라운슈바이크-뤼네부르크 공작령 인근 지역이었기 때문에 만약 이 뤼네부르크 공령을 작센-비텐베르크 가문이 손에 넣는다면 큰 힘을 얻게 되는 것이었습니다.

사실 브라운슈바이크-뤼네부르크 공작령 자체가 작센 공작령과 연결되어 있었기에, 두 가문은 서로를 노리는 처지이기도 했습니다. 빌헬름 2세는 외손자인 작센-비텐베르크의 알브레히트를 자신의 후계자로 결정합니다. 하지만 여기서 복잡한 정치 상황을 직면하게 됩니다. 빌헬름 2세는 황제 카를 4세에게 자신의 외손자를 뤼네부르크 공령의 후계자로 승인해달라고 요청합니다. 그런데 황제 카를 4세는 뤼네부르크 공령을 알브레히트가 아닌 작센-비텐베르크 가문에게 주려고 합니다. 빌헬름 2세와 황제 카를 4세는 상속에 대한 의견차를 좁히지 못했는데, 황제는 뤼네부르크 공령의 여성 상속을 인정하지 않았기에 뤼네부르크 공령을 알브레히트가 상속하는 것은 잘못되었다고 여겼습니다. 하지만 황제는 작센 선제후 가문인 작센-비텐베르크 가문과 친하게 지내려고 했으며, 결국 빌헬름 2세의 의도와 달리 상위 군주로 후계자가 없는 영지를 회수해서 작센-비텐베르크 가문에게 주려고 생각했습니다.

상황이 이렇게 되자 빌헬름 2세는 다시 한번 상속 문제를 번복합니다. 빌헬름 2세는 외손자에게 영지를 주고 싶은 것이었지 작센-비텐베르크 가문에게 영지를 주려고 한 것은 아니었기 때문이었습니다. 게다가 벨프 가문의 두 분가는 이미 이전에 서로의 직계 남성 후손이 단절되어서 여성 후손을 통해 다른 가문으로 영지가 넘어가는 것을 막기 위한 협정을 체결했습니다. 결국 빌헬름 2세는 후계자로 같은 가문 출신이자 오토 1세의 현손인 볼펜뷔텔의 마그누스 2세Magnus II를 선택했습니다.

마그누스 2세는 빌헬름 2세로부터 뤼네부르크를 상속받았지만, 이전부터 덴마크를 지지했기에 덴마크와 적대관계에 있던 뤼네부르크 지역의 한자 동맹의 영향을 받던 도시들과 대립하게 됩니다. 뤼네부르크는 한자 동맹에 이미 가입했으며, 특히 뤼베크에서 이어지는 소금 교역로의 일부이기도 했습니다. 마그누스 2세는 이들 대도시의 특권을 폐지하고 세금을 징수하는 등의 정책을 펼쳤고, 이로 인해 도시들의 반발을 샀습니다. 이때 황제 카를 4세는 상위 군주로서 영지를 누구에게 주는지는 자신의 권리라고 주장하면서 이전처럼 작센-비텐베르크 가문에 뤼네부르크 공령을 주려고 합니다. 여기에 마그누스 2세와 갈등을 빚던 도시들은 작센-비텐베르크 가문의 공작을 통치자로 지지하기까지 합니다. 물론 뤼네부르크 내의 귀족들 대부분은 마그누스 2세를 지지했기에 결국 작센-비텐베르크 가문과 브라운슈바이크-볼펜뷔텔 가문이 뤼네부르크를 두고 전쟁을 치르는데, 이것이 바로 뤼네부르크 계승 전쟁이었습니다.

1369년에 시작된 이 전쟁은 1373년까지 이어졌으며 뤼네부르크를 차지하기 위해서 서로 다른 세력들까지 끌어들이면서 전쟁은 걷잡을 수 없이 더 격렬해졌습니다. 그리하여 1373년에 중재안이 제시되었지만 마그누스 2세는 이를 거절하고 전쟁을 지속하려 했습니다. 하지만 그 해 마그누스 2세가 전사하면서 전쟁은 빠르게 끝났습니다.

마그누스 2세의 자녀들은 어렸기에 전쟁을 이끌어 나아갈 수 없었으며 또 황제도 제국 내부에서 오랫동안 전쟁을 지속하길 바라지 않았습니다. 결국 두 가문은 뤼네부르크 공령을 공동으로 통치하기로 결정했고, 뤼네부르크 지역 사람들은 두 가문 모두를 군주로 모시기로 맹세하게 됩니다. 그리고 두 가문은 동맹을 확고히 하기 위해서 여러 차례 혼인관계를 맺기도 했습니다.

작센-비텐베르크의 공작이자 작센의 선제후였던 벤첼Wenzel은 초기에 홀로 뤼네부르크를 통치한 것이나 다름없었는데, 마그누스 2세의 아들들이 어렸기 때문이었습니다. 벤첼의 딸들은 마그누스 2세의 아들들과 결혼했으며, 이는 작센-비텐베르크 가문이 뤼네부르크를 장악할 수 있는 바탕이 됩니다. 하지만 마그누스 2세의 아들들은 성장하면서 작센의 선제후에 대해서 반발했으며 결국 1388년에 두 가문 사이에 다시 전쟁이 일어납니다. 이 전쟁 직전에 벤첼이 사망했기에, 전쟁은 브라운슈바이크-뤼네부르크 가문에 유리할 수밖에 없었으며 결국 가문은 다시 뤼네부르크 공령을 되찾았습니다.

✦ 브라운슈바이크-뤼네부르크의 분가들

마그누스 2세가 뤼네부르크 공령의 상속에 대해서 매우 강하게 대응했던 가장 큰 이유는 이미 가문의 영지가 여러 차례 분할, 상속되었기 때문이었습니다. 마그누스 2세의 증조할아버지인 오토 1세로부터 볼펜뷔텔을 물려받았던 알브레히트 1세의 아들들 역시 아버지가 죽은 후 상속받은 영지를 그루벤하겐 중심의 영지와 볼펜뷔텔 중심 영지로 나누어서 각자 가지게 됩니다. 또 알브레히트 1세로부터 볼펜뷔텔 중심의 영지를 상속받았던 알브레히트 2세 역시 아들들이 많았고, 그의 아들들 역시 아버지가 죽은 후 다시 상속받은 영지를 볼펜뷔텔 중심의 영지와 괴팅겐 중심의 영지로 나누어서 가졌습니다. 이렇게 마그누스 2세가 물려받은 영지는 선조가 가지고 있던 영지에 비하면 엄청나게 작은 영지였습니다. 그랬기에 당연히 당시 자신이 물려받은 영지보다 훨씬 컸던 뤼네부르크 공령을 물려받자 절대 빼앗길 수가 없었던 것입니다.

15세기 초, 브라운슈바이크-뤼네부르크 공작 가문에는 네 개의 분가가 존재했습니다. 뤼네부르크 공령을 상속받은 브라운슈바이크-뤼네부르크, 볼펜뷔텔 중심의 영지를 상속받은 브라운슈바이크-볼펜뷔텔, 괴팅겐 중심의 영지를 상속받은 브라운슈바이크-괴팅겐, 그루벤하겐 중심의 영지를 상속받은 브라운슈바이크-그루벤하겐 등이었습니다.

게다가 이 네 개의 분가 내에서도 다시 영지를 분할해서 상속했기에 더 많은 분가가 존재했다가 사라지기도 했습니다만 규모가 컸던 분가들은 이 네 개의 분가 외에 후대에 칼렌베르크 공령이 하나 더해진 다섯 개의 분가로 계속해서 이어졌습니다. 이 분가 중 남성 후계자가 단절되지 않고 계속해서 이어진 가문은 마그누스 2세의 아들인 베른하르트 1세 Bernhard 1의 후손들이었습니다. 나머지 분가들은 결국 남성 후계자가 단절되었으며 영지는 가문의 여러 사람에게 분할, 상속되었고 결국 베른하르트 1세의 후손들이 각 분가의 영지들을 상속하기에 이르게 됩니다.

이런 상황은 브라운슈바이크-뤼네부르크 공작 가문의 힘을 강하게 하거나 약하게 만들기도 했습니다. 한 분가가 단절될 경우 그 분가의 영지를 상속하기 위해서 가문의 다른 분가 사람들이 마찰을 빚었는데, 당연히 가문의 영향력은 약화될 수밖에 없었습니다. 하지만 단절된 분가의 영지를 상속받은 쪽은 영지가 더 커졌기에 힘이 세졌던 것이었습니다.

재미있는 점은 이렇게 분가가 많았기에 가문 사람들도 엄청나게 많았지만, 이들 모두는 공식적으로는 브라운슈바이크-뤼네부르크 공작이라는 칭호를 썼다는 것입니다. 덕분에 유럽 역사에는 브라운슈바이크-뤼네부르크 공작이라는 사람들이 여러 명 등장합니다만 정확히 어느 분가의 누구인지를 바로 판단하는 것은 정말 힘듭니다. 예를 들면 1618년부터 1648년 동안 벌어진 30년 전쟁에서 '할버슈타트'라고 불렸던 유명한 장군 브라운슈바이크-뤼네부르크 크리스티안은 정확히는 마그누스 2세의 아들인 하인리히의 후손으로, 브라운슈바이크-볼펜뷔텔 분가 출신이었습니다. 하지만 너무나 관계가 복잡했기에 이름만 보고서는 바로 누구인지 헷갈려서 결국은 그가 통치하던 지역의 이름인 할버슈타트를 따서 같은 이름으로 부른 것입니다.

17세기 중엽이 되어서도 가문의 분가들은 여전히 남아 있었습니다. 하지만 이들은 모두 베른하르트 1세의 후손들이었습니다. 특히 베른하르트 1세의 현손이었던 브라운슈바이크-뤼네부르크의 에른스트 1세

Ernst I의 후손들이 가문의 영지를 물려받았습니다. 하지만 가문의 영지는 하나로 통합되지는 못했고 여전히 볼펜뷔텔과 뤼네부르크 두 개의 분가로 이어집니다. 그리고 이 두 개의 가문은 17세기 이후 비약적으로 성장합니다. 하지만 비약적인 성장을 하기 전에 여전히 장자상속제를 도입하지 않아서 가문의 복잡한 상속 문제를 거치게 됩니다.

✤ 브라운슈바이크-볼펜뷔텔의 상속 분쟁

1546년, 브라운슈바이크-뤼네부르크의 에른스트 1세가 죽었을 때 그의 아들들은 미성년자였으며 그의 아내는 이전에 사망했습니다. 에른스트 1세의 형인 오토가 있었지만 귀천상혼했기에 뤼네부르크 공령을 통치하는 데 발언권이 거의 없었을 뿐 아니라 동생이 죽은 3년 후인 1549년에 사망합니다. 이렇게 되면서 뤼네부르크는 한동안 임시정부가 구성되어 통치하게 됩니다. 이후 1555년에 에른스트 1세의 장남인 프란츠 오토Franz Otto가 정식으로 뤼네부르크 공령의 군주가 되었으며, 1559년에 그가 후계자 없이 죽자 두 동생인 하인리히Heinrich와 빌헬름Wilhelm der Jüngere이 공동으로 뤼네부르크를 통치했습니다. 하인리히와 빌헬름이 뤼네부르크를 통치할 때 둘은 뤼네부르크를 분할하지 않겠다는 데 합의했습니다. 하지만 1569년에 하인리히가 결혼하면서 뤼네부르크 공령의 분할 상속을 요구합니다. 물론 이것은 받아들여지지 않았으며 하인리히는 작은 영지와 연금을 받고 나머지 뤼네부르크에 대한 상속권리를 포기하게 됩니다. 그러나 하인리히의 막내 아들인 아우구스트August der Jüngere는

안톤 울리히.
아우구스트의 둘째 아들로 매우 야심이 많은 인
물이었으며, 형을 대신해 활발하게 정치 활동을
펼쳤다.

다시 한번 큰 영지를 통치할 기회를 얻게 됩니다.

1634년, 볼펜뷔텔 분가의 남성 직계 후손이 단절되면서 볼펜뷔텔 영
지에 대한 상속 문제가 발생합니다. 남은 가문 사람들은 에른스트 1세
의 손자들밖에 없었고, 이들은 영지를 얻기 위해 분쟁을 시작합니다. 결
국 황제 페르디난트 2세가 개입했고 영지를 분할해서 가문 사람들에게
분배해주게 됩니다. 특히 황제는 볼펜뷔텔 공령을 아우구스트에게 주었
는데, 이후 아우구스트의 후손들은 다시 한번 볼펜뷔텔 분가를 형성하게
됩니다.

아우구스트의 둘째 아들인 안톤 울리히Anton Ulrich는 매우 야심이 많은
인물이었습니다. 그는 정치적으로 활발한 사람이 아니었던 형 루돌프 아
우구스트를 대신해 활발하게 정치 활동을 펼쳤습니다. 안톤 울리히는 황
제에게 신임을 받아서 제국 내에서 지위를 높이고 싶어 했습니다. 하지

만 같은 가문 인물로 역시 황제의 신임을 얻어서 제국 내 지위가 올라갔던 브라운슈바이크-뤼네부르크의 에른스트 아우구스트와 갈등을 빚기도 합니다. 두 사람은 거의 서로를 정적으로 여겼으며 제국 내 위상을 높이기 위해 견제했습니다. 그러나 1692년, 에른스트 아우구스트가 하노버의 선제후가 되면서 안톤 울리히는 황제에게 실망했고, 결국 에스파냐 계승 전쟁에서 프랑스를 지지하게 됩니다. 이 때문에 안톤 울리히의 지위는 엄청나게 추락했으며, 평소에 동생의 뒤에 가려져 있던 루돌프 아우구스트Rudolf August가 정치 전면에 나서면서 볼펜뷔텔을 겨우 유지할 수 있었습니다.

1704년, 루돌프 아우구스트가 남성 후계자 없이 사망하자 안톤 울리히는 볼펜뷔텔의 통치자로서 다시 재기할 기회를 얻게 됩니다. 그는 먼저 뤼네부르크 가문과의 화해를 모색했고, 이를 통해 제국 내 지위를 높일 기회를 찾게 됩니다. 당시 에스파냐 왕위를 주장했던 황제 요제프 1세의 동생이었던 카를 대공이 신붓감을 찾고 있었는데, 안톤 울리히는 자신의 손녀인 엘리자베트 크리스티네Elizabeth Christine를 카를 대공과 결혼시키게 됩니다. 당시 요제프 1세에게는 딸들만 있고 아들이 없었기에 아마도 카를 대공의 후손들이 제위를 이어받을 가능성이 컸고, 이에 안톤 울리히는 손녀와 카를 대공의 결혼을 적극적으로 추진했을 것입니다.

1711년에 카를 대공이 형의 뒤를 이어서 황제 카를 6세가 되자, 샤를로테 크리스티네Charlotte Christine는 황후가 됩니다. 이렇게 되면서 안톤 울리히와 볼펜뷔텔의 제국 내 영향력이 커졌고, 안톤 울리히의 또 다른 손녀인 샤를로테 크리스티네는 러시아의 표트르 대제의 아들이자 후계자였던 황태자 알렉세이 표트로비치 대공과 결혼하기까지 했습니다.

안톤 울리히에게는 여러 아들이 있었습니다만 이 아들들은 남성 후계자를 얻지 못했습니다. 결국 안톤 울리히의 아들이자 황후의 아버지였던 루트비히 루돌프Ludwig Rudolf는 자신의 막내딸인 안토니에테 아말리Antoinette Amalie를 자신의 사촌인 브라운슈바이크-베베른의 프리드리히 알브레히트 2세Ferdinand Albrecht II와 결혼시키고 그를 후계자로 삼았습니다.

프로이센의 프리드리히 알브레히트 2세의 아내는 황후의 여동생이었으며 이것은 가문에 여러 가지 이익을 가져왔습니다. 이를테면 프리드리히 알브레히트 2세의 아들인 안톤 울리히는 러시아의 안나 여제의 조카이자 후계자로 여겨진 안나 레오폴도브나와 결혼했고, 그들의 장남은 안나 여제의 뒤를 이어서 이반 6세가 되기까지 했습니다.

그뿐 아니라 브라운슈바이크-볼펜뷔텔은 프로이센과의 연결고리를 마련합니다. 프로이센의 국왕 프리드리히 빌헬름 1세 역시 제국 내의 영향력을 강화하고 싶어 했는데, 이 때문에 황후의 조카이자 훗날 여제가 될 마리아 테레지아의 사촌들인 브라운슈바이크-볼펜뷔텔 가문 사람들과 통혼하길 원했습니다. 그래서 프로이센의 프리드리히 빌헬름 1세는 자신의 후계자인 프리드리히(후에 프리드리히 2세)를 황후의 조카이자 프리드리히 알브레히트 2세의 딸인 엘리자베트 크리스티네와 결혼시켰으며, 딸인 필리피네 샤를로테를 프리드리히 알브레히트 2세의 후계자인 카를과 결혼시켰습니다.

프로이센의 프리드리히 2세는 엘리자베트 크리스티네와 마지못해서 결혼해야 했습니다. 그는 아내에게 애정이 없었지만 브라운슈바이크-볼펜뷔텔 가문의 중요성을 알았으며 연결고리를 강화하기 위해서 처제였던 루이제를 동생인 아우구스트 빌헬름과 결혼시키기까지 합니다. 이런 결혼관계로 인해 결국 브라운슈바이크-볼펜뷔텔 가문이 마리아 테레지아와 프리드리히 2세가 갈등을 빚을 때 프리드리히 2세를 지지하게 되었습니다.

프리드리히 알브레히트 2세의 아들인 카를Karl I와 손자인 카를 빌헬름 페르디난트Karl Wilhelm Ferdinand는 가문의 이전 정책과 달리 완전히 프로이센을 지지했습니다. 카를 1세는 오스트리아 계승전쟁에서 애매한 태도를 취했지만, 7년 전쟁에서는 완전히 프로이센을 지지해서 프로이센군으로 참전할 정도였습니다. 이때쯤 가문의 거주지는 브라운슈바이크가 되었으며, 이후 볼펜뷔텔 공들은 '브라운슈바이크 공작'이라는 이름으로 알려지게 됩니다. 카를 빌헬름 페르디난트는 뛰어난 군인으로 프랑스 혁명 전쟁이 일어나면서 프로이센군 총사령관이자 초기 대프랑스 동맹의 총사령관이 되었습니다. 하지만 결국 그는 나폴레옹과 프로이센의 결전이었던 예나-아우어슈테트 전투에서 큰 부상을 입은 후 사망했습니다.

카를 빌헬름 페르디난트의 막내아들이자 후계자였던 프리드리히 빌헬름Friedrich Wilhelm은 아버지가 죽은 뒤 이어서 볼펜뷔텔을 물려받았습니다. 하지만 이때 나폴레옹이 유럽을 완전히 재편했고, 프리드리히 빌헬름은 자신의 공작령을 빼앗기게 됩니다. 그렇지만 프리드리히 빌헬름은 아버지만큼이나 뛰어난 군인으로 나폴레옹과 프랑스에 대항하는 전투에 적극적으로 참여했습니다. 나폴레옹이 몰락한 뒤 프리드리히 빌헬름은 이런 공을 인정받아서 1813년, 빈 회의에서 자신의 영지를 되찾았으며 브라운슈바이크 공작으로 인정받게 됩니다. 하지만 워털루 전투 직전

브라운슈바이크-뤼네부르크의 엘리자
베트 크리스티네.
그녀는 카를 6세의 황후이자 마리아 테
레지아의 어머니였다.

에 벌어진 전쟁에서 전사했습니다.

프리드리히 빌헬름이 사망했을 때 그의 두 아들인 카를Karl II과 빌헬
름Wilhelm은 미성년이었으며 그들의 고모부였던 영국의 섭정공 조지(후에
조지 4세)가 브라운슈바이크 공작령의 통치에 관여했습니다. 카를은 19세
가 되던 1823년에 성인으로서 공작령을 이어받습니다만, 그의 정책에
대해서 브라운슈바이크 사람들은 불만을 가졌습니다. 결국 1830년, 카를
은 브라운슈바이크 사람들에게 쫓겨났습니다.

퇴위한 카를의 뒤를 이어 공작령은 동생인 빌헬름이 이어받았습니다.
빌헬름은 공작령에 대해 적극적으로 통치하지 않았고, 의회가 대부분 정
치를 주도했습니다. 카를이나 빌헬름은 결혼하지 않아서 후계자가 없었
는데 빌헬름은 자신의 후계자를 뤼네부르크 분가 출신인 하노버의 왕태

자였던 에른스트 아우구스트로 정했습니다. 하지만 독일 통일에서 오스트리아를 지지했던 하노버 왕국을 완전히 해체했던 프로이센이 이를 승인할 리 없었습니다.

빌헬름은 후계자 문제 때문에 프로이센에 불만을 품었으며 기어이 에른스트 아우구스트를 자신의 후계자로 지정해서 모든 재산과 브라운슈바이크 공작령에 대한 상속권리를 넘기게 됩니다. 프로이센은 오래도록 이를 인정하지 않았지만 결국 20세기 초 하노버 왕가와 프로이센 왕가가 화해하면서 브라운슈바이크 공작령은 하노버 왕가의 후손에게 넘어가게 됩니다.

하노버 그리고 영국

✤ 팔츠의 조피와 영국 왕위 계승 문제

공작 에른스트 1세의 아들인 빌헬름Wilhelm der Jüngere은 1569년에 형 하인리히와 결별한 뒤 뤼네부르크 공령 전체를 홀로 통치했습니다. 1592년에 빌헬름이 죽었을 때 그에게는 일곱 명의 아들이 있었는데 그들이 영지를 분할 상속할 경우 가문의 입지는 엄청나게 약해질 것이 뻔했습니다. 결국 빌헬름의 아들들은 영지를 일관되게 통치하고 상속받기 위해 여러 가지를 합의합니다. 이를테면 큰형인 에른스트 2세Ernst II가 일정 기간 영지를 단독으로 통치하게 해서 연속성을 지켜나가게 했습니다. 하지만 결국 이들은 상속이 문제가 된다는 것을 잘 알고 있었기에 결국 영지가 나뉘는 것을 방지하기 위해서 귀천상혼제도를 이용합니다.

독일 내 통치 가문에서는 동등한 지위의 통치 가문 출신 여성과 결혼해서 얻은 후손만이 계승 권리를 얻을 수 있었습니다. 그렇지 않다면 귀천상혼이 되어서 상속권을 박탈당할 수 있었습니다. 이 때문에 형제들은 단 한 명만이 통치 가문 출신의 여성과 결혼하기로 결정합니다. 그렇게 된다면 형제들이 살아 있을 때는 상속 권리가 각자에게 있지만 결국 형제들이 죽고 난 뒤에 영지는 모두 그 결혼한 형제의 후손에게 돌아갈 것이기 때문이었습니다. 결국 형제들 중 여섯째였던 게오르그Georg만이 통치 가문 출신의 여성과 결혼했으며, 게오르그는 네 명의 아들을 얻게 됩니다.

빌헬름의 아들 중 네 명인 에른스트 2세Ernst II, 크리스티안Christian, 아우구스트August der Ältere, 프리드리히Friedrich IV는 차례로 뤼네부르크 공령을 상속받았습니다. 형이 죽은 뒤 후손이 없었기에 차례로 상속받았던 것입니다. 물론 그들이 상속받는 중간에 브라운슈바이크-뤼네부르크 공작 가문의 다른 분가 영지 역시 상속받는데, 프리드리히는 하부르크 분가의 영지를 상속받았으며, 유일하게 정식 결혼했던 게오르그는 칼렌베르크 영지를 상속받게 됩니다. 하지만 게오르그는 형들보다 일찍 사망했고, 그의 칼렌베르크 공령은 장남인 크리스티안 루트비히Christian Ludwig에게 돌아갔습니다.

1648년, 형제들 중 마지막으로 남아 있던 프리드리히가 사망하고 영지는 이제 게오르그의 아들들에게 돌아가게 됩니다. 백부인 프리드리히가 죽고 나자 크리스티안 루트비히는 백부의 뤼네부르크 공령을 상속받았습니다. 그리고 크리스티안 루트비히의 동생이었던 게오르그 빌헬름Georg Wilhelm은 칼렌베르크 공령을 상속받았습니다. 게오르그의 셋째 아들과 넷째 아들인 요한 프리드리히와 에른스트 아우구스트Ernst August는 물려받을 영지가 없었기에 이들은 비슷한 처지의 영지 없는 왕족들처럼 군인이나 성직자가 되어서 자신의 길을 개척해야만 했고, 이들은 군인의 길을 선택했습니다. 이렇게 상속 문제가 끝나는 줄 알았으나, 상황은 전혀 다르게 흘러갑니다.

1658년, 팔츠 선제후의 여동생이자 잉글랜드와 스코틀랜드의 국왕 제임스 1세의 외손녀였던 팔츠의 조피는 브라운슈바이크-뤼네부르크 가문 형제들 중 막내인 에른스트 아우구스트와 결혼합니다. 그런데 사실 조피가 결혼하기로 했던 사람은 에른스트 아우구스트가 아니라 그의 형이자 칼렌베르크 공령을 상속받았던 게오르그 빌헬름이었습니다. 하지만 결혼 협상이 이미 끝난 상황에서 갑자기 게오르그 빌헬름이 결혼을 거부했습니다. 통치 가문의 결혼은 두 나라 간의 이익이 달려 있기에 마음이 바뀌어서 결혼을 깨고 싶다고 해도 깰 수 있는 게 아니었습니다. 결국 게오르그 빌헬름은 이 문제를 해결하기 위해서 막내동생인 에른스트 아우구스트가 조피와 결혼하고, 대신 자신은 정식 결혼하지 않고 자신의 영지를 에른스트 아우구스트와 조피의 후손에게 물려주겠다고 약속합니다. 다른 상황 역시 복잡했기에 팔츠 선제후와 조피는 이 조건을 받아들였고, 조피와 에른스트 아우구스트는 결혼했습니다.

하지만 상속 문제는 이렇게 단순한 것이 아니었습니다. 먼저 에른스트 아우구스트에게는 형인 요한 프리드리히Johann Friedrich가 있었고, 요한 프리드리히를 건너뛰고 에른스트 아우구스트가 상속받는 것은 매우 어려운 일이었습니다. 게다가 게오르그 빌헬름이 결혼하지 않겠다고 했지만, 그의 마음이 바뀔 경우에는 더욱 문제가 될 수 있었습니다. 결국 이런 문제는 모두 현실이 됩니다.

에른스트 아우구스트의 큰형인 크리스티안 루트비히가 사망하자 뤼네부르크 공령은 게오르그 빌헬름에게 돌아가게 됩니다. 당시 뤼네부르크 공령의 중심도시는 첼레였고, 이후 게오르그 빌헬름은 첼레 공작이라고 불립니다. 그리고 그의 칼렌베르크 공령은 동생인 요한 프리드리히에

팔츠의 조피.
하노버의 선제후비이자 영국의 조지 1세의
어머니다.

게 돌아갑니다. 에른스트 아우구스트와 게오르그 빌헬름 사이에는 요한
프리드리히가 있으며, 그에게 후계자가 생긴다면 영지 상속은 어떻게 될
지 모르는 게 분명해보였습니다. 게다가 게오르그 빌헬름은 사랑에 빠져
서 프랑스 귀족 출신의 여성이었던 엘레오노르 돌브뢰즈Éléonore d'Olbreuse
와 결혼했고, 그녀와의 사이에서 딸도 태어났습니다. 아내와 딸을 너무
나 사랑했던 첼레 공작은 특히 딸을 위해서 아내를 정식 공작부인으로
인정했으며 황제의 승인까지 얻게 됩니다. 이전에 조피에게 했던 약속과
달랐는데 만약 엘레오노르와의 사이에서 아들이 태어난다면 그 아들이
영지를 상속받을 수도 있었습니다.

　당시 에른스트 아우구스트 역시 오스나브뤽 주교령을 통치하고 있었
습니다. 원래 가톨릭 주교령이었던 이곳은 30년 전쟁 이후 세속화했고
신교 통치자인 에른스트 아우구스트가 통치하고 있긴 했습니다만, 이 영

지는 엄연히 상속 영지는 아니었기에 그의 아들들은 통치할 영지가 없는 왕족들이었습니다. 이는 에른스트 아우구스트가 아들들을 군인으로서 전쟁에 적극 참전하게 했던 이유 중 하나였습니다.

에른스트 아우구스트와 그 아들들에게는 다행히도, 첼레 공작에게는 더 이상 자녀가 태어나지 않았습니다. 또한 1679년에 요한 프리드리히가 아들 없이 사망하면서 칼렌베르크 공령을 에른스트 아우구스트가 상속받게 됩니다. 당시 칼렌베르크 공령의 중심도시는 하노버였으며 이후 에른스트 아우구스트는 하노버 공작으로도 알려지게 됩니다. 이렇게 하노버의 공작 에른스트 아우구스트는 아버지처럼 가문의 영지를 모두 상속할 권리를 얻게 됩니다.

정치적으로 민감한 인물이었던 에른스트 아우구스트는 장자상속제를 해야 가문의 힘을 집중할 수 있다고 생각했습니다. 그리고 자신과 자신의 아들들이 가문의 영지를 상속한 권리를 얻게 되면서 장자상속제를 하기로 결정합니다. 첼레 공작 역시 이것을 지지했는데, 그의 외동딸인 조피 도로테아는 하노버 공작의 후계자인 게오르그 루트비히와 결혼했습니다. 장자상속제를 하는 것은 가문에 이익이 되는 동시에 딸에게도 이익이 되는 것이기도 했습니다. 물론 이에 대해서 에른스트 아우구스트의 장남을 제외한 다른 아들이 반발했습니다만 에른스트 아우구스트는 이를 밀어붙였으며 이후 가문에서는 장자상속제가 정착하게 됩니다.

에른스트 아우구스트는 황제를 적극적으로 지지했고, 황제의 군사 활동에도 적극적으로 참여했습니다. 이 결과 1692년, 에른스트 아우구스트는 황제로부터 선제후 지위를 얻었습니다. 에른스트 아우구스트는 브라운슈바이크-뤼네부르크 공작이었기에 정식으로는 브라운슈바이크-뤼네부르크 선제후였지만 이전에 에른스트 아우구스트가 하노버 공작으로 알려졌던 것처럼 이후에는 하노버의 선제후로 알려집니다.

에른스트 아우구스트의 장남이자 아버지의 모든 영지를 상속받아서 하노버의 선제후가 된 게오르그 루트비히Georg Ludwig는 확고하게 황제를 지지했으며 황제가 아닌 프랑스를 지지한 독일 내 여러 제후를 제압하기까지 했습니다. 하지만 게오르그 루트비히에게는 더욱 중요한 문제가 있었는데, 바로 영국의 왕위 계승이었습니다. 에스파냐 왕위 계승 전쟁이 일어났던 1701년, 잉글랜드에서는 가톨릭교도의 왕위 계승을 배제하는 법률을 통과시킵니다. 그리고 이 법률에 따라서 왕위 계승 권리를 가진 사람은 바로 게오르그 루트비히의 어머니인 팔츠의 조피였고, 조피의 장남이자 신교도였던 게오르그 루트비히는 어머니의 뒤를 이은 왕위 계승 후보자였습니다. 1714년, 어머니인 조피가 사망하고 두 달 뒤에 앤 여왕이 죽자 게오르그 루트비히는 영국의 국왕 조지 1세George I로 즉위합니다. 이렇게 브라운슈바이크-뤼네부르크 공작 가문은 당대 최강국 중 하나인 영국의 왕위를 얻게 되었습니다.

✥ 영국의 왕가

영국 국왕으로서의 조지 1세와 하노버의 선제후로서의 게오르그 루트비히는 정책이 전혀 달랐습니다. 영국에서 조지 1세는 국내 정치 대부분을 의회의 뜻에 맡기는 대신 대외정책만 관여했습니다. 반면 하노버에서는 강력한 권한을 행사했으며 그의 뜻에 따라 선제후령을 통치했습니다. 이후 그의 후손들인 영국의 하노버 왕가 국왕들은 모두 이 방식을 따랐습니다.

조지 1세의 아들인 게오르그 아우구스트Georg August는 아버지와 사이가 매우 나빴습니다. 조지 1세는 아내인 조피 도로테아Sophie Dorothea가 다른 남자와 도망가려고 했다는 이유로 헤어졌는데 이후 전처에 대해서 말조차 꺼내지 못하게 했습니다. 게오르그 아우구스트는 어린 시절 어머니와 헤어졌으며 이 때문에 어머니를 그리워했지만 만날 수 없었습니다. 이러한 상황은 아버지와 갈등을 빚는 원인이 됩니다. 게다가 조지 1세는 절대 아들을 칭찬하지 않았고 늘 혼내기만 했습니다. 아마도 외동아들로 엄청난 영지를 이어받을 아들에게 기대가 컸었기에 실망감도 컸을 것입니다. 안 그래도 사이가 나쁜 부자간의 상태는 더욱 악화되었습니다. 게오르그 아우구스트는 아버지와 함께 영국으로 갔으며 그곳에서 지냈지만 여전히 아버지와 갈등을 빚었는데, 이 갈등은 가족들의 문제로 확대되어 조지 1세가 손자, 손녀들을 아들 부부에게서 강제로 떼놓는 일까지 벌어질 정도였습니다.

1727년, 게오르그 아우구스트는 아버지의 뒤를 이어서 영국의 국왕 조지 2세George II가 됩니다. 조지 2세는 아버지처럼 장남인 웨일스 공 프레더릭과 마찰을 빚었습니다. 조지 1세가 영국 국왕이 되었을 때 조지 2세는 아버지를 따라 영국으로 왔지만 그의 장남이었던 프레더릭은 하노버에 남겨두고 왔었습니다.

조지 2세 부부는 영국에서 장남과 오래 떨어져 지냈기에 아들과 서먹한 사이가 되었습니다. 게다가 조지 2세 부부는 아들이 자신들이 원하는 대로 성장하지 못한 데 실망하기까지 했습니다. 마치 조지 1세가 조지 2

하노버의 선제후인 영국의 조지 2세.
아버지 조지 1세를 따라 영국으로 왔으나,
하노버에 남겨두고 온 장남 프레더릭과
서먹한 사이가 되었다.

세에게 실망했던 것처럼 조지 2세 역시 장남인 프레더릭에게 실망한 것입니다. 하지만 프레더릭은 아버지보다 오래 살지 못했고 여덟 명의 아이를 두고 사망합니다.

조지 2세가 죽은 뒤 영국 왕위와 선제후령은 조지 2세의 손자이자 웨일스 공 프레더릭의 장남이었던 조지 3세George III가 이어받았습니다. 조지 3세 시절은 매우 혼란한 시기였습니다. 일단 1775년부터 미국에서 독립전쟁이 시작되었고, 영국은 식민지였던 미국을 잃게 됩니다. 또한 프랑스에서도 혁명이 시작되었으며 이후에는 나폴레옹 전쟁으로 이어지면서 유럽 내 전쟁이 확대되면서 영국은 늘 적대적이었던 프랑스를 견제해야 했습니다.

사실 이런 복잡한 정치 상황이 있었지만 조지 3세에게는 개인적인 문제도 많았습니다. 그는 매우 성실한 가장이자 남편으로서 아내와 아이들을 무척이나 사랑하는 사람이었고 국민들은 이런 국왕 부부를 좋아했습니다. 하지만 조지 3세의 아들들은 하나같이 여자들과 스캔들을 일으켰습니다. 왕족으로 결혼해야 할 의무를 외면하고 정부와 살거나 왕가에 허락받지 못할 여성들과 결혼하려고 했습니다. 조지 3세는 아들들에게 엄청나게 실망했고, 삶을 우울하게 보냈을 것입니다. 게다가 그의 건강도 매우 나빠졌는데 특히 정신적인 문제 때문에 나라를 통치하기 힘들 정도였습니다. 결국 1811년, 장남인 웨일스 공 조지George IV가 섭정이 되어서 아버지를 대신해 통치하게 됩니다. 하지만 통치할 수 없었어도 국왕이었기에 나폴레옹 전쟁 이후 1814년에 하노버가 왕국으로 승격되었을 때 조지 3세도 하노버의 국왕이 됩니다.

웨일스 공 조지는 아버지가 죽은 후인 1820년, 영국의 국왕이자 하노버의 국왕 조지 4세가 됩니다. 그는 영국 내에서 너무 인기가 없었습니다. 조지 4세는 성실한 아버지와 달리 여러 여자를 정부로 들였을 뿐 아니라 왕가에서 허락할 수 없는 여성인 가톨릭교도 피츠허버트 부인과 결혼했다는 소문마저 파다했습니다. 게다가 아내인 브라운슈바이크-볼펜뷔텔의 카롤리네Caroline von Braunschweig와 매우 사이가 나빴고, 이로 인해 자녀는 딸인 샬럿 한 명밖에 없었습니다. 하지만 샬럿은 조지 4세가 왕위에 오르기도 전인 1817년에 아이를 낳다가 사망했습니다. 샬럿이 죽자 영국의 의회는 조지 4세의 동생들을 정식으로 결혼시켜서 왕위 계승자를 얻으려 했고, 이때 결혼한 켄트 공작 에드워드에게서 빅토리아Victoria가 태어납니다.

조지 4세 다음으로 동생인 클래런스 공작 윌리엄이 영국의 국왕 윌리

빅토리아 여왕.
영국의 전성기를 구가한 여왕으로 1876년
에는 인도의 여제가 되었다.

엄 4세William IV가 됩니다. 윌리엄 4세 역시 오래도록 정식 결혼을 하지
않다가 조카인 웨일스의 샬럿이 죽은 뒤 통치 가문 출신의 아내를 맞았
습니다. 하지만 후계자를 얻지 못했기에 영국과 하노버의 왕위는 조카인
빅토리아와 동생인 어니스트 오거스터스에게 돌아가게 됩니다.

하노버 가문 출신의 마지막 국왕은 바로 빅토리아 여왕이었습니다.
영국 왕가에서는 빅토리아 여왕이 친가 쪽 사촌과 결혼해 하노버 가문에
서 계속해서 영국의 왕위를 이어가길 원했습니다. 하지만 빅토리아 여왕
은 외가 쪽 사촌이었던 작센-코부르크-고타의 앨버트와 결혼했습니다.

빅토리아 여왕 시기 영국은 전성기를 구가했습니다. 산업혁명을 통해
서 산업과 경제에 비약적인 발전을 이룩했으며, 팽창주의를 채택한 결과
여러 지역의 식민지를 경영했습니다. 특히 인도를 장악한 빅토리아 여왕

은 1876년에 인도의 여제가 되었고, 이후 빅토리아 여왕을 여왕-여제라고 칭하기도 했습니다.

재미있는 점은 합스부르크 가문이나 로마노프 가문에서는 여성 상속자가 상속을 받았더라도 이 여성 상속자의 후손들은 스스로를 아버지 쪽 가문이 아니라 어머니 쪽 가문 사람으로 여겼습니다. 하지만 빅토리아 여왕을 비롯한 영국의 여성 계승자들의 후손들은 스스로를 부계 가문 쪽 사람으로 인식했습니다. 그렇기에 빅토리아 여왕의 아들인 에드워드 7세Edward VII부터는 스스로를 작센-코부르크-고타 가문 사람으로 인식했습니다.

✤ 하노버 왕가

영국은 여성의 왕위 계승을 인정했기에 빅토리아가 왕위에 오를 수 있었지만 하노버는 살리카법에 따라 여성의 왕위 계승을 인정하지 않았습니다. 그래서 윌리엄 4세가 죽은 뒤 영국 왕위는 빅토리아에게 갔지만, 하노버의 왕위는 빅토리아가 아니라 빅토리아의 숙부였던 컴벌랜드 공작 어니스트 오거스터스에게 돌아갔고 그는 하노버의 국왕 에른스트 아우구스트Ernst August가 됩니다.

에른스트 아우구스트는 하노버를 무난하게 통치했습니다. 영국의 국왕들이 통치하던 시기 하노버 왕국은 군주가 멀리 떨어져 있었기에 정치적으로 자유주의 경향이 강했습니다. 하지만 에른스트 아우구스트는 나라를 통치하기 위해서 기존보다 훨씬 더 보수적인 체제를 구축하려 했습니다. 이런 보수적인 체제는 반발을 불러일으키기도 했지만, 반발은 의외로 크지 않았는데 1848년 2월 혁명을 시작으로 전 유럽을 휩쓸었던 혁명의 열기에서 하노버는 그다지 타격을 입지 않았습니다.

에른스트 아우구스트의 아들인 게오르그는 1851년에 아버지가 죽은 뒤 하노버의 국왕 게오르그 5세George V가 됩니다. 그는 아버지만큼이나 보수적인 정책을 펼쳤는데, 이것은 그가 하노버 의회와 여러 번 마찰을 빚는 원인이 되었습니다. 게다가 게오르그 5세는 하노버가 독일 북부 지방으로 프로이센과 지리적으로 가까운 위치였으며 심지어 프로이센의 빌헬름 1세와 이종사촌 관계였음에도 프로이센이 아닌 오스트리아를 중심으로 하는 독일 통일을 지지했습니다. 결국 7주 전쟁이 끝나고 나서 프로이센이 독일을 통일하면서 오스트리아를 지지했던 하노버는 독립된 왕국 지위를 상실하고 프로이센에 합병당했고, 하노버 왕국은 사라지게 됩니다.

게오르그 5세는 왕위를 빼앗겼다는 것을 인정하지 않았지만 가족과 함께 망명 생활을 해야 했습니다. 그리고 게오르그 5세의 아들인 하노버의 왕태자였던 에른스트 아우구스 역시 아버지가 죽은 뒤 아버지의 뜻을 이어받았습니다. 계속해서 이런 반감은 지속되는데, 이를테면 에른스트 아우구스트는 그와 마찬가지로 슐레스비히-홀슈타인 문제로 프로이센에 반감을 갖고 있던 덴마크 왕가 출신인 덴마크의 티라Thyra와 결혼하기도 했습니다. 게다가 가문의 다른 쪽 분가였던 브라운슈바이크 공작이 후계자로 그를 지목했지만 이를 프로이센이 인정하지 않으면서 프로이센에 대한 반감이 더해졌습니다.

하지만 이런 상황은 1913년에 바뀝니다. 황제 빌헬름 2세는 자신의

에른스트 아우구스트와 아내인 빅토리아 루이제. 에른스트 아우구스트는 빌헬름 2세의 딸과 결혼하면서 브라운슈바이크 공작령의 통치 군주가 된다.

고명딸인 빅토리아 루이제 공주를 에른스트 아우구스트의 장남이자 후계자인 에른스트 아우구스트와 결혼시켰습니다. 그러면서 자연스럽게 브라운슈바이크 공작령에 대한 상속을 인정하려고 합니다. 그러자 아들을 위해서 아버지는 브라운슈바이크 공작령에 대한 계승을 포기했고, 아들은 브라운슈바이크 공작령의 통치 공작이 되었으며, 가문은 다시 한번 통치 가문이 됩니다. 하지만 브라운슈바이크 공작령은 제1차 세계대전 이후 많은 독일 지역처럼 공화국이 되었으며, 하노버 가문은 더 이상 통치 가문으로 남을 수 없었습니다.

통치 영지가 없는 가문이었기에 하노버 가문은 다른 많은 영지를 잃은 왕가들처럼 '왕위 계승 요구자'로 남았습니다. 이들은 독일에서 살고 있으며 현 가문의 수장은 하노버의 마지막 국왕인 게오르그 5세의 현손에른스트 아우구스트로, 그는 '하노버 공'이나 '브라운슈바이크 공작'이라는 호칭을 쓰고 있습니다.

하노버 가문은 에스테, 벨프, 브라운슈바이크-뤼네부르크, 하노버 등 시대와 상황에 따라서 여러 가지 이름으로 불렸습니다. 이름이 바뀌는 것은 이들의 힘이 바뀌는 상황이기도 했습니다. 벨프 가문이었을 때는 유럽에서 가장 강력한 힘을 가진 가문 중 하나였으며, 브라운슈바이크-뤼네부르크 가문이 되었을 때는 수많은 분가로 나뉘어서 독일의 제후 가문들 중에서도 그리 강력한 힘을 갖지 못했습니다. 사실 이런 분가들로 나뉘어서 세력이 약해지는 것은 독일 내 많은 제후 가문이 공통으로 겪은 상황이기도 했습니다.

하지만 이 가문은 17세기가 되면서 가문이 일어설 계기를 마련합니다. 특히 17세기 말에는 하노버의 선제후 지위를 얻었으며, 18세기에는 영국의 왕위까지 얻게 되었습니다. 이렇게 이름이 변화한 것은 결국 영지의 변화를 의미하는 것이자 가문의 세력이 변화한 것을 의미하기도 했습니다.

매우 복잡하게 가문의 세력이 변화한 것은 유럽의 복잡한 역사에 큰 영향을 받았다는 의미이기도 합니다. 특히 유럽 역사에서 많은 통치 가문이 큰 권력을 가졌다가 사라지는 것을 반복했는데, 하노버 가문 역시 이와 비슷한 과정을 거쳤습니다. 하노버 가문이 역사 속으로 사라진 여느 가문들과 다른 점은 비록 독일이 공화국이 되면서 더는 통치 가문이 아니기는 하지만, 계속해서 이 가문의 명맥이 이어지고 있다는 것입니다.

빅토리아 여왕은
어떻게 왕위에 올랐을까?

영국의 조지 3세는 아내인 메클렌부르크-슈트렐리츠의 샬럿과 매우 행복한 결혼 생활을 보냈습니다. 부부는 모두 열다섯 명의 아이를 낳았으며 그중 아들만 아홉 명이었습니다. 밑의 두 아들인 옥타비우스와 앨프러드만 어린 시절 사망했으며 나머지 일곱 명의 아들은 성인으로 성장했습니다. 그렇기에 조지 3세는 후계자가 될 아들이 적지 않았으며 후계자 문제는 발생하지 않을 것 같았습니다. 하지만 시간이 지나면서 조지 3세는 후계자를 걱정해야 하는 상황에 부딪힙니다.

조지 3세의 장남인 웨일스 공 조지는 후계자로서 어린 시절부터 부모의 기대를 많이 받았습니다. 하지만 그는 특히 결혼문제로 부모에게 엄청난 실망감을 안겨준 아들이기도 했습니다. 조지는 스물 한 살 때 자신보다 여섯 살이나 많은 과부이자 가톨릭교도였던 마리아 피츠허버트Maria Anne Fitzherbert와 사랑에 빠졌으며 그녀와 결혼하길 원했습니다. 피츠허버트 부인은 왕가에서 절대 허락할 수 없는 여성이었는데 그녀가 과부거나 웨일스 공보다 나이가 많은 것도 문제가 되었지만 가장 중요한 점은 그녀가 가톨릭교도였다는 것입니다. 1701년에 영국에서는 가톨릭교도이거나 가톨릭교도와 결혼한 왕족들의 왕위 계승 권리를 박탈하는 법률이 통과되었습니다. 이 법률 덕분에 조지 3세의 증조할아버지였던 조지 1세가 영국의 국왕이 될 수 있었습니다. 그렇기에 웨일스 공이 피츠허버트 부인과 결혼하는 것은 그의 왕위 계승 권리를 박탈당할 수 있는 중요한 문제였습니다. 하지만 웨일스 공은 이런 문제 따위는 아랑곳하지 않고 피츠허버트 부인에게 빠져들었으며 결국 1785년, 둘은 성직자와 증인을 두고 정식으로 결혼식을 올리기까지 합니다.

조지 3세는 동생들이 그가 보기에 너무나도 신분이 낮다고 생각한 여성들과 결혼한 것에 화를 냈으며 1772년 국왕의 승인없이 결혼하는 것은 무효라는 왕실 결혼 법령을 통과시켰습니다. 물론 이 법이 제정되기 전에 결혼한 동생들의 결혼을 무효화시킬 수는 없었지만 아들의 결혼은 무효화시킬 수 있었습니다.

웨일스 공은 피츠허버트 부인을 아내로 여겼지만, 의회와 왕실 입장에서는 확고히 웨일스 공은 미혼이라고 주장했습니다. 그리고 서둘러 신붓감을 찾게 됩니다. 웨일스 공은 처음에는 버텼지만 호화로운 생활로 인해서 재정 문제를 겪고 있었고, 빚을 해결해준다는 제안에 1795년, 왕가에서 선택한 신붓감이었던 브라운슈바이크-볼펜뷔텔의 카롤리네와 결혼했습니다. 하지만 둘은 결혼 첫날부터 서로 마음에 들지 않았으며 결국 결혼 직후부터 별거에 들어갔습니다. 그나마 결혼 9개월 만에 제2 왕위 계승자가 될 샬럿이 태어나면서 왕위 계승자 문제는 좀 나아집니다.

장남이 이렇게 속을 썩이자 조지 3세는 둘째 아들인 요크 공작 프레더릭을 왕가에서 승인할 수 있는 신분의 여성과 결혼시켜서 후계자를 얻으려 했습니다. 그리고 요크 공작의 신붓감으로는 프로이센의 국왕 프리드리히 빌헬름 2세의 딸이었던 프로이센의 프레데리케가 선택되었습니다. 요크 공작은 청혼하기 위해서 프로이센으로 갔으며 결국 1791년에 결혼식을 올렸습니다. 하지만 부부 사이에서는 자녀가 생기지 않았으며 결국 결혼 3년 후에 정식으로 별거했습니다. 이후 둘은 평생 별거하면서 지냈습니다.

한편 조지 3세의 여섯째 아들로 서식스 공작이었던 오거스터스 프레더릭은 1793년에 이탈리아를 여행하던 중 던모어 백작의 딸이었던 레이디 오거스터스 머레이를 만났고 두 사람은 사랑에 빠져버립니다. 그들은 로마에서 비밀리에 결혼했으며 이후 영국으로 와서 다시 한번 결혼식을 올렸습니다. 하지만 이 결혼은 국왕의 승인 없이 한 결혼이었기에 왕가에서는 이 결혼을 인정하지 않았습니다. 서식스 공작과 레이디 오거스터스 사이에서는 두 명의 자녀가 태어났지만 왕가에서는 이 자녀들 역시 인정하지 않았습니다. 결국 서식스 공작은 1806년에 오거스터스와 헤어졌으며, 자녀들은 영국 왕가 사람으로 인정받지 못했습니다.

나머지 네 명의 아들은 오래도록 결혼하지 않고 살았습니다. 이들은 대부분 정부와 살았는데, 아마도 형들처럼 의례적인 아내와 불행하게 살거나 아니면 사랑하는 여성과 결혼을 인정받지 못하고 헤어지느니 그냥 정부와 즐거운 삶을 살기를 원했던 듯합니다.

시간이 지난 후 1813년, 조지 3세의 다섯째 아들이었던 컴벌랜드 공작 어니스트 오거스터스는 한 여성과 사랑에 빠집니다. 그가 사랑에 빠진 여성은 형들이나 동생과 달리 왕가에서 승인할 만한 신분의 여성으로 심지어 사촌이기도 했습니다. 그녀는 바로 메클렌부르크-슈트렐리츠의 프레데리케로 컴벌랜드 공작의 외삼촌인 메클렌부르크-슈트렐리츠 공작 카를 2세의 딸이었습니다. 하지만 컴벌랜드 공작이 프레데리케와 결혼하는 데는 큰 문제가 있었습니다. 바로 프레데리케가 유부녀였기 때문입니다.

프레데리케의 남편은 알코올 중독이었기에 프레데리케의 아버지는 불행한 결혼생활에 지친 딸이 이혼하길 원했습니다. 그렇기에 컴벌랜드 공작이 프레데리케와 사랑에 빠진 것은 좋은 기회였습니다. 하지만 프레데리케의 남편이 1814년에 사망하면서 이혼할 수 없었습니다. 이렇게 되면서 컴벌랜드 공작이 프레데리케와 결혼하는 데는 걸림없어 보였습니다만, 컴벌랜드 공작의 어머니이자 프레데리케의 고모였던 샬럿 왕비가 이 결혼을 반대합니다.

사실 프레데리케는 당대 유명한 스캔들 메이커였습니다. 그녀는 원래 프로이센의 왕자인 프로이센의 루트비히 카를과 결혼했습니다만 남편과의 결혼 생활은 불행했고, 이 때문에 다른 남자와 대놓고 바람을 피웠다는 소문이 파다했습니다.

프레데리케의 첫 번째 남편은 1796년에 사망했는데 남편이 죽은 다음해인 1797년에 컴벌랜드 공작의 동생이자 조지 3세의 일곱째 아들이었던 케임브리지 공작 아돌푸스와 비밀리에 약혼까지 했습니다. 하지만 결혼을 기다리는 사이인 1798년, 프레데리케는 임신했고, 아이의 아버지였던 솔름스-브라운펠츠의 프리드리히 빌헬름과 서둘러 결혼했습니다. 이런 스캔들 메이커였던 조카를 며느리로 맞이해야 했기에 샬럿 왕비는 반감이 심했습니다. 그녀는 두 사람의 결혼을 끝까지 반대했으며 결혼식에 참석하지 않았고 둘이 영국 밖에서 살게 할 정도였습니다.

컴벌랜드 공작부인은 세 번째 결혼 전 열 명 정도의 아이를 낳았습니다. 이 때문에 아이를 곧 얻을 수 있을 것이라 생각했지만 결혼 후 두 명의 딸을 사산했으며 1819년에 아들인 조지를 낳았습니다.

1816년이 되었을 때 조지 3세에게는 손녀인 웨일스의 샬럿만이 유일한 손주였습니다. 그리고 이 해에 샬럿은 사랑하는 사람이었던 작센-코부르크-잘펠트의 레오폴트와 결혼했습니다. 결혼 다음 해에 임신을 했고, 사람들은 샬럿이 아이를 낳는다면 그 아이가 다음 후계자로 영국 왕위 계승 문제는 별탈 없을 것이라 여겼습니다. 하지만 1817년 11월, 샬럿은 아이를 사산한 뒤 사망합니다.

웨일스의 샬럿이 죽자 영국은 큰 혼란에 빠집니다. 조지 3세에게는 여전히 일곱 명의 아들이 있었지만 손주들은 한 명도 없는 상황이었으며 영국 왕위 계승에 대해서 당연히 고려해야 했습니다. 그래서 의회에서는 미혼인 왕자들을 결혼시키기 위해서 재정적으로 지원하게 됩니다. 사실 조지 3세의 아들들은 형들이 많았기에 자신에게까지 왕위가 돌아오지 않을 것이라 여겼고 그래서 결혼하지 않은 것도 어느 정도 있었습니다. 하지만 샬럿이 죽자 생각이 바뀌게 됩니다. 조지 3세의 첫째 아들인 웨일스 공은 아내와 별거 상태였으며 아이가 더 태어나지 않을 것이었습니다. 둘째 아들인 요크 공작 역시 아내와 별거 중이었고 자녀가 없었습니다. 이렇게 되자 셋째 아들인 클래런스 공작 윌리엄과 켄트 공작 에드워드, 그리고 일곱째 아들인 케임브리지 공작 아돌푸스는 자신들이 결혼해서 후손을 얻는다면 그 후손들을 통해서 왕위 계승자가 될 가능성이 충분히 있었습니다. 결국 의회의 회유와 왕자들의 왕위 계승에 대한 욕망으로 인해서 미혼이었던 나머지 세 왕자들은 1818년에 모두 결혼합니다.

조지 3세의 셋째 아들인 클래런스 공작 윌리엄은 오래도록 정부였던 도로

시 조던과 함께 살았으며 둘 사이에서는 모두 열 명의 자녀가 태어났습니다. 도러시 조던은 당대 유명한 배우였으며 윌리엄과 만나기 전에 이미 자녀가 있는 상황이었습니다. 둘은 결혼할 수 없는 처지였지만 윌리엄과 도러시 조던은 평범한 부부처럼 오래도록 살았습니다. 하지만 윌리엄은 빚이 점점 늘어났고 결국 이 빚을 청산하기 위해서 돈많은 여성과의 결혼을 추진하면서 도러시 조던과 헤어졌습니다. 그는 1818년에 의회의 지원으로 영국 왕자와 결혼할 만한 신분의 여성이었던 작센-마이닝겐의 아델하이트와 결혼했습니다. 도러시 조던과의 사이에서 태어난 열 명의 아이들이 모두 건강하게 성인으로 성장했던 것과 달리 아델하이트 사이에서 태어난 아이들은 모두 성인으로 성장하지 못했습니다.

조지 3세의 넷째 아들인 켄트 공작 에드워드 역시 오래도록 정부와 살았습니다만 그 역시 정부와 헤어지고 1818년, 작센-코부르크-잘펠트의 빅토리아와 결혼합니다. 빅토리아는 샬럿의 남편이었던 레오폴트의 누나였으며 이미 한 번 결혼해서 남편을 사별한 과부로 두 아이들이 있었습니다. 켄트 공작은 아내와 아내의 두 아이들과 함께 평범하게 살았는데 재정적인 문제로 인해서 생활비가 많이 드는 영국에서 살지 못하고 독일에서 결혼 직후부터 살았습니다. 하지만 아내가 임신하자, 영국의 왕위 계승자가 될지도 모를 자신의 아이를 외국에서 태어나게 할 수 없었기에 가족들을 데리고 영국으로 돌아왔습니다. 그리고 1819년 5월, 딸인 빅토리아가 태어납니다. 하지만 빅토리아가 태어난 지 1년도 되지 않은 1820년 1월에 켄트 공작은 사망합니다.

조지 3세의 일곱째 아들인 케임브리지 공작 아돌푸스는 한때 사촌이었던 메클렌부르크-슈트렐리츠의 프레데리케와 약혼까지 했습니다만 결혼하지는 못했습니다. 이후 아돌푸스 역시 조카인 샬럿이 죽은 뒤인 1818년에 적당한 신부감을 찾아서 결혼합니다. 케임브리지 공작이 결혼한 상대는 헤센-카셀의 아우구스테였습니다. 둘 사이에서는 세 명의 아이들이 태어나는데, 첫째는 1819년 3월에 태어난 아들 조지였으며, 둘째는 1822년에 태어난 딸인 아우구스타, 막내는 1833년에 태어난 메리였습니다.

1820년, 조지 3세가 죽고 장남인 웨일스 공 조지가 조지 4세로 즉위했을 때 켄트의 빅토리아 공주는 백부들인 요크 공작과 클래런스 공작 다음으로 왕위 계승 권리를 가지고 있었습니다. 하지만 1830년에 조지 4세가 죽고 윌리엄 4세가 즉위했을 때 켄트의 빅토리아 공주는 백부인 윌리엄 4세의 왕위 계승자였습니다. 결국 이렇게 해서 윌리엄 4세가 죽은 뒤 빅토리아 여왕이 왕위에 오르게 되었습니다.

6장

비텔스바흐
: 치열한 분할 상속의 계보

House of Wittelsbach

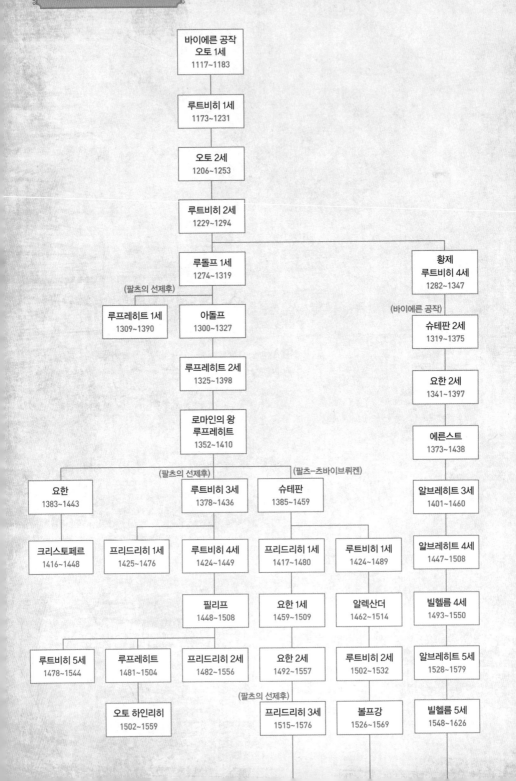

비텔스바흐 가문 가계도

바이에른 공작
오토 1세
1117~1183

루트비히 1세
1173~1231

오토 2세
1206~1253

루트비히 2세
1229~1294

루돌프 1세
1274~1319

황제
루트비히 4세
1282~1347

(팔츠의 선제후)
루프레히트 1세
1309~1390

아돌프
1300~1327

(바이에른 공작)
슈테판 2세
1319~1375

루프레히트 2세
1325~1398

요한 2세
1341~1397

로마인의 왕
루프레히트
1352~1410

에른스트
1373~1438

(팔츠의 선제후)
요한
1383~1443

루트비히 3세
1378~1436

(팔츠-츠바이브뤼켄)
슈테판
1385~1459

알브레히트 3세
1401~1460

크리스토페르
1416~1448

프리드리히 1세
1425~1476

루트비히 4세
1424~1449

프리드리히 1세
1417~1480

루트비히 1세
1424~1489

알브레히트 4세
1447~1508

필리프
1448~1508

요한 1세
1459~1509

알렉산더
1462~1514

빌헬름 4세
1493~1550

루트비히 5세
1478~1544

루프레히트
1481~1504

프리드리히 2세
1482~1556

요한 2세
1492~1557

루트비히 2세
1502~1532

알브레히트 5세
1528~1579

오토 하인리히
1502~1559

(팔츠의 선제후)
프리드리히 3세
1515~1576

볼프강
1526~1569

빌헬름 5세
1548~1626

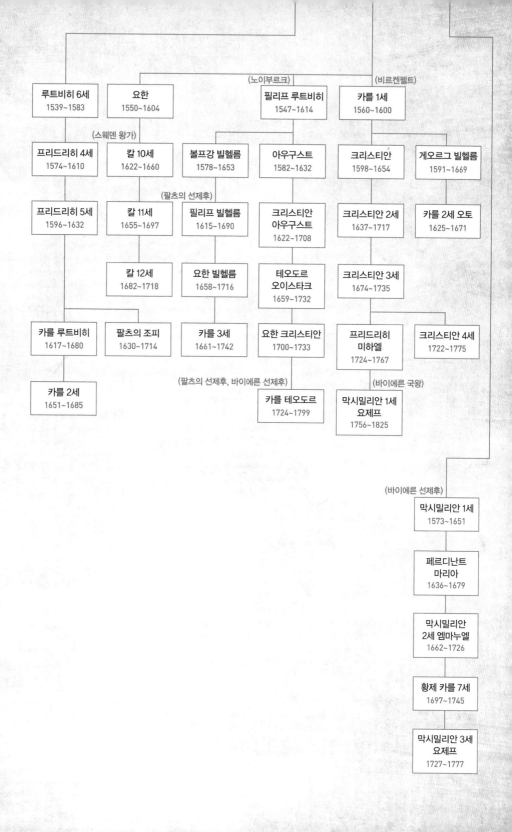

(노이부르크)　　　　　(비르켄펠트)

| 루트비히 6세 | 요한 | | 필리프 루트비히 | 카를 1세 |
| 1539~1583 | 1550~1604 | | 1547~1614 | 1560~1600 |

(스웨덴 왕가)

| 프리드리히 4세 | 칼 10세 | 볼프강 빌헬름 | 아우구스트 | 크리스티안 | 게오르그 빌헬름 |
| 1574~1610 | 1622~1660 | 1578~1653 | 1582~1632 | 1598~1654 | 1591~1669 |

(팔츠의 선제후)

| 프리드리히 5세 | 칼 11세 | 필리프 빌헬름 | 크리스티안 아우구스트 | 크리스티안 2세 | 카를 2세 오토 |
| 1596~1632 | 1655~1697 | 1615~1690 | 1622~1708 | 1637~1717 | 1625~1671 |

| | 칼 12세 | 요한 빌헬름 | 테오도르 오이스타크 | 크리스티안 3세 | |
| | 1682~1718 | 1658~1716 | 1659~1732 | 1674~1735 | |

| 카를 루트비히 | 팔츠의 조피 | 카를 3세 | 요한 크리스티안 | 프리드리히 미하엘 | 크리스티안 4세 |
| 1617~1680 | 1630~1714 | 1661~1742 | 1700~1733 | 1724~1767 | 1722~1775 |

(팔츠의 선제후, 바이에른 선제후)　　　　(바이에른 국왕)

| 카를 2세 | | 카를 테오도르 | 막시밀리안 1세 요제프 |
| 1651~1685 | | 1724~1799 | 1756~1825 |

(바이에른 선제후)

| 막시밀리안 1세 |
| 1573~1651 |

| 페르디난트 마리아 |
| 1636~1679 |

| 막시밀리안 2세 엠마누엘 |
| 1662~1726 |

| 황제 카를 7세 |
| 1697~1745 |

| 막시밀리안 3세 요제프 |
| 1727~1777 |

비텔스바흐 가문은 이미 14세기에 황제를 배출했던 대단한 가문이었습니다. 일찍이 중세시대부터 막강한 영향력을 가지고 있었지만, 신성로마제국 내 많은 제후 가문처럼 이 가문 역시 영지를 분할 상속하면서 힘이 약해졌습니다. 게다가 바이에른 공작 가문의 경우 형제들과 친척들 간에 서로 영지를 차지하기 위해서 분쟁을 지속했는데, 이는 가문의 영지가 한 사람에 의해서 통일되기 전까지 가문의 힘을 약화시킨 원인이었습니다.

비텔스바흐 가문과 두 개의 분가

✦ 초기의 비텔스바흐 가문

19세기 독일의 통일 직전, 프로이센과 비견될 만한 나라는 바로 바이에른일 것입니다. 사실 바이에른 왕국은 모든 면에서 프로이센과 비교될 수 있었는데, 프로이센은 독일 북부에 있었고 바이에른은 독일 남부에 있었습니다. 또한 프로이센은 개신교였고, 바이에른은 가톨릭이었습니다. 프로이센은 나폴레옹 전쟁 때 늘 나폴레옹에게 적대적이었지만 바이에른은 나폴레옹과 협력관계를 통해서 왕국의 지위를 확고히 하기도 했습니다. 하지만 역사적으로 비교해보면 프로이센 왕가인 호엔촐레른 가문은 바이에른 왕가인 비텔스바흐 가문에 비해서 훨씬 후대에 힘을 얻은 가문이라 할 수 있습니다.

비텔스바흐 가문에서 인정하는 첫 선조는 샤이에른의 백작이라고 알려진 오토입니다. 샤이에른 백작 오토 1세Otto I von Scheyern는 1045년에 기록이 등장하며 결혼 후 '백작graf'라는 칭호를 쓰기 시작했다고 합니다. 비텔스바흐 가문 사람들은 이 샤이에른 백작 오토의 후손이긴 했지만, 그가 비텔스바흐라는 성을 처음 쓴 사람은 아니었습니다. 이 성을 처음으로 쓴 사람은 오토의 손자인 샤이에른의 백작 오토 4세Otto IV von Scheyern였습니다. 오토 4세는 비텔스바흐 성에 거주했기에 비텔스바흐의 오토라고 알려졌으며, 이후 그의 후손들은 비텔스바흐라는 성을 쓰게 됩니다. 특히 오토 4세는 황제 하인리히 5세에게서 '바이에른의 팔츠그라프 Pfalzgraf in Bayern' 지위를 받아 바이에른의 팔츠그라프 오토 5세가 되었습니다.

오토 5세의 아들인 바이에른의 팔츠그라프 오토 6세는 황제 프리드리히 1세(프리드리히 바르바롯사)에게 충성을 다하는 인물이었습니다. 특히 그는 매우 용맹한 기사로서 황제를 따라 여러 전투에 참전했으며 큰 공을 세우기도 했습니다. 그렇게 그는 황제의 신임을 얻게 되었습니다. 특히 프리드리히 1세는 사촌인 벨프 가문의 하인리히 데어 뢰베와 갈등을 빚었으며, 결국 하인리히 데어 뢰베의 영지였던 작센 공작령과 바이에른 공작령을 빼앗아버립니다. 그리고 바이에른 공작령을 자신이 신임하던 신하인 오토에게 줬으며 오토 6세는 바이에른 공작 오토 1세Otto I der Rotkopf가 됩니다. 오토 1세 이후 바이에른 공작령은 20세기까지 비텔스바흐 가문의 통치 영지로 남게 됩니다.

오토 1세가 바이에른의 공작이 되면서 이제 비텔스바흐 가문도 제국 내에서 강력한 세력으로 성장하게 됩니다. 오토 1세의 아들인 루트비히는 아버지의 뒤를 이어서 바이에른의 공작 루트비히 1세Ludwig der Kelheimer가 됩니다. 그는 아버지처럼 호엔슈타우펜 가문에 충성했는데 특히 황제 하인리히 6세를 섬겨서 그를 따라 이탈리아까지 갔습니다. 하인리히 6세가 죽은 뒤 그는 독일로 돌아와서 호엔슈타우펜 가문의 필리프를 로마인

바이에른의 공작 오토.
오토 1세가 바이에른의 공작이 되면서
비텔스바흐 가문도 제국 내에서 강력한
세력으로 성장한다.

의 왕으로 지지했습니다. 하지만 루트비히 1세의 사촌이었던 바이에른의 팔츠그라프 오토 8세가 필리프를 암살하면서 상황이 애매해집니다. 이 암살 사건으로 루트비히 1세 역시 의심을 받았으며, 결국 호엔슈타우펜 가문과 껄끄러운 사이가 되었습니다.

그래서 루트비히 1세는 필리프의 라이벌이었던 벨프 가문 출신의 황제 오토 4세와 협상을 진행했습니다. 특히 루트비히 1세는 당시 매우 중요한 지위 중 하나였던 라인의 팔츠그라프Pfalzgraf bei Rhein 지위를 원했습니다. 라인의 팔츠그라프령은 원래 호엔슈타우펜 가문의 영지였는데 오토 4세의 형인 하인리히 5세와 황제 하인리히 6세의 사촌이 결혼하면서 벨프 가문으로 넘어간 상태였습니다. 결국 오토 4세는 루트비히 1세에게 이 지위를 인정해줬습니다.

하지만 황제의 인정만으로 부족하다고 여긴 루트비히 1세는 자신의 아들인 오토와 벨프 가문 출신인 라인의 팔츠그라프 하인리히 5세의 딸을 결혼시킵니다. 황제의 승인과 결혼을 통해서 상속 권리를 확보하면서 이후 라인의 팔츠그라프령 역시 비텔스바흐 가문의 상속 영지로 남게 됩니다.

당시 라인의 팔츠그라프는 독일 궁정에서 매우 중요한 지위 중 하나였습니다. 팔츠그라프는 군주와 봉신을 연결하고 사법권 등을 행사할 수 있는 지위였습니다. 특히 라인의 팔츠그라프는 황제를 대리하는 경우가 많아서 더 중요했는데, 황제가 없던 대공위시대에는 라인의 팔츠그라프의 권위나 역할 비중이 더 커졌습니다. 실제로 당시 비텔스바흐 가문 사람들은 라인의 팔츠그라프 지위와 바이에른 공작 지위를 동시에 쓸 수 있었는데, 라인의 팔츠그라프 지위를 먼저 쓰고 바이에른 공작을 나중에 표기할 정도였습니다.

이렇게 황제 오토 4세에게서 이익을 얻었지만, 공작 루트비히 1세는 여전히 호엔슈타우펜 가문에 충성했으며 특히 황제 하인리히 6세의 아들로 정당한 상속권리가 있던 시칠리아의 국왕 페데리코(프리드리히)가 독일로 오자 바로 그를 지지했습니다.

루트비히 1세의 아들인 오토 2세Otto II. der Erlauchte는 1231년 아버지가 암살당한 뒤 아버지의 뒤를 이어 바이에른의 공작이자 라인의 팔츠그라프가 됩니다. 그는 아버지의 암살에 황제가 관여했다고 여겼기에 한동안 프리드리히 2세와 적대적인 관계가 됩니다. 하지만 결국 황제와 화해하고 황제를 지지했습니다. 특히 오토 2세는 비텔스바흐 가문의 기본이 되는 영토를 마련하는 데 주력했습니다.

1253년에 오토 2세가 죽은 뒤 영지는 두 아들인 루트비히와 하인리히가 물려받았고 두 사람은 바이에른의 공작 루트비히 2세udwig der Strenge

와 하인리히 13세Heinrich XIII가 됩니다. 이들은 당대 많은 제후처럼 아버지의 영지를 분할해서 통치하기로 결정했습니다. 형인 루트비히 2세는 상바이에른과 라인의 팔츠그라프령인 라인팔츠를 통치하기로 했고, 동생인 하인리히 13세는 하바이에른을 통치하기로 결정합니다. 사실 바이에른 공작령을 이렇게 나누는 것은 제국의 법률에 위반되지만 1250년에 황제 프리드리히 2세가 죽은 뒤 대공위시대가 시작되었기에 두 바이에른 공작은 자신의 뜻을 힘으로 밀어붙였던 것입니다. 임의로 영지를 나눈 것에 반발하는 이들이 많았으며 바이에른이 공격당하기까지 합니다.

이런 상황인 만큼 두 형제는 처음에는 공동의 적을 두고 함께 싸웠습니다. 하지만 서로의 이익이 달랐기에 형제는 곧 각자 다른 편이 되었습니다. 그리고 시간이 지나면서 형제들은 편을 바꾸기도 했습니다. 특히 합스부르크의 루돌프가 로마인의 왕이 되면서 더 복잡해지는데, 형인 루트비히 2세는 결국 루돌프의 딸과 결혼하면서 루돌프에 대한 지지를 굳혔지만, 하인리히 13세는 합스부르크 가문에 대해서 지지와 적대를 반복했습니다.

루트비히 2세와 하인리히 13세는 각자 아들들에게 영지를 물려주었고, 이들은 각각 다르게 발전해나갑니다. 하인리히 13세는 헝가리 공주와 결혼했고, 이 때문에 그의 아들인 오토는 헝가리 국왕이 되기까지 했습니다. 하지만 1340년이 되면 하인리히 13세의 남성 후계자들은 모두 단절되고, 하바이에른의 영지는 루트비히 2세의 아들로 황제가 된 루트비히 4세에게 돌아가게 됩니다.

루트비히 2세의 두 아들인 루돌프Rudolf der Stammler와 루트비히Ludwig der Bayer는 1294년에 아버지가 죽은 뒤 아버지의 영지인 상바이에른과 라인

팔츠를 물려받았습니다. 형제들 중 동생인 루트비히는 야망이 많은 인물이었기에 매우 적극적으로 영지를 통치했습니다. 이는 당연히 형제간의 분쟁을 야기했는데, 특히 로마인의 왕 지위를 두고 형제의 외삼촌인 오스트리아의 알브레히트 1세와 나사우의 아돌프가 경쟁 관계였을 때 형제는 서로 다른 세력을 지지했습니다. 루돌프는 아돌프의 딸과 결혼했기에 장인을 지지했지만 루트비히는 외삼촌인 알브레히트를 지지했습니다. 물론 장인이 죽고 외삼촌이 로마인의 왕이 되자 루돌프는 편을 바꿨지만, 대신 동생인 루트비히와 영지 내 통치를 두고 갈등을 빚게 됩니다. 이런 정치적 상황은 루돌프에게 불리했으며, 결국 루트비히가 통치하도록 허락해야 했습니다.

이후 동생인 루트비히가 사촌인 합스부르크 가문 출신이었던 오스트리아의 프리드리히와 로마인의 왕 자리를 두고 경쟁했을 때 루돌프는 동생에 대한 거부감으로 사촌을 지지하기도 했습니다. 프리드리히와 루트비히는 서로 로마인의 왕이라 주장하고 각자 대관식을 하면서 갈등이 심화됩니다. 루트비히는 결국 무력으로 프리드리히를 제압했는데, 형인 루돌프 역시 동생에게 제압당했습니다. 결국 루돌프는 1317년에 모든 지위를 동생인 루트비히에게 물려주고 은퇴합니다.

루트비히는 사촌인 프리드리히와 어린 시절 함께 자랐기에 결국 1320년대에 그를 용서하고, 심지어 공동 국왕으로 인정하기까지 했습니다. 물론 이미 루트비히가 확고한 세력을 가지고 있었기에 사촌을 포용한 것이었습니다. 독일의 상황이 정리된 후 루트비히는 대관식을 위해서 로마로 갔으며, 1328년 신성로마제국의 황제 루트비히 4세Ludwig IV가 됩니다.

로마에서 황제로 대관한 루트비히 4세.

    루트비히 4세는 황제가 된 이후 가문의 영지 문제를 정리했습니다. 그는 조카들에게 라인팔츠 지역을 분배해주었고, 이후 루트비히 4세의 조카들은 비텔스바흐 가문의 팔츠 분가를 형성하게 됩니다.

    1340년, 하 바이에른을 통합하게 된 루트비히 4세는 바이에른 공작령 전체를 다시 한번 합병합니다. 하지만 그에게는 여섯 아들이 있었는데, 이 아들들은 아버지의 바이에른 공작령을 공동으로 상속했고, 결국 바이에른 공작 가문의 분가들이 생겼습니다.

    황제 루트비히 4세 시절 비텔스바흐 가문이 엄청나게 부상했지만, 결국 그가 죽은 뒤 이전에 바이에른 공작령 전체와 라인의 팔츠그라프령 전체를 가지고 있었던 비텔스바흐 가문은 크게 팔츠와 바이에른 분가로 나뉘었을 뿐 아니라 이 분가도 다시 많은 분가로 나뉘면서 가문의 세력이 한때 약해지는 원인이 됩니다.

팔츠 가문

✢ 라인팔츠의 분가

황제 루트비히 4세는 1329년 형 루돌프 1세의 후손들과 가문의 영지 상속 문제를 정리한 파비아 조약을 통해서 형 루돌프 1세의 후손들에게 가문의 영지 중 라인팔츠 지방을 물려주게 됩니다. 루트비히 4세에게 영지를 분배받은 인물들은 루돌프 1세의 두 아들인 루돌프 2세Rudolf II der Blinde와 루프레히트 1세Ruprecht I, 그리고 루돌프 1세의 손자였던 루프레히트 2세Ruprecht II였습니다. 하지만 이들 셋은 곧 영지 문제를 두고 분쟁을 일으켰고, 결국 라인팔츠 지역을 나누게 됩니다. 루돌프 2세는 남성 직계 후손 없이 사망했으며, 영지는 동생인 루프레히트 1세가 물려받았습니다. 루프레히트 1세는 1356년 라인의 팔츠그라프로 황제를 뽑는 선제후로 승인을 받았습니다. 이후 그는 팔츠의 선제후라고 알려지게 되지만, 루프레히트 1세 역시 남성 직계 후손 없이 사망했기에 그의 영지는 결국 조카인 루프레히트 2세가 모두 물려받았으며 팔츠의 선제후가 됩니다.

루프레히트 2세의 아들인 루프레히트Ruprecht von der Pfalz는 1398년에 아버지의 뒤를 이어서 팔츠의 선제후 루프레히트 3세가 되었습니다. 그는 일찍부터 아버지와 함께 선제후령의 통치에 관여했으며 이 덕분에 그는 복잡한 제국 내 상황에서 높이 올라갈 수 있는 기회를 얻게 됩니다. 당시 로마인의 왕은 제국 내에서 강력한 영향력을 행사하고 있던 룩셈부르크 가문 출신인 보헤미아의 국왕이자 카를 6세의 아들인 바츨라프 4세(독일어로는 벤첼)였습니다. 그는 아버지 생전에 로마인의 왕이 되었지만 황제로 즉위하지 않았고 독일 통치보다 보헤미아에 더 집중했습니다.

바츨라프 4세의 이런 행동은 제국을 통치해야 하는 로마인의 왕이 제국을 내버려둔 것이나 마찬가지였기에 제국 내 제후들의 불만을 샀고, 결국 1400년에 바츨라프 4세는 왕위에서 쫓겨나게 됩니다. 루프레히트 3세는 선제후였기에 당연히 로마인의 왕을 뽑을 수 있는 선거권이 있었고, 또 같은 선제후들 중 몇 명의 지지를 얻어낼 수 있었습니다.

이렇게 혼란한 상황에서 루프레히트 3세는 로마인의 왕 루프레히트로 즉위할 수 있었습니다. 하지만 루프레히트는 여전히 강한 영향력을 행사하고 있던 룩셈부르크 가문에 비해서 세력이 약했기에 룩셈부르크 가문을 견제하고 자신의 지위를 확고히 하는 한편, 황제로 즉위하기 위해 이탈리아에 가기로 결정합니다. 그러나 중간에 패배해서 이탈리아로 가지 못했습니다. 이로 인해 제국 내에서 혼란이 있었지만 루프레히트 3세는 이를 여러 가지 외교적인 방법과 정치적인 행동으로 해결합니다. 그는 유능한 군주였기에 라인팔츠 지방을 안정적으로 통치했고, 자신의 영지를 기반으로 독일을 안정시키는 데 어느 정도 영향을 미쳤습니다. 또한 아들을 잉글랜드 국왕 헨리 4세의 딸과 결혼시켜서 룩셈부르크 가

루프레히트 폰 데어팔츠(팔츠의 선제후 루프레히트 3세)와 아내인 호엔촐레른의 엘리자베트.

문을 견제하기도 했습니다.

　루프레히트 3세는 죽을 때 자신의 영지를 네 명의 아들에게 분배하려고 했습니다. 네 아들 중 루트비히 3세Ludwig III는 아버지의 뒤를 이어서 팔츠 선제후가 됩니다. 그리고 요한Johann은 노이마르크트 중심 지역을 물려받아서 팔츠-노이마르크트Pfalz-Neumarkt의 팔츠그라프가 됩니다. 슈테판Stefan은 지메른과 츠바이브뤼켄 중심 지역을 물려받아서 팔츠-지메른-츠바이브뤼켄Pfalz-Simmern-Zweibrücken의 팔츠그라프가 되었고, 막내아들인 오토Otto I는 모스바흐 중심 지역을 물려받아서 팔츠-모스바흐Pfalz-Mosbach의 팔츠그라프가 됩니다. 이후 팔츠 가문은 이렇게 성립된 분가를 바탕으로 다시 더 나뉘거나 합쳐집니다.

　루프레히트 3세의 네 아들 중 팔츠-노이마르크트를 물려받았던 요한의 가계가 가장 먼저 단절됩니다. 요한에게는 아들 크리스토프 한 명밖에 없었는데, 크리스토프는 외가 쪽의 복잡한 친척관계를 통해서 칼마르 동맹의 군주인 크리스토페르Kristofer가 됩니다. 칼마르 동맹은 덴마크, 노르웨이, 스웨덴이 왕위 계승자가 없어서 한 명의 군주가 통치했던 시기를 말하는데 이때 첫 번째 군주는 덴마크의 공주이자 스웨덴과 노르웨이의 왕비였던 마르그레테Margrete였습니다. 마르그레테의 아들인 올라프는 어머니보다 먼저 사망했고, 다른 왕위 계승자도 없었기에 마르그레테의 언니의 손자였던 포메른의 공작 에릭이 마르그레테의 뒤를 이어서 칼마르 동맹의 군주가 되었습니다. 그 뒤로 외삼촌인 에릭의 뒤를 이어서 크리스토페르가 칼마르 동맹의 군주로 선출되었던 것입니다.

하지만 1448년, 크리스토페르는 후계자 없이 사망했고, 요한의 가계가 단절됩니다. 칼마르 동맹의 군주의 지위는 올덴부르크 백작인 크리스티안에게 돌아갔으며, 비텔스바흐 가문 쪽 상속 영지인 노이마르크트 영지는 요한의 두 동생인 슈테판 1세와 오토 1세가 나눠가집니다. 이후 오토는 형인 슈테판에게서 노이마르크트 영지의 지분을 사서 노이마르크트 영지 전체를 소유했습니다만 오토 1세의 아들인 오토 2세에게 남성 후계자가 없었기에 이 가계 또한 단절되었으며 오토 2세의 영지는 모두 팔츠 선제후가 다시 상속받게 됩니다.

일찍 가계가 단절된 팔츠-노이마르크트와 팔츠-모스바흐와 달리 팔츠 선제후 가문과 팔츠-지메른-츠바이브뤼켄 가문은 오랫동안 이어집니다.

✤ 란스후트의 상속을 둘러싼 갈등

팔츠의 선제후가 된 루트비히 3세는 라인의 팔츠그라프라는 지위답게 국왕의 대리인으로 충실히 일했습니다. 특히 그는 제국 내 여러 가지 일을 담당했는데 이를테면 이단으로 취급받던 얀 후스Jan Hus나 프라하의 제롬을 화형시키는 것을 집행하기도 했습니다. 하지만 루트비히 3세는 장남을 잃고 큰 충격을 받아 성지 순례를 떠났다가 도리어 중병을 얻었고, 1436년에 사망합니다.

루트비히 4세Ludwig IV는 아버지가 죽었을 때 미성년이었습니다. 1442년 성인이 되면서 통치했지만 1449년에 25세의 나이로 사망합니다. 루트비히 4세가 죽었을 때 아들인 필리프는 두 살도 되지 않았고, 그의 숙부인 프리드리히가 그의 섭정이 됩니다. 하지만 1451년에 프리드리히는 스스로 선제후 프리드리히 1세Friedrich I가 되었고, 조카를 양자로 삼았으며 정식으로 결혼하지 않기로 했습니다. 이에 대해 황제가 승인하지 않으려 했으며 선제후령 내에서도 반란이 일어났지만 프리드리히는 친척이었던 바이에른-란스후트의 루트비히 9세Ludwig IX der Reiche von Bayern-Landshut와 동맹을 맺고 방어했을 뿐 아니라 정치적으로도 능력을 발휘해 자신의 지위를 확고히 했습니다.

프리드리히 1세는 클라라 토트라는 여성과 정식으로 결혼하긴 했지만, 이전에 결혼하지 않겠다고 맹세했기에 복잡한 상황이었습니다. 이후 프리드리히 1세는 아들들이 태어났지만, 프리드리히 1세의 조카인 필리프Philipp가 1476년에 숙부의 뒤를 이어서 팔츠의 선제후령을 물려받게 됩니다.

필리프는 숙부처럼 바이에른-란스후트와 좋은 관계를 유지했습니다. 필리프의 아내인 마르가레테는 바이에른-란스후트 공작 루트비히 9세의 딸이었으며, 이 때문에 처남이었던 공작 게오르그와 친한 사이이기도 했습니다. 이런 이유로 필리프는 자신의 아들인 루프레히트를 게오르그의 딸이자 바이에른-란스후트의 상속녀 엘리자베트와 결혼시켜서 그들의 후손들이 바이에른-란스후트 공작령을 상속받아야 한다고 주장합니다. 하지만 이는 팔츠와 바이에른으로 영지를 나눴던 비텔스바흐 가문의 상속법을 어긴 것일 뿐 아니라 여성 계승을 인정하지 않는 제국법을 어긴 것이기도 했습니다.

결국 란스후트의 상속을 두고 전쟁이 벌어집니다. 이 전쟁은 팔츠 선제후 측에게 불리하게 끝났으며 황제의 중재로 란스후트는 바이에른-뮌헨 공작이 상속받는 대신 노이부르크를 중심으로 하는 영지를 엘리자베트와 루프레히트의 두 아들인 오토 하인리히와 필리프에게 보상으로 주게 됩니다. 하지만 이때 팔츠 선제후는 영지 중 일부를 황제와 다른 제후들에게 넘겨야 했습니다.

1508년에 필리프가 사망한 후 선제후령은 필리프의 아들인 루트비히 5세Ludwig V von der Pfalz와 프리드리히 2세Friedrich II der Weise가 차례로 이어받았지만 두 사람 모두 후손이 없었습니다. 결국 필리프의 손자이자 루트비히 5세와 프리드리히 2세의 조카이며 노이부르크를 물려받은 오토 하인리히Otto Heinrich(또는 오틴리히Ottheinrich von der Pfalz)가 1556년에 선제후령을 물려받게 됩니다. 오토 하인리히는 선제후가 되기 전 노이부르크 영지를 상속받았으나 화려한 궁전을 지었고, 이 때문에 파산할 지경이었습니다. 게다가 그는 개신교를 지지했기에 슈말칼덴 전쟁(1546년~1547년, 30년 전쟁 이전에 개신교도와 가톨릭교도 제후들 사이에 일어났던 전쟁)이 일어났을 때 황제에 의해서 자신의 영지에서 잠시 쫓겨나기까지 했습니다. 하지만 오토 하인리히는 확고한 개신교도였으며 선제후가 된 뒤 팔츠 선제후령에 개신교를 전파했습니다. 오토 하인리히는 선제후가 되고 3년 후인 1559년 사망하는데, 그가 죽으면서 팔츠 선제후 가문의 직계가 단절됩니다. 그리고 팔츠 선제후령은 친척이었던 팔츠-지메른 가문으로 이어졌습니다.

✛ 팔츠-지메른 가문의 형성

팔츠-지메른-츠바이브뤼켄 가문의 선조인 슈테판Stefan von Pfalz-Simmern-Zweibrücken은 지메른과 츠바이브뤼켄 지역을 물려받았으며 아내를 통해서 벨덴츠를 얻게 됩니다. 슈테판이 1459년에 사망한 뒤 두 아들인 프리드리히와 루트비히는 아버지의 영지를 나누어서 상속받았습니다. 장남인 프리드리히 1세Friedrich I von Pfalz-Simmern는 지메른 지역 중심의 영지를 물려받았으며, 이후 프리드리히 1세의 후손들은 팔츠-지메른 가문을 형성합니다. 아들 루트비히 1세Ludwig I von Pfalz-Zweibrücken는 츠바이브뤼켄 지역 중심의 영지를 물려받았고, 이후 팔츠-츠바이브뤼켄 가문을 형성했습니다.

오토 하인리히는 1556년 팔츠 선제후령을 물려받으면서 자신이 가지고 있던 노이부르크 영지를 당시 팔츠-츠바이브뤼켄 가문의 수장이었던 볼프강Wolfgang von Pfalz-Zweibrücken에게 넘겼습니다. 그리고 오토 하인리히가 죽은 뒤 선제후령은 팔츠-지메른 가문 출신이었던 프리드리히 3세Friedrich III가 상속받았습니다. 선제후가 된 프리드리히 3세는 역시 종교개혁을 지지하는 입장이었는데, 특히 그는 칼뱅파를 선호했으며 이는 선제후령 내에서 강경한 입장이었던 루터파와 마찰을 빚었을 뿐 아니라 후계 자인 루트비히 역시 루터파를 지지했기에 아들과도 마찰을 빚었습니다.

프리드리히 3세가 1576년에 사망한 뒤 장남인 루트비히가 선제후 루트비히 6세Ludwig VI von der Pfalz가 됩니다. 그는 루터파를 지지했기에 아버지가 신임했던 칼뱅파 사람들을 몰아냈으며 아버지와 뜻이 같았던 동생 요한 카지미르Johann Casimir von Pfalz-Simmern와 갈등을 겪었습니다. 1583년, 루트비히 6세가 사망한 뒤 선제후령은 그의 미성년 아들이었던 프리드리히 4세Friedrich IV가 물려받게 됩니다. 프리드리히 4세가 선제후가 되었을 때 형과 마찰을 빚었던 요한 카지미르가 조카의 섭정이 되었습니다. 프리드리히 4세는 숙부의 영향을 받아서 칼뱅파를 지지했으며 당대 개신교 연합의 리더가 되기도 했습니다.

팔츠 선제후로 가장 잘 알려진 인물은 바로 프리드리히 4세의 아들이었던 선제후 프리드리히 5세Friedrich V일 것입니다. 1610년에 아버지의 뒤를 이어서 팔츠 선제후가 된 프리드리히 5세는 1619년, 보헤미아의 국왕이 되어달라는 보헤미아 신교도 귀족들의 제안을 수락하면서 문제를 일으켰습니다. 보헤미아는 원래 합스부르크 가문의 황제들이 국왕이 되었지만, 당시 신교와 구교의 갈등이 너무 심했고, 보헤미아의 신교도들은 가톨릭을 믿는 합스부르크 가문의 황제를 원치 않았기에 다른 국왕을 선출하고자 했습니다. 하지만 황제 가문이었던 합스부르크 가문 입장에서 신하인 팔츠의 선제후가 보헤미아의 왕위를 얻는 것은 반역이나 다름없었으며 결국 보헤미아를 되찾기 위해 보헤미아를 공격했을 뿐 아니라 프리드리히 5세의 팔츠 선제후령을 빼앗아버리기까지 합니다. 프리드리히 5세는 팔츠 선제후 영지를 빼앗기고 망명해야 했으며, 합스부르크 가문

팔츠 선제후 프리드리히 5세.
보헤미아 왕위 문제 때문에 팔츠 선제후령을 빼
앗기고 망명해야 했던 그는 '겨울 국왕'이라는
별명을 얻었다.

에서는 팔츠 선제후의 영지와 지위를 같은 비텔스바흐 가문이지만 합스
부르크 가문의 편이었던 바이에른 공작 가문에게 주었습니다. 프리드리
히 5세는 한 해 겨울 동안만 보헤미아의 국왕이었기에 '겨울 국왕'이라
는 별명도 얻었고 평생 망명 생활을 해야 했습니다.

　30년 전쟁이 끝난 뒤 프리드리히 5세의 아들인 카를 루트비히Karl I
Ludwig가 다시 선제후 지위를 되찾았습니다. 하지만 영지는 줄어든 상태
였습니다. 게다가 카를 루트비히의 아들인 카를 2세Karl II가 아버지의 뒤
를 이어서 선제후가 되었는데 1685년에 후손 없이 사망해서 지메른 계
열의 팔츠 선제후 가문 역시 단절됩니다. 카를 2세가 죽은 뒤 선제후령은
팔츠-츠바이브뤼켄 가문의 분가 중 하나였던 팔츠-노이부르크 가문으
로 이어졌습니다.

✠ 팔츠-츠바이브뤼켄 가문의 상속

　팔츠 가문 중 마지막까지 남은 가문이 바로 팔츠-츠바이브뤼켄 분가였습니다. 1550년대 후반 팔츠의 선제후였던 오토 하인리히로부터 노이부르크를 중심으로 하는 지역을 상속받았던 팔츠-츠바이브뤼켄의 볼프강에게는 여러 아들이 있었습니다. 그리고 1569년 볼프강이 사망하면서 그의 아들들은 아버지의 영지를 분할해서 상속합니다. 볼프강의 아들 중 장남인 필리프 루트비히Philipp Ludwig von Pfalz-Neuburg는 노이부르크를 중심으로 하는 영지를 물려받았으며, 둘째 아들인 요한Johann I von Pfalz-Zweibrücken은 츠바이브뤼켄을 중심으로 하는 영지를 물려받았습니다. 막내아들인 카를Karl I von Pfalz-Zweibrücken-Birkenfeld은 비르켄펠트를 중심으로 하는 영지를 물려받았습니다. 다른 아들 역시 여러 영지를 물려받았지만 결국 후손들은 모두 단절되었고, 이 세 아들의 후손들이 팔츠 분가를 계속해서 이어갑니다. 이들은 분할 상속제도를 이어갔는데, 이 때문에 가문의 힘은 매우 약화되었습니다만 이 가문은 운이 좋았습니다.

　먼저 운이 좋았던 분가는 츠바이브뤼켄을 물려받은 요한 1세의 후손들이었습니다. 요한 1세 역시 세 명의 아들이 그의 영지를 분할해서 상속받게 됩니다. 그중 클레부르크 중심의 영지를 물려받은 아들 요한 카지미르Johann Kasimir von Pfalz-Zweibrücken-Kleeburg는 스웨덴의 국왕 칼 9세의 딸인 카타리나와 결혼했습니다. 그리고 두 사람의 아들인 카를 구스타프가 1654년에 사촌인 스웨덴의 크리스티나 여왕의 뒤를 이어서 스웨덴의 국왕 칼 10세 구스타프Karl X Gustav가 됩니다. 칼 10세 구스타프는 스웨덴의 국왕이 되면서 자신의 독일 쪽 영지인 클레부르크를 동생인 아돌프 요한

Adolf Johann I von Pfalz-Zweibrücken-Kleeburg에게 물려주었습니다.

　이후 칼 10세 구스타프의 아들인 칼 11세Karl XI는 아버지로부터 스웨덴 왕위를 물려받았을 뿐 아니라 클레부르크를 제외한 츠바이브뤼켄 가문의 나머지 영지를 상속받게 됩니다. 이후 칼 11세의 아들인 칼 12세Karl XII와 딸인 울리카 엘레오노라Ulrika Eleonora가 스웨덴의 왕위를 잇게 됩니다 다만, 둘 다 후손이 없었기에 비텔스바흐 가문의 스웨덴 통치는 끝나게 됩니다. 칼 11세의 사촌으로 아돌프 요한의 아들이었던 구스타프 사무엘 레오폴트Gustav Samuel Leopold는 스웨덴의 정치 상황 때문에 스웨덴 왕위를 얻지는 못했지만 비텔스바흐 가문의 독일 쪽 상속 영지였던 팔츠-츠바이브뤼켄 공작령을 상속받을 권리가 있었습니다. 그렇기에 칼 12세가 죽은 1718년 이후 그로부터 츠바이브뤼켄 가문의 나머지 영지를 모두 상속받았습니다. 하지만 구스타프 역시 1731년에 후계자 없이 사망했으며, 츠바이브뤼켄 영지는 가문의 다른 분가인 비르켄펠트 가문에서 상속받게 되었습니다.

✢ 팔츠-노이부르크와 팔츠-줄츠바흐

　1569년에 아버지 팔츠-츠바이브뤼켄의 볼프강으로부터 노이부르크를 상속받았던 필리프 루트비히는 1604년, 선제후 오토 하인리히로부터 줄츠바흐를 물려받게 됩니다. 그리고 그의 아들들 역시 아버지가 죽은 뒤 영지를 분할 상속받게 됩니다. 그중 장남인 볼프강 빌헬름Wolfgang Wilhelm von Pfalz-Neuburg은 노이부르크를 중심으로 하는 영지를 물려받았으며, 다른 아들인 아우구스트August von Pfalz-Sulzbach는 줄츠바흐를 중심으로 하는 영지를 물려받았습니다.

아버지로부터 노이부르크를 물려받은 볼프강 빌헬름은 가톨릭으로 개종했는데, 이 때문에 30년 전쟁 당시 제국군에 의해서 노이부르크가 점령당하는 것을 피할 수 있었습니다. 게다가 외가였던 윌리히-클레베-베르크 공작 가문의 상속 문제가 발생했을 때, 영지 상속을 주장해 결국 윌리히-베르크 공작령을 얻게 됩니다.

볼프강 빌헬름의 아들이었던 필리프 빌헬름Philipp Wilhelm von der Pfalz은 1653년에 아버지의 뒤를 이어 노이부르크를 물려받습니다. 하지만 더 중요한 것은 1685년에 팔츠의 선제후 카를 2세가 후계자 없이 사망하면서 결국 팔츠 선제후령을 물려받아서 팔츠의 선제후가 된 것입니다. 필리프 빌헬름은 가톨릭을 믿었지만 팔츠 선제후령은 개신교를 지지했기에 이것은 갈등 요소로 작용합니다. 특히 그가 가톨릭에 대해서 호의적인 정책을 펴는 것에 대해서 선제후령 내에서 부정적인 시선이 있었기에 그는 조심스러울 수밖에 없었습니다. 게다가 프랑스의 루이 14세는 자신의 제수이자 팔츠 선제후 카를 루트비히의 딸이며 카를 2세의 여동생이었던 팔츠의 엘리자베트가 팔츠 선제후령의 계승 권리가 있다고 주장하면서 선제후령을 침공했고, 팔츠 선제후령의 중심도시인 하이델베르크를 점령하기까지 했습니다. 이 사건은 9년 전쟁의 시작으로, 필리프 빌헬름은 독자적으로 팔츠 선제후령을 방어할 수 없었고, 당연히 황제나 다른 군주들의 지원을 받아야 했습니다.

프랑스의 침공을 받은 필리프 빌헬름은 합스부르크 가문과 연결고리를 만들기 위해 장녀인 엘레오노르 마그달레네Eleonore Magdalene von Pfalz-

필리프 빌헬름.
1653년 노이부르크를 물려받은 그는 팔츠의 선제후가
되었다.

Neuburg를 황제 레오폴트 1세와 결혼시켰습니다. 엘레오노르 마그달레네는 후계자 문제로 고민하던 레오폴트 1세에게 두 아들인 요제프와 카를을 낳아주었고, 이렇게 팔츠의 선제후 가문은 합스부르크 가문과의 연결고리를 강화됩니다. 그리고 필리프 빌헬름의 아들이자 후계자였던 요한 빌헬름Johann Wilhelm Joseph Janaz von der Pfalz 역시 레오폴트 1세의 여동생인 마리아 안나 요제파 여대공과 결혼했습니다.

요한 빌헬름은 1690년에 아버지의 뒤를 이어서 팔츠의 선제후가 됩니다. 그는 아버지가 프랑스에 빼앗긴 많은 지역을 되찾았을 뿐 아니라 개신교에 대해서도 너그럽게 행동했기에 팔츠 선제후령에서 인기가 있었습니다. 하지만 그는 후계자 없이 1716년에 사망했고, 선제후령은 요한 빌헬름의 동생인 카를 3세 필리프Karl III Philipp가 물려받게 됩니다. 카를 3세 필리프는 세 번 결혼했지만 성인으로 성장한 아이는 딸인 엘리자베트 아우구스테밖에 없었습니다. 남성 후계자가 없었기에 선제후령은 줄츠바흐 가문에서 상속받을 것이었습니다. 이 때문에 카를 3세 필리프는 엘리자베트 아우구스테를 자신의 후계자가 될 줄츠바흐의 요제프 카를과 결혼시켰습니다.

두 사람 사이에서 일곱 아이가 태어나지만 세 딸을 제외하고 모두 일찍 사망했으며, 게다가 요제프 카를 역시 장인보다 먼저 사망했습니다. 그럼에도 카를 3세 필리프는 여전히 가문의 상속 문제를 조정했습니다. 남은 세 명의 외손녀 중 첫째였던 줄츠바흐의 엘리자베트 아우구스테를 사위의 조카이자 자신의 후계자가 될 줄츠바흐의 카를 테오도르와 결혼시켰습니다. 또 다른 외손녀인 마리아 프란치스카는 팔츠 가문의 남은 다른 분가인 비르켄펠트 가문 출신 프리드리히 미하엘과 결혼하는데, 두 사람의 아들이 바로 비텔스바흐 가문의 모든 영지를 상속하게 되는 막시밀리안 1세 요제프였습니다.

카를 3세 필리프는 1742년에 사망했으며, 그의 뒤를 이어서 줄츠바흐의 카를 테오도르Karl Theodor가 팔츠의 선제후가 됩니다. 사실 카를 테오도르는 운이 좋았는데, 백부가 후계자 없이 사망했기에 팔츠 선제후령을 물려받았던 것입니다. 하지만 그의 운은 거기서 끝이 아니었습니다. 그는 더 큰 영지를 상속하는 기회를 얻게 됩니다.

바이에른 가문

✠ 바이에른 공작령의 분할과 갈등

황제 루트비히 4세는 제위에 있을 때 여러 지역을 손에 넣게 됩니다. 그는 브란덴부르크의 마르크그라프령은 물론 결혼을 통해서 홀란드와 에노 지역, 티롤 지역 역시 통치했습니다. 그리고 루트비히 4세가 죽은 뒤 그의 아들들은 1349년에 란트스베르크 조약을 통해서 영지를 나눴는데, 상바이에른과 티롤, 브란덴부르크 마르크그라프령은 루트비히 5세Ludwig V, 이복동생인 루트비히 6세Ludwig VI, 오토 5세Otto V가 나눠가지기로 했으며, 슈테판 2세Stephan II는 이복동생인 빌헬름 1세Wilhelm I, 알브레히트 1세Albrecht I와 함께 하바이에른, 홀란드, 에노 등의 백작령을 가지기로 결정합니다.

루트비히 5세는 아버지 생전에 이미 브란덴부르크의 마르크그라프령을 받았습니다. 그뿐 아니라 티롤의 상속녀인 마르가레테와 결혼해서 티롤 역시 손에 넣었습니다. 하지만 그는 두 동생인 루트비히 6세와 오토 5세에게 브란덴부르크 마르크그라프령을 넘기는 대신 상바이에른 공작

티롤의 마르가레테.
루트비히 5세와 결혼한 그녀는 티롤의 상속녀였
으며, 이 지역을 합스부르크 가문에 넘겨줬다.

령 전체를 자신이 통치하도록 하는 협정을 체결했습니다. 그렇게 루트비
히 5세는 상바이에른과 티롤의 통치자가 되었고, 1361년에 사망한 뒤에
는 그의 아들인 마인하르트 3세Meinhard III가 아버지의 뒤를 잇게 됩니다.

하지만 마인하르트 3세가 아버지의 뒤를 이은 2년 뒤 후계자 없이 사망
하면서 문제가 생깁니다. 루트비히 5세의 동생인 슈테판 2세는 조카의 영
지를 상속받아야 한다고 주장했는데 거기에는 형수의 상속 영지인 티롤
도 포함되어 있었습니다. 영지의 통치에 민감했던 티롤의 마르가레테는
시동생의 주장을 용납하지 않았으며, 결국 티롤 지역을 비텔스바흐 가문
의 경쟁 가문이자 사돈 가문이었던 합스부르크 가문에 넘겨주게 됩니다.

슈테판 2세의 주장은 이복동생들인 루트비히 6세와 오토 5세의 마음
도 상하게 했습니다. 형제들은 원래 상바이에른을 상속받기로 했기에 루

트비히 5세의 후손이 단절되면 자신들이 상바이에른을 이어받아야 한다고 생각했습니다. 하지만 슈테판 2세가 상바이에른의 상속을 주장하는 바람에 두 사람 역시 형인 슈테판 2세와 사이가 나빠집니다. 그래서 둘은 후계자가 없었지만 브란덴부르크의 마르크그라프령을 이복형인 슈테판 2세에게 주지 않고 황제 카를 6세에게 주기로 결정합니다. 특히 1356년, 브란덴부르크의 마르크그라프는 '선제후'로 인정받았기에 브란덴부르크를 잃게 되면 바이에른 공작 가문에 뼈아픈 손해이기도 했습니다. 이렇게 상바이에른과 브란덴부르크 쪽을 상속받은 세 명의 형제들은 후손이 단절되었습니다.

살아남은 형제들인 슈테판 2세, 빌헬름 1세, 알브레히트 1세는 1353년에 하바이에른 영지를 다시 나누기로 결정합니다. 슈테판 2세는 하바이에른의 남서쪽 지역인 란스후트 중심의 바이에른-란스후트 영지를 물려받았고, 빌헬름과 알브레히트는 슈트라우빙 중심의 바이에른-슈트라우빙 지역을 물려받았습니다. 빌헬름과 알브레히트는 어머니 쪽 영지인 에노와 홀란드 지역의 영지를 나누지는 않고 공동으로 통치했습니다. 하지만 빌헬름은 에노와 홀란드 지역을 주로 통치했고, 알브레히트는 슈트라우빙에서 하바이에른 지역을 통치했습니다. 빌헬름 1세는 후손이 없었기에 결국 알브레히트 1세가 형의 영지를 이어받게 되는데, 이후 바이에른 공작 가문의 영지는 이 슈테판 2세와 알브레히트 1세의 후손들이 영지를 나누거나 합쳐서 물려받게 됩니다. 하지만 알브레히트 1세 쪽 후손들이 먼저 단절되었고, 이후 슈테판 2세의 후손들이 영지를 통합해서 물려받았습니다.

❖ 바이에른 공작 가문의 분가들

1375년, 슈테판 2세가 죽고 난 뒤 그의 아들들은 영지를 공동으로 상속했다가 1392년에 영지를 나누게 됩니다. 슈테판 2세의 아들 중 슈테판 3세Stephan III는 잉골슈타트를 중심으로 하는 지역을 물려받아서 바이에른-잉골슈타트 공작이 되었고, 프리드리히Friedrich는 란스후트를 중심으로 하는 지역을 물려받아서 바이에른-란스후트 공작이 되었으며, 요한 2세Johann II는 뮌헨 지역을 중심으로 하는 지역을 물려받아서 바이에른-뮌헨 공작이 됩니다. 슈테판 2세의 아들들은 영토 분배에 서로 불만이 있었고, 이 때문에 기회가 될 때마다 영지를 더 얻기 위해 서로 간에 전쟁도 서슴지 않았습니다.

1393년에 바이에른-란스후트의 프리드리히가 사망하고 그의 아들 하인리히 16세Heinrich XVI der Reiche가 등극합니다. 하지만 하인리히 16세는 겨우 7세로 미성년자였습니다. 결국 하인리히 16세의 섭정 자리를 두고 프리드리히의 형제였던 슈테판 3세와 요한 2세가 서로 다투기 시작합니다. 이후 형제는 둘이 함께 섭정하기로 하면서 일단 상황을 봉합합니다만, 1397년에 요한 2세가 죽으면서 상황은 악화되었습니다. 슈테판 3세와 요한 2세의 두 아들인 에른스트Ernst von Bayern-München와 빌헬름 Wilhelm III이 다시 한번 갈등을 일으켰기 때문입니다.

슈테판 3세가 죽은 뒤 그의 뒤를 이은 바이에른-잉골슈타트의 루트비히 7세Ludwig VII는 사촌들과 다시 갈등을 빚었고, 특히 란스후트의 공작이었던 하인리히 16세와 심하게 갈등했습니다. 그리고 하인리히 16세는 루트비히 7세를 견제하기 위해서 사촌들을 자신의 편으로 끌어들였

바이에른 공작령을 통합해서 상속받은
알브레히트 4세.

으며 더 나아가서는 팔츠의 선제후도 자신의 편으로 끌어들였습니다. 게다가 루트비히 7세가 브란덴부르크의 마르크그라프령에 대한 상속을 주장했기에 뉘른베르크의 브라우그라프도 하인리히 16세의 편이 되었습니다. 이들의 갈등은 점차 커져서 결국 1420년부터 1422년까지 전쟁이 일어납니다. 이 전쟁은 루트비히 7세가 하인리히 16세를 모욕한 사건에서 시작했는데, 루트비히 7세는 사촌들의 영지를 공격했고, 바이에른 공작령 전체의 전쟁으로 발전했습니다. 결국 황제 지기스문트의 중재로 잠시 휴전하게 됩니다.

하지만 이 휴전은 곧 끝났는데 바로 바이에른-슈트라우빙-홀란드의 공작이었던 요한 3세Johann III가 1425년에 후계자 없이 사망했기 때문이었습니다. 홀란드 쪽 영지는 여성의 왕위 계승을 인정했기에 요한 3세의 조카인 자퀘타에게 상속권리가 있었습니다만 바이에른-슈트라우빙 영지는 상속자가 없었고, 바이에른 공작 가문 사람들은 요한 3세의 영지를 나누려 합니다. 이때 서로 갈등을 빚었던 사촌들인 루트비히 7세와 에른스트, 빌헬름 3세, 하인리히 16세는 다시 한번 영지 분할을 두고 갈등을 빚었습니다. 결국 또 황제 지기스문트가 개입해서 바이에른-슈트라우빙 공작령을 네 개로 분할해 상속하는 것으로 합의를 봤습니다.

앙골슈타트의 루트비히 7세는 사촌들과 갈등을 빚었을 뿐 아니라 아들인 루트비히 8세Ludwig VIII와도 갈등을 빚었습니다. 루트비히 7세는 적자보다 서자를 더 총애했는데, 루트비히 8세가 자신의 상속권에 위협이 된다고 느낄 정도였습니다. 결국 그는 아버지에게 대항해 전쟁을 일으켰습니다. 당연히 루트비히 7세의 적들은 모두 루트비히 8세를 도왔으며, 결국 1443년, 루트비히 7세는 아들에게 사로잡혀 강제로 퇴위해야 했습니다. 그러다 1445년, 루트비히 8세가 후계자 없이 사망했으며, 이후 루트비히 7세 역시 1447년에 사망합니다. 앙골슈타트 영지는 루트비히 7세의 숙적이었던 란스후트의 하인리히 16세에게 돌아가게 되었습니다.

바이에른 공작 가문들의 심각한 갈등은 여러 방면에 영향을 미쳤습니다. 그중 하나가 바로 1435년, 아그네스 베르나우어Agnes Bernauer의 죽음일 것입니다. 아그네스 베르나우어는 바이에른-뮌헨 공작 에른스트 1세의 아들인 알브레히트 3세Albrecht III의 평민 출신 아내였습니다. 알브레히트 3세가 아그네스 베르나우어에게 반했던 시절은 네 개의 분가 싸움이 격하게 벌어지던 때였고 이 때문에 조그마한 빌미로도 전쟁이 일어날 수 있는 상황이었습니다.

에른스트 1세는 하나밖에 없는 아들 알브레히트가 평민 출신의 여성과 결혼했을 수 있다는 소식을 듣게 됩니다. 당시 통치 가문에서는 동등한 신분의 여성과 결혼해야 상속권을 인정받았으며 만약 신분이 낮은 여성과 결혼한다면 귀천상혼이 되어서 상속권리를 박탈당할 수도 있었습니다. 에른스트 1세는 아들과 아그네스 베르나우어의 관계가 가문 내 전쟁의 빌미가 될까봐 걱정하고 있었지만, 정작 아들인 알브레히트 3세는 아버지의 걱정을 무시합니다. 결국 에른스트 1세는 아들이 없는 틈을 타서 아그네스 베르나우어를 마녀로 몰았고 마녀재판을 통해서 그녀를 살해합니다. 아그네스가 죽은 뒤 부자간에는 당연히 전쟁이 일어났으며, 알브레히트 3세는 아버지의 적인 앙골슈타트의 루트비히 7세에게 도움을 청했습니다. 하지만 부자는 서로 화해했으며, 바이에른-뮌헨 공작 가문은 알브레히트 3세의 후손들이 계속 이어나가게 됩니다.

바이에른 공작 가문은 15세기 중반 두 분가인 바이에른-란스후트와 바이에른-뮌헨만 남았습니다. 두 분가는 한동안 영토를 두고 내분하지 않았는데, 가장 큰 이유는 여러 가지 외부적인 갈등 상황에 놓였기 때문이었습니다. 이를테면 1459년에 브란덴부르크의 선제후가 바이에른-란스후트의 루트비히 9세를 공격했던 바이에른 전쟁을 들 수 있습니다.

하지만 이런 평화는 오래가지 못하는데 1503년에 바이에른-란스후트의 공작 게오르크Georg der Reiche가 후계자 없이 사망하면서 상속 문제가 발생했기 때문이었습니다. 뮌헨 가문은 란스후트 가문의 가장 가까운 친척으로 당시 바이에른-뮌헨 공작이었던 알브레히트 4세Albrecht IV는 자신에게 상속 권리가 있다고 생각했습니다. 하지만 게오르크는 자신의 딸인 엘리자베트를 후계자로 여겼습니다. 그리고 딸을 여동생의 아들이자 팔츠 선제후 필리프의 아들인 루프레히트와 결혼시켰으며 자신의 영지를 딸과 사위에게 넘겨주려 했습니다. 당연히 바이에른-뮌헨의 알브레히트 4

세는 이를 받아들일 수 없었고, 또한 여성의 계승을 인정하지 않던 황제도 인정할 수 없었습니다. 게다가 알브레히트 4세는 황제 막시밀리안 1세의 누이동생과 결혼했기에 황제는 당연히 알브레히트를 지지했습니다.

결국 1503년, 란스후트의 상속을 두고 전쟁이 일어났습니다. 하지만 1504년에 엘리자베트와 그녀의 남편인 루프레히트가 사망한 뒤 팔츠 쪽의 세력이 약화되었습니다. 그리고 1505년에 황제는 두 가문을 중재해서 두 사람의 아들인 오토 하인리히와 필리프가 노이부르크 영지를 얻는 대신 바이에른-란스후트 공작령은 알브레히트 4세가 얻기로 했습니다. 이 조정안으로 알브레히트 4세는 바이에른 공작 가문의 모든 분가 영지를 하나로 통합하게 되었습니다. 그는 분할 상속제도가 가문에 도움이 되지 않는다고 판단했으며, 장자상속제를 도입하기로 결정했습니다.

✤ 우호적인 관계였던 바이에른과 합스부르크

알브레히트 4세의 장남이었던 빌헬름 4세Wilhelm IV는 1508년에 아버지의 뒤를 이어서 바이에른 공작이 됩니다. 하지만 동생인 루트비히가 형이 영지를 모두 상속하는 데 반발했습니다. 루트비히는 아버지가 비록 장자상속 제도를 통과시켰다고 하더라도 그가 태어난 후에 발표된 것이라고 하면서, 자신은 해당하지 않는다고 주장했습니다. 결국 빌헬름 4세는 동생의 압박에 굴복해서 동생을 공동 상속자로 인정했으며, 루트비히는 바이에른의 루트비히 10세Ludwig X가 됩니다. 하지만 루트비히 10세에게는 후계자가 될 아들이 없었기에 영지는 빌헬름 4세에게 돌아갔으며 이후 바이에른 공작 가문은 장자상속 제도를 시행할 수 있었습니다.

바이에른 공작들은 주로 합스부르크 가문의 황제들과 연결고리가 있었습니다. 빌헬름 4세의 어머니가 황제 프리드리히 3세의 딸이었을 뿐 아니라 후대 공작들도 자주 합스부르크의 여대공들과 결혼했으며, 바이에른 공작의 딸들 역시 합스부르크 가문으로 시집가기도 했습니다. 특히 공작 알브레히트 5세Albrecht V의 딸이었던 마리아 안나는 외삼촌이었던 오스트리아의 대공 카를 2세와 결혼했으며, 마리아 안나의 아들인 페르디난트는 후에 사촌의 뒤를 이어서 황제 페르디난트 2세가 되었습니다. 또 알브레히트 5세의 아들인 빌헬름 5세의 딸 마리아 안나는 다시 사촌이었던 황제 페르디난트 2세와 결혼해서 황제 페르디난트 3세의 어머니가 되었습니다.

이런 관계는 바이에른 공작 가문이 합스부르크 가문과 오랫동안 우호적으로 지낼 수 있도록 만들었을 것입니다. 특히 30년 전쟁 당시 황제 페르디난트 2세는 팔츠의 선제후인 프리드리히 5세에게서 영지와 지위를 뺏은 뒤 그 영지와 지위를 사촌이자 처남이었던 바이에른의 공작 막시밀리안 1세Maximilian I에게 주기도 했습니다. 공작 막시밀리안 1세는 30년 전쟁에서 팔츠 선제후령까지 차지하면서 비텔스바흐 가문의 영지 대부분을 얻었습니다. 하지만 30년 전쟁이 끝난 뒤 막시밀리안 1세는 팔츠 선제후령의 일부와 팔츠의 선제후 지위는 돌려줘야 했습니다. 하지만 그의 선제후 지위는 그대로 인정되어서 바이에른 선제후가 되었으며, 바이에른 역시 선제후령이 되었습니다.

이렇게 합스부르크 가문과 가까웠던 바이에른 가문은 18세기가 되면서 사이가 멀어지게 됩니다. 가장 큰 이유는 바로 상속 문제 때문이었습니다. 선제후 막시밀리안 2세Maximilian II는 황제 레오폴트 1세를 도와 오스만제국과의 전쟁에서 공을 세웠는데, 이에 따라 황제는 자신의 딸이자 에스파냐의 왕위 계승 권리를 가진 마리아 안토니아Maria Antonia를 그와 결혼시켰습니다.

막시밀리안 2세는 이 결혼을 통해서 자신의 후손이 에스파냐의 왕위를 이어나가길 원했습니다. 마리아 안토니아와의 사이에서 태어난 요제프 페르디난트는 실제로 에스파냐의 강력한 왕위 계승 후보자였습니다. 하지만 요제프 페르디난트는 성인이 되기 전 사망했으며, 이 일은 막시밀리안 2세의 야망에 치명적인 타격을 주었습니다. 하지만 그는 야망을 버리지 않고 에스파냐 왕위를 계속 노렸으며. 결국 합스부르크 가문에 적대적이 되었고, 프랑스로 망명을 가야 했습니다. 그는 에스파냐 왕위 계승 전쟁이 끝난 뒤 바이에른으로 돌아갈 수 있었습니다.

막시밀리안 2세의 아들이었던 카를Karl Albrecht von Bayer은 아버지의 뒤를 이어서 바이에른의 선제후가 되었습니다. 합스부르크 가문에서는 바이에른 가문과의 사이를 다시 우호적으로 되돌리기 위해서 요제프 1세의 딸인 마리아 아말리아Maria Amaila 여대공과 카를을 결혼시켰습니다. 마리아 아말리아의 숙부였던 황제 카를 6세는 조카인 마리아 아말리아가 결혼할 때 계승 권리를 포기하도록 했는데 이것은 카를 6세가 자신의 딸인 마리아 테레지아의 계승을 확고히 하기 위한 의도였습니다. 하지만 카를 6세가 죽은 뒤 바이에른 공작은 카를은 마리아 테레지아의 계승을 인정하지 않았습니다.

카를 6세는 그의 형이 아들이 없었기에 황제가 되었는데, 만약 여성 계승자를 인정하려면 마리아 테레지아가 아니라 요제프 1세의 딸들이

황제 카를 7세.
바이에른이 마리아 테레지아의 군대에
점령당하면서, 카를 7세는 황제로서의
실권이 없었다.

우선 계승 권리를 가져야 한다는 것이었습니다. 그리고 카를은 자신의
아내가 요제프 1세의 딸이기에 마리아 테레지아보다 계승 권리에서 우
선한다고 주장하면서 마리아 테레지아의 계승을 반대했습니다. 결국 이
일은 오스트리아 계승 전쟁으로 이어지는데, 카를은 신성로마제국의 황
제 카를 7세Karl VII로 즉위했습니다. 하지만 바이에른은 마리아 테레지아
의 군대에 점령당했을 뿐 아니라 카를 7세는 황제로서의 실권도 없었습
니다. 카를 7세가 1745년에 사망하고 난 뒤 그의 아들인 막시밀리안 3세
요제프는 합스부르크 가문과 화해했으며, 카를 7세의 뒤를 이어서 마리
아 테레지아의 남편인 프란츠 슈테판이 황제가 되었습니다.

바이에른 가문은 카를 7세의 아들인 막시밀리안 3세 요제프Maximilian

III Joseph에게 후계자가 없자 단절됩니다. 그리고 가문의 영지는 먼 친척관계였던 팔츠 가문으로 넘어가게 되었습니다.

바이에른 왕국

✦ 두 개의 선제후령

1724년에 태어난 줄츠바흐의 카를 테오도르는 비텔스바흐 가문 중 작은 영지를 통치했던 줄츠바흐 분가 출신이었습니다. 카를 테오도르의 아버지인 요한 크리스티안은 장남이 아니었지만 카를 테오도르가 다섯 살이 될 무렵 백부였던 요제프 카를이 남성 후계자 없이 사망합니다. 요제프 카를은 줄츠바흐의 후계자였을 뿐 아니라 팔츠 선제후령의 후계자였는데 이 모든 것을 이제 카를 테오도르의 아버지가 이어받게 되었습니다.

1732년, 요한 크리스티안은 줄츠바흐를 이어받았지만 다음 해인 1733년에 사망해 미성년자였던 카를 테오도르가 줄츠바흐를 상속받았으며 팔츠 선제후령의 후계자가 됩니다. 당시 팔츠 선제후였던 카를 3세 필리프는 자신의 후계자가 될 카를 테오도르의 섭정이자 후견인 역할을 합니다. 그는 카를 테오도르의 교육에 관여했을 뿐 아니라 자신의 외손녀이자 카를 테오도르의 사촌이었던 줄츠바흐의 엘리자베트 아우구스테를 카를 테오도르와 결혼시켰습니다.

카를 테오도르.
비텔스바흐 가문의 작은 분가 출신이었던
그는 상속관계에 따라서 두 개의 선제후령
을 상속받았다.

1742년, 선제후인 카를 3세 필리프가 사망하자 카를 테오도르는 팔
츠의 선제후가 되었고, 팔츠 분가 쪽 영지 중 비르켄펠트와 츠바이브뤼
켄을 제외한 모든 영지를 상속받았습니다. 그리고 1777년에 바이에른의
선제후인 막시밀리안 3세 요제프가 후계자 없이 사망하면서 바이에른
선제후령마저 카를 테오도르가 상속받았습니다. 이로써 카를 테오도르
는 비텔스바흐 가문 대부분의 영지를 상속받은 인물이 됩니다.

두 개의 선제후령을 얻게 된 카를 테오도르는 두 가지 큰 문제가 있었
습니다. 먼저 정치적인 문제로, 제국 내 두 개의 선제후령을 한 사람이 동
시에 가지는 데 거부감이 있었습니다. 이때까지도 신성로마제국의 황제
는 선제후들의 투표로 선출되었습니다. 물론 이것은 매우 형식적인 일이
긴 했지만 그럼에도 결국 황제 지위에 관련된 중요한 일이기도 했습니
다. 실제로 합스부르크 가문에서는 오스트리아 계승 전쟁 때 계속 이어

가던 황제 지위를 빼앗기기까지 했습니다. 그러므로 합스부르크 가문에서는 이 문제를 심각하게 생각했으며, 특히 마리아 테레지아의 아들인 요제프 2세가 이 문제를 해결하길 원했습니다.

또 하나는 가문의 상속에 대한 문제로, 카를 테오도르에게 적자 아들이 없었다는 것이었습니다. 아내인 줄츠바흐의 엘리자베트 아우구스테가 아들을 낳았지만 이 아이는 곧 사망했으며 이후 더는 아이가 태어나지 않았습니다. 카를 테오도르에게 남성 후계자가 없었기에 그의 거대한 영지는 결국 비텔스바흐 가문 내에서 상속자를 찾아야 했습니다.

사실 후계자 문제는 바로 해결될 수 있었습니다. 비텔스바흐 가문 대부분의 분가가 단절되었지만 그래도 남은 분가의 후손들이 있었습니다. 카를 테오도르의 후계자가 될 인물들은 비르켄펠트 분가 출신으로 카를 테오도르가 상속받은 영지를 제외한 나머지 모든 비텔스바흐 가문의 영지를 상속받게 되는 비르켄펠트의 카를 아우구스트와 그의 동생인 막시밀리안 요제프였습니다. 이 둘은 카를 테오도르의 처조카이기도 했습니다.

사실 형제의 아버지는 장남이 아니었으며 후에 형제가 물려받은 영지는 원래 형제의 백부였던 츠바이브뤼켄 공작 크리스티안 4세가 물려받은 것이었습니다. 이 때문에 형제는 당대의 숱한 이름밖에 없는 제후 가문의 남성들처럼 자신의 앞날을 개척해야 했고, 둘 다 군인이 되어 이곳저곳을 떠돌아다니면서 일하게 됩니다. 동생인 막시밀리안 요제프는 프랑스에서 복무했으며 그의 가족들은 프랑스 대혁명 전 루이 16세와 그의 가족들과도 친하게 지내기도 했습니다. 형인 카를 아우구스트는 황제의 궁정에서 일했는데 이곳에서 마리아 테레지아의 딸이었던 마리아 아말리아 여대공과 사랑에 빠지게 됩니다. 하지만 상속받을 영지가 없는 카

막시밀리안 1세 요제프.
그는 비텔스바흐 가문의 모든 영지를 상
속받았고 바이에른 왕국의 첫 국왕이 되
었다.

를 아우구스트는 오스트리아 여대공과 결혼할 만한 사람이 아니었기에 둘은 결국 헤어져야 했습니다. 하지만 시간이 지나면서 카를 아우구스트는 가문의 영지를 이어받게 되는데, 1775년에는 백부인 크리스티안 4세로부터 가문의 영지를 모두 상속받았을 뿐 아니라 자식이 없던 두 개의 선제후령의 통치자였던 이모부 카를 테오도르의 후계자가 되기까지 합니다.

상속자 문제와 달리 두 개의 선제후령에 대한 문제는 매우 복잡했습니다. 특히 정치적인 문제가 얽혀 있었기에 군주 개인이 결정할 문제가 아니었습니다. 황제 요제프 2세는 카를 테오도르에게 남쪽의 바이에른 선제후령을 카를 테오도르가 원하는 다른 영지로 바꾸자고 제안합니다. 합스부르크 가문의 영지와 직접적으로 맞닿아 있는 바이에른 선제후령을 손에 넣는다면 합스부르크 가문에 더 도움이 될 수 있었기 때문이었습니다. 카를 테오도르 역시 팔츠 분가 출신으로 바이에른 선제후령에 대한 애착은 그리 크지 않았으며, 자신이 통치하기 더 편한 지역을 얻는 것이 더 유리했습니다.

두 사람은 이 계획에 대해서 긍정적으로 판단했으나 다른 인물들은 그렇지 않았습니다. 가장 반발한 사람들은 바이에른 선제후 가문 쪽 사람들이었습니다. 비록 남성 직계 후계자는 단절되었지만 여성들이 남아 있었습니다. 작센 선제후 가문 출신이었던 선대 바이에른 선제후의 아내나 작센 선제후비였던 선대 바이에른 선제후의 누나는 이 계획에 반대했습니다. 게다가 바이에른 사람들 역시 이 계획을 좋아하지 않았는데, 요제프 2세는 선대 선제후의 누이동생과 결혼했지만 아내를 거의 무시하며 살았고, 그렇지 않아도 이 때문에 요제프 2세를 좋아하지 않았던 바이에른 사람들이 더욱 반발하는 원인이 되었습니다. 게다가 카를 테오도르의 후계자가 될 카를 아우구스트와 그의 동생인 막시밀리안 요제프 역시 반대했습니다.

결국 이 문제는 1778년에 바이에른 계승 전쟁으로 이어졌습니다. 바이 전쟁은 승패 없이 모호하게 끝났기에 영지를 바꾸려는 시도가 계속 이어지지만, 카를 테오도르의 후계자가 될 츠바이브뤼켄 공작은 계속해서 이를 반대했고 바이에른 사람들 역시 부정적이었기에 성공하지 못했습니다.

1795년이 되면서 카를 테오도르의 후계자 문제로 다시 상황이 복잡해집니다. 먼저 1794년에 카를 테오도르의 첫 번째 아내가 사망합니다. 이렇게 되자 합스부르크 가문 측에서는 카를 테오도르에게 재혼을 적극적으로 권했습니다. 만약 그가 재혼해서 아들이라도 얻게 된다면 상속 문제는 또 달라지기 때문이었습니다. 합스부르크 가문에서는 마리아 테레지아의 손녀였던 오스트리아-에스테 가문의 마리아 레오폴디네 Maria Leopoldine와 선제후를 결혼시키기로 합니다. 만약 이 결혼에서 아들이라도 태어난다면 가문에 돌아올 이익이 엄청났기 때문이었습니다. 결국 1795년에 마리아 레오폴디네 여대공과 카를 테오도르는 결혼합니다. 결혼식 두 달 뒤 카를 테오도르의 후계자였던 카를 아우구스트가 후계자 없이 사망했고, 카를 테오도르의 동생인 막시밀리안 요제프가 그의 뒤를 이어 츠바이브뤼켄 공작이자 카를 테오도르의 후계자가 됩니다.

이때 카를 테오도르에게 남은 상속인은 막시밀리안 요제프밖에 없었고 모두 막시밀리안 요제프가 후계자가 되리라고 생각했습니다. 하지만 만약 새로 결혼한 카를 테오도르에게 아들이 태어난다면 상황은 복잡해질 것이고, 이로 인해 새로운 문제가 생길 수 있었습니다. 그러나 막시밀리안 요제프에게는 다행스럽게도, 카를 테오도르의 새 아내인 마리아 레오폴디네는 자신보다 쉰 살이나 많은 남편을 싫어해 결혼 직후부터 별거했습니다. 그녀는 나이가 많은 남자와 결혼을 강요한 가문에 대해서도 불만이 컸기에 도리어 막시밀리안 요제프를 지지하기까지 했습니다.

1799년, 카를 테오도르가 사망하고, 막시밀리안 요제프가 그의 영지를 모두 상속받았습니다. 이전에 형으로부터 츠바이브뤼켄 공작령을 물려받은 막시밀리안 요제프가 카를 테오도르의 영지마저 상속받으면서, 비텔스바흐 가문의 모든 영지를 단독으로 상속받는 인물이 됩니다.

✥ 급격한 변화를 맞이한 바이에른 왕국

막시밀리안 요제프는 1795년에 형이 죽은 뒤 츠바이브뤼켄 공작이 되었으며 1799년에는 팔츠와 바이에른 선제후령을 물려받았습니다. 하지만 이 시기에 그의 나라는 거의 망가진 것이나 다름없었습니다. 1789년에는 프랑스 대혁명이 일어났고, 이후 프랑스 혁명 전쟁과 나폴레옹 전쟁이 이어지면서 독일은 프랑스에 점령당했습니다. 그리고 막시밀리안 요제프의 영지 역시 프랑스군의 점령을 피할 수 없었습니다. 그는 곧 나폴레옹의 충실한 동맹으로 자리 잡았으며 이것은 바이에른 왕국을 성립하는 데 큰 힘이 됩니다.

1806년에 바이에른이 왕국이 되면서 국왕 막시밀리안 1세 요제프Maximilian I Joseph가 된 그는 나폴레옹과 적극적으로 동맹을 맺었는데 장녀인 아우구스테를 나폴레옹의 양아들이었던 외젠 드 보아르네Eugène de Beauharnais와 결혼시켰으며, 또한 누나의 딸인 마리아 엘리자베트를 나폴레옹의 최측근인 베르티에Berthier와 결혼시키기도 했습니다. 하지만 결국 나폴레옹이 몰락할 무렵 다른 대다수 독일의 제후들처럼 막시밀리안 1세 요제프 역시 나폴레옹을 버리고 연합군에 가입했습니다.

1825년에 막시밀리안 1세 요제프가 죽은 뒤 그의 장남인 루트비히 1세Ludwig I가 국왕이 됩니다. 루트비히 1세는 중세 독일을 이상화했고, 통치 역시 이 시절의 모습을 목표로 삼았습니다. 당대 시대적인 분위기와 맞지 않는 통치에 사람들은 불만을 품게 됩니다. 결국 1848년 유럽 전역에 혁명이 일어났을 때 루트비히 1세 역시 국민의 저항에 부딪혔습니다. 그는 왕위를 아들에게 물려주고 퇴위했습니다. 그 후 죽을 때까지 문화사

루트비히 1세.
1848년 유럽 전역에 혁명이 일어났을 때 국민의 저항에 부딪혔고, 아들에게 왕위를 물려주고 퇴위했다.

업에만 집중합니다.

　루트비히 1세의 둘째 아들인 오토가 오스만제국에서 독립한 그리스의 국왕으로 선출되면서 그리스는 비텔스바흐 가문의 새로운 통치 영지가 됩니다. 하지만 불안정한 그리스 정치 상황 때문에 오토는 그리스의 국왕으로 30년을 통치했지만 그리스에서 쫓겨나서 고향인 뮌헨으로 돌아왔습니다.

　루트비히 1세의 큰 아들인 막시밀리안 2세Maximilian II는 1848년에 아버지가 퇴위한 뒤 국왕으로 즉위했습니다. 막시밀리안 2세는 아버지 시대보다 훨씬 더 개방적이고 자유주의적인 정책을 폈습니다만 1864년에 갑작스럽게 사망했습니다. 막시밀리안 2세의 뒤를 이어 막시밀리안 2세의 큰아들인 루트비히가 루트비히 2세Ludwig II로 즉위하게 됩니다. 루트비히 2세가 즉위하던 시절에는 독일의 통일이 활발하게 진행되고 있었습니다. 특히 1866년에 벌어진 7주 전쟁 당시 바이에른은 프로이센이 아닌 오스트리아를 지지했지만 결국 프로이센이 승리를 거두면서 바이에른의 입장이 난처해졌습니다. 이후 바이에른은 프로이센 중심의 독일 통일에 참여했고 독일제국의 일부가 됩니다.

비록 협정을 통해서 바이에른은 독자적인 군대와 외교권은 유지할 수 있었지만 루트비히 2세는 바이에른이 독립 왕국이 아닌 독일제국의 일부가 되어버린 것에 대해서 불만을 품었습니다. 이 일로 루트비히 2세는 정치와 외교보다 예술가를 후원하고 대규모 궁전을 짓는 데 열정을 쏟게 됩니다. 하지만 그의 행동은 바이에른 국가 재정에 큰 타격을 줬습니다. 게다가 루트비히 2세는 자신의 뜻대로 하기 위해서 내각 인물들을 자신의 마음대로 바꾸기도 했습니다. 이런 행동을 지켜본 사람들은 루트비히 2세를 더 이상 용납할 수 없었으며, 결국 왕가 사람들을 비롯한 많은 이들이 그에게 퇴위하라고 압박을 줬습니다. 결국 루트비히 2세는 1886년에 자신이 지은 노이슈반슈타인 성 근처 호수에서 익사한 채 발견되었고, 왕위는 루트비히 2세의 동생인 오토가 물려받게 되었습니다.

형의 뒤를 이은 오토Otto는 실권이 없었습니다. 오토는 어린 시절부터 군인으로 성장했지만 보불전쟁에 참전한 뒤 우울증 등을 심각하게 앓았습니다. 왕가에서는 대부분 정신적인 문제가 있다고 드러내지 않는데, 오토의 경우는 공식적으로 그가 정신적으로 문제가 있다고 알려지게 되었습니다. 국왕이 된 후 오토는 국정에 참여하지 못했고, 그의 숙부인 루이트폴트 왕자Luitpold von Bayern가 섭정이 되어서 나라를 통치합니다.

루이트폴트 왕자는 1912년에 죽을 때까지 섭정으로 바이에른을 통치했으며 루이트폴트가 죽은 뒤 루이트폴트의 아들인 루트비히가 다시 섭정의 지위에 오르게 됩니다. 바이에른에서는 루이트폴트 왕자가 섭정으로 지낼 때 이미 무능력한 국왕이 아닌 섭정이 국왕에 올라야 한다는 의견이 있었습니다. 결국 바이에른에서는 1913년에 법률을 바꾸고 무능력한 국왕을 폐위시킬 수 있는 명분을 마련했으며, 섭정이었던 루트비히가 바이에른의 국왕 루트비히 3세Ludwig III가 됩니다. 오토는 왕위에서 물러나야 했지만 국왕이라는 칭호와 예우는 그대로 유지하도록 했습니다.

루트비히 3세가 즉위한 다음 해인 1914년에 제1차 세계대전이 일어났습니다. 바이에른은 독일제국의 일원으로 전쟁에 참전했습니다. 하지만 전쟁이 길어지면서 바이에른 내 상황이 악화되었는데, 특히 프로이센을 지지하면서 적극적으로 참전했던 루트비히 3세에 대한 불만이 더욱 커지게 됩니다. 결국 루트비히 3세는 1918년에 가족과 함께 뮌헨을 떠나면서 퇴위하는데, 이는 독일 내 제후들 중 가장 먼저 퇴위한 경우였습니다. 루트비히 3세가 퇴위하면서 700년이 넘는 비텔스바흐 가문의 바이에른 통치가 끝나게 됩니다.

1921년에 루트비히 3세가 죽은 뒤 가문 수장은 루트비히 3세의 아들인 루프레히트Rupprecht von Bayern가 이어가게 됩니다. 그는 제1차 세계대전에 참전한 인물로 서부전선에서 유능한 군인임을 입증했습니다. 제1차 세계대전 이후 독일에서 나치가 성장해갈 때 루프레히트는 나치에 대해서 반대하는 입장이었으며, 이로 인해 루프레히트와 그의 가족들은 독일을 떠나 망명해야만 했습니다. 게다가 제2차 세계대전 중 독일은 루프레히트의 가족들을 붙잡았고, 특히 그의 아내인 룩셈부르크의 안토니아와 아들을 강제수용소로 보내버렸습니다. 안토니아는 강제수용소에서

바이에른의 루프레히트와 그의 두 번째 아내인
룩셈부르크의 안토니아.

나온 뒤에도 건강을 회복하지 못했다고 합니다. 현재 비텔스바흐 가문의
수장과 그의 후계자들은 모두 루트비히 3세의 후손들입니다.

비텔스바흐 가문은 이미 14세기에 황제를 배출했던 대단한 가문이었
습니다. 일찍이 중세시대부터 막강한 영향력을 가지고 있었지만, 신성로
마제국 내 많은 제후 가문처럼 이들 가문 역시 영지를 분할 상속하면서
가문의 힘이 약해졌습니다. 게다가 바이에른 공작 가문의 경우 형제들,
친척들 간에 서로 영지를 차지하기 위해서 분쟁을 지속했으며 가문의 영
지가 한 사람에 의해서 통일되기 전까지 가문의 힘은 약화되었습니다.
또한 팔츠 선제후와 바이에른 공작은 각자 매우 강력한 제후였지만 같은
가문이었음에도 서로 함께하기보다는 반대편에 섰던 경우가 더 많았습
니다.

이런 상황들은 아마도 비텔스바흐 가문이 언제나 힘이 있는 제후였음

에도 황제의 가문이 되는 합스부르크 가문처럼 일찍부터 황제의 지위를 얻지 못한 이유였을 것입니다. 또 19세기에 이르러 비텔스바흐 가문의 모든 영지가 통합되면서 형성된 바이에른 왕국은 강력한 힘 또한 갖고 있었지만 결국 독일을 통일할 때 프로이센에게 밀려 머리를 숙여야 했습니다. 하지만 전통적으로 바이에른이나 라인팔츠 지역은 제국 내에서 가장 중요한 지역이었고, 이런 지역을 오래도록 통치했던 비텔스바흐 가문 역시 유럽의 역사에서 가장 중요한 가문 중 하나였습니다.

막시밀리안 1세 요제프와
일곱 딸의 결혼 이야기

바이에른의 막시밀리안 1세 요제프는 두 번의 결혼에서 낳은 여덟 명의 딸들이 있었습니다. 그중 막내딸을 제외하고 일곱 명의 딸이 성인으로 성장했습니다. 이 딸들은 당대의 많은 공주처럼 부모의 뜻에 따라 정략결혼을 했습니다.

막시밀리안 1세 요제프의 큰딸은 아우구스테였습니다. 아우구스테는 1806년에 나폴레옹의 양아들이었던 외젠 드 보아르네와 결혼했습니다. 외젠 드 보아르네와 아우구스테의 결혼은 전형적인 정략결혼이었습니다. 막시밀리안 1세 요제프는 나폴레옹과 동맹을 맺었으며 이 덕분에 바이에른은 왕국으로 승격될 수 있었습니다. 그렇기에 나폴레옹의 결혼 동맹에 긍정적으로 답할 수밖에 없었을 것입니다.

사실 나폴레옹은 황제가 된 뒤 자신의 친척들과 측근들을 정복한 지역의 군주로 만들어서 통치하려고 구상하고 있었습니다. 그리고 이런 자신의 친척들을 군주로 인정받게 하기 위해서 유럽의 전통적인 통치 가문 출신의 사람들과 통혼하길 원했습니다. 그래서 양아들인 외젠 드 보아르네를 유서 깊은 비텔스바흐 가문 출신이었던 아우구스테와 결혼시켰던 것입니다.

막시밀리안 1세 요제프 입장에서도 이 결혼은 나쁘지 않았는데 당시 외젠 드 보아르네는 나폴레옹의 후계자 후보로 거론되던 사람이었습니다. 나폴레옹은 조제핀과의 사이에서 자녀를 얻지 못했기에 후계자에 대해서 고민하고 있었습니다. 만약 외젠이 후계자라도 된다면 그의 아내는 황후가 되는 것이기에 엄청난 이익이 될 수 있었습니다. 게다가 외젠은 나폴레옹에게 신임받던 인물이었으며 후계자가 되지 못한다고 하더라도 나폴레옹과의 관계를 돈독히 할 수 있었습니다.

외젠 드 보아르네와 아우구스테는 매우 행복한 결혼 생활을 보냈습니다. 그렇기에 아우구스테는 나폴레옹이 몰락한 뒤에도 남편 곁을 떠나는 것을 거부했습니다. 결국 막시밀리안 1세 요제프는 딸과 사위를 바이에른으로 데려왔으며, 둘은 자녀들과 함께 뮌헨에서 살았습니다. 이들의 자녀들은 스웨덴, 러시아, 포르투갈, 브라질 등의 통치 가문사람과 결혼했었습니다.

막시밀리안 1세 요제프의 둘째 딸인 카롤리네 샤를로테 아우구스테는 1808년에 뷔르템베르크의 왕태자였던 빌헬름과 결혼했습니다. 뷔르템베르크 역시 나폴레옹과 동맹을 맺어서 왕국으로 승격한 나라였습니다. 게다가 카롤리네의 언니처럼 빌헬름의 동생인 카타리나는 나폴레옹의 막내 동생인 제롬 보나파르트와 정략결혼을 했습니다. 빌헬름은 나폴레옹의 결혼 제안을 피하기 위해서 결혼한 것이라고 생각했습니다. 그렇기에 빌헬름은 카롤리네와의 결혼을 인정하려 들지 않았습니다. 둘은 결혼하자마자 별거했으며 나폴레옹이 몰락한 뒤인 1814년에 이혼합니다. 남편과 이혼한 뒤 카롤리네는 바이에른으로 돌아왔는데 2년 후인 1816년에 재혼합니다. 재혼 상대는 오스트리아의 황제 프란츠 1세였습니다. 이 결혼을 추진한 사람은 오빠인 루트비히

1세로 합스부르크 가문과의 관계를 강화하기 위한 것이었습니다. 카롤리네는 프란츠 1세의 네 번째 아내로, 프란츠 1세보다 스물네 살이나 어렸으며 남편의 전처 자식들과 비슷한 또래이기까지 했습니다. 카롤리네는 남편과 행복한 결혼 생활을 했지만 정치적 실권은 없었고, 자녀도 없었기에 주로 자선사업에 집중했다고 합니다.

막시밀리안 1세 요제프의 셋째 딸인 엘리자베트 루도비카와 넷째 딸인 아말리 아우구스테는 일란성 쌍둥이였습니다. 엘리자베트 루도비카는 1823년 프로이센의 프리드리히 빌헬름 4세와 결혼했습니다. 엘리자베트와 프리드리히 빌헬름 4세의 결혼은 정략결혼이었지만 둘은 행복한 결혼 생활을 했습니다. 엘리자베트는 자녀가 없었기에 시동생인 빌헬름이 왕위 계승자가 되었지만 엘리자베트는 프로이센 왕가에서 매우 존경받는 인물이었습니다. 엘리자베트는 프로이센 정치에 참여하지 않았습니다. 하지만 여동생이자 황제 프란츠 요제프의 어머니가 되는 조피와의 관계 때문에 프로이센과 오스트리아 간의 우호를 위해 노력했습니다.

막시밀리안 1세 요제프의 넷째 딸인 아말리 아우구스테는 작센의 왕자였던 요한과 결혼했습니다. 막시밀리안 1세 요제프가 선제후령을 상속받는데 작센 선제후 가문이 큰 도움을 주었으며 이것은 작센 왕가와 바이에른 왕가가 통혼하는 원인이 되었을 것입니다. 아말리 아우구스테가 요한과 결혼했을 때 요한은 작센의 왕위 계승 권리와는 좀 거리가 멀었습니다. 남편의 백부인 프리드리히 아우구스트 1세가 작센의 국왕이었으며 또 아말리 아우구스테의 시아주버니인 프리드리히 아우구스트 역시 살아 있었기 때문이었습니다. 하지만 작센의 국왕이 된 요한의 백부들은 모두 후계자가 될 자녀가 없었으며, 시아주버니인 프리드리히 아우구스트 2세도 자녀가 없이 사망합니다. 그 결과 아말리 아우구스테의 남편인 요한은 1854년에 작센의 국왕이 되었으며 아말리 아우구스테도 작센의 왕비가 되었습니다. 그리고 아말리 아우구스테의 아들인 알베르트는 아버지의 뒤를 이어서 작센의 국왕이 되었습니다.

막시밀리안 1세 요제프의 다섯째 딸인 마리아 안나와 여섯째 딸인 조피 역시 일란성 쌍둥이었습니다. 마리아 안나는 1833년에 당시 작센의 왕위 계승자였던 프리드리히 아우구스트 2세와 결혼했습니다. 마리아 안나의 남편은 마리아 안나의 형부인 요한의 형이었으며, 프리드리히 아우구스트 2세의 첫 번째 아내는 1832년에 자녀 없이 사망했습니다. 마리아 안나와 프리드리히 아우구스트의 결혼은 정략결혼으로 프리드리히 아우구스트는 작센의 왕위 계승자였기에 그와 결혼하면 작센의 왕비가 될 뿐 아니라 아들이 태어난다면 그 아들은 작센의 왕위 계승자가 될 예정이었습니다. 하지만 프리드리히 아우구스트 2세와 마리아 안나 사이에서는 자녀가 태어나지 않았으며, 왕위는 결국 마리아 안나의 형부인 요한이 이어받게 됩니다.

막시밀리안 1세 요제프의 여섯째 딸은 조피로, 아마 막시밀리안 1세 요제프의 딸들 중 가장 유명할 것입니다. 조피는 오스트리아 황제 프란츠 1세의 아들이었던 프란츠 카를 대공과 결혼했습니다. 프란츠 카를 대공에게는 형인 페르디난트가 있었지만, 페르디난트는 여러 질병을 앓고 있었기에 사실상 프란츠 카를 대공이 황위 계승자로 여겨졌습니다. 그렇기에 조피가 프란츠 카를 대공과 결혼한 것은 프란츠 카를이 황제가 된다면 조피는 황후가 될 가능성이 컸기 때문이었습니다. 조피는 결혼 후 네 명의 아들을 낳았고 덕분에 오스트리아 황실에서는 황위 계승자 문제를 걱정할 필요가 없었습니다. 조피의 아들은 후계자가 될 것이 분명했으며, 프란츠 1세는 조피를 궁정 내에서 가장 높은 지위로 대접해주기까지 했습니다.

1848년에 혁명이 일어났을 때 조피는 남편을 설득해서 아들을 위해 황위 계승 권리를 포기하도록 만들었습니다. 조피는 스스로 황후가 될 수 있었음에도 정치적으로 아들이 황제가 되는 것이 더 낫다는 것을 알았기에 이런 결정을 내렸습니다. 그래서 조피의 아들인 프란츠 요제프가 오스트리아의 황제가 되었습니다. 조피 대공비는 오래도록 아들에게 강한 정치적 영향력을 행사했으며 프란츠 요제프 역시 어머니의 의견을 대부분 수용했습니다. 황제가 유일하게 어머니에게 반대한 것이 바로 결혼 문제였습니다. 조피 대공비는 아들이 반한 조카인 엘리자베트가 어리고 철이 없었기에 황후감이 아니라고 생각했지만 아들의 뜻에 따라서 결혼을 허락했습니다. 하지만 조피 대공비는 황후의 역할을 제대로 못하는 며느리에게 실망했으며 며느리의 삶에 심하게 간섭하게 됩니다. 조피 대공비는 가장 사랑한 둘째 아들인 막시밀리안이 멕시코로 갔다가 총살당한 것에 큰 충격을 받았으며, 아들이 죽은 뒤 궁정에서 은퇴해 개인적인 삶을 살았습니다.

막시밀리안 1세 요제프의 일곱째 딸인 루도비카였습니다. 루도비카는 친척으로 막스라는 애칭으로 알려진 바이에른 공작 막시밀리안 요제프와 결혼했습니다. 막스는 막시밀리안 1세 요제프의 누나인 팔츠-츠바이브뤼켄-비르켄펠트의 마리아 안나의 손자로 어머니의 막대한 재산을 상속받아서 매우 부유했습니다. 막시밀리안 1세 요제프는 자신의 막내딸인 막시밀리아나를 막스와 결혼시키려고 했습니다. 하지만 막시밀리아나가 일찍 사망하자 계획을 바꿔서 일곱째 딸인 루도비카와 막스를 결혼시켰습니다. 루도비카와 막스는 서로 어울리지 않는 사람이었는데 막스는 당대 왕족답지 않게 신분이 낮은 이들과 어울리는 인물이었습니다. 이런 소탈한 모습 때문에 막스는 뮌헨 사람들에게 인기가 있었습니다만, 바이에른 공주였던 루도비카는 이런 남편에게 불만이 많았습니다. 게다가 루도비카는 왕비나 황후 황제의 어머니가 된 언니들이 있었는데 자신은 겨우 공작부인인 것에 불만이 있었다고 합니다.

부부는 사이가 나빴지만 둘 사이에서는 열 명의 자녀가 태어났습니다. 이 중 둘째 딸인 '시씨'라는 애칭의 엘리자베트는 사촌인 오스트리아 황제 프란츠 요제프와 결혼해서 오스트리아의 황후가 되었습니다. 엘리자베트가 황후가 되면서 엘리자베트의 동생들 역시 대가문과 통혼하게 됩니다. 물론 엘리자베트는 오스트리아 황실에 적응하는 것에 실패했고, 평생 떠돌아다니는 삶을 살았습니다.

7장

올덴부르크

: 북유럽을 연결한 가문

House of Oldenburg

올덴부르크 가문 가계도

덴마크의
크리스티안 1세
1426~1481

한스
1455~1513

프레데릭 1세
1471~1533

크리스티안 2세
1481~1559

크리스티안 3세
1503~1559

(덴마크 국왕)

(슬레스비히–홀슈타인–존데르부르크)

프레데릭 2세
1534~1588

한스
1545~1622

크리스티안 4세
1577~1648

알렉산더
1573~1627

(아우구스텐부르크)

(존데르부르크)

프레데릭 3세
1609~1670

에른스트 귄터
1609~1689

아우구스트
필리프
1612~1675

크리스티안 5세
1646~1699

프리드리히
빌헬름
1668~1714

프리드리히
루트비히
1653~1728

프레데릭 4세
1671~1730

크리스티안
아우구스트 1세
1696~1754

페테르
아우구스트
1697~1775

프리드리히
빌헬름 2세
1687~1749

크리스티안 6세
1699~1746

프리드리히
크리스티안 1세
1721~1794

카를 안톤
아우구스트
1727~1759

프리드리히
빌헬름 3세
1723~1757

프레데릭 5세
1723~1766

프리드리히
크리스티안 2세
1765~1814

프리드리히
카를 루트비히
1757~1816

크리스티안 7세
1749~1808

프레데릭
1753~1805

크리스티안
아우구스트 2세
1798~1869

프리드리히
빌헬름
1785~1831

(슬레스비히–
홀슈타인 공작)

(덴마크 국왕)

프레데릭 6세
1768~1839

크리스티안 8세
1786~1848

프리드리히 8세
1829~1880

크리스티안 9세
1818~1906

프리드리히
1814~1885

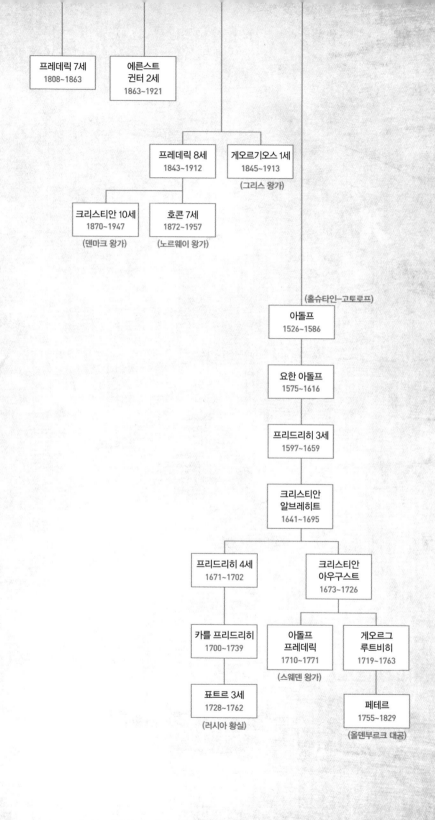

프레데릭 7세
1808~1863

에른스트
귄터 2세
1863~1921

프레데릭 8세
1843~1912

게오르기오스 1세
1845~1913
(그리스 왕가)

크리스티안 10세
1870~1947
(덴마크 왕가)

호콘 7세
1872~1957
(노르웨이 왕가)

(홀슈타인-고토로프)
아돌프
1526~1586

요한 아돌프
1575~1616

프리드리히 3세
1597~1659

크리스티안
알브레히트
1641~1695

프리드리히 4세
1671~1702

크리스티안
아우구스트
1673~1726

카를 프리드리히
1700~1739

아돌프
프레데릭
1710~1771
(스웨덴 왕가)

게오르그
루트비히
1719~1763

표트르 3세
1728~1762
(러시아 황실)

페테르
1755~1829
(올덴부르크 대공)

올덴부르크 가문은 덴마크 왕위를 얻기 전까지 강력한 제후는 아니었습니다. 하지만 크리스티안 1세가 덴마크의 국왕이 되어 슐레스비히-홀슈타인 공작령까지 얻으면서 북유럽의 중요한 가문으로 자리 잡았습니다. 그 결과 덴마크뿐 아니라 스웨덴, 노르웨이, 그리스, 러시아 등 광범위한 지역까지 통치하는 가문이 되었습니다.

덴마크 왕가의 탄생

♣ 덴마크 왕위에 오른 크리스티안 1세

올덴부르크 가문은 11세기 말 무렵 가문의 선조가 올덴부르크 백작이 되면서 출발했습니다. 유럽의 북서부에 위치한 올덴부르크 백작령은 그리 크지도 않았으며 중요한 위치에 있는 것도 아니었기에 올덴부르크 가문 역시 강력한 힘을 가진 것도 아니었습니다.

1448년, 올덴부르크 백작이었던 크리스티안Christian 1이 덴마크의 국왕 크리스티안 1세가 되었고 이후 덴마크의 모든 국왕들은 그 남성 후손으로 이어져 올덴부르크 가문은 덴마크 왕가로 알려집니다. 하지만 이 가문은 오랫동안 북유럽 주변의 지역들을 통치했으며, 이런 연결고리로 유럽의 여러 지역을 통치하는 가문이 되었습니다. 이를테면 러시아의 표트르 3세 역시 올덴부르크 가문의 방계 가문이었던 홀슈타인-고토로프 가문 출신이었으며, 18세기에 스웨덴의 국왕으로 선출된 아돌프 프레드리크Adolf Fredrik 역시 홀슈타인-고토로프 가문 출신이었습니다.

올덴부르크 가문의 선조는 첫 번째 올덴부르크 백작이었던 엘마르

CHRISTIAN I Koiu ? DOROTHEA Mir e
Zn Dennmar e Diter 18 Gra orat HANS z Branden.
H An Oldenburca Solio
of oorn 1446 gne 1445.

크리스티안 1세와 아내인 브란덴부르크
의 도로테아.
크리스티안 1세는 올덴부르크 가문 출신
의 첫 덴마크 국왕이 되었다.

Elmar(또는 에길마르Egilmar)였습니다. 이후 이 엘마르의 후손들이 올덴부르
크 백작 지위를 이어갔습니다. 초기에 올덴부르크 백작들은 작센 공작의
봉신이었습니다만, 곧 작센의 공작과 갈등을 빚습니다. 특히 벨프 가문
출신의 하인리히 데어 뢰베가 작센의 공작이 된 이후 황제 프리드리히 1
세와 마찰을 빚을 때 올덴부르크 백작은 작센 공작이 아닌 황제를 지지
했는데, 이로 인해 하인리히 데어 뢰베가 올덴부르크 백작 가문의 영지
를 빼앗아버리게 됩니다. 하지만 황제는 자신을 지지한 올덴부르크 백작
에게 영지를 다시 되찾아줬을 뿐 아니라 올덴부르크 백작령을 작센 공작
의 영지가 아닌 제국 내 한 주로 인정해줍니다. 그렇게 제후 가문이 된 올
덴부르크 백작 가문은 가문의 영지를 확대해나갔습니다. 특히 13세기 프
리슬란트 지역 쪽으로 영지를 확대해나갔는데, 이 과정에서 주변 영주들

과 통혼하게 됩니다. 이런 혼맥은 결국 올덴부르크 가문이 덴마크 왕위를 얻는 중요한 계기가 됩니다.

14세기 말이 되면서 북유럽의 세 나라인 덴마크, 스웨덴, 노르웨이의 왕위 계승자들이 거의 사라집니다. 덴마크의 공주이자 스웨덴과 노르웨이의 왕비였던 마르그레테Margrete Valdemarsdatter는 세 나라의 남성 직계 왕위 계승자가 사라지면서 군주가 됩니다. 이후 세 나라는 한 명의 군주가 통치하면서 자연스럽게 연합관계를 형성했고, 이를 칼마르 동맹이라고 불렀습니다. 하지만 세 나라가 하나의 국가가 된 게 아니라 서로 동맹을 맺은 형태였기에 각국의 이익을 위해서 서로 갈등을 빚기도 했고, 각국에서 자신들의 군주를 뽑기도 했습니다.

마르그레테 여왕은 자신의 후계자로 언니의 손자였던 포메른의 공작 에릭을 선택했습니다. 하지만 에릭의 정책은 칼마르 동맹 내의 나라들에 불만을 가져왔으며 결국 에릭은 왕위에서 물러나야 했습니다. 그의 뒤를 이어서 에릭의 조카였던 바이에른의 크리스토페르Christopher가 덴마크의 국왕이 되었고, 이후 칼마르 동맹의 군주로 인정받았습니다. 하지만 1448년, 크리스토페르 또한 후계자 없이 갑작스럽게 사망하면서 다시 왕위 계승 문제가 발생합니다.

크리스토페르가 죽자 칼마르 동맹의 나라들은 왕위 계승자를 다시 찾아야 했습니다. 이전 덴마크 왕가의 가까운 친척들은 이미 남아 있지 않았으며 결국 덴마크에서는 샤우엔부르크 가문 출신의 슐레스비히 공작 아돌프Adolphus XI에게 덴마크 왕위를 제안합니다. 하지만 아돌프는 덴마크 왕위를 거절했으며 대신 자신의 조카인 올덴부르크의 백작 크리스티안을 왕위 계승자로 추천합니다. 결국 크리스티안은 덴마크의 국왕 크리스티안 1세가 되었으며, 이후 덴마크 국왕들은 모두 그의 후손들이 됩니다.

크리스티안 1세의 외삼촌이었던 슐레스비히 공작 아돌프는 후계자 없이 1459년에 사망하면서 아돌프의 영지인 슐레스비히 공작령과 홀슈타인-렌트스부르크 백작령의 후계자 문제가 발생합니다. 아돌프의 영지는 같은 샤우엔부르크 가문의 다른 분가인 홀슈타인-핀네베르크 백작 가문에 상속될 수 있었습니다만, 홀슈타인-렌트스부르크와 슐레스비히의 귀족들은 영지의 통치자로 아돌프의 조카이자 덴마크의 국왕인 크리스티안 1세를 선택했습니다. 1460년에 두 지역의 귀족들과 크리스티안 1세는 리베에서 만났으며 크리스티안 1세의 두 지역에 대한 통치 권리를 인정하는 리베 조약을 체결했습니다. 이 조약을 통해서 크리스티안 1세는 통치 권리를 확보하는 대신 슐레스비히와 홀슈타인의 귀족들의 이익을 보장해줬습니다. 이후 황제 프리드리히 3세가 홀슈타인 백작령을 홀슈타인 공작령으로 만들면서 두 지역은 슐레스비히-홀슈타인 공작령이 됩니다.

슐레스비히 공작령은 덴마크 왕국에 속하고 홀슈타인 공작령은 신성로마제국에 속하는 지역이었지만, 리베 조약을 통해서 하나의 영지로 묶어서 크리스티안 1세가 상속받았기에 이 지역은 덴마크 국왕의 영지이긴 했지만 덴마크 왕국에 속한 지역은 아닌 애매한 상태가 됩니다. 그렇기에 기본적으로 이 슐레스비히-홀슈타인 공작령은 덴마크 국왕의 개인 영지로 상속받는 지역이 되었습니다. 이런 애매한 상태는 결국 19세기에 당대 유럽 최고의 난제였던 슐레스비히-홀슈타인 문제로 발전하는 원인 중 하나가 되었습니다.

✣ 덴마크의 절대왕권을 강화하다

크리스티안 1세는 덴마크 국왕이 되고 난 뒤 칼마르 동맹의 군주로
서 노르웨이와 스웨덴의 국왕이 됩니다. 하지만 세 나라는 각자의 이익
이 있었으며 이 때문에 각 나라들이 칼마르 동맹을 유지하는 것에 대해
서 각자 이견이 있었습니다. 특히 스웨덴의 경우 덴마크 국왕들을 군주
로 받아들이기를 원치 않는 경우가 많았습니다. 그래서 크리스티안 1세
나 그의 뒤를 이어 국왕이 된 아들 한스Hans 역시 칼마르 동맹을 유지하
고 노르웨이와 스웨덴을 계속 통치하기 위해 노력했고, 이것은 덴마크와
노르웨이 스웨덴 간의 갈등으로 이어집니다.

한스의 아들인 크리스티안 2세Christian II는 아버지와 할아버지에 이어
서 칼마르 동맹을 계속 유지하길 원했습니다. 특히 크리스티안 2세는 왕
위에 오르기 전 노르웨이의 총독으로 노르웨이의 반발을 잠재웠던 경험
이 있었습니다. 그렇기에 그는 왕위에 오른 뒤 덴마크 국왕의 통치를 거
부한 스웨덴을 침공해서 스웨덴의 국왕이 됩니다. 하지만 스웨덴의 국왕
으로 대관식을 한 직후 스웨덴 내에서 덴마크 국왕을 거부하는 사람들을
학살합니다. '스톡홀름 피바다' 사건으로 알려진 이 일은 도리어 스웨덴
내의 사람들을 자극했습니다. 구스타브 바사Gustav I Vasa를 중심으로 하는
스웨덴 사람들은 크리스티안 2세를 몰아냈고, 결국 칼마르 동맹은 해체
되었으며 스웨덴에서는 구스타브 바사가 국왕으로 즉위했습니다. 게다
가 이 사건 이후 크리스티안 2세의 처지는 더욱 나빠졌습니다. 그는 상공
업을 강화하는 등의 여러 가지 정책을 추진했는데 이런 정책을 추진하는
과정에서 너무 독단적으로 행동했기에 덴마크와 노르웨이 내에서 불만

스톡홀름 피바다 사건.
스웨덴을 침공해 스웨덴의 국왕이 된 크리스티안 2세는 대관식을 한 직후 덴마크 국왕을 거부하는
사람들을 학살했다.

이 커졌습니다. 결국 크리스티안 2세는 왕위에서 쫓겨났으며 그의 숙부
였던 프레데릭 1세Frederik가 국왕으로 즉위합니다.

　프레데릭 1세는 조카의 뒤를 이어 왕위에 올랐지만 크리스티안 2세
를 지지하는 세력의 반란을 피할 수 없었습니다. 물론 프레데릭 1세는 이
들을 진압할 수 있었습니다. 프레데릭 1세는 가톨릭이었지만 개신교에
호의적이었을 뿐 아니라 나라 전역에 개신교를 널리 퍼트리는 데 기여했
습니다. 이로 인해 그의 아들이자 후계자였던 크리스티안 3세Christian III
가 공개적으로 종교개혁을 지지하고 스스로 개신교로 개종한 것을 인정
하는 데 영향을 줬을 것입니다. 크리스티안 3세는 불안정한 상황에서 왕
위에 올랐습니다. 사촌인 크리스티안 2세를 지지하는 사람들 뿐 아니라

크리스티안 3세가 덴마크를 개신교의 나라로 만들려는 것에 불만을 품은 사람들이 있었습니다. 결국 이들과 전쟁을 치렀는데 크리스티안 3세가 승리를 거두면서 크리스티안 3세의 지위는 굳건해졌으며 덴마크는 개신교의 나라가 됩니다. 또 이전까지는 독립적인 국가로 단지 국왕만을 공유했던 노르웨이는 이후 비록 명목상으로는 독립적인 국가였지만 사실상 덴마크에 복속된 것이나 다름없는 상황이 되었습니다.

프레데릭 2세Frederik II는 1559년에 아버지 크리스티안 3세의 뒤를 이어서 덴마크의 국왕이 됩니다. 그는 먼저 의회나 귀족들과 갈등을 빚었던 아버지와 달리 귀족들과 잘 지냈습니다. 이렇게 내정이 안정되면서, 프레데릭 2세가 강력한 대외 정책을 추진할 수 있는 바탕이 되었을 것입니다. 하지만 소모전이었던 북방 7년 전쟁(1563년~1570년까지 덴마크와 스웨덴 사이에서 벌어진 전쟁) 이후 더는 강력한 대외 정책을 펼치지 않습니다.

프레데릭 2세의 아들인 크리스티안 4세Christian IV는 매우 강력한 국왕이자 군인이었습니다. 크리스티안 4세는 아버지처럼 덴마크가 강력한 국가가 되길 바랐으며 경제적·군사적 정책을 통해서 이를 실현시키려 했습니다. 그리고 1611년에 칼마르 전쟁이 일어났을 때 스웨덴에 우위를 점했으며 결국 덴마크의 군사력을 알리게 됩니다. 하지만 30년 전쟁에 참전했지만 여기서는 패배했을 뿐 아니라 슐레스비히-홀슈타인 지역이 전쟁터가 되면서 황폐해지자 덴마크의 국력은 약화되었습니다. 게다가 숙적이었던 스웨덴은 30년 전쟁에서 승승장구하면서 더욱 덴마크는 상대적으로 약해집니다. 결국 국왕의 실책은 왕권의 약화와 귀족 권력의 강화로 이어지게 됩니다.

30년 전쟁 전후로 강력한 군사력을 가지게 된 스웨덴은 당연히 주변

프레데릭 3세.
그는 귀족 외 다른 계급의 지지를 통해서 귀족들의
특권을 제한했고, 왕위는 후손에게 상속할 수 있게
했으며, 국왕이 홀로 통치하는 법률을 만들었다.

국가를 노렸고, 여기에는 숙적이었던 덴마크도 포함되었습니다. 덴마크
는 당연히 스웨덴에 비해서 국력이 크게 약해졌지만 크리스티안 4세의
아들인 프레데릭 3세Frederik III는 스웨덴의 공격에 맞서 수도 코펜하겐을
지켜냈고 이를 통해서 왕권을 강화하는 데 크게 기여합니다. 특히 이전
까지 덴마크 왕위는 기본적으로 귀족들이 선출했습니다. 하지만 프레데
릭 3세는 귀족 외 다른 계급의 지지를 통해서 귀족들의 특권을 제한했을
뿐 아니라 왕위를 후손들에게 상속할 수 있도록 만들었으며 국왕이 홀로
통치할 수 있는 법률을 만들었습니다.

프레데릭 3세의 아들인 크리스티안 5세Christian V는 1670년에 아버지
의 뒤를 이어서 절대왕권을 강화하려고 했습니다. 그는 법률제도를 정

비했고, 군사력을 강화해서 상비군을 정비했습니다. 비록 이웃의 숙적인 스웨덴이나 독립을 원한 홀슈타인-고토로프 공작과 마찰을 빚기도 했지만, 이전 시대보다는 훨씬 전쟁이 줄었습니다. 이로 인해 덴마크 경제가 활발해졌습니다.

크리스티안 5세의 아들인 프레데릭 4세Frederik IV는 1700년에 시작된 대북방 전쟁에서 홀슈타인-고토로프 문제 때문에 스웨덴과 갈등을 빚습니다. 전쟁 초기 덴마크는 패배했지만, 전쟁 후반에서는 반스웨덴 동맹이 힘을 얻었습니다. 전후 덴마크는 스웨덴과의 조약에서 직접적으로 큰 이익을 얻지는 못했으나, 홀슈타인-고토로프 공작령의 독립을 막을 수 있었습니다. 프레데릭 4세는 만년에 덴마크 귀족 여성을 왕비로 만들었으며 왕비와 왕비의 친정 식구들에게 많은 특권을 부여했습니다. 아들인 크리스티안 6세는 물론 프레데릭 4세의 동생들이 신분이 낮은 왕비에게 머리를 숙여야 하는 것에 불만을 품게 되었으며, 왕비의 친정 식구들이 특권을 얻는 데도 많은 이들이 불만을 품게 됩니다.

프레데릭 4세의 아들인 크리스티안 6세Christian VI는 경건한 종교 생활을 선호했습니다. 하지만 그의 개인적인 생각은 왕국 내에서의 종교적인 경건함을 강요하는 원인이 되는데, 국민들은 이에 대해서 불만이 많았습니다. 크리스티안 6세는 선왕들과 달리 군대를 지휘하지 않았습니다. 그는 건강이 좋지 않았고, 활동적인 인물도 아니었는데, 이는 자신의 주변 신하들이나 친척들이 정치에 적극적으로 참여하게 되는 원인을 제공했습니다.

크리스티안 6세의 아들이었던 프레데릭 5세Frederik V는 아버지와 달리 종교적 경건함보다는 자유로운 생활을 더 좋아했습니다. 부모는 이런 성

크리스티안 7세.
정신 상태가 좋지 않았던 국왕의 주변 인물들
은 권력 투쟁을 했고, 결국 정권은 율리아나
마리 왕비와 동생인 프레데릭이 장악했다.

격을 가진 아들을 매우 걱정했습니다. 그렇지만 프레데릭 5세가 즉위했
을 때 국민들은 국왕에게 호의적이었습니다. 프레데릭 5세가 아버지와
달리 종교적인 경건함을 강요하지 않았을 뿐 아니라 아내인 영국의 루이
자 공주가 국민에게 큰 인기를 얻고 있었기 때문이었습니다. 하지만 프
레데릭 5세 시절은 이전 크리스티안 6세 시절의 신하들이 정치에 관여하
던 것에서 더욱 발전했으며, 사실상 국정은 국왕이 아닌 신하들이 운영
했습니다.

　프레데릭 5세의 아들인 크리스티안 7세Christian VII는 즉위한 초부터
그의 주변 신하들이 권력을 장악했습니다. 특히 점차 크리스티안 7세의
정신 상태가 좋지 않아 나라를 통치할 수 없게 되자 국왕의 주변 인물들

이 권력 투쟁을 하기 시작합니다. 왕비 캐럴라인 마틸다Caroline Matilda의 지지를 받았던 독일 출신의 의사인 요한 슈트루엔제Johann Struensee는 권력을 장악하고 나서 급진적인 개혁정책을 펴기까지 했습니다. 하지만 두 사람은 곧 실각했으며, 정권은 크리스티안 7세의 계모인 율리아나 마리 왕비와 동생인 프레데릭이 장악하게 됩니다.

크리스티안 7세의 아들이었던 프레데릭 6세Frederik VI는 어린 시절부터 매우 불우한 생활을 겪어야 했습니다. 아버지는 정치적인 이유로 할머니와 숙부의 손 안에 있었으며, 어머니는 불륜을 이유로 강제로 이혼당한 뒤 덴마크를 떠나서 살다가 사망했습니다. 그렇기에 그는 어린 시절 돌보는 가족 없이 가정교사의 손에서 성장했습니다. 게다가 할머니와 숙부는 그의 아버지를 권력의 도구로만 봤기에 더욱 그와 가까이 지내지 않았습니다. 결국 프레데릭 6세는 1784년, 쿠데타를 통해서 할머니와 숙부에게서 권력을 빼앗았으며, 아버지를 대신해서 섭정하면서 덴마크를 실질적으로 통치하기 시작했습니다.

1789년, 프랑스 대혁명이 일어난 뒤 덴마크 역시 프랑스 혁명 전쟁과 나폴레옹 전쟁에 휘말렸습니다. 덴마크는 당시 대부분의 나라들처럼 프랑스의 동맹이 되었지만, 끝까지 프랑스의 동맹으로 남은 몇 안 되는 나라 중 하나였습니다. 이런 상황은 덴마크가 노르웨이를 스웨덴에 할양해야 하는 원인이 되기도 했습니다.

프레데릭 6세는 아들이 없었기 때문에 결국 왕위는 사촌이었던 크리스티안 8세Christian VIII에게 넘어갔습니다. 덴마크 국왕이 되기 전 크리스티안 8세는 스웨덴에 빼앗기기 직전의 노르웨이로 갔고, 1814년에 노르웨이 국왕으로 선출되기도 했습니다. 하지만 결국 스웨덴이 노르웨이를 장악했고, 그는 덴마크로 돌아와야만 했습니다. 1839년, 사촌인 프레데릭 6세가 사망한 뒤 그는 53세의 나이로 즉위했습니다. 크리스티안 8세가 즉위했을 때 많은 이들이 입헌군주제를 비롯한 좀더 자유주의적으로 나가길 바랐습니다만, 크리스티안 8세는 이 대부분의 계획을 거부했습니다.

크리스티안 8세의 아들인 프레데릭 7세Frederik VII는 매우 복잡한 인물이었습니다. 어린 시절 어머니가 이혼당해서 덴마크를 떠나야 했으며, 아버지는 아들에 대해서 그다지 신경 쓰지 않았습니다. 아마도 이런 어린 시절의 불우한 기억은 그가 자랄 때까지 영향을 미쳤기에 여러 번 결혼했음에도 아내와 잘 지내지 못할 수밖에 없었습니다. 프레데릭 6세의 딸이었던 첫 번째 아내와는 관계가 나빠서 이혼했던 것은 물론 메클렌부르크-슈트렐리츠 출신의 두 번째 아내 역시 결혼한 지 얼마 되지 않아서 친정으로 돌아가버릴 정도였습니다.

1850년, 그는 평민 출신이었던 여성과 마지막으로 결혼했는데 이것은 귀천상혼으로 후손들이 생기더라도 덴마크 왕위를 이을 수 없는 상황이 됩니다. 결국 프레데릭 7세의 후계자 문제가 발생하는데 이때쯤 올덴부르크 직계 가문은 더 이상 남성 후계자가 남아 있지 않았기 때문입니다. 이것은 슐레스비히-홀슈타인 문제와 연결되면서 더욱 복잡해집니다.

복잡하게 이어지는 분가

❖ 아들들에게 영지를 분배하다

덴마크의 크리스티안 1세는 덴마크 국왕이 되기 전 아버지로부터 올
덴부르크 백작령을 물려받았습니다. 하지만 덴마크 국왕이 되자 자신의
올덴부르크 영지에 대한 권리를 포기했고, 올덴부르크 백작령은 크리스
티안 1세의 동생인 게르하르트Gerhard(Gerd) von Oldenburg가 물려받게 됩니
다. 그리고 이 올덴부르크 백작 가문은 17세기까지 이어졌다가 이후 가
계가 단절되면서 다시 덴마크 왕가로 합쳐졌습니다.

덴마크의 프레데릭 1세에게는 네 명의 아들인 크리스티안Christian, 한
스Hans(요한Johann), 아돌프Adolf, 프레데릭Frederik이 있었습니다. 1533년에
프레데릭 1세가 사망하자 네 아들은 가문의 영지를 분할 상속하기로 합
니다. 덴마크 왕국은 분할 상속할 대상이 아니었기에 장남인 크리스티안
3세가 물려받았습니다. 하지만 크리스티안 1세가 개인영지로 상속받았
던 슐레스비히-홀슈타인 공작령은 형제들이 분할 상속할 수 있었습니다.

네 형제 중 막내인 프레데릭은 성직자였기에, 슐레스비히-홀슈타인

공작령은 크리스티안과 한스, 아돌프 등 세 명이 분할해서 상속하게 됩니다. 이때 공작령을 세 개로 나눠서 상속했는데, 한스는 슐레스비히-홀슈타인-하데르슬라우Schleswig-Holstein-Haderslev 공작령을 물려받았으며 아돌프는 홀슈타인-고토로프Holstein-Gottorp 공작령을 물려받게 됩니다. 물론 형제들은 영지를 나누긴 했지만 공동으로 통치하면서 영지의 힘까지 나누지는 않았습니다.

1580년, 한스가 남성 후계자 없이 사망했을 때 한스의 영지는 조카인 덴마크의 프레데릭 2세와 동생인 홀슈타인-고토로프의 아돌프가 나눠서 상속받았습니다. 아돌프의 후손들은 올덴부르크 가문의 가장 연장자 분가 가문인 홀슈타인-고토로프 가문을 형성하게 됩니다. 이 가문의 남성 후손은 혼인관계를 통해서 18세기의 스웨덴 왕위는 물론 러시아의 제위까지 이어가게 됩니다.

크리스티안 3세에게는 세 명의 아들인 프레데릭, 망누스Magnus of Denmark, 한스Hans den Yngre(Hertug af Slesvig-Holsten-Sønderborg)가 있었습니다. 1559년 크리스티안 3세가 죽은 뒤 장남인 프레데릭은 아버지의 뒤를 이어서 덴마크의 국왕 프레데릭 2세가 됩니다. 왕가에서는 슐레스비히-홀슈타인 공작령이 자꾸 분가에 의해 줄어드는 것을 걱정했는데, 결국 프레데릭 2세는 동생인 망누스에게 슐레스비히-홀슈타인 공작령을 분할하는 대신 그가 구입한 리보니아(라트비아와 에스토니아의 옛 호칭) 지역의 영지를 줍니다. 이렇게 망누스는 슐레스비히-홀슈타인 공작령에 대한 상속 권리를 포기했습니다. 이후 망누스는 러시아의 차르인 이반 4세(뇌제 이반)에 의해서 리보니아의 국왕이 됩니다. 이는 러시아에 위협적이었던 스웨덴군을 견제하기 위한 것으로, 망누스의 형인 프레데릭 2세가 스웨덴의 국왕

에릭 14세에 적대적이었던 것과도 어느 정도 연결될 수 있습니다. 하지만 망누스의 임무는 성공하지 못했고, 이반 4세는 망누스를 왕위에서 쫓아냈습니다.

크리스티안 3세의 막내아들이었던 한스는 아버지가 죽은 뒤 슐레스비히-홀슈타인 공작령의 일부였던 존데르부르크 지역을 중심으로 하는 슐레스비히-홀슈타인-존데르부르크Schleswig-Holstein-Sonderburg 공작령을 물려받게 됩니다. 한스는 수많은 아들이 있었으며 한스의 후손들은 덴마크 왕가의 방계 가문인 슐레스비히-홀슈타인-존데르부르크 가문의 여러 분가를 형성했습니다. 그리고 이 분가들 중 하나였던 글뤽스부르크 가문은 19세기 덴마크 왕가의 직계가 단절된 후 덴마크 왕위를 얻기도 합니다.

프레데릭 2세 이후 덴마크 왕가에서는 더 이상 슐레스비히-홀슈타인 공작령의 영지를 분할해서 상속하지 않습니다. 형제들에게 다른 보상을 통해서 상속 권리를 포기하게 만들었고, 게다가 17세기 이후 덴마크 왕가에서는 왕자들의 숫자가 점점 줄어들어서 영지를 분할해 상속할 필요가 없어집니다.

올덴부르크 백작 가문은 덴마크 왕가 중 가장 오래된 방계 가문으로 크리스티안 1세의 동생이었던 게르하르트 6세의 후손들이 계속 가문을 이어나갔습니다. 하지만 1667년에 안톤 귄터Anton Günther가 후계자 없이 사망하면서 게하르트 6세의 직계 후손이 단절되었습니다. 이후 올덴부르크 백작령은 가장 가까운 남성 친척이자 당시 덴마크 국왕이었던 프레데릭 3세에게 돌아가게 됩니다. 올덴부르크 백작령 역시 덴마크 왕국에 속한 지역이 아니었기에 슐레스비히-홀슈타인 공작령처럼 18세기까지 덴마크 국왕의 개인 영지로 남게 됩니다. 하지만 18세기 후반 복잡한 외교 관계를 거쳐서 올덴부르크 백작령은 홀슈타인-고토로프 가문의 영지가 되었습니다.

✛ 홀슈타인-고토로프 가문

덴마크의 프레데릭 1세의 아들로 첫 번째 홀슈타인-고토로프 공작이었던 아돌프Adolf of Holstein-Gottorp는 형인 크리스티안 2세에게 충성스러운 신하였습니다. 그런데 아돌프의 딸이었던 크리스티나는 덴마크의 숙적이 되는 스웨덴의 칼 9세와 결혼해 구스타브 2세 아돌프의 어머니가 됩니다. 홀슈타인-고토로프 공작들은 비록 영지를 분할해서 상속받긴 했지만 슐레스비히-홀슈타인 공작령의 일부였기에 여전히 덴마크 국왕의 신하로서 영지를 단독으로 통치하기 어려운 상황이었습니다. 하지만 시간이 지날수록 홀슈타인-고토로프 공작들이 점차 덴마크 국왕의 간섭을 벗어나 자신의 영지를 통치하길 원하게 됩니다.

특히 아돌프의 손자였던 홀슈타인-고토로프의 프리드리히 3세 Frederick III of Holstein-Gottorp는 덴마크 국왕의 신하 지위를 벗어나려고 시도합니다. 이때 전 유럽을 휩쓴 30년 전쟁이 슐레스비히-홀슈타인 지역에도 영향을 미쳤는데, 덴마크의 크리스티안 4세가 적극적으로 전쟁에 참전했으나 제국군에게 패배했습니다. 이 결과는 슐레스비히-홀슈타인 공작령에도 엄청난 영향을 미쳤습니다. 제국군은 슐레스비히-홀슈타인 지역을 점령했으며, 전쟁 상황에서 슐레스비히-홀슈타인 지역 역시 전장

홀슈타인-고토로프의 크리스티나.
아돌프의 딸이었던 그녀는 덴마크의 숙적
인 스웨덴의 칼 9세와 결혼해 구스타브 2세
아돌프의 어머니가 되었다.

이 되어 피해를 입었습니다. 이로 인해 공작 프리드리히 3세는 덴마크의
국왕 크리스티안 4세에게 강하게 불만을 품었고, 이후 홀슈타인-고토로
프 가문이 덴마크의 숙적이었던 스웨덴에 더 가까워지는 원인 중 하나가
되었을 뿐 아니라 제2차 북방 전쟁 당시 프리드리히 3세가 사위인 칼 10
세 구스타브를 지지하면서 스웨덴 측에 참가했던 원인이 되었을 것입니
다. 이후 홀슈타인-고토로프 가문은 덴마크 왕가와 갈등을 빚었으며 지
속적으로 스웨덴이나 러시아 같은 주변 강국들과 동맹을 맺어서 덴마크
와의 갈등에서 유리한 상황을 얻으려 했습니다.

공작 프리드리히 3세의 아들로 아버지의 뒤를 이어 홀슈타인-고토
로프 공작이 된 크리스티안 알브레히트Christian Albrecht에게는 두 아들 프
리드리히와 크리스티안 아우구스트가 있었습니다. 1695년에 크리스티

안 알베르트가 사망한 뒤 장남인 프리드리히는 아버지의 뒤를 이어서 공작 프리드리히 4세Friedrich IV가 되었으며, 크리스티안 아우구스트Christian August는 오이틴 지역을 중심으로 하는 작은 영지를 물려받았습니다. 이후 그의 후손들은 홀슈타인-고토로프-오이틴Holstein-Gottorp-Eutin 가문으로 알려집니다. 프리드리히 4세와 크리스티안 아우구스트는 복잡한 상속관계를 통해서 러시아 황제와 스웨덴 국왕의 선조가 됩니다.

공작 프리드리히 4세는 스웨덴의 공주이자 덴마크 국왕의 조카이기도 했던 스웨덴의 헤드빅 소피아 공주와 결혼했습니다. 헤드빅 소피아의 남동생이었던 칼 12세는 오랫동안 결혼하지 않았으며 결국 프리드리히 4세의 아내인 헤드빅 소피아가 스웨덴의 왕위 계승자 후보가 됩니다. 그리고 아내가 죽은 뒤에는 외아들이었던 카를 프리드리히Karl Friedrich가 왕위 계승자 후보가 되었습니다. 하지만 칼 12세가 죽은 뒤 스웨덴 내의 복잡한 정치 상황 때문에 카를 프리드리히는 이모인 울리카 엘레오노라에게 밀려서 스웨덴 왕위를 얻지 못했습니다.

그럼에도 카를 프리드리히는 스웨덴 왕위를 포기하지 않았으며, 당시 스웨덴의 강력한 라이벌로 떠오르던 러시아의 도움을 얻기 위해서 표트르 대제의 딸이었던 안나 페트로브나 여대공과 결혼했습니다. 두 사람 사이에서 아들인 카를 페테르 울리히Karl Peter Ulrich von Schleswig-Holstein-Gottorp가 태어납니다. 이후 표트르 대제가 후계자 없이 죽자 아내인 예카테리나 황후가 러시아의 황제로 즉위하게 됩니다. 이렇게 되자 카를 프리드리히는 아내인 안나 페트로브나 또는 자신의 아들인 카를 페테르 울리히가 제위를 잇길 바랐지만, 이것 역시 복잡한 러시아 정치 상황 때문에 둘 다 이루지 못했습니다.

카를 프리드리히는 1739년에 스웨덴 왕위나 러시아 황위 모두 얻지 못한 채 사망했습니다. 하지만 그가 죽은 뒤 정치 상황은 다시 변하게 됩니다. 1741년, 카를 프리드리히의 이모였던 울리카 엘레오노라가 후계자 없이 사망합니다. 비록 울리카 엘레오노라는 스웨덴 왕위를 남편에게 양위하고 자신은 왕비가 되었지만 울리카 엘레오노라의 남편인 프레드릭은 정치적으로 인기가 없었기에 그가 재혼해서 자녀를 얻는다 해도 스웨덴 귀족들이 그를 국왕으로 승인할지는 의문이었습니다. 결국 스웨덴 쪽에서는 왕가와 가장 가까운 친척인 카를 프리드리히의 아들 카를 페테르 울리히를 왕위 계승자로 고민하기 시작합니다.

그런데 울리카 엘레오노라가 죽은 지 한 달 후, 더 놀라운 일이 발생합니다. 바로 카를 프리드리히의 처제이자 표트르 대제의 딸이었던 엘리자베타 페트로브나가 쿠데타를 일으켜 러시아의 제위를 차지했던 것입니다. 엘리자베타 여제는 선대 여러 황제의 예를 통해 후계자가 없는 것이 얼마나 큰 문제인지 알아차리게 됩니다. 그래서 여제는 재빨리 자신의 조카인 홀슈타인-고토로프 공작 카를 페테르 울리히를 자신의 후계자로 선포했습니다. 카를 페테르 울리히는 이후 러시아의 표트르 3세가 됩니다.

표트르 3세는 아내이자 정적인 예카테리나 2세에게 황위를 빼앗기고 살해당했지만, 그의 아들인 파벨이 어머니의 뒤를 이어서 러시아의 황위를 이었습니다. 이후 러시아 황제들은 스스로를 로마노프라고 생각했지만, 혈연적으로는 홀슈타인-고토로프 가문 출신이기도 했습니다.

가장 가까운 왕가의 친척이었던 카를 페테르 울리히가 러시아의 황위 계승자가 되면서 스웨덴에서는 왕위 계승자 문제가 더 복잡해집니다. 스웨덴 귀족들은 왕위 계승자가 될 만한 인물들을 찾았는데 이때 러시아의

러시아의 표트르 3세와 예카테리나 2세. 엘리자베타 여제의 후계자가 된 표트르 3세는 아내이자 정적인 예카테리나 2세에게 황위를 빼앗기고 살해당했다.

엘리자베타 여제는 조카의 오촌이었던 홀슈타인-고토로프-오이틴의 아돌프 프리드리히Adolf Friedrich를 국왕 후보로 추천했습니다. 아돌프 프리드히는 오이틴을 물려받은 크리스티안-아우구스트의 아들로 표트르 3세의 아버지인 카를 프리드리히의 사촌이자 엘리자베타 여제와도 인연이 있었습니다. 아돌프 프리드리히의 형인 카를 아우구스트는 엘리자베타와 약혼했지만 결혼하기 전 사망했습니다. 이런 관계로 여제는 아돌프 프리드리히의 가문 전체에 호의적이었으며, 러시아는 아돌프 프리드리히를 스웨덴의 왕위 계승자로 강력하게 추천했습니다. 당시 러시아의 눈치를 보던 스웨덴은 아돌프 프리드리히를 왕위 계승자로 받아들였으며 1751년에 스웨덴의 국왕 아돌프 프레데릭Adolf Fredrik으로 즉위했습니다.

아돌프 프레데릭이 스웨덴의 국왕이 되었던 시절 스웨덴에서 왕권은 귀족들이나 의회의 권력에 비해서 매우 미약했습니다. 아돌프 프레데릭은 혈연관계보다는 의회에 의해서 국왕으로 선출되었기에 정통성이 약했고, 이 때문에 왕권을 강화하려고 하지 않았습니다. 하지만 그의 아내인 로비사 울리카Lovisa Ulrika 왕비는 남편을 대신해서 정치에 적극적으로 참여했고, 쿠데타를 시도해 왕권을 강화하려고까지 했습니다. 비록 이 시도는 성공하지 못했지만 아돌프 프레데릭의 아들로 아버지의 뒤를 이은 스웨덴의 국왕 구스타브 3세Gustav III는 쿠데타에 성공해서 왕권을 강화합니다. 하지만 그는 정책에 불만을 품은 귀족들에 의해서 암살당합니다.

구스타브 3세가 죽은 뒤에는 그의 아들인 구스타브 4세 아돌프Gustav IV Adolf가 스웨덴의 국왕이 됩니다. 구스타브 4세 아돌프는 프랑스 대혁명 이후 공화국이 된 프랑스와 나폴레옹을 반대하고 적대적으로 대했으며 프랑스를 공격하려고 했습니다. 하지만 도리어 러시아가 스웨덴에게서 핀란드를 빼앗았습니다. 그러자 스웨덴에서는 위기감이 고조되었습니다. 결국 귀족들은 구스타브 4세 아돌프를 퇴위시키고 그의 숙부인 쇠데르만란드 공작 칼을 국왕 칼 13세Karl XIII로 즉위시켰습니다. 구스타브 4세 아돌프는 가족과 함께 유럽으로 망명했고, 자신의 왕위를 되찾기 위해서 엄청나게 노력했지만 성공하지 못했습니다.

칼 13세는 후계자가 될 만한 자녀가 없었기에 후계자를 선정해야 했습니다. 그는 구스타브 4세 아돌프의 아들인 구스타브가 왕위 계승자가 되어야 한다고 주장했지만, 귀족들은 자신들이 쫓아낸 구스타브 4세 아돌프의 아들을 국왕으로 받아들일 생각이 없었습니다. 스웨덴에서는 최전성기를 누렸던 구스타브 2세 아돌프 시절을 그리워했으며 이 때문에 군인으로 능력이 뛰어난 인물을 군주로 데려오고 싶어 했습니다. 이런 상황 때문에 칼 13세의 후계자로 예상치 못한 인물이 선출됩니다. 1810년, 스웨덴 의회는 프랑스의 장군이었던 장바티스트 베르나도트Jean-Baptiste Bernadotte를 왕위 계승자로 선출했으며, 장 바티스트 베르나도트는 이후 칼 요한이라는 이름으로 스웨덴의 왕위 계승자가 됩니다. 칼 요한은 1818년에 칼 13세가 죽은 뒤 스웨덴의 국왕 칼 14세 요한Karl XIV Johan으로 즉위하면서 스웨덴의 왕가는 베르나도트 가문으로 바뀌게 됩니다.

쫓겨난 구스타브 4세 아돌프에게는 아들인 바사공 구스타브Gustav av Wasa가 있었지만 그는 스웨덴 왕위를 얻지 못했고 남성 후계자도 얻지 못했기에 홀슈타인-고토로프의 스웨덴 계열은 단절됩니다.

스웨덴의 아돌프 프레드릭의 동생이었던 프리드리히 아우구스트 Friedrich August von Schleswig-Holstein-Gottorf는 형이 상속받을 오이틴 쪽 영지를 물려받았습니다. 하지만 프리드리히 아우구스트는 복잡한 과정을 통해서 올덴부르크 백작령 역시 물려받게 됩니다. 예카테리나 2세는 1773년에 덴마크와 차르스코예셀로 조약을 맺어서, 아들 파벨이 상속받은 홀슈타인-고토로프 쪽의 영지를 덴마크 국왕이 가지고 있었던 올덴부르크 백작령과 교환했습니다. 그리고 예카테리나 2세는 올덴부르크 백작령을 외삼촌이었던 프리드리히 아우구스트에게 넘겨주었고, 프리드리히 아우구스트는 올덴부르크 백작이 됩니다. 그 후 황제 요제프 2세는 올덴부르크를 공작령으로 높였고, 프리드리히 아우구스트는 올덴부르크 공작이 됩니다.

프리드리히 아우구스트의 아들인 빌헬름Peter Friedrich Wilhelm von Oldenburg은 1785년에 아버지가 죽은 뒤 올덴부르크 공작이 됩니다. 나폴

스웨덴의 구스타브 4세 아돌프.
러시아가 스웨덴에서 핀란드를 빼앗자 위기
감이 고조되었고, 결국 귀족들은 그를 퇴위시
키고 숙부인 칼 13세를 즉위시켰다.

레옹 전쟁 이후 빈회의에서 올덴부르크 공작령은 올덴부르크 대공령으로 높여주기로 결정했습니다. 하지만 빌헬름이 원치 않았기에 생전에는 대공으로 불리지 않았습니다. 빌헬름은 정신적으로 문제가 있다고 알려져 있었으며 그를 대신해서 통치한 인물은 빌헬름의 사촌이었던 페테르 Peter Friedrich Ludwig von Oldenburg였습니다. 페테르는 스웨덴의 국왕이 된 아돌프 프레드릭과 첫 번째 올덴부르크 공작이 된 프리드리히 아우구스트의 막내동생인 게오르그의 아들이었습니다. 게오르그는 당연히 물려받을 영지가 없었으며 페테르도 마찬가지였습니다. 하지만 빌헬름은 정신적으로 문제가 있었을 뿐 아니라 후계자도 없었기에, 페테르가 섭정이 된 시점에서 이미 올덴부르크는 페테르가 이어받는 게 확정된 것이나 다름없었습니다. 그리고 결국 페테르는 1823년에 빌헬름이 죽은 뒤 올덴부르크를 이어받았습니다. 하지만 페테르 역시 대공 칭호를 쓰지는 않았

아우구스트와 게오르그 형제.
페테르의 장남인 아우구스트는 1829년에
아우구스트 1세가 되었고, 차남인 게오르
그는 예카테리나 파블로브나와 결혼해 러
시아에 남았다.

다고 합니다.

　올덴부르크의 페테르는 원래 파벨 1세의 처제와 결혼했는데, 이는 원래 같은 홀슈타인-고토로프 가문 출신이라서 황실 가족들과 가까웠던 그와 그의 아들들이 황실 가족과 더욱 가까워질 수 있었습니다. 또한 페테르의 후손들이 주로 러시아에 머물면서 일했습니다. 특히 장남인 아우구스트는 아버지의 뒤를 이어서 올덴부르크를 통치해야 했지만, 차남인 게오르그는 사촌인 파벨 1세의 딸인 예카테리나 파블로브나와 결혼해서 러시아에 남아 있었습니다. 게오르그는 일찍 죽었지만 그의 아들인 페테르는 외가인 러시아에 남아서 러시아 군인으로 일했는데 이런 연결고리를 통해서 그의 후손들은 지속적으로 러시아 황실 가족들과 혼인관계를 유지합니다.

페테르의 장남인 아우구스트Paul Friedrich August von Oldenburg는 1829년에 아버지가 죽은 뒤 올덴부르크 대공 아우구스트 1세August I가 됩니다. 그는 어린 시절에는 러시아에서 성장했지만 결국 자신의 영지인 올덴부르크로 왔었으며, 아버지와 달리 올덴부르크 대공이라는 칭호를 썼던 인물입니다.

아우구스트 1세의 아들인 페테르 2세Peter II는 1853년, 죽은 아버지의 뒤를 이어서 올덴부르크 대공이 됩니다. 페테르 2세는 슐레스비히-홀슈타인 문제에서 자신은 홀슈타인-고토로프 가문 출신이므로 공작령의 일부를 상속받아야 한다고 주장했습니다. 물론 결국 프로이센과 합의했으며, 프로이센의 독일 통일을 인정하게 됩니다.

페테르 2세의 아들인 프리드리히 아우구스트 2세Friedrich August II는 1900년에 아버지가 죽은 뒤 올덴부르크 대공이 됩니다. 하지만 제1차 세계대전 이후 독일의 모든 지역이 공화국이 되면서 프리드리히 아우구스트 2세 역시 군주의 지위에서 물러나야 했습니다.

슐레스비히-홀슈타인과 왕위 계승

✣ 영지를 둘러싼 갈등과 전쟁

덴마크의 국왕 크리스티안 3세의 아들인 한스는 슐레스비히-홀슈타인 공작령 중 존데르부르크 지방을 중심으로 하는 영지를 물려받았고, 이후 슐레스비히-홀슈타인의 공작 한스 2세로 알려지게 됩니다. 한스 2세는 두 번의 결혼으로 스무 명이 넘는 자녀가 있었으며 아들들은 아버지의 영지를 나누어 받았으며 수많은 분가가 형성되었습니다.

하지만 19세기가 되면서 슐레스비히-홀슈타인-존데르부르크 가문은 두 개의 분가인 슐레스비히-홀슈타인-존데르부르크-아우구스텐부르크와 슐레스비히-홀슈타인-존데르부르크-글뤽스부르크만 남게 되었습니다. 이들은 모두 한스 2세의 아들인 알렉산더의 후손으로, 아우구스텐부르크 가문은 알렉산더의 아들인 아우구스텐부르크의 에른스트 귄터의 후손이었으며, 글뤽스부르크 가문은 에른스트 귄터의 동생인 베크의 아우구스트 필리프의 후손이었습니다. 그래서 덴마크 왕가의 분가로는 아우구스텐부르크 가문이 연장자 가문이기도 했습니다.

슐레스비히-홀슈타인-존데르부르크 가문은 홀슈타인-고토로프 가문과는 달리 독립적인 영주는 아니었으며 영지는 모두 슐레스비히-홀슈타인 공작인 덴마크 국왕의 통치 아래 있었습니다. 그래서 이들은 지위가 조금 애매했는데 왕족이긴 했지만 그렇게 강력한 지위를 가진 것이 아니었고 주로 덴마크나 프로이센 같은 나라들의 군인으로 일하는 경우가 많았습니다. 하지만 이들이 중요해진 이유는 덴마크 왕가의 왕위 계승자가 줄어든 것과 19세기가 되면서 독일 통일 운동이 일어나면서 발생한 슐레스비히-홀슈타인 문제 때문이었습니다.

19세기가 되면서 덴마크의 왕위 계승자는 점차 더 줄어들었습니다. 덴마크 왕가에서는 오랫동안 한 명의 왕위 계승자가 왕위를 이어갔습니다. 그 결과 크리스티안 7세가 국왕이 되었을 때는 왕위 계승자로 아들인 프레데릭과 동생인 프레데릭만이 남았습니다. 만약 동생과 아들 모두 후계자가 없다면 상황은 더 복잡해지는데, 올덴부르크 가문의 선조였던 크리스티안 1세가 모계를 통해서 덴마크 왕위를 얻었기 때문에 남성 직계가 단절된다면 남아 있던 딸들의 후손들을 선택해야 할 수도 있었습니다.

이렇게 되자 크리스티안 7세의 딸이었던 루이세 아우구스타의 존재가 부각됩니다. 어머니인 캐럴라인 마틸다가 불륜으로 이혼당했기에, 루이세가 국왕의 딸이 아니라는 소문이 돌았지만 크리스티안 7세가 인정한 딸이었기에 왕위 계승 권리를 가지고 있었습니다. 그래서 왕가에서는 루이세가 다른 가문으로 시집가서 덴마크 왕위가 다른 가문으로 넘어가는 것을 막기 위해 왕가의 분가인 아우구스텐부르크 가문의 수장인 프리드리히 크리스티안 2세Friedrich Christian II와 결혼시켰습니다. 루이세는 오빠인 프레데릭 6세와 친한 사이였는데, 이로써 아우구스텐부르크 가문이

덴마크의 크리스티안 8세와 아우구스텐부르크의 카롤리네 아말리.
두 사람이 결혼하면서 1810년대에 덴마크에서 아우구스텐부르크 가문의 입지가 강화되었다.

왕가와 더 가까워지는 계기가 됩니다. 게다가 루이세의 딸인 카롤리네 아
말리는 프레데릭 6세의 사촌이자 후계자인 크리스티안 8세와 결혼해서
덴마크의 왕비가 되기도 했습니다. 이렇게 되면서 1810년대에 아우구스
텐부르크 가문은 덴마크에서 입지가 강화되었습니다.

　하지만 곧 아우구스텐부르크 가문은 덴마크 왕가와 슐레스비히-홀
슈타인 공작령을 두고 갈등을 빚기 시작합니다. 아우구스텐부르크 가문
은 덴마크 왕가의 분가 중 하나로 슐레스비히-홀슈타인 공작령을 상속
받을 권리를 가지고 있었습니다. 특히 덴마크의 국왕에게 남성 직계 후

손이 단절될 경우 덴마크 왕위는 세미 살리카법에 따라서 여성의 후손이 물려받을 수 있었지만, 슐레스비히-홀슈타인 공작령의 경우 살리카법에 따라서 크리스티안 1세의 남성 후손이 물려받아야 했습니다. 그리고 덴마크 왕가의 분가 중 가장 연장자 가문이었던 아우구스텐부르크 가문이 이 공작령을 물려받아야 했습니다.

그런데 덴마크에서는 슐레스비히-홀슈타인 공작령의 상속이 불안정한 것을 원치 않았기에 덴마크 왕국에 이 공작령을 편입하려 합니다. 이는 당연히 슐레스비히-홀슈타인 공작령의 상속에 가장 우선순위를 가지고 있던 아우구스텐부르크 공작의 이익을 침해하는 것이었고, 공작은 이에 강하게 반발합니다. 게다가 19세기 중반에 들어서면서 독일 통일 문제와 연결되어 슐레스비히-홀슈타인 문제가 국제적으로 부각되고 있는 상황이었기에 더욱 민감했습니다.

결국 아우구스텐부르크의 프리드리히 크리스티안 2세의 아들인 크리스티안 아우구스트 2세Christian August II는 1848년에 슐레스비히-홀슈타인 공작령이 덴마크에 편입되는 것을 반대하고 대신 독일에 편입되어야 한다고 주장했으며, 결국 프로이센이 제1차 슐레스비히-홀슈타인 전쟁을 일으키는 데 결정적인 역할을 합니다. 하지만 제1차 슐레스비히-홀슈타인 전쟁은 프로이센의 패배로 끝났으며 아우구스텐부르크의 크리스티안 아우구스트 2세는 결국 자신의 계승 권리를 포기해야 했습니다.

사실 크리스티안 아우구스트 2세는 덴마크에 가장 가까운 왕위 계승 후보자 중 한 명이었습니다. 덴마크의 국왕 프레데릭 7세가 1850년에 귀천상혼하면서 프레데릭 7세의 후계자가 누가 될 것인지에 대한 문제가 발생합니다. 만약 아우구스텐부르크 공작이 독일을 지지하지 않았다면 덴마크 왕가의 연장자 가문의 수장이자 덴마크 공주의 아들이었던 그는 강력한 덴마크 왕위 계승 후보자였을 것입니다. 하지만 1848년에 그의 행동은 덴마크에서 볼 때는 반역 행위였으며, 결국 덴마크에서는 왕위 계승자로 글뤽스부르크 가문 출신의 크리스티안을 선택합니다.

글뤽스부르크 가문은 아우구스텐부르크 가문처럼 크리스티안 3세의 손자였던 알렉산더의 후손이었습니다. 그렇기에 이들 역시 덴마크 왕가의 분가이자 슐레스비히-홀슈타인 공작령의 상속권을 가지고 있었습니다. 물론 아우구스텐부르크 가문이 연장자 가문이었기에 글뤽스부르크 가문의 상속권은 아우구스텐부르크 가문보다 약했습니다.

덴마크의 크리스티안 7세의 딸인 루이세가 아우구스텐부르크 공작과 결혼하면서 아우구스텐부르크 가문이 덴마크 왕가와 가까워졌던 반면, 글뤽스부르크 가문은 외가인 헤센-카셀 가문과의 연결고리로 덴마크 왕가와 가까워졌습니다. 크리스티안 7세의 아들이었던 프레데릭 6세는 고종 사촌이었던 헤센-카셀 가문 출신의 마리 조피와 결혼했는데, 마리 조피의 여동생인 루이제 카롤리네는 글뤽스부르크 공작이었던 프리드리히 빌헬름과 결혼했습니다. 하지만 글뤽스부르크 공작은 자녀들이 어릴 때 사망했으며, 마리 조피가 여동생의 자녀들을 돌봐주게 됩니다.

이렇게 글뤽스부르크 가문 사람들은 덴마크 왕가와 가까운 사이가 됩니다. 특히 아우구스텐부르크 공작이 덴마크 왕가와 갈등을 빚으면서 글뤽스부르크 가문 사람들은 상대적으로 아우구스텐부르크 공작 가문과 비교되면서 덴마크 왕가에 더욱 호의를 얻게 됩니다. 게다가 제1차 슐레스비히-홀슈타인 전쟁에서 독일을 지지해서 전쟁의 빌미를 제공했던 아우구스텐부르크 공작과 달리 글뤽스부르크 가문 사람들은 덴마크군으로 참전했습니다. 이로 인해 덴마크 사람들은 글뤽스부르크 공작 가문 출신의 크리스티안을 호의적으로 보게 됩니다.

프레데릭 7세의 후계자로 거론되던 글뤽스부르크의 크리스티안 Christian은 글뤽스부르크 공작 빌헬름과 헤센-카셀의 루이제 카롤리네의 셋째 아들이었습니다. 그는 비록 덴마크에서 지지받는 왕위 계승 후보 자였지만, 상속권에서는 아우구스텐부르크 공작 크리스티안 아우구스트 2세보다 모든 것이 부족했습니다. 슐레스비히-홀슈타인 공작령의 상속권이 약한 것뿐 아니라 덴마크 왕위에 대한 권리도 약했습니다. 아우구스텐부르크 공작은 어머니가 덴마크 공주였지만, 크리스티안은 외할머니가 덴마크 공주였기 때문이었습니다.

이런 약점을 해결하기 위해서 크리스티안은 헤센-카셀의 루이제와 결혼합니다. 루이제의 어머니는 덴마크의 크리스티안 8세의 여동생이었고, 루이제는 프레데릭 7세의 사촌이었기에 여성 후손 쪽으로는 아우구스텐부르크 공작보다 훨씬 더 왕위 계승권에서 우선순위에 있었습니다. 이 결혼을 통해서 크리스티안은 덴마크 왕위 계승의 정당성을 확보했으며, 크리스티안은 덴마크의 왕위 계승자로 인정받았습니다.

1863년에 프레데릭 7세가 죽은 뒤 글뤽스부르크의 크리스티안은 덴마크의 국왕 크리스티안 9세Christian IX of Denmark가 됩니다. 그가 왕위에 오르자, 아우구스텐부르크 공작 크리스티안 아우구스트 2세의 아들이었던 프리드리히Friedrich Christian August는 자신이 연장자 가문의 수장이므로 슐레스비히-홀슈타인 공작령을 상속받아야 한다고 주장합니다. 제1차 슐레스비히-홀슈타인 전쟁 이후 크리스티안 아우구스트 2세는 슐레스비히-홀슈타인 공작령에 대한 권리를 포기했습니다. 하지만 그의 아들

덴마크의 크리스티안 9세와 그의 후손들.
크리스티안 9세는 유럽의 여러 왕가와 혼인관계를 통해서 '유럽의 할아버지'라는 별명으로 불렸다.

인 프리드리히는 아버지가 포기한 것은 아버지의 상속 권리일 뿐 자신의 상속 권리는 여전히 있다고 주장했습니다. 그리고 여기에 역시 프로이센과 오스트리아가 동조하게 됩니다.

결국 제2차 슐레스비히-홀슈타인 전쟁이 일어났으며 이 전쟁은 제1차 전쟁과 달리 프로이센과 오스트리아의 승리로 끝났습니다. 이 전쟁 직후 아우구스텐부르크의 프레드릭은 슐레스비히-홀슈타인 공작 프리드리히 8세Friedrich VIII von Schleswig-Holstein가 됩니다. 하지만 프로이센은 슐레스비히-홀슈타인을 합병했으며, 프리드리히 8세는 결국 통치하지 못한 군주로 남게 됩니다. 재미있는 점은 결국 아우구스텐부르크 가문은 마지막 공작이었던 알베르트가 1931년에 후계자 없이 사망하면서 가문이 단절되었으며, 슐레스비히-홀슈타인 공작 지위는 크리스티안 9세의 형의 후손에게 넘어가게 된다는 것입니다.

제2차 슐레스비히-홀슈타인 전쟁은 독일 통일에서 중요한 전쟁이었습니다. 이 전쟁 이후 프로이센과 오스트리아는 독일의 패권을 두고 다시 한번 전쟁을 치렀고, 결국 프로이센이 승리를 거두면서 프로이센 중심의 독일제국이 형성됩니다. 하지만 덴마크 입장에서는 엄청난 비극이기도 했습니다. 슐레스비히-홀슈타인 공작령은 덴마크 영토에서 엄청나게 큰 지역이었기에 이곳을 빼앗긴 덴마크는 큰 타격을 입었습니다.

✧ 크리스티안 9세의 후손 1: 덴마크와 노르웨이

1863년, 덴마크의 국왕이 된 크리스티안 9세Christian IX는 통치 초기에 매우 어려운 상황에 부딪혔습니다. 가장 큰 이유는 제2차 슐레스비히 전쟁에서 패배했기 때문이었습니다. 전쟁의 패배로 영토를 뺏긴 것은 물론 수많은 난민마저 발생했기에 경제적으로 매우 어려운 상황이 되었습니다. 이것은 자연히 통치자인 크리스티안 9세의 인기를 떨어뜨리는 원인이 됩니다. 게다가 하원과 내각의 갈등 역시 보수적이었던 국왕에 대한 인기를 더 떨어뜨리는 원인이었습니다. 하지만 오랜 시간이 흐르면서 크리스티안 9세의 인기는 서서히 올라가는데, 특히 1901년에 의회정치를 받아들이면서 국왕에 대한 국민의 신뢰는 더욱 올라가게 됩니다.

크리스티안 9세는 여섯 명의 자녀가 있었는데, 이 자녀들은 각각 영국의 왕비, 러시아의 황후, 덴마크의 국왕, 그리스의 국왕 등이 되었습니다. 그래서 영국의 국왕, 덴마크의 국왕, 노르웨이의 국왕, 러시아의 황제, 그리스 국왕 등이 모두 그의 손자 또는 외손자들이었습니다. 그렇기에 크리스티안 9세는 '유럽의 할아버지'라는 별명으로도 불렸는데, 이런 가족 관계는 당대 유럽의 외교관계에 큰 영향을 미치게 됩니다.

크리스티안 9세의 아들이었던 프레데릭 8세Frederik VIII는 1906년, 아버지의 뒤를 이어서 덴마크 국왕이 됩니다. 그는 아버지에 비해서 훨씬 더 자유주의적 사상을 갖고 있었지만 63세의 나이로 즉위했기에 이미 건강이 나빴고, 국왕이 된 지 겨우 6년 만에 사망합니다.

프레데릭 8세의 아들이었던 크리스티안 10세Christian X는 아버지에 비해서 훨씬 더 보수적이었을 뿐 아니라 의회정치가 아니라 좀 더 국왕의 권력을 강화시키고 싶어 했습니다. 결국 크리스티안 10세는 제1차 세계대전 이후 슐레스비히를 편입하는 문제에 대해서 의회와 마찰을 빚습니다. 국왕은 강제로 자신의 의견을 수상에게 강요했고, 수상이 거부하자 자신의 뜻대로 내각을 바꿔버리기까지 했습니다. 이것은 의회의 반발을 불러일으켰는데 거센 반발로 국왕의 지위마저 위협받는 상황에 이르자 결국 크리스티안 10세는 자신의 뜻을 꺾습니다. 이후 덴마크의 국왕들은 정치에 관여하지 않았으며 국가 수장으로서 상징적인 모습으로 남게 됩니다. 제1차 세계대전 때 덴마크는 중립으로 남았지만, 제2차 세계대전 때 덴마크는 독일에게 기습 점령당하게 됩니다. 크리스티안 10세는 독일에 저항하는 게 불가능하다는 것을 알고 결국 항복했습니다. 그는 독일 점령하의 덴마크에 남았는데 나치 독일에 저항하는 모습으로 비춰졌습니다.

크리스티안 10세의 아들이었던 프레데릭 9세Frederik IX와 그의 가족들은 역시 제2차 세계대전 중 크리스티안 10세처럼 나치 독일에 저항하는

노르웨이의 호콘 7세.
덴마크의 크리스티안 9세의 손자이자 스웨덴의 칼 15세
의 외손자였던 칼 왕자는 국왕으로 선출되어 1905년 노
르웨이에서 즉위했다.

덴마크인들의 상징이 됩니다. 그리고 1947년에 국왕이 된 프레데릭 9세
는 국민의 지지를 받았습니다. 특히 그는 세 명의 딸밖에 없었기에 1953
년, 덴마크에서 여성의 왕위 계승을 인정하는 법률을 통과시켰고, 그 결
과 장녀인 마르그레테가 1972년에 아버지의 뒤를 이어서 덴마크의 여왕
마르그레테 2세Margrethe II가 되었습니다.

노르웨이는 스웨덴에서 독립하면서 덴마크의 크리스티안 9세의 손자
이자 스웨덴의 칼 15세의 외손자인 칼 왕자를 국왕으로 선출합니다. 칼 왕
자가 노르웨이의 국왕으로 선출된 중요한 이유는 북유럽 왕가들인 덴마
크와 스웨덴 왕가의 후손이라는 것과 더불어 그의 아내가 에드워드 7세의
딸이기 때문이었습니다. 노르웨이는 영국 국왕의 딸을 아내로 맞은 칼이
국왕이 된다면 자국에 도움이 될 것이라 여겼습니다. 칼은 1905년 노르

웨이로 가서 호콘 7세Haakon VII of Norway라는 이름으로 즉위했으며 아들
역시 노르웨이식으로 올라프라고 이름을 바꿨습니다. 호콘 7세는 노르
웨이 국왕으로 의회정치를 지지했습니다. 하지만 제2차 세계대전이 일
어나면서 노르웨이가 독일에 점령당하자 가족과 함께 영국으로 망명해
망명정부를 설립했으며 제2차 세계대전이 끝난 뒤 노르웨이로 돌아왔습
니다.

호콘 7세의 아들인 올라프 5세Olav V는 제2차 세계대전이 일어났을 때
노르웨이에 남길 바랐지만 결국은 아버지와 함께 영국으로 망명했고, 아
버지를 도와서 망명정부의 일을 했습니다. 이들은 모두 독일에 대한 노
르웨이인의 저항의 상징이 되었습니다. 올라프 5세는 1955년 아버지가
사고로 다친 뒤 섭정하기 시작했으며 1957년에 국왕이 되었습니다. 그
는 노르웨이에서 매우 인기 있는 국왕이었습니다. 이후 1991년 올라프 5
세가 사망한 뒤 그의 아들이었던 하랄 5세Harald V가 노르웨이의 국왕이
됩니다.

✟ 크리스티안 9세의 후손 2: 그리스

크리스티안 9세의 둘째 아들이었던 빌헬름은 아버지가 덴마크 국왕
이 되기 전인 1863년에 그리스의 국왕 게오르기오스 1세Geórgios I로 선출
되었습니다. 그가 그리스 국왕으로 선출될 수 있었던 가장 큰 이유는 누
나인 알렉산드라가 영국의 웨일스 공비, 즉 후에 영국의 왕비가 될 사람
이었기 때문이었습니다. 그리스는 영국, 프랑스 등의 세력을 통해서 오

스만제국에서 독립했으며 이런 강대국들과의 연결고리가 필요했습니다. 게오르기오스 1세는 정치적인 이유로 러시아의 여대공과 결혼했으며, 그리스의 내정에 적극적으로 참여하기보다는 의회정치를 통해서 그리스인이 국가를 통치하도록 두었습니다. 외국 출신의 국왕이었기에 그리스인이 자신을 잘 받아들일 수 없다는 것을 잘 알고 있었습니다.

그리스의 정치 상황은 매우 불안정했는데 이 때문에 게오르기오스 1세는 여러 번의 암살 시도와 쿠데타를 겪었고, 자주 정치적인 문제로 비난을 받았습니다. 하지만 게오르기오스 1세가 1912년 제1차 발칸 전쟁 이후 그리스가 장악한 테살로니키로 갔다가 1913년에 암살당하자 모든 것이 바뀌었습니다. 그에 대한 나쁜 평가는 모두 사라지고 훌륭한 국왕이라는 평가만 남았습니다. 이후 더욱 혼란해지는 그리스 상황을 볼 때 게오르기오스 1세는 의회정치를 정착하기 위해 노력했던 인물로 평가받는 것은 당연한 듯합니다.

게오르기오스 1세의 장남이었던 콘스탄티노스 1세Konstantínos I는 제1차 발칸 전쟁의 영웅으로 대접받았습니다. 하지만 제1차 세계대전이 벌어지면서 상황은 바뀌었습니다. 콘스탄티노스 1세는 중립으로 남길 바랐지만, 게오르기오스 1세 시절부터 계속해서 그리스 수상을 역임했으며 당시 그리스 정치에서 가장 큰 영향력을 행사했던 엘레우테리오스 베니젤로스Eleuthérios Venizélos는 그리스가 연합국 측에 서야 한다고 생각했습니다. 결국 이 문제로 인해서 그리스는 내전 직전까지 갔고, 콘스탄티노스 1세가 아들인 알렉산드로스에게 왕위를 물려주고 망명하면서 마무리됩니다. 하지만 알렉산드로스가 갑작스러운 사고로 인해서 사망합니다. 그리고 콘스탄티노스 1세는 국민투표에서 승리해서 그리스로 돌아올수 있었습니다.

그럼에도 콘스탄티노스 1세는 다시 한번 그리스에서 망명해야 했습니다. 사실 콘스탄티노스 1세가 돌아올 수 있었던 가장 큰 이유는 당시 그리스가 터키와 전쟁을 치르고 있었기 때문이었습니다. 그리스 사람들은 발칸 전쟁의 승리자였던 콘스탄티노스 1세가 돌아온다면 그리스에 승리를 가져다 줄 것이라 생각했을 것입니다. 하지만 1922년에 터키가 그리스에 반격하고 그리스의 패배가 분명해지자 쿠데타가 일어났으며 콘스탄티노스 1세는 1922년 9월에 다시 한번 퇴위하고 그리스에서 떠나야 했습니다.

콘스탄티노스 1세의 장남이었던 게오르기오스 2세Geórgios II는 아버지가 왕위에서 물러난 뒤 그리스 왕위에 오르게 됩니다. 하지만 1923년에 왕당파의 쿠데타 실패로 결국 그 역시 왕위에서 물러났습니다. 1924년에 그리스는 공화국이 되었으며 게오르기오스 2세는 그리스 국적마저 박탈당합니다. 그때까지 그리스 정치는 너무나도 혼란한 상황이었는데, 결국 1935년에 다시 군주제로 돌아가기로 결정하면서 게오르기오스 2세가 그리스로 돌아갈 수 있었습니다. 그가 다시 그리스로 돌아가자 메타사스 장군이 권력을 장악했고, 여러 가지 자유를 제약하기도 했습니다. 게오르기오스 2세는 메타사스 장군을 지지했는데, 이로 인해 그리스인이 그를 못마땅하게 여기게 됩니다.

제2차 세계대전이 일어났을 때 그리스는 처음에 이탈리아에 대해서 승리를 거뒀지만 이탈리아의 동맹인 독일이 참전하면서 전황은 달라졌습니다. 게오르기오스 2세는 항복하라는 수상의 청을 거부했으며 영국으로 가서 망명정부를 세웠습니다. 하지만 그는 독일에 저항하는 그리스인의 구심점이 되지 못했습니다. 가장 큰 이유는 그가 이전에 독재자였던 메타사스 장군을 지지했기 때문이었습니다.

그리스에서는 좌파 계열의 무장 단체를 중심으로 레지스탕스 운동이 진행되었습니다. 이 운동의 영향으로 전쟁이 끝난 뒤에도 국왕이 돌아오는 것을 격렬하게 반대하는 사람들이 많았습니다. 결국 그리스에서는 국왕이 돌아오는 문제 때문에 내전이 일어납니다. 그리고 내전 중인 상황에서 1946년에 게오르기오스 2세는 그리스로 돌아왔고, 1947년에 그리스의 국왕으로서 사망하게 됩니다.

게오르기오스 2세는 자녀가 없었으며 왕위는 동생인 파블로스Pávlos가 이어갔습니다. 비록 1949년에 내전은 끝났지만, 그리스 내 정치 상황은 여전히 복잡했으며 외교적인 문제 역시 만만치 않았습니다. 파블로스는 선대 국왕들처럼 정치에 개입하지 않는다고 했으나 수상을 경질하는 등 실제로 정치권력을 행사하려고 했기에 그리스 국민에게 더욱 인기가 떨어집니다.

1964년에 파블로스가 죽고, 그의 아들인 콘스탄티노스 2세Konstantínos II가 그리스의 국왕 콘스탄티노스 2세로 즉위합니다. 이때 그는 20대였는데, 이로 인해 그리스 사람들은 젊은 국왕이 이전 국왕과 달리 새로운 시대를 열 것이라고 기대하게 되었습니다. 하지만 오래전부터 불안정했던 그리스의 정치 상황은 그다지 나아지지 않았습니다 젊은 국왕의 초기 인기는 곧 사그라들었으며, 특히 1967년에 쿠데타가 일어나면서 콘스탄티노스 2세의 상황도 더욱 악화되었습니다. 결국 국왕은 가족과 함께 그리스를 떠나 망명해야 했습니다. 그리고 1974년, 그리스에서는 국민투표를 통해서 왕정을 폐지하고 공화정을 선택했으며 콘스탄티노스 2세는

그리스의 안드레아스 왕자와 바텐베르크의 앨리스.
두 사람은 결혼해 네 명의 딸과 한 명의 아들을 낳았다. 이중 아들은 영국의 엘리자베스 2세와 결혼
한 필리프 공이다.

이를 받아들이고 오랫동안 해외에서 머물며 망명생활을 했습니다. 그러
다 2010년대에 다시 그리스로 돌아갔고, 현재 그리스에서 거주하고 있
습니다.

　올덴부르크 가문 출신으로 첫 번째 그리스 국왕이 된 게오르기오스 1세
에게는 여러 아들이 있었습니다. 그중 넷째 아들인 안드레아스 왕자는 빅
토리아 여왕의 후손이었던 바텐베르크의 앨리스와 결혼했고, 두 사람 사
이에서 네 명의 딸과 아들 한 명이 태어납니다. 이 아들은 그리스와 덴마
크의 필리포스 왕자이자 영국의 엘리자베스 2세와 결혼한 필리프 공입니
다. 정치적 문제로 인해서 여왕과 왕위 계승 권리를 가진 후손들은 모두

'윈저Windsor'라는 성을 쓰기로 되어 있습니다. 하지만 혈연적으로 볼 때 필리프 공과 엘리자베스 2세의 후손들은 모두 올덴부르크 가문 후손이기도 합니다.

올덴부르크 가문은 덴마크 왕위를 얻기 전까지 강력한 제후는 아니었습니다. 하지만 크리스티안 1세가 덴마크의 국왕이 되었을 뿐 아니라 슐레스비히-홀슈타인 공작령까지 얻게 되면서 북유럽의 중요한 가문으로 자리 잡게 됩니다. 그 결과 덴마크뿐 아니라 스웨덴, 노르웨이, 그리스, 러시아 등 광범위한 지역까지 통치하는 가문이 되었으며, 현재도 노르웨이와 덴마크의 국왕은 모두 올덴부르크 가문 출신입니다.

크리스티안 9세의
자녀들과 후손들

덴마크의 크리스티안 9세는 덴마크의 복잡한 정치 상황과 왕위 계승 문제 때문에 운이 좋게 국왕이 된 경우였습니다. 크리스티안 9세는 젊은 시절에는 왕위 계승 권리와 거리가 있는 덴마크의 방계왕족일 뿐이었습니다. 그래서 크리스티안 9세는 왕위 계승자로 인정받을 때까지 덴마크 군인으로 살았는데, 왕족이긴 했지만 그의 집안은 덴마크 중산층 정도로 생활했습니다.

당대 왕가에서는 자녀들을 주로 보모나 가정교사 등의 고용인들 손에 맡겨 키웠습니다. 하지만 중산층 정도의 생활을 했던 크리스티안 9세는 아이들을 키우기에는 돈이 부족했기에 직접 돌보는 경우가 많았습니다. 또 아이들 역시 당대 평범한 중산층 가정처럼 형제자매간에 늘 함께 놀면서 생활했습니다. 이런 상황이었기에 크리스티안 9세의 가족들은 친밀하게 지냈으며, 이것은 자녀들이 자라서도 계속 이어지게 됩니다. 그리고 이런 친밀함은 크리스티안 9세의 자녀들이 유럽의 여러 왕가 사람들과 결혼하거나 왕위에 오르면서 외교적으로 큰 영향을 미쳤습니다.

크리스티안 9세의 첫째 아이는 아들인 프레데릭이었습니다. 그는 아버지의 뒤를 이어서 덴마크의 프레데릭 8세가 됩니다. 프레데릭 9세는 스웨덴의 공주였던 로비사와 결혼합니다. 로비사와 프레데릭 8세가 결혼한 이유는 당대에 덴마크, 스웨덴 노르웨이 등 북유럽 국가들 간에 친밀하게 지내야 한다는 생각이 널리 퍼져 있었기 때문입니다. 그렇기에 덴마크의 왕위 계승자인 프레데릭이 스웨덴의 공주와 결혼하는 것은 덴마크 사람들이 좋아하는 일이기도 했습니다. 게다가 로비사는 외동딸이어서 물려받을 재산이 많았는데, 크리스티안 9세는 덴마크 왕위를 물려받긴 했지만 선왕인 프레데릭 7세의 개인 재산을 물려받지는 못했기에 국왕이었지만 개인 재산이 그리 많지 않았습니다. 이로 인해 아들에게 재산을 많이 물려받을 수 있는 며느릿감을 찾게 만들었을 것입니다.

프레데릭 8세가 로비사 공주와 결혼한 것은 후에 그의 아들인 칼이 노르웨이 왕위를 얻을 수 있는 중요한 계기가 됩니다. 노르웨이는 원래 오래도록 덴마크 국왕이 통치했지만 로비사의 할아버지였던 스웨덴의 칼 14세 요한이 노르웨이를 점령했고, 이후 스웨덴의 통치를 받았습니다.

시간이 지나면서 노르웨이는 스웨덴으로부터 독립하고 싶어 하는데, 결국 20세기에 들어서면서 노르웨이는 스웨덴에서 독립하기에 이릅니다. 노르웨이가 독립하면서 국왕을 선택해야 했는데, 노르웨이에서는 프레데릭 8세의 둘째 아들이었던 칼 왕자를 왕위 계승자로 선택합니다. 칼 왕자는 덴마크 왕자였지만 스웨덴 국왕의 외손자이기도 했으며 이것은 노르웨이가 독립하는 과정과 그 이후에서 껄끄러운 관계에 있었던 스웨덴과 좋은 관계를 유지하기 위한 것이기도 했습니다. 물론 칼의 아내가 영국의 에드워드 7세의 딸이었던 것이 더 중요하긴 했습니다. 이렇게 프레데릭 8세의 둘째 아들인 칼 왕자는 노르웨이의 호콘 7세가 되었으며, 장남인 크리스티안은 아버지의 뒤를 이어서 덴마크의 국왕 크리스티안 10세가 되었습니다.

크리스티안 9세의 둘째 아이는 딸인 알렉산드라Alexandra였습니다. 알렉산드라는 다정다감한 성품에 가족들과 친밀하게 지내는 것을 매우 좋아했습니다. 이런 알렉산드라는 아마도 결혼해서 남편과 행복하게 사는 소박한 삶을 꿈꿨을 것입니다만 알렉산드라의 꿈은 이루어지지 않습니다. 알렉산드라가 결혼할 나이가 되었을 때 크리스티안 9세는 여전히 덴마크의 국왕은 아니었고, 알렉산드라는 지참금도 많이 가져갈 처지가 아니었습니다. 하지만 알렉산드라는 매우 아름다웠으며 알렉산드라의 아름다움에 관심을 갖는 사람이 있었습니다. 바로 빅토리아 여왕과 앨버트 공 부부였습니다.

여왕 부부는 자신들의 기준에서 자꾸 엇나가기 시작하는 장남 웨일스 공을 바로 잡기 위해서는 결혼시켜야 한다고 생각했습니다. 이들 부부는 아들의 마음을 바로 잡기 위해서 신붓감의 미모만 보게 됩니다. 그리고 앨버트 공은 알렉산드라가 아름답다는 소문을 듣고 직접 만나보고 나서 며느릿감으로 흡족하게 여겼습니다. 미남미녀들에 대해서 매우 냉정하게 평가했던 빅토리아 여왕 역시 알렉산드라의 아름다움을 인정했는데, 훗날 여왕은 전설적인 아름다움으로 유명했던 오스트리아의 엘리자베트 황후(시씨)를 만나고 나서 자신의 며느리가 더 아름답다고 쓸 정도였습니다. 이렇게 덴마크의 알렉산드라는 영국의 왕위 계승자로 에드워드 7세와 결혼합니다. 하지만 알렉산드라는 그녀가 원했던 소박하지만 행복한 결혼 생활을 하지는 못했습니다. 대신 알렉산드라의 친정 식구들에게 큰 이익을 가져다줬습니다. 그리고 알렉산드라의 아들인 조지는 아버지의 뒤를 이어서 영국의 조지 5세가 되었습니다. 또 막내딸인 모드는 사촌인 덴마크의 칼 왕자와 결혼했고, 칼이 노르웨이의 국왕으로 선출되면서 모드 역시 노르웨이의 왕비가 되었습니다.

크리스티안 9세의 셋째 아이는 아들인 빌헬름이었습니다. 그는 아버지가 덴마크 국왕이 되기 전인 1863년에 그리스의 국왕으로 선출됩니다. 당시 그리스는 국왕이었던 오톤(바이에른의 오토)를 국왕자리에서 물러나게 했습니다. 이렇게 되자 그리스의 독립에 관여했던 강대국들은 그리스가 다른 국왕을 선출하길 원했으며 그리스에서는 강력한 힘을 가진 영국의 왕족, 특히 빅토리아 여왕의 둘째 아들인 앨프러드를 국왕으로 선출하길 원했습니다. 하지만 영국은 그리스 문제에 직접 관여하길 원치 않았기에 이 제안을 거부했으며 그리스는 차선책으로 미래의 영국 왕비의 남동생인 덴마크의 빌헬름 왕자를 왕위 계승자로 선택했습니다. 빌헬름 왕자는 그리스로 갔으며 그리스식으로 게오르기오스라는 이름으로 국왕에 올랐는데 그가 바로 그리스의 게오르기오스 1세였습니다.

게오르기오스 1세는 정교회를 믿는 아내가 필요했고 러시아 황태자비였던 여동생의 도움을 받아서 러시아의 올가 콘스탄티노브나 여대공과 결혼했습니다. 게오르기오스 1세의 아들인 콘스탄티노스는 아버지의 뒤를 이어서 그리스의 콘스탄티노스 1세가 되었습니다. 게오르기오스 1세의 넷째 아들은 안드레아스 왕자로 안드레아스 왕자의 아들인 필리포스는 영국의 엘리자베스 2세의 남편이 되었습니다.

크리스티안 9세의 넷째 아이는 딸인 다우마Dagmar였습니다. 아버지가 덴마크 국왕이고 언니가 웨일스 공비였고 오빠가 그리스 국왕이었던 다우마는 유럽왕가에서 볼 때 외교적으로 매우 괜찮은 신붓감이었습니다. 그리고 러시아의 알렉산드르 2세는 이런 다우마를 며느리감으로 선택했습니다. 알렉산드르 2세의 장남인 러시아의 황태자 니콜라이 알렉산드로비치 대공은 다우마를 보고 반했으며, 다우마 역시 그를 사랑하게 되었고, 둘은 곧 약혼합니다. 하지만 니콜라이 대공은 결혼 전 병으로 사망합니다. 그럼에도 다우마는 여전히 러시아로 시집갈 운명이었습니다. 알렉산드르 2세는 여전히 다우마를 며느릿감으로 원했으며, 다우마는 전 약혼자의 동생인 황태자 알렉산드르 알렉산드로비치 대공과 결혼했습니다. 러시아의 황태자와 결혼한 다우마는 이후 러시아식으로 마리야 표도로브나라는 이름으로 알려집니다. 알렉산드르 대공은 아버지가 죽은 뒤 황제 알렉산드르 3세가 되었고, 다우마는 러시아의 마리야 표도로브나 황후가 되었습니다. 마리야 표도로브나는 언니인 알렉산드라와 매우 친한 사이였고 이것은 당시 세계 최강국들이었던 영국과 러시아의 왕가가 가까워지는 원인이 되었으며 또 외교적으로도 어느 정도 영향을 주기도 했습니다. 마리야 표도로브나의 아들인 니콜라이 알렉산드로비치는 아버지의 뒤를 이어서 러시아의 니콜라이 2세가 되었습니다.

크리스티안 9세의 다섯째 아이는 딸인 티라였습니다. 티라도 언니들처럼 아름다웠습니다. 루이세 왕비는 티라도 언니들처럼 유럽의 군주에게 시집가길 원했습니다. 그래서 무려 서른 살 넘게 나이가 많은 네덜란드의 빌렘 3세와 딸을 결혼시키려 했지만 티라는 이를 거부했습니다. 이후 티라는 정략결혼으로 하노버의 왕태자였던 에른스트 아우구스트와 결혼합니다. 덴마크 왕가는 슐레스비히-홀슈타인 문제로 인해서 프로이센에 적대적이었습니다. 그리고 하노버 왕가는 프로이센에 의해서 왕국이 해체당했기에 역시 프로이센에 적대적이었습니다. 이렇게 두 가문 모두 프로이센이라는 공동의 적이 있었으며 이 때문에 비록 에른스트 아우구스트는 왕위를 뺏긴 상태였지만 티라가 그와 결혼했던 것입니다. 티라의 아들인 에른스트 아우구스트는 후에 독일의 빌헬름 2세의 딸인 빅토리아 루이제와 결혼하면서 브라운슈바이크 공작령의 상속을 인정받아서 브라운슈바이크 공작이 되었습니다.

크리스티안 9세의 막내는 아들인 발데마르였습니다. 국왕이 된 형들과 유럽의 왕비, 황후가 된 누나들 때문에 그는 외교적으로 중요한 인물이 됩니다. 특히 1886년, 불가리아의 통치 군주였던 바텐베르크의 알렉산더가 러시아와의 갈등으로 물러나면서 발데마르가 불가리아의 통치 군주가 될 기회를 얻습니다. 하지만 정치적인 문제로 인해서 발데마르는 불가리아의 군주가 되지 못했습니다. 이후 발데마르는 노르웨이가 독립했을 때도 왕위 계승 후보자가 되었지만 노르웨이는 그의 조카인 칼 왕자를 국왕으로 선출했습니다.

크리스티안 9세의 자녀들은 결혼 후에도 자주 덴마크로 와서 부모와 형제자매들을 만났습니다. 이때 자녀들은 배우자와 그들의 자녀들도 데리고 왔는데, 이렇게 가족모임에서 자주 만나면서 더욱 친한 사이가 됩니다. 그리고 이것은 당대 유럽의 외교에 매우 큰 영향을 미쳤습니다.

8장

베틴

: 작센 중심의 통치 가문

House of Wettin

베틴 가문 가계도

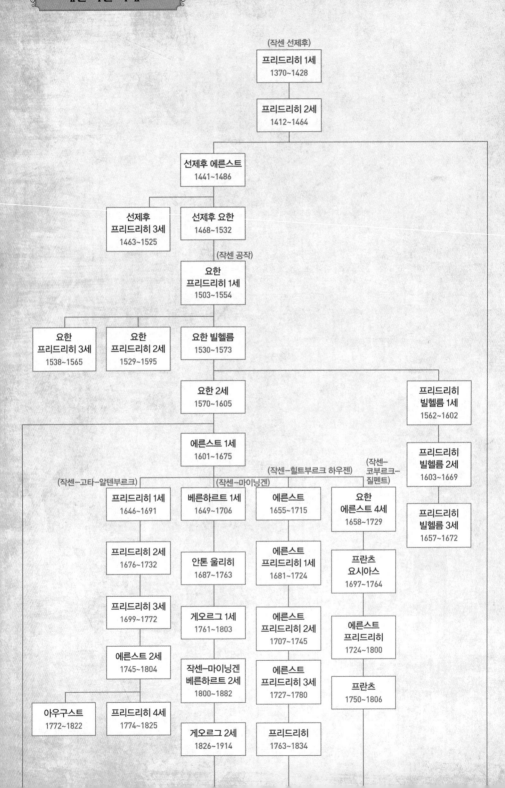

(작센 선제후)
프리드리히 1세
1370~1428

프리드리히 2세
1412~1464

선제후 에른스트
1441~1486

선제후
프리드리히 3세
1463~1525

선제후 요한
1468~1532

(작센 공작)
요한
프리드리히 1세
1503~1554

요한
프리드리히 3세
1538~1565

요한
프리드리히 2세
1529~1595

요한 빌헬름
1530~1573

요한 2세
1570~1605

프리드리히
빌헬름 1세
1562~1602

에른스트 1세
1601~1675

프리드리히
빌헬름 2세
1603~1669

프리드리히
빌헬름 3세
1657~1672

(작센-고타-알텐부르크)
프리드리히 1세
1646~1691

(작센-마이닝겐)
베른하르트 1세
1649~1706

(작센-힐트부르크 하우젠)
에른스트
1655~1715

(작센-코부르크-질펜트)
요한
에른스트 4세
1658~1729

프리드리히 2세
1676~1732

안톤 울리히
1687~1763

에른스트
프리드리히 1세
1681~1724

프란츠
요시아스
1697~1764

프리드리히 3세
1699~1772

게오르그 1세
1761~1803

에른스트
프리드리히 2세
1707~1745

에른스트
프리드리히
1724~1800

에른스트 2세
1745~1804

작센-마이닝겐
베른하르트 2세
1800~1882

에른스트
프리드리히 3세
1727~1780

프란츠
1750~1806

아우구스트
1772~1822

프리드리히 4세
1774~1825

게오르그 2세
1826~1914

프리드리히
1763~1834

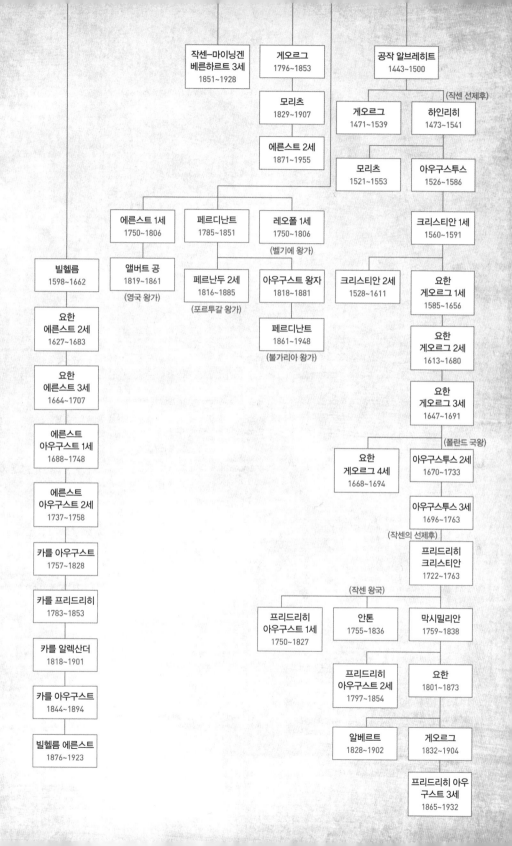

작센–마이닝겐
베른하르트 3세
1851~1928

게오르그
1796~1853

공작 알브레히트
1443~1500

(작센 선제후)

게오르그
1471~1539

하인리히
1473~1541

모리츠
1829~1907

모리츠
1521~1553

아우구스투스
1526~1586

에른스트 2세
1871~1955

크리스티안 1세
1560~1591

에른스트 1세
1750~1806

페르디난트
1785~1851

레오폴 1세
1750~1806

(벨기에 왕가)

크리스티안 2세
1528~1611

요한
게오르그 1세
1585~1656

빌헬름
1598~1662

앨버트 공
1819~1861

(영국 왕가)

페르난두 2세
1816~1885

(포르투갈 왕가)

아우구스트 왕자
1818~1881

페르디난트
1861~1948

(불가리아 왕가)

요한
게오르그 2세
1613~1680

요한
에른스트 2세
1627~1683

요한
에른스트 3세
1664~1707

요한
게오르그 3세
1647~1691

에른스트
아우구스트 1세
1688~1748

(폴란드 국왕)

요한
게오르그 4세
1668~1694

아우구스투스 2세
1670~1733

에른스트
아우구스트 2세
1737~1758

아우구스투스 3세
1696~1763

(작센의 선제후)

카를 아우구스트
1757~1828

프리드리히
크리스티안
1722~1763

카를 프리드리히
1783~1853

(작센 왕국)

카를 알렉산더
1818~1901

프리드리히
아우구스트 1세
1750~1827

안톤
1755~1836

막시밀리안
1759~1838

카를 아우구스트
1844~1894

프리드리히
아우구스트 2세
1797~1854

요한
1801~1873

빌헬름 에른스트
1876~1923

알베르트
1828~1902

게오르그
1832~1904

프리드리히 아우
구스트 3세
1865~1932

베틴 가문은 독일의 통치 가문 중 하나로 주로 작센 지역을 통치했습니다. 이 때문에 작센 가문이라고도 알려져 있습니다. 이 가문은 19세기가 되면서 더욱 중요해지는데 특히 가문의 사람들이 포르투갈의 여왕, 영국의 여왕과 결혼하면서 두 나라의 통치 가문으로 발돋움합니다. 게다가 이런 나라들과의 관계를 통해서 벨기에나 불가리아와 같은 지역의 왕위도 얻게 됩니다.

작센 지역의 제후

❖ 작센 지역에 영향력을 확대하다

베틴 가문의 첫 번째 조상은 10세기경 인물이었던 티에드리쿠스 Thiedricus(테오도리크, 디트리히)라고 알려져 있습니다. 티에드리쿠스는 이후 작센 공작령의 일부가 되는 리스가우 지역의 영주였다고 추정하고 있습니다. 티에드리쿠스의 선대 가계는 정확히 알려지지 않았고, 여러 가지 추정만 있을 뿐입니다. 하지만 티에드리쿠스의 아들이 베틴 백작 데도 1세Dedo I라는 기록은 남아 있다고 합니다.

데도 1세는 11세기 초 당시 신성로마제국이 점차 폴란드 쪽으로 지역을 넓혀가는 과정에서 얻은 지역 중 일부를 영지로 얻었으며, 이곳에 '베틴 성'을 건설했습니다. 이후 그는 베틴 백작으로 알려졌을 뿐 아니라 그의 후손들도 모두 '베틴'이라는 성을 씁니다. 베틴 가문 사람들은 신성로마제국이 동쪽으로 영역을 확장해나가는 과정에서 계속해서 이쪽 지역을 얻었습니다. 특히 1030년대 데도 1세의 아들이었던 테오도리크 2세 Theodoric II(디트리히 2세)는 황제 콘라트 2세에게서 제국의 동쪽 변경 지

베틴 성의 현재 모습.

역이었던 라우지츠(루사티아)의 마르크그라프령을 받았습니다. 그리고 1080년대 테오도리크 2세의 손자였던 하인리히 1세Heinrich I는 황제 하인리히 4세에게 신임을 받게 됩니다. 비록 그의 아버지는 황제에 대한 반란에 동참해서 라우지츠 지역에 대한 권한을 빼앗겼지만, 하인리히 1세는 이를 만회해서 라우지츠의 마르크그라프령을 얻었을 뿐 아니라 마이센의 마르크그라프령마저 얻었습니다. 이후 복잡한 상속관계 때문에 잠시 영지가 다른 가문에게 넘어가기도 하나 12세기에 테오도리크 2세의 손자였던 콘라트 데어 그로세가 황제 로타르에게서 다시 한번 두 개의 마르크그라프령을 받았고, 이후 가문은 이 지역에서 자리를 굳건히 지키게 됩니다.

하지만 13세기가 되자 베틴 가문은 튀링겐 계승 문제에 얽히게 됩니다. 콘라트의 손자인 마이센의 마르크그라프 테오도리크 1세(디트리히 Dietrich der Bedrängte)가 튀링겐의 란트그라프의 딸이었던 유타와 결혼했기 때문이었습니다. 튀링겐의 란트그라프였던 하인리히 라스페가 1247년에 후계자 없이 사망한 뒤 튀링겐의 란트그라프령에 대한 상속 문제가 발생합니다. 이때 하인리히 라스페의 형인 튀링겐의 란트그라프 루트비히 4세의 딸 조피와 하인리히 라스페의 누나인 유타의 아들 마이센의 마르크그라프 하인리히 3세가 튀링겐의 상속을 두고 전쟁을 벌입니다. 결국 이 전쟁의 결과 튀링겐 지역은 헤센의 란트그라프령과 튀링겐의 란트그라프령으로 나뉘게 되었으며, 헤센의 란트그라프령은 조피의 아들이자 브라반트 공작의 아들이었던 하인리히가 이어받아서 헤센의 란트그라프인 하인리히 1세가 됩니다. 그리고 헤센 지역을 제외한 나머지 튀링겐 지역은 테오도릭 1세의 아들인 마이센의 마르크그라프 하인리히 3세 Heinrich der Erlauchte가 얻게 되었으며 이후 튀링겐의 란트그라프령 역시 베틴 가문의 영지가 됩니다.

하인리히 3세의 아들인 마이센의 마르크그라프 알브레히트 2세 Albrecht II der Entartete 시절, 가문은 혼란에 빠집니다. 알브레히트 2세는 황제 프리드리히 2세의 딸이었던 호엔슈타우펜의 마르가레테와 결혼했습니다. 하지만 그는 아내의 시녀였던 아이젠베르크의 쿠니쿤데Cunigunde와 사랑에 빠졌고 그녀를 정부로 둡니다. 마르가레테는 남편이 자신의 시녀와 부정한 관계일 뿐 아니라 자녀까지 낳았다는 사실을 알게 된 뒤 남편을 떠나 도망쳤지만 곧 사망합니다. 그리고 마르가레테의 아들들은 숙부에게 보내져서 자라게 됩니다.

마이센의 마르크그라프인 콘라트 데어 그로세.
라우지츠와 마이센의 마르크그라프령을 받은 이후 두 지역에서 가문의 자리를 굳건하게 지켰다.

한편 알브레히트 2세는 아내가 죽자 곧 정부였던 쿠니쿤데와 재혼해서 그녀를 자신의 정식 아내로 인정했으며, 둘의 자녀들도 적자로 인정됩니다. 쿠니쿤데의 자녀들은 적자로 인정받으면서 영지를 상속받을 수있는 권리를 얻게 됩니다. 알브레히트 2세는 사랑하는 여성의 자녀들에게 영지를 상속시켜주고 싶어 합니다. 당연히 이 상황은 알브레히트 2세와 그 아들들의 갈등을 야기했습니다. 게다가 1285년, 알브레히트 2세의 동생이 죽고 1288년에 아버지인 하인리히 3세마저 죽고 난 뒤 가문의 영지 상속을 두고 분쟁이 일어나게 됩니다. 알브레히트 2세는 아들들과 전쟁을 치러야 했으며, 또 조카와의 상속 분쟁도 치러야 했습니다. 이 결과 그는 돈이 부족해서 영지에 대한 권리 일부를 당시 로마인의 왕인 나사우의 아돌프에게 팔아넘길 정도였습니다. 하지만 알브레히트 2세는 결국 첫 번째 결혼에서 태어난 두 아들 프리드리히와 디트리히에 의해서 영지를 빼앗겼고, 1292년에 모든 지위에서 물러나야 했습니다. 알브레히트는 쿠니쿤데가 죽고 난 뒤 다시 재혼했는데, 그의 세 번째 아내는 남편과 의붓아들인 프리드리히 간의 화해를 주선했습니다.

1292년부터 아버지 알브레히트 2세에게서 영지를 빼앗아 마이센의 마르크그라프가 된 프리드리히 1세Friedrich der Freidige는 아버지가 넘긴 다른 영지도 되찾으려 했습니다. 특히 로마인의 왕이었던 나사우의 아돌프에게 넘겼던 튀링겐 지역을 되찾고자 했는데, 튀링겐 지역의 일부 도시들은 베틴 가문에게로 돌아가길 거부하고 제국의 영지로 남길 원했습니다. 이에 나사우의 아돌프의 사위로 장인의 뒤를 이어서 로마인의 왕이 된 합스부르크 가문 출신의 알브레히트 1세는 이들 영지에 대한 권리가 자신에게 있다고 주장합니다. 결국 두 가문은 갈등을 빚게 되었으며 1307년에 전쟁이 일어났습니다. 일단 전쟁 상황은 베틴 가문이 더 유리했으며, 알브레히트 1세가 갑작스럽게 사망하면서 튀링겐은 다시 베틴 가문으로 돌아왔습니다.

마이센의 마르크그라프 프리드리히 1세의 증손자였던 프리드리히 데어 슈트라이바레Friedrich der Streitbare는 당시 정치 상황을 잘 이용해서 가문의 위상을 더욱 높이게 됩니다. 프리드리히는 당시 룩셈부르크 가문 출신의 바츨라프가 로마인의 왕이 되려고 하자 그에 반대해서 좀 더 세력이 약했던 비텔스바흐 가문 출신의 팔츠 선제후 루프레히트 3세를 지지했는데, 결국 루프레히트가 로마인의 왕이 되었습니다. 이렇게 정치적인

작센의 선제후 에른스트.
프리드리히 2세의 영지를 동생과 함께 공동으
로 상속받았으나, 1485년에 라이프치히 조약을
통해서 영지를 나눴다.

발판을 마련한 프리드리히는 1420년대가 되면서 룩셈부르크 가문 출신
이자 루프레히트의 후계자였던 로마인의 왕 지기스문트와 동맹을 맺고
그를 지지했습니다. 지기스문트는 1423년에 프리드리히에게 작센-비텐
베르크 공작이자 작센의 선제후 지위를 부여했고, 프리드리히는 베틴 가
문 출신의 첫 번째 작센의 선제후인 프리드리히 1세가 됩니다.

　베틴 가문은 다른 많은 독일의 제후 가문처럼 분할 상속제를 이어나
갔습니다. 물론 분가들의 후계자가 단절되어서 다시 영지가 한 명의 상
속자에게 합쳐져서 상속되는 일도 이어졌습니다. 하지만 선제후 프리드
리히 2세Friedrich der Sanftmütige의 아들 대에 이르러서 가문은 두 개의 분가
로 완전히 분리됩니다. 프리드리히 2세가 죽은 뒤 프리드리히 2세의 두
아들인 에른스트Ernst와 알브레히트는 아버지의 영지를 공동으로 상속받
았습니다. 형인 에른스트는 아버지의 뒤를 이어서 작센의 선제후 지위를

물려받았으며 알브레히트는 작센의 공작으로 형과 함께 영지를 통치했습니다. 하지만 결국 1485년에 형제는 라이프치히 조약을 통해서 영지를 나누기로 결정합니다.

에른스트는 작센 선제후령과 튀링겐 지역을 얻었으며, 동생인 알브레히트는 마이센 지역을 얻었습니다. 이렇게 베틴 가문은 크게 에른스트 계열과 알브레히트 계열 두 개의 분가로 나뉘었습니다. 에른스트는 작센의 선제후로 계속 통치했으며, 동생인 알브레히트는 작센의 공작 알브레히트 3세Albrecht der Beherzte라는 이름으로 나눠받은 자신의 영지를 통치하게 됩니다.

✛ 에른스트 계열과 알브레히트 계열의 갈등

가문의 영지를 나눈 다음 해인 1486년, 에른스트가 사망하고 그의 아들인 프리드리히가 작센의 선제후 프리드리히 3세가 됩니다. 프리드리히 데어 와이즈Friedrich der Weise라는 이름으로도 유명한 그는 종교개혁에서 중요한 인물 중 한 사람이기도 했습니다. 제국에서 강력한 영향력을 갖고 있었던 프리드리히 3세는 황제가 될 수 있었음에도 황위에 오르는 대신 합스부르크 가문의 카를 5세를 지지했습니다. 이로 인해 카를 5세가 그를 무시할 수 없는 계기가 되었을 것이며, 프리드리히 3세가 마르틴 루터를 보호할 수 있었던 결정적인 계기가 되었을 것입니다. 황제는 1521년 보름스 회의 이후 루터를 잡아서 처형하려 했지만 프리드리히 3세는 루터를 자신 소유의 성인 바르트부르크 성으로 피신시켜서 그를 보호했습니다.

1525년에는 프리드리히 3세의 동생인 요한Johann der Beständige이, 1532년에는 요한의 아들인 요한 프리드리히 1세Johann Friedrich I가 차례로 작센의 선제후가 됩니다. 이들은 프리드리히 3세의 뒤를 이어서 확고하게 루터와 종교개혁을 지지했습니다. 이 때문에 루터와 종교개혁을 용납할 수 없었던 황제 카를 5세와 갈등을 빚게 됩니다.

한편 알브레히트계 분가의 선조로 작센의 공작이 된 알브레히트 3세는 합스부르크 황제들인 프리드리히 3세와 막시밀리안 1세를 지지했습니다. 1500년에 알브레히트 3세가 죽은 뒤 그의 영지는 아들인 게오르그Georg der Bärtige가 물려받았습니다. 게오르그는 사촌인 선제후 프리드리히 3세와 달리 루터파를 용인하지 않았습니다. 그는 가톨릭을 굳건히 믿었을 뿐 아니라 자신의 영지에 루터파나 다른 개신교가 퍼지는 것을 용납하지 않으려고 했습니다. 이 때문에 알브레히트 계열이 에른스트 계열과 마찰을 빚기 시작합니다. 게오르그의 아들들은 아버지보다 먼저 죽었기에 그의 영지는 동생인 하인리히가 물려받아야 했는데, 게오르그는 루터파로 개종한 하인리히를 후계자로 인정하길 꺼렸습니다. 하지만 결국 하인리히가 영지를 물려받아서 하인리히 4세Heinrich der Fromme가 되었고, 영지 내 종교를 루터파로 바꿉니다.

하인리히 4세의 아들인 모리츠Moritz von Sachsen는 1541년에 아버지의 뒤를 이어서 작센의 공작이 되었는데, 그의 행동은 가문의 상황을 전체적으로 바꾸게 됩니다. 그는 아버지와 마찬가지로 루터파를 믿었습니다. 게다가 아내는 헤센의 란트그라프 필리프 1세의 딸로, 필리프 1세는 작센 선제후와 함께 루터의 강력한 지지자였습니다. 하지만 그는 친척이었던 작센의 선제후 요한 프리드리히 1세와 매우 관계가 나빴는데, 두 사람

작센의 모리츠와 아내인 헤센의 아그네스.
모리츠의 정치적 행동은 에른스트 계열로부터 작센의 선제후 지위를 빼앗아와 알브레히트 계열의
분가가 더욱 번성하는 계기가 된다.

은 가문의 영지를 두고 미묘하게 갈등을 빚고 있었습니다. 이로 인해 모
리츠는 결국 개신교 연합인 슈말칼덴 동맹에 들어가는 것을 거부합니다.

한편 황제 카를 5세는 개신교 세력이 더 확대되는 것을 두고 볼 수만
은 없었으며 결국 개신교 연합인 슈말칼덴 동맹과 전쟁을 시작합니다.
모리츠는 장인 때문에 황제 측에 가담하는 것을 망설였지만 결국 황제의
편으로 들어갔고, 결국 황제의 승리로 끝났습니다. 개신교 제후들은 황
제에게 붙잡혔으며, 작센의 선제후인 요한 프리드리히는 목숨을 구하기
위해서 자신의 선제후령을 포기해야 했습니다. 황제는 이 선제후령을 자
신을 지지했던 모리츠에게 넘겨주게 됩니다.

모리츠의 행동은 같은 신교도들에게는 배반이나 마찬가지였습니다.

사실 모리츠는 황제가 심하게 행동하지 않을 것이라 생각해서 황제를 지지했습니다. 하지만 장인과 요한 프리드리히 1세가 추방당한 것과 개신교에 대한 억압을 강화한 것에 대해 황제에게 불만을 품게 됩니다. 결국 모리츠는 프랑스 국왕 앙리 2세와 손을 잡고 황제를 카를 5세를 공격했습니다. 이 상황은 1552년에 루터파의 종교의 자유를 인정해야 했던 파사우 조약으로 이어졌으며, 결국 1555년에 아우크스부르크 화의가 성립될 수 있는 바탕을 마련했습니다.

이런 과정 속에서 모리츠는 작센의 선제후로서 완전히 지위를 굳혔을 뿐 아니라 신교 제후 사이에서도 명성을 얻습니다. 하지만 그는 1553년에 전투 중 사망했으며, 그의 동생인 아우구스트가 뒤를 이어서 선제후에 오릅니다. 알브레히트계에게 선제후령을 뺏긴 요한 프리드리히 1세는 이후 '작센의 공작'이라는 칭호를 쓰게 됩니다.

이렇게 에른스트계는 알브레히트계에게 작센의 선제후령을 빼앗겼습니다. 이후 작센의 선제후로 권력의 중심에 있었던 알브레히트계와 달리 에른스트계는 세력이 많이 약화되었을 뿐 아니라 많은 후손에게 영지를 분할 상속했습니다. 이로 인해 에른스트계는 19세기까지 두각을 나타내지 못했습니다.

✤ 작센의 공작이 된 에른스트계

에른스트 분가 쪽의 영지 상속은 매우 복잡했습니다. 이들은 황제에게 반대해서 영지를 박탈당하기도 했고, 또한 상속자가 어리거나 세력이 약할 경우 연장자가 영지 전체를 상속했다가 다시 영지를 분할하는 등의 일을 겪었습니다. 특히 가문의 영지를 두고 계속해서 분쟁했기에 결국 같은 가문 사람들끼리 힘을 합치는 것이 아니라 서로 등을 올리는 경우가 많았는데, 이런 이유로 이들의 힘은 더욱 약해졌을 것입니다.

요한 프리드리히 1세에게는 네 명의 아들이 있었는데 그중 세 아들이 성인으로 성장했습니다. 특히 요한 프리드리히 1세의 장남이었던 작센의 공작 요한 프리드리히 2세Johann Friedrich II는 아버지의 작센 선제후령을 되찾기 위해 많이 노력했습니다. 군사 작전뿐 아니라 궁정 음모까지 관여할 정도였습니다. 하지만 이는 황제의 진노를 샀고, 황제는 요한 프리드리히 2세의 영지를 빼앗아 요한 프리드리히 2세의 동생인 요한 빌헬름Johann Wilhelm에게 줍니다.

이후 요한 프리드리히 2세의 아들들은 숙부에게 대항해 영지를 되찾기 위해서 분쟁했습니다. 결국 1572년에 영지를 작센-코부르크, 작센-아이제나흐, 작센-바이마르로 나눴습니다. 작센-코부르크와 작센-아이제나흐는 요한 프리드리히 2세의 두 아들이 통치하게 되었고, 작센-바이마르는 요한 빌헬름이 통치하게 됩니다. 하지만 이후 요한 프리드리히 2세의 아들들에게는 후손이 없었으며, 요한 빌헬름의 후손들이 다시 물려받게 됩니다. 즉 요한 빌헬름의 손자였던 작센-바이마르의 빌헬름Wilhelm von Sachsen-Weimar과 작센-고타의 에른스트 1세는 이전에 분할되었던 영지들을 두 개로 합쳐서 물려받게 됩니다.

작센-바이마르를 물려받은 빌헬름은 여러 아들이 있었는데, 그들은 각각 바이마르, 아이제나흐, 예나, 마르크슈흘 등의 공작령으로 다시 나누어 상속받았습니다. 하지만 18세가 되자 다시 영지는 통합됩니다. 빌

작센-바이마르의 빌헬름과 그의 가족들. 빌헬름은 여러 아들을 낳았는데, 이 아들들은 각각 바이마르, 아이제나흐, 예나, 마르크슈흘 등의 공작령을 나누어 상속받았다.

헬름의 5대손이었던 에른스트 아우구스트Ernst August I는 작센-바이마르 공작령과 작센-아이제나흐 공작령을 상속받았으며, 그의 후손은 이 두 개의 공작령을 그대로 상속받게 됩니다. 한편 에른스트 아우구스트 1세의 손자였던 카를 아우구스트Carl August von Sachsen-Weimar-Eisenach는 1758년 두 개의 공작령을 상속받았는데, 1806년에 이 두 개의 공작령이 하나로 합쳐졌으며, 이후 가문은 작센-바이마르-아이제나흐로 불리게 됩니다.

빌헬름의 동생으로 작센-고타를 물려받은 에른스트 1세Ernst I der Fromme 역시 1675년 그가 죽은 뒤 그의 아들들이 다시 영지를 분할해서 상속합니다. 그들은 작센-코부르크-알텐부르크, 작센-마이닝겐, 작센-

힐트부르크하우젠, 작센-코부르크-잘펠트 등 네 개의 분가를 형성하게 되었습니다.

작센-고타-알텐부르크 가문은 에른스트 1세의 아들인 프리드리히 1세Friedrich I von Sachsen-Gotha-Altenburg로부터 생긴 가문이었습니다. 이 가문은 19세기까지 계속해서 이어지는데 마지막 공작이었던 프리드리히 4세Frederick IV가 1825년에 사망하면서 단절되었으며, 영지는 다른 작센 공작 가문에 의해서 분할 상속됩니다.

작센-마이닝겐은 에른스트 1세의 아들인 베른하르트 1세Bernhard I가 마이닝겐을 중심으로 하는 영지를 상속받아서 생긴 지역이었습니다. 베른하르트 1세는 아들들에게 영지를 분할상속하지 말 것을 유언으로 남겼습니다. 이 때문에 베른하르트 1세의 장남인 에른스트 루트비히 1세 Ernst Ludwig I von Sachsen-Meiningen는 처음에는 동생들과 함께 영지를 통치해야 했지만 곧 자신이 영지를 모두 장악하려 했습니다. 하지만 에른스트 루트비히 1세는 아들들이 어릴 때 사망했고, 그의 아들들 역시 후손 없이 사망하면서 베른하르트 1세의 아들들이 차례로 영지를 상속하게 됩니다. 1746년에 베른하르트 1세의 막내아들이었던 안톤 울리히Anton Ulrich von Sachsen-Meiningen가 단독으로 영지를 상속받았으며, 이후 그의 후손들이 공작령을 상속받게 됩니다.

작센-힐트부르크하우젠은 에른스트 1세의 아들인 에른스트 2세Ernst von Sachsen-Hildburghausen가 힐트부르크하우젠 지역을 상속받아서 생긴 공작령이었습니다. 1825년에 작센-고타-알텐부르크 가문이 단절되면서 작센-힐트부르크하우젠 가문은 알텐부르크 지역을 얻게 되었고, 1826년에 작센-알텐부르크 가문으로 바뀌게 됩니다.

작센-코부르크-잘펠트 가문은 에른스트 1세의 아들인 요한 에른스트Johann Ernst von Sachsen-Saalfeld가 잘펠트 지역을 중심으로 하는 영지를 물려받으면서 생긴 가문이었습니다. 일찍 죽은 형제들의 영지 상속 문제로 분쟁을 겪은 뒤 코부르크 지역도 물려받게 되면서 작센-코부르크-잘펠트 공작이 됩니다. 이 가문은 19세기에 들어서면서 에른스트 계열 가문 중 가장 높은 지위를 얻게 됩니다. 특히 1800년에 공작이 된 프란츠 프리드리히의 딸들과 아들, 손자들은 모두 결혼 관계를 통해서 유럽 여러 왕가의 선조가 됩니다. 그리고 작센-고타-알텐부르크 가문이 단절된 후 이 가문은 고타를 물려받아서 작센-코부르크-고타 가문으로 알려집니다.

✤ 작센의 선제후가 된 알브레히트계

1553년에 모리츠가 죽고 난 뒤 작센의 선제후 지위는 그의 동생인 아우구스트August가 이었으며, 이후 작센의 선제후령은 계속해서 아우구스트의 후손이 상속받게 됩니다. 아우구스트의 손자로 1611년에 작센의 선제후가 된 요한 게오르그 1세Johann Georg I는 30년 전쟁 시기에 작센 선제후령을 통치한 인물이었습니다. 30년 전쟁 당시 우유부단하게 보인 그의 행동에 대해서 후대의 평가는 그리 좋지는 않습니다만, 결론적으로 작센의 선제후 가문에는 이익이 되는 행동이었습니다. 요한 게오르그는 처음에는 중립을 지켰지만 이로 인해 결국 공격을 받게 됩니다. 이렇게 되자 그는 스웨덴의 구스타브 2세 아돌프와 동맹을 맺어서 신교 측의 제후들을 지지한 듯했습니다. 하지만 이후 다시 황제 페르디난트 2세와 동

선제후 요한 게오르그 3세.
오스만제국의 침공으로 빈이 위기에 처하자 작센의 군대를 이끌고 오스만제국과의 전투에 참가했다.

맹을 맺어서 구교 측의 황제를 지지했습니다. 이런 편바꾸기를 통해서 작센 지역은 전쟁터가 되어 황폐해졌지만, 결국 요한 게오르그 1세는 황제로부터 여러 영지를 더 얻어내는 데 성공했습니다. 게다가 30년 전쟁은 독일 전역을 황폐화한 사건이기도 했기에 전쟁으로 인한 고통은 작센 선제후령만의 문제가 아니기도 했습니다. 특히 요한 게오르그 1세는 자신의 아들들에게 나눠줄 영지를 황제로부터 얻었는데, 요한 게오르그 1세의 후손들 중 장남인 작센의 선제후를 제외한 다른 아들들의 분가는 곧 단절됩니다. 결국 영지는 모두 작센의 선제후가 물려받게 됩니다.

요한 게오르그 3세Johann Georg III는 요한 게오르그 1세의 손자로 그는 이전에 아버지 요한 게오르그 2세가 프랑스와 동맹을 맺었다가 다시 황제와 동맹을 맺은 애매한 상황 때문에 오랫동안 황제의 신임을 받지 못했습니다. 게다가 작센 선제후령 사람들은 개신교에 대해서 억압적이었던 합스부르크 가문의 황제들을 좋아하지 않았습니다. 하지만 오스만제국의 침공으로 빈이 함락당할 위기에 빠지자 요한 게오르그 3세는 작센의 군대를 이끌고 오스만제국과의 전투에 참가했습니다. 또 팔츠 선제후령의 계승을 두고 프랑스가 전쟁했을 때도 황제의 편에서 싸웠으며 이런 이유로 황제의 신임을 얻게 됩니다.

요한 게오르그 3세의 두 아들인 요한 게오르그 4세Johann Georg IV와 프리드리히 아우구스트 1세Friedrich August I는 모두 작센의 선제후가 되었습니다. 1694년에 요한 게오르그 4세가 후계자 없이 사망하면서 동생인 프리드리히 아우구스트가 작센의 선제후 프리드리히 아우구스트 1세가 됩니다. 하지만 그는 더 높은 지위를 얻게 되는데, 바로 오스트리아와 러시아의 지지하에 폴란드와 리투아니아 연합 왕국의 국왕이 된 것이었습니다.

1697년에 작센의 선제후인 프리드리히 아우구스트 1세는 폴란드의 국왕이자 리투아니아의 대공인 아우구스트 2세August II가 됩니다. 그는 폴란드 국왕이 되기 위해서 가톨릭으로 개종했으며 이후 가문은 가톨릭을 믿게 됩니다. 하지만 가톨릭에 대한 반감이 심했던 작센 선제후령 사람들은 그에게 반발합니다. 이를테면 아우구스트 2세의 아내이자 후계자의 어머니였던 브란덴부르크-바이로트의 크리스티네 에베르하르디네는 남편이 개종한 것에 반발했으며 자신은 개종하지 않았을 뿐 아니라 남편이 폴란드로 갈 때 따라가지 않고 남편과 헤어져서 살기까지 했습니다. 그리고 작센 사람들은 이런 선제후비를 매우 존경했습니다.

폴란드 국왕으로써 아우구스트 2세의 평가는 그다지 좋지 않은데, 그는 스웨덴을 견제하고 자신의 가문이 폴란드 왕위를 계속 이어나갈 수 있도록 러시아와 오스트리아에 의존했습니다. 이후 이런 정치적인 입장은 폴란드를 분할하는 데 결정적으로 기여했다고 평가받고 있습니다. 아우구스트 2세는 아내와 오래도록 별거했고, 이 때문에 후계자가 될 아들인 아우구스트 외에 다른 자녀는 태어나지 않았습니다. 그는 대신 많은 정부와의 사이에서 낳은 자녀들이 있었는데, 그중에는 프랑스 장군으로 이름을 널리 알렸던 모리스 드 삭스Maurice de Saxe도 있었습니다.

1733년에 아우구스트 2세가 죽자, 아우구스트 2세의 아들인 프리드리히 아우구스트 2세Friedrich August II가 작센의 선제후령을 무난히 이어받았습니다. 하지만 폴란드 왕위는 달랐습니다. 폴란드 왕위를 이어받기 위해서는 복잡한 정치적 상황을 해결해야 했습니다. 그는 러시아 측을 설득하기 위해 러시아의 통치자가 된 안나 이바노브나를 여제로 인정했으며, 오스트리아 측을 설득하기 위해 아내 마리아 요제파 여대공의 계승 권리를 포기하기도 합니다.

마리아 요제파는 황제 요제프 1세의 장녀이자 황제 카를 6세의 조카이기도 했습니다. 그녀는 남성 후계자가 없고 여성 후계자 밖에 남지 않은 합스부르크 가문에서 강력한 계승 후보자였습니다만, 카를 6세는 자신의 딸인 마리아 테레지아가 계승하길 원했습니다. 그렇기에 이런 상황을 잘 알고 있던 프리드리히 아우구스트 2세는 폴란드 왕위를 얻기 위해 아내와 아이들의 권리를 포기하겠다고 다시 한번 확인시킨 것이었습니다. 이렇게 프리드리히 아우구스트 2세는 폴란드의 국왕이자 리투아니아의 대공 아우구스트 3세August III가 됩니다.

아우구스트 3세의 폴란드 통치에 대한 평가도 그다지 좋지 않았는데, 그는 폴란드는 총독에게 맡겨놓고 관심이 없었던 인물이라는 평을 받았습니다. 아우구스트 3세는 당대의 많은 왕족과 달리 아내와 행복한 삶을

오스트리아의 마리아 요제파 여대공.
황제 요제프 1세의 장녀이자 카를 6세의 조카였
던 그녀는 남편의 폴란드 왕위를 위해서 계승 권
리를 포기했다.

살았으며, 다정한 남편이자 자상한 아버지였습니다. 그는 아내와의 사이
에서 열 명 이상의 아이를 낳았고, 열한 명의 자녀가 성인으로 성장했는
데 딸들은 각각 에스파냐의 왕비, 바이에른의 선제후비, 프랑스의 황태
후Dauphine 등이 되었습니다. 또 아들인 알베르트 카지미르는 어머니 쪽
친척이었던 마리아 테레지아가 가장 사랑하는 딸인 마리아 크리스티나
여대공과 사랑에 빠져서 결혼했고, 이 덕분에 알베르트 카지미르는 테셴
공작령을 받아서 이후 테셴 공작으로도 알려지게 됩니다.

1763년에 아우구스트 3세가 사망하자 그의 뒤를 이어서 아들인 프리
드리히 크리스티안Friedrich Christian이 작센의 선제후가 되었습니다. 하지
만 그는 아버지의 뒤를 이은 지 겨우 석 달도 되지 않아서 사망했고, 작센
의 선제후 지위는 프리드리히 크리스티안의 미성년 아들이었던 프리드
리히 아우구스트 3세Friedrich August III에게 돌아갔으며 프리드리히 크리스

티안의 아내이자 선제후의 어머니였던 바이에른의 마리아 안토니아가 한동안 아들을 섭정했습니다. 이런 상황은 당연히 작센 가문에서 폴란드 왕위 계승 문제에 참여할 수 없게 만들었으며 이후 작센의 선제후들은 폴란드 왕위를 더 이상 이어가지 못합니다.

1763년, 미성년으로 아버지의 뒤를 이어 작센의 선제후가 된 프리드리히 아우구스트 3세는 19세기 중반까지 작센 지방을 통치했습니다. 그리고 19세기에 나폴레옹이 등장한 뒤 유럽의 세력이 크게 재편되면서 그와 작센의 선제후령도 큰 변화를 겪게 됩니다.

작센 왕국과 작센 공작 가문들

✧ 작센 왕국과 주변의 정세

작센의 선제후가 된 프리드리히 아우구스트 3세는 어려서부터 이미 여러 외교적인 문제에 노출되어 있었습니다. 가장 큰 문제는 바로 폴란드 왕위 계승이었습니다. 그는 아우구스트 3세의 손자로 폴란드 왕위 계승 권리를 가진 인물 중 하나였기에 폴란드 내에서 그를 왕위 계승자로 만들려는 움직임이 있었습니다. 하지만 당시 폴란드에 개입하고 있던 강대국들인 오스트리아, 러시아, 프로이센은 이권을 위해서 폴란드를 분할하려고 했습니다. 이런 상황에서 폴란드 왕위를 받아들일 경우 난처한 경우에 처할 수 있었기에, 프리드리히 아우구스트 3세는 폴란드 문제에 개입하고 싶어 하지 않았습니다. 실제로 1798년에 스타니스와프 아우구스트 포티아토프스키가 사망한 뒤 다시 폴란드 국왕으로 그가 언급되자 서둘러 폴란드의 왕위 계승 권리를 포기할 정도였습니다.

하지만 유럽의 복잡한 정세에 그 역시 휩쓸릴 수밖에 없었습니다. 이를테면 바이에른 계승 전쟁이 일어나자 프리드리히 아우구스트 3세는 외가이기도 한 바이에른의 계승 문제에 관여했고, 결국 팔츠 가문에서 바이에른 선제후령도 계속 이어받는 것을 승인받도록 만들었습니다. 이어서 프리드리히 아우구스트 3세 역시 프랑스 혁명 전쟁과 나폴레옹 전쟁을 피해갈 수는 없었습니다. 특히 그는 프랑스와의 전쟁을 원치 않는 듯 행동했지만, 독일 전체에서 프랑스와의 전쟁을 결의했기에 그 역시 전쟁에 참전해야 했습니다. 하지만 나폴레옹이 유럽 대부분을 장악하고, 1806년에 벌어진 예나-아우어슈테트 전투 이후 프로이센이 몰락하자 작센은 많은 독일의 나라처럼 나폴레옹과 동맹을 맺게 됩니다.

나폴레옹에 의해 각 나라들이 재편될 때 작센 역시 '왕국'이 되었고, 프리드리히 아우구스트 3세는 작센의 국왕 프리드리 아우구스트 1세 Friedrich August I가 됩니다. 그는 폴란드 지역 역시 바르샤바 공작 형태로 통치했습니다. 그는 끝까지 나폴레옹의 동맹으로 남은 유일한 독일 제후였으며, 이는 빈 회의 때 작센 왕국의 지위에 문제가 됩니다. 하지만 구체제를 유지하는 것이 목적이었기에 작센은 국토의 상당 부분을 프로이센에게 빼앗기긴 했지만 여전히 수도인 드레스덴을 중심으로 하는 영지를 남겼으며 왕국으로서의 명맥도 이어가나게 됩니다.

프리드리히 아우구스트 1세에게는 남성 후계자가 없었기에 1827년에 프리드리히 아우구스트 1세가 죽고 그의 뒤를 이은 사람은 동생인 안톤Anton이었습니다. 하지만 안톤에게도 남성 후계자가 없었기에 1836년에 안톤이 죽자 그의 뒤를 이은 사람은 조카였던 프리드리히 아우구스트 2세Friedrich August II였습니다. 사실 프리드리히 아우구스트 1세와 안톤에게는 남성 후계자가 없어보였고, 오랫동안 두 사람의 조카였던 프리드리히 아우구스트와 요한이 왕위 계승 후보자였습니다. 그리고 1830년에

작센의 안톤.
남성 후계자가 없었던 프리드리히 아우구스
트 1세가 죽은 다음 뒤를 이어 왕위에 올랐다.

작센 내부에서 보수주의적이던 국왕 안톤에 대해 사람들이 반발하자 안
톤은 젊은 조카인 프리드리히 아우구스트를 섭정으로 임명했습니다. 이
렇게 프리드리히 아우구스트 2세는 이미 왕위에 오르기 전부터 작센의
정치에 관여했습니다. 사실 프리드리히 아우구스트 2세가 즉위했을 때
아버지인 막시밀리안이 생존해 있었지만 막시밀리안은 1830년에 아들
이 섭정이 될 때 자신의 왕위 계승 권리를 포기했고, 이 때문에 프리드리
히 아우구스트 2세는 바로 백부의 뒤를 이어서 국왕이 되었습니다.

프리드리히 아우구스트 2세 역시 남성 후계자가 없었기에, 1854년에
프리드리히 아우구스트 2세가 죽자 동생인 요한Johann이 그의 뒤를 이어
서 작센의 국왕이 됩니다. 요한이 국왕이 되었던 때는 독일 통일이 진행
되던 시기로, 많은 독일 내 국가처럼 프로이센이나 오스트리아 둘 중 한
쪽을 선택해야 했습니다. 작센은 오스트리아를 지지했지만 결국 프로이

센이 승리를 거두게 됩니다. 이후 작센은 프로이센의 북독일 연방에 가입해야 했으며 1871년에 프로이센이 독일제국을 성립하면서 프로이센 국왕을 독일의 황제로 인정해야 했습니다. 하지만 하노버처럼 프로이센에 아예 합병당한 것은 아니었고, 작센 왕국의 형태는 그대로 유지할 수 있었습니다.

1873년에 요한이 죽은 뒤 아들이 알베르트Albert가 아버지의 뒤를 이어서 국왕으로 즉위합니다. 알베르트는 왕위 계승자 시절부터 군인으로 훈련받았으며 자신의 의무를 성실히 수행했기에 왕위에 오르기 전부터 많은 이들의 존경을 받았습니다. 그리고 왕위에 오른 뒤에도 군사 업무 외에는 정치에 직접적으로 관여하지 않았습니다. 알베르트에게도 후계자가 없었기에 왕위는 그의 동생인 게오르그가 물려받게 됩니다.

1902년에 형의 뒤를 이어 국왕이 된 게오르그Georg는 형과 마찬가지로 군인으로 살았습니다만 보수적인 인물이었기에 작센 사람들은 그다지 그를 좋아하지 않았습니다. 차라리 사람들은 그의 아들인 프리드리히 아우구스트가 왕위에 오르는 편이 더 낫다고 생각했지만 게오르그는 자신의 권리를 포기하지 않았습니다.

1904년에 게오르그가 죽자 그의 뒤를 이어서 프리드리히 아우구스트가 프리드리히 아우구스트 3세Friedrich August III로 즉위하게 됩니다. 그는 백부와 아버지처럼 군인으로 살았지만 아버지보다는 훨씬 더 개혁적인 인물이었습니다. 왕위에 오른 뒤 작센 왕국의 여러 가지를 변화시켰고, 특히 선거법 같은 중요한 문제를 고치려 했습니다. 하지만 1914년에 제1차 세계대전이 일어나면서 모든 것이 바뀝니다. 작센 역시 독일제국의 일부로 제1차 세계대전에 참전했습니다만 1918년, 독일의 패배 이후 독

작센의 게오르그.
1902년 국왕이 된 그는 군인으로 살았지만 보수적인
인물이었기에 작센 사람들에게 큰 지지를 얻지 못했다.

일 내 여러 나라가 공화국이 되면서 작센 역시 공화국이 됩니다. 1918년
11월, 프리드리히 아우구스트 3세는 국왕 지위에서 물러났습니다.

　프리드리히 아우구스트 3세의 장남인 게오르그는 제1차 세계대전 때
군인으로 참전했습니다. 하지만 그는 종교에 뜻을 뒀고 결국 예수회 사
제가 되면서 자신의 상속 권리를 포기했습니다. 그는 사제로 공개적으로
나치에 반대했던 인물이었는데 이 때문에 1943년에 게오르그가 사망했
을 때 게쉬타포가 그를 살해했다는 이야기가 떠돌기도 했습니다. 게오르
그가 사제가 되면서 가문의 수장 지위는 게오르그의 동생인 프리드리히
크리스티안이 이어받았으며 그는 '마이센의 마르크그라프'라는 칭호를
썼습니다.

✧ 19세기 이후 에른스트계의 작센 가문

에른스트계의 작센 가문들은 작센의 선제후 가문에 비해서 엄청나게 세력이 약했습니다. 특히 에른스트계의 가문들은 17세기 이후 작센의 선제후들이 가문의 영지를 분할 상속하지 않았던 것과 달리 오랫동안 영지를 분할 상속했는데, 이에 따라 가문의 세력을 더욱 약화시키는 것이었습니다.

에른스트계 중 작센-바이마르-아이제나흐는 1806년에 작센-바이마르와 작센-아이제나흐가 하나의 공작령으로 합쳐진 것이었습니다. 사실 당시 공작이었던 카를 아우구스트는 매우 야망이 많은 인물이었습니다. 그는 프로이센군으로 일했고, 독일 통일 문제에 대해서도 관심이 많았습니다. 카를 아우구스트는 나폴레옹 전쟁에서 전형적인 당대 독일 제후들 중 한 명이었습니다. 그는 처음에는 프로이센을 지지했다가 나폴레옹의 동맹이 되었고, 나폴레옹이 몰락하자 다시 그에게서 등을 돌렸습니다.

카를 아우구스트는 1804년, 아들이자 후계자인 카를 프리드리히를 러시아의 황제 파벨 1세의 딸이자 알렉산드르 1세의 여동생인 마리야 파블로브나 여대공과 결혼시켰습니다. 이 관계는 나폴레옹 전쟁 중에도 공작령을 독립적으로 계속 유지할 수 있게 했을 뿐 아니라, 빈 회의 이후 작센-바이마르-아이제나흐가 대공령으로 승인받는 데 중요한 역할을 했습니다. 당시 유럽에서 가장 강력했던 러시아를 등에 업은 작센-바이마르-아이제나흐를 누구도 무시할 수는 없었을 것입니다.

1828년, 카를 아우구스트가 사망하고 그의 아들인 카를 프리드리히 Friedrich August III가 대공 지위를 이어받게 됩니다. 그는 아버지의 정책을

러시아의 마리야 파블로브나 여대공.
카를 아우구스트는 아들인 카를 프리드리히를
러시아의 황제 파벨 1세의 딸인 마리야 파블로브
나와 결혼시켜 우호적인 관계를 유지했다.

이어받았는데 야심 많은 아버지의 그늘에 가린 인물이기도 했습니다. 카를 프리드리히는 아내인 마리야 파블로브나 여대공의 영향을 받아서 예술에도 관심이 많았습니다. 그의 두 딸은 모두 프로이센 왕자들과 결혼했는데, 특히 둘째 딸인 아우구스타는 황제 빌헬름 1세와 결혼해서 독일의 황후가 되었습니다.

1853년, 카를 알렉산더Karl Alexander는 아버지 카를 프리드리히의 뒤를 이어서 대공이 되었는데, 그는 당대 여러 군주보다 좀 더 자유주의적인 성향의 인물이었습니다. 카를 알렉산더의 장남은 아버지보다 먼저 사망했으며 결국 1901년에 카를 알렉산더가 사망하고 나서 대공령은 그의 손자였던 빌헬름 에른스트Wilhelm Ernst가 물려받게 됩니다. 빌헬름 에른스트는 제1차 세계대전 이후 작센-바이마르-아이제나흐가 공화국이 되면서 역시 퇴위해야 했고, 나라에서 떠나야 했습니다.

한편, 1825년에 작센-고타-알텐부르크의 마지막 공작이었던 프리드리히 4세가 후계자 없이 사망하자 작센-고타-알텐부르크 공작령에 대한 상속 문제가 발생합니다. 작센-고타의 에른스트 1세의 후손들로 남아 있던 나머지 세 개의 분가, 즉 작센-마이닝겐, 작센-힐트부르크하우젠, 작센-코부르크-잘펠트 사이에서 이 영지를 두고 다툼이 일어났습니다. 사실 프리드리히 4세의 조카이자 가문의 마지막 후손이었던 루이제는 작센-코부르크-잘펠트 공작이었던 에른스트 3세와 결혼했습니다. 그렇기에 에른스트 3세는 자신과 그의 아들들이 영지를 단독으로 상속해야 한다고 주장했습니다. 하지만 루이제는 에른스트 3세와 중간에 이혼했기에, 다른 두 분가가 이를 이유로 단독 상속을 반대했습니다. 결국 세 가문은 작센-고타-알텐부르크 영지를 나누는 것에 합의합니다.

먼저 에른스트 3세는 고타를 얻고 대신 잘펠트를 마이닝겐 가문에 넘겨주었습니다. 그리고 알텐부르크는 작센-힐트부르크하우젠 가문이 얻었습니다. 이렇게 가문 사이에 영지가 분할되면서 각각의 분가는 조정되는데, 잘펠트와 힐트부르크하우젠을 얻은 작센-마이닝겐은 그대로 이름을 이어갔으며, 알텐부르크를 얻은 작센-힐트부르크하우젠은 작센-알텐부르크가 되었습니다. 고타를 얻고 잘펠트를 양도한 작센-코부르크-잘펠트는 작센-코부르크-고타 가문으로 바뀌게 됩니다.

1826년에 작센-마이닝겐이 잘펠트와 힐트부르크하우젠을 얻었을 때, 당시 공작은 베른하르트 2세Bernhard II였습니다. 그는 독일 통일에서 프로이센과 오스트리아 사이에서 오스트리아를 지지했으며 그 결과 1866년에 아들 게오르그에게 공작 지위를 물려주고 퇴위해야 했습니다.

베른하르트 2세의 뒤를 이어서 공작이 된 게오르그 2세Georg II는 아버지가 퇴위한 뒤 바로 프로이센을 지지했으며 프로이센군의 장군 지위를 얻었습니다. 그는 황제 빌헬름 1세와 오랫동안 친구로 남았습니다. 게오르그 2세의 아들인 베른하르트 3세Bernhard III는 군인이었는데 1914년에 아버지의 뒤를 이어서 공작이 됩니다. 하지만 제1차 세계대전 이후 작센-마이닝겐이 공화국이 되면서 그 역시 지위에서 물러나야 했습니다. 그는 망명하지 않고 마이닝겐에 있던 자신의 성에서 평생을 지냈습니다.

작센-힐트부르크하우젠 공작인 프리드리히는 1826년에 영지 조정으로 작센-알텐부르크의 첫번째 공작이 되었습니다. 1834년에는 프리드리히의 아들인 요제프Joseph가 아버지의 뒤를 이어서 공작이 됩니다. 하지만 1848년에 유럽에서 일어난 일련의 혁명에서 요제프는 퇴위해야 했으며, 요제프는 아들이 없었기에 동생인 게오르그가 공작이 됩니다.

게오르그Georg는 군인이었지만 매우 인기 있는 인물이었습니다. 그는 형이 퇴위한 뒤 공작이 되었고, 형보다 좀 더 개혁적인 정치를 펼쳤습니다. 게오르그의 뒤를 이어 아들 에른스트가 1853년에 공작 에른스트 1세 Ernst I가 됩니다. 그는 공작령의 내정에 직접적으로 관여하지 않았으며 단지 군인으로 군대에만 관여했습니다. 특히 그는 독일의 통일 문제에서 프로이센을 적극적으로 지지했고, 빌헬름 1세를 존경했습니다. 에른스트 1세는 딸밖에 없었기에 1908년에 에른스트 1세가 죽은 뒤 조카인 에른스트 2세Ernst II가 백부의 뒤를 이어서 공작이 되었습니다. 그리고 1918년, 작센-알텐부르크 역시 공화국이 되었으며 에른스트 2세는 퇴위했습니다.

✧ 작센-코부르크-고타 가문

　작센 가문들 간의 조정을 거쳐서 작센-코부르크-잘펠트에서 작센-코부르크-고타 가문이 된 후, 이 가문은 결혼 관계를 통해서 유럽의 여러 나라와 연결고리를 맺게 됩니다. 특히 작센-코부르크-고타의 에른스트 1세Ernst 1의 형제자매들이 유럽의 여러 나라 왕족 또는 귀족과 혼인하면서 유럽의 대가문들과도 연결됩니다. 그 시작은 에른스트 1세의 누나였던 율리아네부터 출발합니다.

　작센-코부르크-잘펠트의 율리아네는 1796년에 러시아의 콘스탄틴 파블로비치 대공과 결혼해서 러시아의 안나 표도로브나 대공비가 됩니다. 이 결혼으로 인해서 가문은 강국 러시아와 연결고리를 얻게 되었으며, 안나의 다른 형제 자매들의 운명에도 영향을 줍니다.

　러시아의 대공비가 된 율리아네 덕분에 그녀의 동생이었던 레오폴트는 러시아 군인으로 일하게 됩니다. 레오폴트는 나폴레옹 전쟁 이후 황제 알렉산드르 1세의 유럽 순방에 따라갔었습니다. 그리고 영국에서 웨일스 공의 외동딸이자 영국의 왕위 계승자였던 웨일스의 샬럿을 만나 사랑에 빠졌고 결국 그녀와 결혼했습니다. 하지만 샬럿은 왕위를 잇기 전에 사망했으며, 레오폴트는 영국 여왕의 남편이 되지는 못했습니다. 이후 레오폴트의 누나인 빅토리아가 켄트 공작과 결혼했고, 켄트 공작의 딸인 빅토리아가 후에 영국의 여왕이 되었습니다.

　이렇게 영국과 연결되면서 작센-코부르크-고타 가문의 다른 사람들도 영향을 받았습니다. 먼저 레오폴트가 왕위에 오를 기회를 얻게 됩니다. 19세기 벨기에는 네덜란드에 속해 있었지만, 네덜란드와 달리 주로

베른하르트 3세와 아내인 샤를로테.
군인이었던 베른하르트 3세는 1914년에 공작이 되었
으나, 제1차 세계대전 이후 작센–마이닝겐이 공화국
이 되면서 지위에서 물러났다.

가톨릭을 믿었으며, 네덜란드와 갈등하게 됩니다. 결국 벨기에는 네덜
란드로부터 독립했으며, 1831년에 영국 왕가와 가까운 사이이자 영국의
왕위 계승자의 외삼촌이기도 한 레오폴트를 국왕으로 받아들였습니다.
이렇게 레오폴트는 벨기에의 국왕 레오폴 1세Leopold I가 되었으며, 이후
벨기에 왕가는 레오폴 1세의 후손들로 이어지고 있습니다. 현재 벨기에
국왕인 필리프는 레오폴 1세의 5대손이기도 합니다.

　한편 1820년대와 1830년대 포르투갈은 왕위 계승 문제로 혼란을 겪
었고, 결국 브라질의 페드루 1세의 딸인 마리아가 마리아 2세가 되어 포
르투갈의 왕위를 잇게 됩니다. 그리고 1836년에 마리아 2세의 남편감인
작센-코부르크-고타-코하리 가문의 페르디난트가 선택됩니다. 페르디
난트의 아버지는 공작 에른스트 1세의 동생으로 헝가리의 코하리 가문
의 상속녀와 결혼했습니다. 페르디난트가 여왕의 남편감으로 선택된 이

유는 벨기에 국왕 레오폴 1세의 조카였을 뿐 아니라 영국의 왕위 계승자인 빅토리아 공주의 사촌이기도 했으며, 또한 포르투갈에 압박을 가할 만한 대 가문 출신이 아니기 때문이었습니다. 이렇게 페르디난트는 마리아 2세의 남편이 되어 이후 아내와 함께 포르투갈의 공동 통치자인 포르투갈의 페르난두 2세Fernando II가 됩니다.

포르투갈의 마리아 2세는 1853년에 아이를 낳다가 사망합니다. 아내가 죽은 뒤 페르난두 2세는 왕위에서 물러났으며 포르투갈의 왕위는 마리아 2세와 페르난두 2세의 큰아들인 16세인 페드루가 페드루 5세로 왕위를 이어받았습니다. 페르난두 2세는 왕위에서 물러나긴 했지만 어린 아들의 섭정으로 포르투갈 통치에 관여했습니다. 그리고 아들이 친정을 시작한 1855년 이후에는 정치에서 물러나서 주로 문화사업 등에 집중했습니다.

페드루 5세는 매우 성실한 군주로 포르투갈의 현대화를 추진했던 인물이었습니다. 하지만 1861년에 페드루 5세와 그의 형제들은 장티푸스에 걸렸으며 그 해에 그를 포함해 동생인 주앙과 페르난두가 장티푸스로 사망했습니다. 페드루 5세가 죽은 뒤 왕위는 페드루 5세의 동생인 루이스Luis I로 이어지게 됩니다.

형의 죽음으로 인해서 갑작스럽게 왕위에 오른 루이스 1세는 인기있었던 형인 페드루 5세와 비교되는 인물이었습니다. 루이스 1세 시절의 포르투갈은 인근의 나라들에 비해서 공교육이나 행정 시스템들이 구식이었습니다. 또 정부 역시 진보주의자들과 보수주의자들의 정부가 돌아가면서 세웠기에 정치적으로 안정되지 않은 시기였습니다.

루이스 1세의 아들이었던 카를로스 1세Carlos I가 1889년에 포르투갈의 국왕이 되었을 때 포르투갈의 상황은 더욱 나빠졌습니다. 대외적으로는 영국과의 아프리카 식민지 경쟁에서 패배했으며, 내부적으로는 경제적 문제로 국가 파산의 위기에 몰리기까지 했습니다. 이런 상황은 카를로스 1세와 그의 가족에 대한 불만으로 이어졌으며 결국 카를로스 1세와 그의 장남인 루이스 펠리페가 암살당하는 원인이 됩니다.

카를로스 1세의 아들인 마누엘Manuel II은 아버지와 형이 암살당한 뒤 포르투갈의 국왕 마누엘 2세로 즉위합니다. 하지만 포르투갈의 상황은 더욱 나빠졌으며 결국 1910년에 포르투갈에서는 왕정이 폐지되었고 마누엘 2세는 왕위에서 물러나서 포르투갈을 떠나 망명생활을 해야 했습니다. 마누엘 2세는 평생 왕위를 되찾지 못했으며 후계자 없이 사망했기에 작센-코부르크-고타 가문의 포르투갈 쪽 분가 역시 단절됩니다.

한편 1837년에 영국의 빅토리아 여왕이 왕위에 오릅니다. 그리고 빅토리아 여왕의 남편감으로 수많은 사람이 여왕과 만나게 됩니다. 하지만 여왕이 선택한 사람은 외사촌이자 공작 에른스트 1세의 아들이었던 작센-코부르크-고타의 알베르트Albert of Saxe-Coburg and Gotha였습니다. 빅토리아 여왕과 결혼한 이후 그는 앨버트 공으로 알려집니다. 그리고 앨버트와 빅토리아의 장남인 에드워드는 어머니의 뒤를 이어서 영국의 국왕 에드워드 7세로 즉위했습니다. 이후 현재 영국 여왕에 이르기까지 모든 인물은 빅토리아와 앨버트 공의 후손입니다.

에드워드 7세가 즉위하면서 영국의 왕가는 작센-코부르크-고타 가문으로 알려졌습니다. 하지만 제1차 세계대전이 시작되면서 영국 내 반독일 감정이 극심해졌고 조지 5세는 왕가의 성을 영국식인 '윈저'로 바꿨는데, 이때부터 영국 왕가는 윈저 가문으로 알려집니다.

앨버트 공의 형이었던 에른스트는 아버지로부터 작센-코부르크-고

1908년 포르투갈 왕실 가족의 암살 모습.
아멜리아 왕비가 꽃다발을 들고 암살자들에게
맞서고 있다.

타 공작령을 물려받아서 공작 에른스트 2세가 됩니다만 후계자가 없었습니다. 결국 공작령은 빅토리아 여왕과 앨버트 공의 둘째 아들인 에든버러 공작 앨프레드가 물려받았습니다. 하지만 앨프레드의 아들은 아버지보다 일찍 죽었으며 공작령은 여왕의 손자인 알바니 공작 레오폴드의 아들인 찰스 에드워드Charles Edward가 물려받습니다. 카를 에두아르트Karl Eduard라는 이름으로 알려진 찰스 에드워드는 제1차 세계대전 때 독일 제국의 일원으로 전쟁에 참전했기에 영국 내 지위를 박탈당했습니다. 그리고 제1차 세계대전 이후에는 통치 군주의 지위에서도 물러나야 했습니다. 코하리 분가 쪽에서는 또 다른 통치 영지를 얻게 됩니다. 페르난도 2세의 동생인 작센-코부르크-고타-코하리의 아우구스트는 프랑스의 국왕 루이 필리프Louis Philippe의 딸인 클레망틴과 결혼했으며 둘 사이에서 다

섯 아이가 태어납니다. 그중 막내아들인 페르디난트는 1887년에 군주가
될 기회를 얻게 됩니다.

1866년에는 불가리아의 통치자였던 바텐베르크의 알렉산더가 퇴위
했습니다. 그후 불가리아는 새로운 통치자를 뽑아야 했습니다. 여러 후
보가 있었지만, 벨기에나 포르투갈은 물론 당대 최강국이었던 영국과 연
결고리가 있던 작센-코부르크-고타-코하리의 페르디난트를 군주 후보
로 선택했습니다. 그리고 1887년, 페르디난트는 불가리아의 군주 페르디
난트 1세로 즉위하게 됩니다. 그는 불가리아의 군주로서 제1차 세계대전
까지 남아 있었지만, 이때 불가리아가 전쟁에서 패배한 뒤로 그의 아들
인 보리스에게 왕위를 물려주고 퇴위해야 했습니다.

1918년에 아버지의 뒤를 이어 불가리아의 차르가 된 보리스 3세Boris
III of Bulgaria는 1930년대에 절대군주로 군림합니다. 하지만 그는 1943년
제2차 세계대전 중에 사망했으며 그의 아들인 시메온이 불가리아의 시
메온 2세Simeon II로 즉위했습니다. 시메온 2세는 갑작스러운 아버지의 죽
음으로 미성년의 나이에 불가리아의 차르가 되었으며 아버지의 뜻에 따
라 독일의 동맹이 되었다가 결국 제2차 세계대전 이후 패전국이 되었고,
소련이 불가리아를 점령하는 원인을 만듭니다. 1946년에 군주제가 폐지
되자 시메온 2세는 퇴위한 뒤 망명해야 했습니다. 재미있게도 1990년에
시메온 2세는 다시 불가리아로 돌아갔으며, 2001년에 불가리아의 총리
로 선출되었습니다.

베틴 가문은 작센 지방을 중심으로 오랫동안 이 지역을 통치한 가문
이었습니다. 특히 작센의 선제후 지위를 손에 넣으면서 가문 역시 독일
내에서 중요한 제후 가문으로 자리 잡았습니다. 특히 종교개혁 당시 핵

심이 된 신교도 가문이 바로 베틴 가문이었습니다. 하지만 베틴 가문이 두 개의 분가로 나뉜 뒤 분가들은 각자의 길을 갔습니다. 에른스트 계는 선제후령을 이어받았던 가문이었지만 정치적인 문제 때문에 알브레히트 계에게 선제후 지위를 빼앗겼고, 다시 그 지위를 얻지 못합니다. 게다가 가문의 영지를 분할 상속하면서 가문의 힘이 매우 약해졌습니다. 그에 비해서 알브레히트 계는 작센 선제후령을 얻은 뒤 힘을 가지게 되었으며, 특히 폴란드와 리투아니아 왕위를 얻으면서 더욱 힘을 얻어 후에는 작센 왕국을 형성하기도 했습니다.

하지만 19세기가 되면서 상황은 바뀌게 되었습니다. 작센 왕국은 이전보다 힘이 줄어들었을 뿐 아니라 갈등을 빚었던 프로이센 중심으로 독일의 통일이 이루어지면서 상대적으로 힘이 더 약해졌습니다. 반면 에른스트 계열 중 하나였던 작센-코부르크-고타 가문이 결혼으로 유럽의 여러 왕가와 연결되었으며, 결국 영국, 포르투갈, 불가리아, 벨기에 등 주요 국의 통치 가문이 되었습니다.

작센-코부르크-고타 가문은
어떻게 성장할 수 있었을까?

베틴 가문의 작은 분가 중 하나였던 작센-코부르크-잘펠트(후에 작센-코부르크-고타)는 다른 작센의 분가들처럼 그리 큰 힘을 가지고 있지 못했습니다. 하지만 이들은 19세기가 되면서 유럽의 수많은 왕가와 통혼하면서 가문의 이익을 얻게 됩니다. 결국 이런 이익을 통해서 벨기에, 영국, 포르투갈, 불가리아 등을 통치하는 가문이 되기까지 했습니다.

베틴 가문은 18세기 말 가문의 의사이자 조신이었던 스토크마르 남작 덕분에 운이 트였습니다. 1795년, 유럽을 여행하던 한 러시아 장군이 코부르크에 이르렀을 때 병이 났고, 스토크마르 남작이 그를 치료하게 됩니다. 그때 스토크마르 남작은 이 러시아 장군이 단순히 유럽을 여행하는 게 아니라는 것을 알아챕니다. 그는 예카테리나 2세의 뜻을 받들어서 여제의 둘째 손자인 콘스탄틴 파블로비치 대공의 신붓감을 찾으러 다니고 있었습니다. 스토크마르 남작은 이 러시아 장군을 치료해주면서 그와 친분을 쌓았으며 공작의 딸들에 대해서 훌륭한 신붓감이라고 이야기합니다. 그리고 이 장군은 결국 여제에게 대공의 신붓감을 찾았다면서 작센-코부르크-잘펠트 공작 가문의 딸들을 언급했습니다. 그리고 예카테리나 2세는 이 혼담을 승인했습니다.

공작부인은 딸들을 데리고 러시아로 갔으며 셋째 딸인 율리아네가 콘스탄틴 대공의 부인으로 선택되었습니다. 1796년에 율리아네는 콘스탄틴 대공과 결혼했고, 이후에는 안나 표도로브나 대공비가 됩니다. 이 결혼이 성사된 후 스토크마르 남작은 작센-코부르크-잘펠트 공작 가문의 중요한 조언자로 자리잡았으며 공작뿐 아니라 공작의 동생으로 후에 벨기에의 국왕이 되는 레오폴트나 영국의 빅토리아 여왕과 그녀의 남편인 앨버트 공까지 영향력을 행사하는 사람이 되었습니다.

율리아네의 결혼은 가문에 큰 도움이 되었는데, 전 유럽을 뒤흔든 나폴레옹 전쟁 당시 작센-코부르크-잘펠트 역시 프랑스에 점령당했지만 러시아와의 관계 때문에 공작령을 유지할수 있었습니다. 게다가 율리아네의 막내 동생인 레오폴트는 어려서부터 누나를 따라 러시아로 갔으며, 러시아 군으로 복무했습니다. 특히 나폴레옹이 러시아를 적대시한 뒤 나폴레옹 전쟁에서 활약했고 러시아 장군까지 임명됩니다. 레오폴트는 황제 알렉산드르 1세의 인척이었을 뿐 아니라 러시아 군인으로 두각을 나타냈기에 황제의 신임을 얻게 되었으며 나폴레옹 전쟁 이후 알렉산드르 1세가 유럽의 여러 왕가를 방문할 때 함께 가게 되었습니다.

황제가 영국으로 갔을 때 레오폴트는 한 사람을 만나서 사랑에 빠지게 됩니다. 그 사람은 바로 웨일스의 샬럿이었습니다. 샬럿은 당시 섭정이자 조지 3세의 후계자인 웨일스 공의 외동딸로, 그녀는 영국의 제2왕위 계승자로 특별한 일이 없다면 영국의 여왕이 될 사람이었습니다. 샬럿은 이전에 정략결혼을 할 뻔했지만 그 결혼을 원하지 않았고, 샬럿을 좋아했던 영국 국민들 역시 이 결혼을 반대했기에 결국 무산되었습니다. 그렇기에 그녀는 자신이 사랑하는 사람과 결혼할 수 있었습니다. 샬럿의 아버지인 웨일스 공은 사실 한미한 가문의 출신인 레오폴트를 사윗감으로 탐탁치 않아했지만 샬럿이 레오폴트를 너무나 좋아해서 결국 두 사람의 결혼을 허락했습니다.

1816년에 결혼한 샬럿과 레오폴트는 매우 행복한 생활을 보냈습니다. 하지만 1817년에 샬럿은 아이를 조산하고 사망했습니다. 샬럿의 죽음으로 레오폴트는 영국 여왕의 남편이 될 가능성은 사라졌습니다. 하지만 영국에서 레오폴트를 여전히 좋게 봤으며 결국 레오폴트는 독립한 벨기에가 국왕을 선출해야 했을 때 영국의 지지를 받고 중요한 후보가 될 수 있었고, 결국 1831년에 벨기에의 국왕 레오폴 1세가 되었습니다.

한편 웨일스의 샬럿이 죽자 영국 왕가에서는 후계자 문제가 나타납니다. 조지 3세에게는 여러 명의 아들이 있었지만 이 아들들은 아내와 불화를 겪어서 별거해서 지내거나 아니면 결혼하지 않고 정부와 살면서 후계자를 얻어야 하는 의무를 등한시 했습니다. 그 때문에 영국의회는 당연히 왕위 계승자 문제를 걱정할 수밖에 없었습니다. 결국 샬럿이 죽은 다음해인 1818년, 그때까지 정식으로 결혼하지 않고 살고 있던 숙부 세 명이 결혼했습니다. 그중 조지 3세의 넷째 아들이었던 켄트 공작 에드워드는 레오폴트의 누나였던 작센-코부르크-잘펠트의 빅토리아와 결혼합니다. 그리고 둘 사이에서는 딸인 빅토리아가 태어났습니다. 하지만 딸이 태어난 지 1년도 되지 않아서 켄트 공작은 사망했습니다.

빅토리아 백부들에게도 살아남은 후손들이 없자 빅토리아는 점차 중요한 왕위 계승 후보자가 되었습니다. 결국 1837년에 백부인 윌리엄 4세가 죽은 뒤 빅토리아가 뒤를 이어서 영국의 여왕이 됩니다.

여왕이 된 후 정치적인 요인 때문에 빅토리아는 결혼을 빨리 해야 했습니다. 젊은 미혼인 여왕에 대해서 여러 가지 뒷말이 나올 수 있었기 때문이었습니다. 사실 빅토리아가 왕위 계승자가 될 것이 확실해지면서 빅토리아의 남편감으로 여러 사람이 고려됩니다. 영국 왕가에서는 영국 왕위가 가문에 남아 있길 바랐기에 빅토리아가 친가 쪽 사촌 중 한 명과 결혼하길 바라게 됩니다. 하지만 빅토리아의 외가에서는 외가 쪽 사촌과 결혼하길 원했습니다. 특히 당시 벨기에의 국왕이 되었던 빅토리아의 외삼촌인 레오폴트는 자신의 가문에서 영국 왕위를 얻는 꿈을 자신은 이루지 못했지만, 조카 중 한 명이 그 뜻을 이루길 원했습니다. 그래서 빅토리아는 외삼촌인 작센-코부르크-고타 공작 에른스트 1세의 아들들이었던 에른스트와 앨버트를 어린 시절부터 만났습니다.

하지만 어린 시절에는 이 사촌들에 대해서 관심이 없었습니다만, 여왕이 된 후 빅토리아 여왕은 앨버트에게 반해버렸으며 결국 그와 결혼했습니다. 앨버트 입장에서 빅토리아 여왕과의 결혼은 정략결혼에 가까웠습니다. 하지만 그는 부모의 불행한 결혼생활 때문에 어린 시절 불행한 삶을 살았고, 이 때문에 아내와 아이들과 행복하게 살겠다고 다짐했습니다. 그리고 빅토리아 여왕과 앨버트 공은 당대 모범적인 부부의 표본이 되었습니다. 영국 왕위는 빅토리아 여왕과 앨버트 공의 장남인 에드워드 7세가 이어받았으며 현재 영국 여왕 역시 이 두 사람의 후손입니다.

율리아네의 남동생이자 벨기에의 레오폴 1세의 형인 페르디난트는 둘째 아들로 형인 에른스트가 영지를 이어받을 예정이었기에 오스트리아 군인으로 살았습니다. 그리고 그는 헝가리 출신의 상속녀였던 마리아 안토니아 코하리와 결혼합니다. 코하리 가문은 헝가리에서 엄청난 땅을 가진 가문이었습니다. 상속받을 재산이 거의 없었던 페르디난트에게 마리아 안토니아 코하리와의 결혼은 엄청난 이익이 될 일이었습니다. 물론 코하리 가문은 통치 가문으로 보기에 애매했지만, 페르디난트는 오스트리아군으로 복무했기에 오스트리아 황제는 그를 위해서 코하리 가문의 지위를 올려줬습니다. 그리고 페르디난트의 후손들은 작센-코부르크-고타-코하리 가문으로 알려지게 됩니다. 이 가문은 엄청난 재산을 소유한 유럽 왕가와 친척관계를 맺으면서 다시 여러 지역의 통치 가문이 됩니다.

페르디난트의 아들인 작센-코부르크-고타-코하리의 페르디난트는 1836년에 포르투갈의 여왕인 마리아 2세와 결혼합니다. 마리아 2세가 왕위에 올랐을 때 포르투갈은 내전을 치러야 했습니다. 마리아 2세의 숙부였던 미겔은 조카를 쫓아내고 스스로 왕위에 올랐습니다. 그런데 브라질 황위를 확고히 하기 위해서 딸에게 포르투갈의 왕위를 양위했던 미겔의 형인 페드루 4세는 브라질 내부 상황 때문에 황제 지위에서 물러나야 했습니다.

황위에서 물러나서 유럽으로 돌아온 페드루는 딸의 왕위를 되찾기 위해서 동생과 내전을 치렀으며 결국 딸의 왕위를 되찾았습니다. 페드루 4세가 죽은 직후 마리아 2세는 아버지의 뜻에 따라서 로이히텐베르크의 아우구스트와 결혼했습니다만, 결혼 두 달 만에 아우구스트는 사망합니다. 마리아 2세의 숙부인 미겔은 여전히 왕위를 노리고 있었기에 마리아 2세의 결혼은 매우 중요했고 서둘러 다른 남편감을 찾아야 했습니다. 그리고 선택된 인물이 바로 페르디난트였습니다. 당시 그는 벨기에 국왕의 조카였을 뿐 아니라 사촌인 빅토리아는 영국의 왕위 계승자이기도 했습니다. 이런 관계는 그가 포르투갈 여왕의 남편이 되는 데 중요한 영향을 미쳤습니다. 그리고 마리아 2세와 페르디난트의 자녀들인 페드루와 루이스는 포르투갈의 국왕이 되었습니다.

작센-코부르크-고타의 페르디난트의 다른 자녀들인 코하리의 아우구스트와 코하리의 빅토리아는 둘다 프랑스의 국왕 루이 필리프의 자녀들과 결혼했습니다. 사실 루이 필리프의 장녀인 루이즈는 벨기에의 문제 때문에 페르디난트의 동생이자 벨기에의 국왕인 레오폴 1세와 결혼했습니다. 이런 연결고리를 통해서 루이즈의 동생들인 루이와 클레망틴이 레오폴 1세의 조카들인 빅토리아와 아우구스트가 결혼하게 됩니다. 코하리의 아우구스트와 결혼한 클레망틴은 야심이 많았으며, 결국 아들을 통치 군주로 만들었습니다.

1866년, 당시 불가리아의 통치자였던 바텐베르크의 알렉산더는 불가리아에 강력한 영향력을 행사했던 러시아와 마찰을 빚었고 결국 퇴위해야 했습니다. 알렉산더가 퇴위한 뒤 불가리아는 새로운 통치자를 선출해야 했습니다. 클레망틴은 자신의 아들인 페르디난트가 적당한 인물이라고 생각했으며 아들을 통치자로 선출하게 만들기 위해서 수많은 군주에게 로비를 했고, 결국 페르디난트는 1887년에 불가리아의 군주가 됩니다.

빅토리아 여왕의 남편인 작센-코부르크-고타의 앨버트는 가문에서 가장 유명한 사람일 것입니다. 그와 빅토리아 여왕의 이야기는 널리 알려져 있으며 둘의 후손이 영국 왕위를 이어갔기 때문입니다. 하지만 빅토리아 여왕과 앨버트 공의 결혼 이전에 이미 가문은 결혼을 통해서 러시아와 영국의 통치 가문에 연결고리를 마련했습니다. 그리고 그 연결고리를 통해서 벨기에, 포르투갈, 불가리아의 통치 군주 가문이 되었습니다.

✍ 참고 문헌

국내서 및 번역서

니콜라스 V. 랴자놉스키, 마크 D. 스타인버그, 조호연 옮김, 《러시아의 역사(상·하)》, 까치, 2011.

린지 휴스, 김혜란 옮김, 《표트르 대제: 그의 삶, 시대, 유산》, 모노그래프, 2017.

변광수, 《북유럽사》, 대한교과서, 2006.

움베르토 에코, 김정하 옮김, 《중세 3: 성, 상인, 시인의 시대 1200~1400》, 시공사, 2016.

_____, 윤종태 옮김, 《중세 2: 성당, 기사, 도시의 시대 1000~1200》, 시공사, 2015.

장 셀리에, 앙드레 셀리에, 임영신 옮김, 《지도를 들고 떠나는 시간 여행자의 유럽사》, 청어람미디어, 2015.

외서

Andrew Halliday, *Annals of the House of Hannover vol. 1*, William Clowes, 1826.

_____, *Annals of the House of Hannover vol. 2*, William Clowes, 1826.

Benjamin Curtis, *The Habsburgs: The History of a Dynasty*, Bloomsbury Academic, 2013.

edited by Michael bregnsbo and Kurt villads Jensen, *Schleswig Holstein, contested region(s) through history*, University press of Southern Dnnmark, 2016.

Elisaveth M. Hallam and Charles West, *Capetian France 987-1328*, Routledge, 2020.

Fredric Shoberl, *Historical Account interspersed with Biographical Ancedotes of the House of Saxoni*, W. Clowes, 1816.

H. W, Koch, *A history of Prussia,* Longman, 1978.

Jacobsen, Helge Seidelin, *An outline history of Denmark*, København[Copenhagen]: Høst & Søn, 1986.

Jonh Vand der Kiste, *The end of the German Monarchy*, Fonthill, 2017.

Lindsey Hughes, *The Romanovs: ruling Russia, 1613-1917*, Hambeledon Continuum, 2008.

M. M. Bozman, Herbert Eulenberg(역), *The Hohenzollerns*, Routledge, 2020.

Oliver Rhomson, *The Impossible Bourbons: Europe's Most Ambitious Dynasty*, Amberley Publishing, 2013.

Østergård, U., Nation-Building and Nationalism in the Oldenburg Empire. In Berger S. & Miller A. (Eds.), Nationalizing Empires(pp. 461~510), Central European University Press, 2015.

The Wittelsbach Court in Munich: History and Authority in the Visual Arts(1460-1508), PhD thesis, Adreas Dahelm, (Unversit of Glascow, Faculty of Arts, Department of History of Ats), 2009.

Thomas Carlyle, *A Short introduction to The House of Hohenzollern*, diacic press, 2014.

1장 합스부르크: 가장 오래된 제왕의 가문

- 22쪽: 〈루돌프 1세의 씰Siegel Kaiser Rudolfs I von Habsburg〉. ⓒWolfgang Sauber/wikimedia
- 27쪽: 작가 미상, 〈헝가리의 왕비 아그네스Agnes von Ungarn〉, 연도 미상. ⓒAdrian Michael/ wikimedia
- 30쪽: 안톤 보이스(Anton Boys), 〈알브레히트 1세의 초상Albercht II〉, 연도 미상. ⓒKunst historisches Museum Wien
- 34쪽: 한스 부르크마이어(Hans Burgkmair), 〈황제 프리드리히 3세의 초상Frederick III〉, 15~16세기경. ⓒKunst historisches Museum Wien
- 40쪽: 피터 파울 루벤스(Peter Paul Rubens), 〈카를 5세와 포르투갈의 이자벨El emperador Carlos V y la emperatriz Isabel de Portugal〉, 17세기. ⓒMuseo Carlos de Amberes
- 45쪽: 소포니스바 안귀솔라(Sofonisba Anguissola), 〈펠리페 2세의 초상Portrait of Philipp II〉, 1573년. ⓒMuseo del Prado
- 52쪽: 페테르 스나이어스(Peter Snayers), 〈백산 전투Slag op de Witte Berg〉, 1620년. ⓒBavarian Army Museum
- 55쪽: 얀 토마스 반 레페렌(Jan Thomas van Ieperen), 〈레오폴드 1세Kaiser Leopold I〉, 1667년. ⓒKunst historisches Museum
- 57쪽: 마르틴 반 마이텐스(Martin van Meytens), 〈오스트리아의 황제 마리아 테레지아 Empress Maria Theresia of Austria〉, 1759년. ⓒAcademy of Fine Arts Vienna
- 64쪽: 루트비히 앙거러(Ludwig Angerer), 1859년. ⓒSchloss Hof

2장 부르봉: 프랑스 왕가의 전성기

- 79쪽: 작가 미상, 〈위그 카페의 대관식Couronnement d'Hugues Capet〉, 13~14세기. ⓒBibilothèque Nationale de France
- 83쪽: 작가 미상, 〈블랑쉬 왕비와 루이 9세Blanche de Castille et le roi Louis IX〉, 13세기. ⓒThe

Morgan Library&Museum

- 89쪽: 작가 미상, 〈헝가리의 카로이 1세의 즉위식Coronation of Charles I〉, 스피쉬카 카피툴라 (Spišská Kapitula) 프레스코화, 1313년.
- 93쪽: 장 클로에(Jean Clouet), 〈프랑수아 1세의 초상François I〉, 1527~1530년. ©Louvre Museum
- 101쪽: 니콜라스 드 라지에르(Nicolas de Largillière), 〈루이 14세와 그의 후계자들, 그리고 방타두르 마담Madame de Ventadour with Louis XIV and his Heirs〉, 1715~1720 ©Wallace Collection
- 103쪽: 엘리자베스 루이즈 비제 르 브룬(Élisabeth Louise Vigée Le Brun), 〈아이들과 함께 있는 프랑스의 왕비 마리 앙투아네트Marie Antoinette de Lorraine-Habsbourg, reine de France et ses enfants〉, 1787년. ©Château de Versailles
- 108쪽: 루이스미셸 반 루(Louis-Michel van Loo), 〈에스파냐의 황제 펠리페 5세El rey Felipe V de España〉, 1739년. ©Museo del Prado
- 111쪽: 존 에스테브(John Esteve), 〈마뉴엘 고도이Manuel Godoy〉, 1800~1808년. ©Art Institute of Chicago
- 120쪽: 작가 미상, 〈파르마의 공작 찰스 2세Charles III, Duke of Parma〉, 1850년경. © Miguelemejia

3장 로마노프: 강력한 러시아를 만든 힘

- 142쪽: 그레고리 세도프(Grigory Sedov), 〈차르 알렉세이의 신부 간택Tsar Alexis of Russia chooses his bride〉, 1882년. ©Tretyakov Gallery
- 145쪽: 작가 미상, 〈소피야 알렉세예브나의 초상Princess-regent Sophia Alekseyevna of Russia〉, 1682~1689년. ©State Russian Museum
- 149쪽: 장마르크 나티에(Jean-Marc Nattier), 〈표트르 1세의 초상화Portrait of Peter I〉, 17세기. ©Hermitage Museum
- 153쪽: 하인리히 부숄츠(Heinrich Buchholz), 〈예카테리나 1세의 초상화Portrait of Catherine I of Russia〉, 18세기.
- 161쪽: (좌) 조지 대위(George Dawe), 〈황제 알렉산드르 1세의 초상Portrait of Emperor Alexander I〉, 1826년. ©Peterhof Palace / (우) 엘리자베스 루이즈 비제 르 브룬, 〈엘리자베타 알렉세예브나 황후의 초상Portrait of empress Elisabeth Alexeievna of Russia〉, 1795년. ©Castle of

Wolfsgarten
- 167쪽: 알렉세이 이바니스키(Alexei Ivanitsky), 1888년 10월 29일 사진. ⓒState Archives of Russia
- 170쪽: 보아송과 에글러(Boasson and Eggler), 1913년 사진. ⓒGerman Federal Archives

4장 호엔촐레른: 독일을 통일한 대가문

- 184쪽: 미하일 볼게무트(Michael Wolgemut), 〈뉘른베르크 연대기Schedelsche Weltchronik〉, 목 판화, 1493년.
- 189쪽: 작가 미상, 〈브란덴부르크의 알브레히트 3세Portret van Albrecht III Achille〉, 에칭화, 1617 년. ⓒRijksmuseum
- 194쪽: 얀 마테이코(Jan Matejko), 〈프로이센의 충성The Prussian Homage〉, 1882년. ⓒNational Museum, Kraków
- 198쪽: (좌) 작가 미상, 〈브란덴부르크 선제후 요한 지기스문트Johann Sigismund, Kurfürst von Brandenburg〉, 1610년경. ⓒJagdschloss Grunewald / (우) 작가 미상, 〈프로이센의 선제후비 안나Duchess Anna of Prussia〉, 연도 미상.
- 201쪽: 게데온 로만돈(Gedeon Romandon), 〈대선제후 브란덴부르크의 프리드리히 빌헬름 Portrait of Frederick William, Elector of Brandenburg〉, 1678~1688년경. ⓒCastle Caputh
- 203쪽: 작가 미상, 〈프로이센의 국왕 프리드리히 1세의 초상Portrait of H.M. King Friedrich I of Prussia〉, 1701년.
- 205쪽: 앙투안 페스네(Antoine Pesne), 〈왕태자 시절의 프리드리히 2세Crown prince Frederik de Great〉, 1736년경. ⓒHuis Doorn
- 209쪽: 헤르만 바오(Hermann Biow), 1847년 사진.
- 213쪽: 안톤 본 베르너(Anton von Werner), 〈독일제국의 선포The proclamation of the German Empire〉, 1885년. ⓒBismarck-Museum Friedrichsruh
- 216쪽: 오스카 텔그만(Oscar Tellgmann), 1933년 9월 사진. ⓒGerman Federal Archives

5장 하노버: 영국의 전성기를 이끈 가문

- 230쪽: 작가 미상, 〈Heilig-Blut-Tafel Weingarten 1489〉, 1489년. ⓒPeter Frankenstein

- 232쪽: 작가 미상, 〈Heinrich der Löwe und Mathilde von England〉, 1188년.
- 237쪽: 요한 크리스티안 루트비히 투니카(Johann Christian Ludwig Tunica), 〈황제 오토 4세 Otto IV, Holy Roman Emperor〉, 1839년. ⓒJonathan Groß
- 247쪽: 이아생트 리고(Hyacinthe Rigaud), 〈브라운슈바이크-볼펜뷔텔의 공작 안톤 울리히 Anthony Ulrich, Duke of Brunswick-Wolfenbüttel〉, 1704년 이전. ⓒHerzog Anton Ulrich Museum
- 251쪽: 작가 미상, 〈브라운슈바이크-볼펜뷔텔의 엘리자베스 크리스티네Elisabeth Christine von Braunschweig-Wolfenbüttel〉, 1710~1720년. ⓒVienna Museum
- 256쪽: 헤르트 반 혼토르스트(Gerard van Honthorst), 〈하노버의 선제후비이자 브라운슈바이크-뤼네부르크의 공작부인 조피Princess Sophia, later Duchess of Brunswick-Lüneburg, Electress of Hanover〉, 1648. ⓒRoyal Collection
- 260쪽: 작가 미상, 〈조지 2세George II〉, 1759~1760년. ⓒRoyal Collection
- 262쪽: 프란츠 자버 빈터할터(Franz Xaver Winterhalter), 〈젊은 시절의 빅토리아 여왕The Young Queen Victoria〉, 1842. ⓒOsborne House

6장 비텔스바흐: 치열한 분할 상속의 계보

- 285쪽: 아우구스트 폰 크렐링(August von Kreling), 〈로마에서 황제로 대관한 루트비히 4세 DIe Kaiserkrönung Ludwig des Bayern in Rom〉, 1876년. ⓒRa Boe/Wikipedia
- 289쪽: 작가 미상, 〈루프레히트 3세와 아내 엘리자베트Ruprecht III, Elector of the Palatinate and later King of the Romans, and wife Elisabeth of Hohenzollern〉, 17세기. ⓒAlte Pinakothek
- 295쪽: 헤르트 반 혼토르스트, 〈프리드리히 5세의 초상Portrait of Frederick V, Elector Palatine〉, 1634년. ⓒKurpfälzisches Museum
- 299쪽: 페테르 게르트너(Peter Gertner), 〈팔츠의 선제후 프리드리히 3세Pfalzgraf Friedrich III〉, 1539년. ⓒNational Gallery of Art
- 305쪽: 바르텔 베함(Barthel Beham), 〈바이에른 공작 알브레히트 4세의 초상Portrait of Albert IV, duke of Bavaria〉, 1535년. ⓒStaatsgalerie Neuburg
- 311쪽: 게오르그 데스마레스(Georg Desmarées), 〈황제 카를 7세Kurfürst Karl Albrecht als Kaiser Karl VII〉, 1745년경.
- 314쪽: 안나 도로테아 테르부슈(Anna Dorothea Therbusch), 〈바이에른의 선제후 카를 테오도르의 초상Portrait of Charles Theodore, Elector of Bavaria〉, 1763년. ⓒMuseums Reiss-Engelhorn

- 316쪽: 프란츠 자버 클레이버(Franz Xaver Kleiber), 〈대관식 중인 막시밀리안 1세König Maximilian I Joseph von Bayern im Krönungsornat〉, 1818년경. ©Munich Stadtmuseum
- 323쪽: 프란츠 그레이너(Franz Grainer), 1915~1920년 사이 사진.

- 392쪽: 루카스 크라나흐(Lucas Cranach), 〈작센의 선제후 에른스트Ernst Kurfürst von Sachsen〉, 1578~1580년.
- 395쪽: 루카스 크라나흐, 〈작센의 모리츠와 그의 아내인 헤센의 아그네스Kurfürst Moritz von Sachsen und seine Gemahlin Agnes〉, 1559년.
- 398쪽: 크리스티안 리흐터(Christian Richter), 〈작센-바이마르의 공작 빌헬름과 아내, 그리고 자녀들William, Duke of Saxe-Weimar with his wife and elder children〉, 1639년.
- 404쪽: 피에트로 로타리(Pietro Rotari), 〈아우구스트 3세 부인의 초상Portrait of the wife of Augustus III〉, 1755년. ⓒNational Museum, Warsaw
- 408쪽: 카를 크리스티안 보겔(Carl Christian Vogel), 〈작센의 안톤Anton, König von Sachsen〉, 1827년. ⓒStaatliche Kunstsammlungen Dresden
- 410쪽: 니콜라 페르세이드(Nicola Perscheid), 1900년경 사진.
- 412쪽: 요한 프리드리히 아우구스트 티슈바인(Johann Friedrich August Tischbein), 〈마리아 파블로브나Maria Pavlovna〉, 1805년. ⓒSchloss Weimar
- 416쪽: 작가 미상, 1880년대 사진. ⓒHuelam987/wikimedia
- 419쪽: 〈리스본 테러L'attentat de Lisbonne〉, Le Petit Journal, 1908년. ⓒBibliothèque nationale de France

로열 패밀리

초판 1쇄 발행 2022년 7월 22일
초판 2쇄 발행 2022년 11월 30일

지은이 정유경
펴낸이 이승현

출판2 본부장 박태근
지적인 독자 팀장 송두나
편집 신민희
디자인 윤정아

펴낸곳 ㈜위즈덤하우스 **출판등록** 2000년 5월 23일 제13-1071호
주소 서울특별시 마포구 양화로 19 합정오피스빌딩 17층
전화 02) 2179-5600 **홈페이지** www.wisdomhouse.co.kr

ⓒ 정유경, 2022

ISBN 979-11-6812-355-7 03920